AF360759

cet ouvre est un asses bon manuel pour les commissaires des
                                                    tous
guerres et gens charges de quelque administration relative aux subsistances
d'une armee.

mr. dupré daulnay a composé quelques autres petits ouvrages en differents genre
comme un petit roman du chevalier de varvick quelques dissertations sur
l'electricité et la transfusion du sang, la descente d'hequet aux enfers.

il est mort en 1758.

Frontispice. 
O ET PROESIDIUM,
ET
DULCE DECUS
MEUM!
Horatii Ode I.
Mondon fils invenit et Sculp.
Avec Privilege du Roy.

TRAITÉ GENERAL

DES

SUBSISTANCES

MILITAIRES,

QUI COMPREND

LA FOURNITURE DU PAIN DE MUNITION, des fourages & de la viande aux armées & aux troupes de garnifons ; enfemble celle des hôpitaux & des équipages des vivres & de l'artillerie, par marché ou réfultat du Confeil, à for-fait, ou par régie.

Dedié à Monfeigneur le Comte d'ARGENSON, Miniftre & Secretaire d'Eftat ayant le département de la Guerre.

Par M. DUPRE' D'AULNAY, Commiffaire des guerres, Chevalier de l'Ordre de Chrift, ancien Directeur général des vivres.

A PARIS,

De l'Imprimerie de PRAULT pere, quai de Gêvres, au paradis.

M. DCC. XLIV.

AVEC APPROBATION ET PRIVILEGE DU ROI.

A MONSEIGNEUR

LE COMTE D'ARGENSON,

MINISTRE

ET SECRETAIRE D'ESTAT,
ayant le département de la Guerre.

MONSEIGNEUR,

Le Traité que j'ai l'honneur de vous préfenter, eft le fruit de trente ans d'expérience & de réfléxions. Mon objet a été de de développer, d'éclaircir, & de fimplifier des matieres d'autant plus intéreffantes aujourd'hui, que les operations militaires femblent être devenues affujetties & fubordonnées aux Subfiftances, par la confufion & l'obfcurité qu'on affecte de mettre, ou d'entretenir dans le service de celles-ci. Et j'ose me flatter d'avoir réussi dans mon objet ; cependant, MONSEIGNEUR, cet ouvrage, tout utile qu'il peut être, n'auroit jamais vû le jour, s'il n'eût trouvé le moment d'y paroître sous les auspices d'un Ministre ami & protecteur de l'éxactitude, de l'ordre & de la droiture ; attendu depuis long-temps, & appellé par les vœux publics aux premieres places de l'Etat, & que la naissance, le génie & les talens superieurs rendoient si digne, particulierement de celle où vous venez d'être élevé avec un applaudissement universel.

Je suis, avec un profond respect,

MONSEIGNEUR,

Votre très-humble & très-obéissant
serviteur ,
DUPRE' D'AULNAY.

AVERTISSEMENT,

L'Examen que l'auteur a fait de la caufe des défordres, & des abus qui fe font introduits , & qui infenfible-ment ont paffé en ufage dans le fervice des vivres, des fourages, de la viande & des hôpitaux, l'ont engagé à chercher les moyens de les réprimer. Il s'eft aperçû en méditant fur ces défordres, qu'ils avoient pour origine le défaut de regles fixes & uniformes dans l'adminiftration. Il a effayé à l'égard des vivres & des fourages pendant 28 ans qu'il a été chargé de l'infpection des départemens , & de la direction générale, d'en établir de folides, & de les faire fuivre le plus éxactement qu'il lui a été pof-fible. Il a été convaincu par l'expérience , qu'il en étoit réfulté un grand avantage pour le Roy , pour les troupes, & même pour les munitionnaires. C'eft ce qui l'a engagé à rédiger ce traité , pour fervir de guide à ceux qui auront deffein de devenir entrepreneurs ; ils fçauront au moins la théorie , les avantages, & les rifques d'un état qu'ils re-cherchent avec empreffement, la plûpart fans en avoir la moindre notion.

L'auteur y démontre, la balance de l'équité à la main, les vrayes dépenfes pour le Roy , & les profits légitimes que doivent mériter ceux qui s'acquittent dignement de leur entreprife.

En inftruifant les employés, il a remedié à l'intelligence que la plûpart ont entr'eux , pour fuppofer des dépenfes & des pertes à la charge du Roy , intéreffantes pour le fervice , ruineufes pour les entrepreneurs, & par contre-coup, doublement préjudiciables à Sa Majefté, par rapport aux prix éxorbitans, & aux indemnités qu'occafionne une régie fans régles ni principes, & fans précautions, fans

conformité d'un fervice précedent, au même fervice fubféquent ; d'un département à un autre département, & d'un
magafin d'une place à celui d'une autre place.

Le défordre que caufa dans l'adminiftration des vivres
en 1706. la levée précipitée du fiége de Thurin, où tous
les papiers du bureau de la diftribution generale furent
perdus, néceffita d'arbitrer les décomptes des troupes,
l'état de fourniture, & les comptes des chefs aux travaux.
Il eft conftant que cette façon de compter n'a pas toujours
la verité pour baze, & que les employés font plus attentifs
à colorer leurs profits illicites, qu'à penfer aux interêts du
Roy & de leurs commettans. L'auteur réfléchit alors fur
les moyens, en pareils cas, de conferver les preuves des
recettes, des dépenfes, & des fournitures effectives à la
charge de Sa Majefté. Il pénétra aifément l'arrangement
qui s'étoit fait à l'occafion de cette déroute, & qui a été
fouvent pratiqué depuis, par le commis à la diftribution
générale ; entre celui-ci & les chefs aux travaux ; entre
eux & les gardes-magafins, pour établir à l'égard du premier, le non-complet des revûes, & le rachat clandeftin :
à l'égard des feconds, la fuppofition de la cuiffon & de
la confommation des farines ; à l'égard des derniers, même
fuppofition, des moutures, des envois, des voitures, &
des manœuvres ; & enfin à l'égard de ceux-ci, avec les
fourniffeurs ou commiffionnaires, les remifes fimulées en
grains dans les Places, dont au moyen des récepiffés comptables des gardes-magafins, ces commiffionnaires ou fourniffeurs, retirent la valeur des munitionnaires, laquelle fe
partage entre tous ceux que je viens de défigner. Pour
interdire cette intelligence abufive, & la fabrication des
procès verbaux imaginaires, rapportés après coup, comme
auffi la converfion des récepiffés anciens, en nouveaux,
augmentés ou ajuftés aux circonftances poftérieures, ca-
drantes aux interêts de tous les partageans, enfin toutes

les autres manœuvres des comptables, l'auteur imagina l'emploi d'un dépositaire commun à la suite de chaque département, sous les ordres des directeurs ; ce fut alors qu'il jetta les premiers fondemens de la méthode qui fait l'objet de ce traité : & à mesure que de la place qu'il occupoit, il a apperçû des irrégularités & des dissipations qu'il n'avoit point prévû, ou qui lui étoient échapées, il a changé & ajouté à son plan.

Cet ouvrage est divisé en deux parties; la premiere comprend tout ce qui concerne l'idée générale de l'administration des vivres, des fourages, des boucheries, des hôpitaux, des équipages des vivres & d'artillerie, aux armées & dans les places.

La seconde contient, 1°. Des tarifs qui font connoître la juste valeur de la ration du pain, du biscuit, & de la viande, selon la variation du prix des bleds & du betail, tous frais compris. 2°. Des calculs estimatifs de la vraye dépense des vivres d'une armée, & des garnisons ordinaires en Flandres, en Allemagne, en Italie, &c. 3°. Des modeles de propositions. 4°. Des modeles de traités pour l'entreprise des vivres, des fourages de la viande, des hôpitaux, des lits, des cazernes, & des soldats malades. 5°. Des modeles & des formules de tous les actes concernant les societés & l'administration des subsistances militaires, en ce qui touche l'ordre, la conduite du service, & la comptabilité. 6°. Des instructions articulées pour tous les differens employés, principaux & subalternes. 7°. Un projet d'ordonnance du Roy pour maintenir tous ces employés dans leur devoir, la fidelité, & la précision. 8°. Des mémoires & des plans sur les constructions des fours & des magasins, dans les places & dans les camps.

Les ministres trouveront dans ce que l'auteur a tracé, des préparatifs contre l'avidité ou l'ignorance des entrepreneurs. Les intendans seront moins embarrassés du dé-

tail des fubfiftances dans leurs départemens , chaque traitans ou fes employés , affujettis à des regles uniformes &
publiques , ne pourront s'en écarter fans être auffi-tôt
apperçûs, les routes furtives qu'ils ont ci-devant pratiquées
étant éclairées , les commiffaires des guerres ne feront
plus expofés à accorder des procès-verbaux de pertes imaginaires , les officiers chargés du détail des régimens, pourront, par ce qu'enfeigne ce traité , éviter les furprifes
des commis , & ceux-ci l'oppoferont aux difficultés mal
fondées de la part des troupes.

Les munitionnaires & les entrepreneurs futurs , fçauront
gré à l'auteur de leur avoir laiffé une idée claire & dif-
tincte des differentes parties de cette ample matiere , qui
eft pour la plus grande partie des afpirans aux entreprifes ,
ou aux emplois un veritable cahos, parce qu'il n'y a eu
jufqu'à préfent ni théorie , ni pratique complette écrite fur
ce fujet : Il faut pour le débrouiller l'avoir analyfé avec un
efprit critique & défintereffé, comme a fait l'auteur, pendant une longue fuite d'années , tant dans les branches
que dans le centre de l'adminiftration.

Dans quelques corps politiques que ce foit , il faut des
régles & des ftatuts pour établir & maintenir l'ordre &
la police ; voilà les liens de la focieté , fans eux chacun
fe livreroit à fon génie , & il n'y auroit dans le monde
entier que troubles & confufion.

Le ftyle de ce traité n'eft pas fleuri ; l'auteur s'eft plus
attaché aux chofes qu'aux mots. Ce n'eft pas un fyftême
imaginé, c'eft une pratique fuivie , dont toutes les parties
concourent au même but. L'auteur l'a mife en ufage avec
fuccès , pour ce qui concerne les vivres & les fourages ,
& il ne propofe rien qu'il n'ait fait , fait faire , ou vû faire.
Comme il a toûjours eu en vûe de former une méthode
complette fur tout ce qui concerne le traitement des troupes , il en a examiné fcrupuleufement les differentes par-

ties

ties à l'armée, & dans les places. Il a coufulté ceux qui avoient le détail des boucheries & des hôpitaux : il a difcerné ce qui étoit conduit avec intelligence & éxactitude, d'avec ce qui n'avoit pour guide que le hazard, ou l'ignorance, ou l'infidélité.

Toutes les entreprifes qui ont rapport à la fubfiftance militaire, ne différent entr'elles, que par la matiere que l'on fournit ; elles doivent avoir dans la conduite de l'adminiftration, une femblable regle, une harmonie parfaite, une éxacte tenue de regiftre ; il s'agit dans toutes uniformement, de recettes, de dépenfes, d'achats, de confommation, de foins, de précautions, d'activité, & enfin d'une bonne & folide comptabilité.

L'auteur efpére avoir rempli les vûes qu'il s'eft propofé en écrivant ce traité, fi le Roi, les Miniftres, & ceux qui font chargés de la fubfiftance des troupes, y trouvent de l'avantage ; Sa Majefté, par une grande œconomie fur fes dépenfes ordinaires, les miniftres, pour la fûreté du fervice, & les entrepreneurs, par une méthode réguliére, au moyen de laquelle ils pourront remplir leurs traités avec honneur & retirer des bénéfices légitimes & certains.

Quoiqu'il y ait eu des munitionnaires qui ayent bien fervi, qui ayent fait fubfifter les armées dans l'abondance, qui ayent mérité les éloges des miniftres & des généraux, leur adminiftration fans principes, fans uniformité, n'en a pas été moins irréguliere, difpendieufe pour le Roi, & pour eux : les uns fe font contentés de donner de courtes inftructions mal dirigées ; d'autres en ont donné de trop amples & impraticables qui ne remédioient que fuperficiellement au mal fans le déraciner. Auffi ont-ils été tous également dupes de la plus grande partie de leurs employés, des fournifleurs & des fous-entrepreneurs.

Ces employés & ces fournifleurs n'ont pas moins connivé & fuppofé des livraifons, des dépenfes & des pertes, dont la valeur a tourné à leur profit au moment de la fraude, ou, après de longs procès dans lesquels les munitionnaires ont succombé, par rapport à la forme des piéces fabriquées avec art entre ceux qui devoient livrer & les préposés pour recevoir, entre les sous-traitans & les capitaines de charrois qui laissoient périr les chevaux faute de nourriture, tandis qu'ils en partageoient le prix entr'eux.

Toutes ces choses ont occasionné des dommages irréparables, elles ont perpétué la comptabilité, & coûté des principaux & des intérêts si considérables aux munitionnaires, que la plûpart ont laissé des successions délabrées ausquelles les héritiers ont été obligés de renoncer.

Il semble, lorsqu'on n'éxamine pas les choses de près, que le désordre intérieur de l'entreprise des vivres soit indifférent au Roi, & qu'il suffit que ses armées soient bien servies; mais l'auteur prouve dans ce traité, que ces désordres intéressent considérablement Sa Majesté de différentes maniéres. En voici une simple explication; on en trouvera, dans chaque chapitre, de plus étendues.

Le défaut d'œconomie, dans un détail aussi vaste que celui de la subsistance des armées, produit des dépenses prodigieuses qu'on peut éviter sans que le service s'en fasse moins bien. *

Une compagnie qui perd réellement, mais qui fait le service, obtient des indemnités & une augmentation de prix pour l'année suivante, quoique les entreprises qui se succédent soient moins coûteuses d'un sixiéme que la premiére année qu'on l'établit. * *

Le désordre de l'administration est préjudiciable aux troupes, par la mauvaise qualité des fournitures, & le mauvais mélange.

Il interesse l'état, en ce qu'il y a des commis qui donnent à des fournisseurs, leurs récépissés de grains non fournis dans les termes de leurs marchés, au moyen desquels

** M. Raffi a sçû accorder l'exactitude du service, avec l'œconomie, dans des tems très-difficiles.*

*** Il est démontré, dans ce traité, que le Roi doit donner un moindre prix pour un service subséquent si les bleds ont la même valeur qu'ils avoient l'année précédente.*

ces fourniſſeurs reçoivent leurs payemens, & ne complet-
tent leurs engagemens que quand bon leur ſemble, ou à
la faveur de quelque mauvaiſe manœuvre.

Cependant ces commis employent, comme exiſtans dans
leurs magaſins, ces quantités ſuppoſées, ils les compren-
nent dans les états qu'ils certifient. Il arrive, ainſi qu'il ſera
rapporté dans la ſuite, ou qu'un général manque une entrepriſe parce qu'il compte ſur un approviſionnement réel
dans un poſte, & que quand le corps de troupes qu'il met
en mouvement vient pour y prendre le pain, au lieu de
bleds convertis en farines, le commis des vivres n'a que des
contre-lettres, pour les récépiſſés qu'il a donnés ; ou qu'un
commandant qui ſe croit en ſituation (ſur la confiance des
états certifiés des gardes-magaſins) de ſoûtenir un ſiége,
eſt obligé de capituler faute de ſubſiſtance.

L'auteur a vû arriver deux autres cas non moins importans
aux intérêts du Roi & du ſervice ; l'un, à l'occaſion des contributions de denrées par les ennemis ; l'autre, au ſujet d'im-
poſitions ordonnées ſur les peuples de Sa Majeſté. Les commis, faute d'attention des ſupérieurs à éclairer leur conduite, s'accommodoient avec les contribuables & les impoſés,
& au lieu de denrées en nature, ils en recevoient une grande
partie en argent ; & pour s'acquitter envers le Roi ou les
munitionnaires, ils ſuppoſoient des pertes par force majeure,
des priſes, des abandons à l'approche de l'ennemi, & des
déchets ; ils juſtifioient de ces *deficit* par des procès verbaux
extorqués.

Enfin les capitaines de charrois, mal ſurveillés, retran-
chent partie, & quelquefois le tout, de la ſubſiſtance des
chevaux, ce qui fait qu'ils ne peuvent faire le ſervice, &
qu'ils crevent en grand nombre : le remplacement des
morts étant conſidérable, force les munitionnaires à demander une augmentation de ſolde ; & le miniſtre qui eſt
informé qu'il y a eu beaucoup de mortalité, l'attribue aux

convois forcés, il ignore la véritable caufe & accorde l'augmentation de cette folde.

Origine des Munitionnaires des Vivres.

Il ne faut pas remonter bien haut, pour trouver l'établiffement des munitionnaires: ils étoient inconnus fous nos Rois de la deuxiéme race. Les provinces étoient chargées de faire trouver des provifions dans tous les lieux où les troupes devoient féjourner & camper: il y avoit des commiffaires généraux des vivres qui étoient chargés de la diftribution des denrées que chaque ville, & fes dépendances devoient contribuer: mais fouvent le défaut de vigilance des maires & échevins qui répartiffoient ces contributions, ou la lenteur des contribuables, & toujours le défaut d'union & d'une éxacte correfpondance des uns avec les autres, mettoient les troupes en danger de manquer de fubfiftance.

En 1574. M. de Montpenfier qui commandoit les troupes du Roi devant Luzignan, réfléchit fur les moyens de parer à cet inconvénient: plus d'une fois il avoit éprouvé que le défaut de vivres avoit caufé de grandes défertions dans fon armée; il ne trouva rien de plus fûr, que de charger, par entreprife à forfait, des gens entendus, capables d'une grande prévoyance, & de fixer un poids & un prix aux rations. AMORY, de la ville de Niort, fit des propofitions fur ce plan; ce général, autorifé par le Roi, les approuva & fit un traité avec ce particulier.

Par la fuite, il fut fixé une folde fuffifante pour la nourriture & l'entretien du foldat; on choifit pour la fourniture des vivres, des perfonnes capables, accréditées & en état de former & entretenir des magafins fuffifans pour la fubfiftance des armées & des garnifons en quelques lieux qu'elles feroient portées; cela s'eft pratiqué jufqu'à prefent.

TABLE DES CHAPITRES,

PREMIERE PARTIE.

SECTION PREMIERE.

CONTENANT l'établiſſement & la forme de l'adminiſtration des vivres

DEUXIE'ME SECTION.

Du fervice pendant la campagne.

---

*Nota Dans le cas contraire d'une place prise par l'ennemi. Voyez l'instruction du garde-magasin.

TROISIE'ME SECTION.

SECONDE PARTIE.

Modeles & inftructions annoncés dans la premiere partie.

Nota. L'on n'a pas jugé néceffaire de faire une inftruction particuliere pour les directeurs des vivres, foit de Paris, foit à l'armée, ou dans les départemens, attendu que pour bien remplir leurs fonctions, il faut qu'ils fçachent tout ce qui eft contenu dans les deux parties de ce traité: il en eft de même des munitionnaires, s'ils veulent réuffir dans leur entreprife.

Fin de la Table.

APPROBATION.

J'A Y lû, par ordre de Monseigneur le Chancelier, un manuf-crit, intitulé, *Traite' general des Subsistances Militaires*; Ouvrage qui m'a paru très-digne de l'impreffion. A Paris ce 8. Septembre 1743.

Signé, DE MONCRIF.

PRIVILEGE DU ROY.

LOUIS, par la grace de Dieu, Roy de France et de Navarre: A nos amés & féaux Conseillers, les gens tenans nos Cours de Parlemens, Maîtres des Requeftes ordinaires de notre Hôtel, grand Confeil, Prévoft de Paris, Baillifs, Sénéchaux, leurs Lieutenans civils & autres nos justiciers, qu'il appartiendra ; Salut. Notre bien amé le Sieur Dupre' d'Aulnay, nous a fait expofer, qu'il défireroit faire imprimer & donner au Public, un manuscrit, qui a pour titre, *Traite' general sur les Subsistances Militaires, Qui comprend la fourniture du pain de munition, des fourages*, &c. s'il nous plai-foit de lui accorder nos Lettres de Privilége fur ce néceffaires ; A ces Causes, voulant favorablement traiter l'expofant, nous lui avons permis & permettons, par ces Préfentes, de faire imprimer l'Ouvrage ci-deffus fpécifié, en un ou plu-fieurs volumes, & autant de fois que bon lui femblera, & de les faire vendre & débiter par tout notre Royaume, pendant le tems de quinze années confécutives, à compter du jour de la date defdites Préfentes ; Faifons défenfes à toutes fortes de perfonnes, de quelque qualité & condition qu'elles foient, d'en introduire d'impreffion étrangere dans aucun lieu de notre obéïffance ; Comme auffi à tous Libraires, Imprimeurs & autres, d'imprimer, faire imprimer, vendre, faire ven-dre, ni contrefaire ledit Ouvrage, ni d'en faire aucun éxtrait, fous quelque pré-texte que ce foit, d'augmentation, correction, changement ou autres, fans la per-miffion expreffe & par écrit dudit expofant, ou de ceux qui auront droit de lui, à peine de confifcation des exemplaires contrefaits, & de trois mille livres d'a-mende contre chacun des contrevenans, dont un tiers à nous, un tiers à l'Hôtel-Dieu de Paris, & l'autre tiers audit expofant, & de tous dépens, dommages & intérêts : à la charge que ces Préfentes feront enregiftrées tout au long fur le re-giftre de la Communauté des Libraires & Imprimeurs de Paris, dans trois mois de la date d'icelles ; que l'impreffion dudit Ouvrage fera faite dans notre Royau-me & non ailleurs, en bon papier & beaux caractéres, conformément à la feuille imprimée, attachée pour modéle, fous le contre-fcel defdites Préfentes, que l'im-pétrant fe conformera en tout aux Réglemens de la Librairie, & notamment à celui du 10. Avril 1725. & qu'avant de les expofer en vente, le manufcrit ou imprimé qui aura fervi de copie à l'impreffion dudit Ouvrage, fera remis dans

le même état, où l'approbation y aura été donnée, ès mains de notre très-cher
& féal Chevalier, le Sr. Daguesseau, Chancelier de France, Commandeur de
nos ordres ; & qu'il en sera ensuite remis deux exemplaires dans notre Bibliothé-
que publique, un dans celle de notre Château du Louvre, & un dans celle de
notre très-cher & féal Chevalier le Sr. Daguesseau, Chancelier de France,
Commandeur de nos ordres, le tout à peine de nullité des Présentes ; du contenu desquelles vous mandons & enjoignons, de faire jouir ledit exposant & ses
ayant-causes, pleinement & paisiblement, sans souffrir qu'il leur soit fait aucun
trouble ou empêchement : Voulons que la copie desdites Présentes, qui sera imprimée tout au long, au commencement ou à la fin dudit Ouvrage, soit tenue pour
duement signifiée, & qu'aux copies collationnées par l'un de nos amés & féaux
Conseillers & Sécretaires, foy soit ajoutée comme à l'original : commandons au
premier notre Huissier ou Sergent sur ce requis, de faire pour l'exécution d'icelles, tous actes réquis & nécessaires, sans demander autre permission, & nonobstant
clameur de Haro, Charte Normande & Lettres à ce contraires : Car tel est
notre plaisir. Donne' à Fontainebleau le vingt-septiéme jour du mois de Septembre, l'an de grace mil sept cens quarante-trois, & de notre Régne le vingt-
neuviéme, Par le Roy en son Conseil, *Signé*, SAINSON.

*Registré sur le Regiftre onze de la Chambre Royale & Syndicale des Librai-
res & Imprimeurs de Paris, Numero 246. fol. 204. conformément au Réglement
de 1723. qui fait défenses, art. IV. à toutes personnes, de quelque qualité qu'elles
soient, de vendre & débiter, & faire afficher aucuns Livres pour les vendre en
leurs noms, soit qu'ils s'en disent les Auteurs ou autrement ; & à la charge de
fournir à ladite Chambre Royale & Syndicale des Libraires & Imprimeurs de
Paris, huit exemplaires prescrits par l'art. CVIII. du même Réglement. A
Paris le 29. Novembre 1743.*

Signé, SAUGRAIN, Syndic.

J'AY cedé mon droit au présent Privilége, à M. PIGNAULT, Directeur
général des Vivres d'Italie. A Paris le 4. Février 1744.

Signé, DUPRE' D'AULNAY.

TRAITÉ GÉNÉRAL

DES

SUBSISTANCES MILITAIRES,

PREMIERE SECTION.

CHAPITRE PREMIER,

Contenant l'établissement & la forme de l'administration des vivres.

LES Munitions en général font néceſſaires pour parvenir aux fins qu'un ſouverain ſe propoſe, lorſqu'il veut ſe faire craindre, ſe défendre, ſoutenir ou entreprendre une guerre; mais entre ces munitions, celles qui ſervent à la ſubſiſtance des hommes & des chevaux, ſont les plus importantes; car, ſuppoſant que des proviſions d'Artillerie manquaſſent, il en arriveroit qu'une conquête ſeroit retardée de quelques jours, ou ſi l'on veut, quelle manqueroit totalement; mais ſi les choſes néceſſaires à la vie des hommes & des chevaux qui compoſent une armée, manquoient quatre ou cinq jours, non-ſeulement il ne fau-

A

droit point efperer à cette conquête, mais encore la défertion & le
défordre que la famine cauferoit, ruineroient entierement l'armée la
plus formidable, & expoferoient le Royaume au pillage. Malgré cette
vérité conftante, l'on n'a point, jufqu'à préfent, pratiqué de moyens
fuffifans pour que la fubfiftance des hommes & des chevaux foit toujours affurée.

Dans quelque adminiftration que ce foit, lorfqu'une fois il s'y eft
introduit de la régle, & que ceux aufquels l'autorité eft confiée ont
attention de la maintenir, il eft conftant qu'elle fe perfectionne journellement, & que d'un fimple ufage, il s'en forme une loi certaine ;
au contraire, lorfque quelque chofe n'a que le hazard pour bafe , le
défordre & la confufion l'accompagnent toujours, & fi l'on en tire
de l'utilité, ce n'eft qu'à la faveur de beaucoup de foins & de grandes
dépenfes, qui tournent en partie à l'avantage de ceux mêmes qui
caufent ce défordre & qui l'entretiennent.

Il eft auffi aifé de donner une forme folide au fervice des vivres &
des fourages, qu'il l'a été d'en donner à l'artillerie & à l'exercice
de l'extraordinaire des guerres.

Il ne s'agit, 1°. Que de faire choix des parties les plus faines &
les plus harmoniques qui ont été mifes en ufage jufqu'à préfent. &
de les rédiger en forme de loix. 2°. De n'admettre, dans les entreprifes, que des perfonnes le plus au fait, & d'une réputation fans équivoque, ayant moins égard à leurs richeffes, aux puiffances qui les
protegent, & à l'avidité qu'ils font paroître pour entreprendre, qu'à
leur intelligence au fervice par une pratique confommée, à leur
crédit, à leur réputation & à leur activité. 3°. Au choix des bons
commis, dont aucuns ne doivent être admis à des emplois comptables, fans donner caution. Tel eft le plan & l'idée générale de
ce traité. Pour rendre un édifice folide , il faut des fondemens
affurés ; ceux de la matiere que je traite procedent immédiatement
de l'attention, de l'autorité, même des facilités des perfonnes chargées du miniftere ; ainfi il faut premierement démontrer quelles font
les vûes du miniftre relativement aux préparations & aux fuites de la
guerre, en ce qui concerne les vivres.

CHAPITRE II.

Caracteres & choix des bons Munitionnaires.

Idée d'un Général des vivres.

UN Général des vivres doit être confommé dans l'adminiſtration de ce ſervice ; il doit avoir une connoiſſance éxacte des plus petits détails, comme des plus conſidérables, ſur tout ce qui concerne les fournitures, la manutention, & l'œconomie de l'entrepriſe, ſoit pour les achats, les emplacemens, la conſommation, la conduite de ceux qui lui ſont ſubordonnés, & le travail des bureaux.

Il doit connoître l'intérieur du royaume, les frontieres, & les Etats voiſins qui les environnent ; les ports, les rivieres & les canaux, pour tirer de tous ces endroits les ſecours dont il peut avoir beſoin ; il doit entendre le commerce, la finance, & la comptabilité ; avoir beaucoup d'ordre & d'éxactitude pour la correſpondance ; ſçavoir obéïr à ſes ſupérieurs avec une extrême vigilance, & ordonner, *toujours par écrit* à ceux qui lui ſont ſubordonnés, & que l'ordre ſoit précis & ſans équivoque. Prévenir les vûes politiques du miniſtre, preſſentir les deſſeins des généraux d'armées, pour n'être jamais pris au dépourvu ; ne rien trouver d'impoſſible ; voir dans le même inſtant & comme dans un point de perſpective, toutes les differentes parties du ſervice, les combiner, appercevoir les difficultés, & y remedier auſſi-tôt : Eſtre affable, généreux & délicat ſur le choix de ceux auſquels il met ſa confiance, pour l'exécution de ſes projets. Ce ſont toutes ces parties réunies qui caracteriſent le véritable munitionnaire.

Pendant tout le temps que je me ſuis mêlé de l'adminiſtration des vivres, & depuis que l'oiſiveté m'a rendu ſimple ſpectateur, je n'ai vû que M. Paris Duverney, qui ait rempli éxactement l'idée que je viens de donner du parfait munitionnaire ; il eſt d'un génie vaſte, actif, vigilant ; rien ne l'embarraſſe ; il ſçait prévoir les opérations des généraux : par ſes précautions, il a l'art, malgré les difficultés & la diſette, de faire ſubſiſter les armées dans l'abondance ; au lieu que les entrepreneurs ordinaires, qui ne connoiſſent le ſervice que de nom, ou qui n'ont que des notions relatives aux fournitures de garniſon, ou à la manœuvre des emplacemens, trouvent tout impoſſible, même dans les pays remplis de denrées & traverſés de rivieres navigables ; ils n'ont aucune reſſource dans l'imagination, nul expedient dans la pratique. Le fond & la forme les inquiétent également ; la cupidité les éblouit, la léfine les rend tenaces fur les dépenfes les plus nécef-faires, & les font, pour ainfi dire, marcher terre à terre d'un pas timide & chancelant.

C'eft une chofe extrêmement rare qu'un parfait munitionnaire; il faut, fuivant l'idée que je viens d'en donner, qu'il ait bien des qualités qui ne fe trouvent que difficilement dans les perfonnes deftinées aux entreprifes. Le plus grand nombre ne prend ce parti que dans la feule vûe de faire une grande fortune ; mais la premiere campagne les dé-fabufe, lorfqu'ils voyent l'objet de leur efpérance comme en proye entre les mains d'une infinité de commis qu'ils ne connoiffent pas, dont les caractéres font auffi differens que les traits de leur vifage ; qui n'ont la plûpart aucune notion du fervice, & dont le but uniforme eft de s'enrichir. C'eft cependant à ce corps monftrueux que les mu-nitionnaires font obligés de confier, annuellement, quinze à vingt, & quelque fois jufqu'à trente millions d'effets & de deniers ; c'eft à ces foins qu'il faut qu'ils s'en rapportent, fur les détails & dans des circonftances d'autant plus difficiles, que les opérations du fervice des vivres font fouvent variées, imprévues, quelque-fois tumultueu-fes, & toujours d'une extrême vivacité.

Dans le nombre des affociés qui compofent une compagnie, il peut arriver, comme je l'ai vû dans la derniere guerre d'Italie, que pas un des affociés ne foit munitionnaire. Si quelqu'un d'entre-eux a de légeres notions relatives à de fimples fournitures aux garnifons en tems de paix, ou à des achats de grains, il croit en fçavoir plus que les *Jacquier*. S'il en fçait effectivement plus que les autres, la jaloufie ou le défaut de lumieres de tous, empêchent qu'il n'en réfulte un bien pour l'entreprife: cet homme n'a que fa voix que la pluralité étouffe ; il ne peut rien propofer qui ne foit contredit. Il en fera tou-jours de même de toutes les focietés d'entrepreneurs des fubfiftan-ces militaires, qui n'auront point de principes fixes, ni de chef con-fommé dans la pratique, revêtu d'autorité & d'une probité éxacte.

* Sous M. de Turenne.

Lorfque M. Jacquier fervoit, * les armées n'étoient point nom-breufes comme elles ont été depuis; ainfi, en campagne & dans les garnifons, elles n'occupoient pas une grande étenduë de pays, & elles confommoient peu ; au lieu que les munitionnaires qui ont eu poftérieurement l'entreprife des vivres, avoient à fournir des armées formidables. Alors, & depuis, jufqu'en 1714. le Roy avoit au-delà de quatre cens mille hommes effectifs fur pied. J'ai vû, en Italie, en 1702. 1703. & 1704. plus de foixante & dix mille hommes ; j'ai vu en Flan-dres cent cinquante mille hommes campés, fans les garnifons de toutes les places frontieres ; l'armée d'Allemagne, dans la même

année, étoit de foixante-dix à quatre-vingt mille hommes, indépendamment de ceux qui étoient dans les places. Les mêmes munitionnaires étoient chargés de la fubfiftance de toutes ces troupes.

On ne doit pas avoir grande opinion de ceux qui offrent de fe
charger du fervice à quelque prix que ce foit : ou ils ignorent les premiers élemens de l'entreprife, ou ils fe fondent fur des indemnités,
ou enfin, ils comptent de remplacer la médiocrité du prix qu'ils demandent par de mauvaifes manœuvres ; ils n'envifagent pas les rifques
perfonnels & flétriffans qu'ils courent, & aux périls où ils expoferoient
l'armée la plus confidérable qui manqueroit de fubfiftance.

Mais un miniftre dont les vûes font fupérieures, connoît toutes les
conféquences d'un bon choix ; il eft perfuadé, que la fûreté d'un marché
confifte moins dans les claufes que dans l'exécution, au défaut de laquelle il ne feroit pas aifé de remedier, fi au milieu d'une campagne,
les entrepreneurs fe trouvoient hors d'état d'y fatisfaire, ni leur vie, ni
leurs biens ne pourroient remplacer le défaut de pain & de fourage
à une armée.

Le miniftre examine les propofitions, fans égard pour les perfonnes qui les préfentent ou qui les appuyent, fans s'attacher à la valeur courante, lorfqu'ils ne s'écartent pas du prix commun dont il
eft inftruit par les intendans. (*a*)

Il s'informe foigneufement de l'intelligence des propofans, fur le
fait de l'entreprife ; il en cherche la preuve fur de tels ou femblables
fervices dont ils fe font acquittés ; il s'attache particuliérement à la
bonne réputation & au crédit. Il eft, en fait de vivres, des fituations où
ces conditions font plus utiles, dans un entrepreneur, que de grandes
richeffes, parce qu'il peut arriver du dérangement dans les payemens
ftipulés, comme on a vû dans la guerre finie en 1714. où un munitionnaire général* a, par fon crédit, trouvé plufieurs millions qui ont *M. Fargès.
aidé à foutenir, pendant des temps de difette d'argent & de grains,
le fervice des vivres & des fourages.

(*a*) *Voyez* dans la feconde partie, le tarif fur la fixation du prix de chacune ration
de pain de munition, tous frais compris, calculé fur la valeur d'un fac de bled
de ⅔ froment & ⅓ feigle, du poids de 200 livres, depuis fept livres 10 fols jufqu'à
trente livres, pour la Flandre & l'Allemagne.

Et d'un fac de pur froment du même poids, depuis fept livres dix fols jufqu'à
trente-fept livres, pour l'Italie.

Voyez auffi le calcul fur l'eftimation de la dépenfe d'une entreprife des vivres ;
pour une armée en Flandre & en Allemagne, & une autre en Italie, garnifons,
folde de chevaux & mulets compris.

CHAPITRE III.

Quels sont les inconvéniens d'une entreprise confiée à de mauvais entrepreneurs.

SI un traité s'accordoit par protection à des entrepreneurs ignorans, insolvables & sans crédit, voici quels en seroient les inconvéniens.

En tems de guerre, c'est dans les mois de Septembre ou d'Octobre, que le ministre reçoit les propositions de ceux qui forment des sociétés ; quelque-fois il s'en trouve de bien composées ; mais plus souvent le contraire arrive. Lorsque les sociétés se forment, c'est presque toujours l'interêt plûtôt que l'honneur qui en fait la liaison ; alors une cordialité, une union de volonté, & un désinteressement apparent se manifestent entre les associés ; une soumission aveugle est promise à celui qui, dans le nombre, passe pour le plus capable.

Lorsque le ministre a agréé & signé le traité, la discorde semble le ratifier ; dès l'instant, la méfiance saisit les associés, & forme, entre-eux, differens partis, qui, insensiblement deviennent préjudiciables, non-seulement à la société, mais même au service. Les contributions aux fonds d'avances sont les premiers motifs de discussions ; souvent tel qui a été fort ardent à signer les propositions & le marché, devient comme perclus lorsqu'il est question de remettre son contingent : les fonds ne se faisant point avec autant d'éxactitude qu'il convient pour engager & satisfaire les fournisseurs, il arrive que le quartier d'hiver est à moitié passé, qu'il y a à peine dans les magasins de quoi faire subsister journellement les garnisons. Cet inconvénient est suivi d'un autre aussi considérable ; les chemins deviennent impraticables par les pluies ou par les gelées, ce qui empêche les transports ; souvent aussi les débordemens des rivieres & les glaces arrêtent les moutures ; ainsi le mois d'Avril survient avant que le quart des remises soit fait ; delà, non seulement la campagne commence mal, & s'écoule de même ; mais le gouvernement se trouve gêné si le hazard ou la position des ennemis donne jour à quelque entreprise* ; & malgré les attentions du ministre & des intendans, si des particuliers ne suppléent aux avances de la société, le service manque tout à coup, ou se fait avec peine jusqu'à la séparation de l'armée.

* Louis XIV. a fait la conquê-te de la Franche-Comté en plein hiver.

On ne put entrer en campagne en 1709. que très-tard, parce que les munitionnaires négligerent de faire à propos leurs achats; ils ne purent remédier à leur négligence, à caufe de la gelée mémorable du jour des Rois. Si ces munitionnaires s'étoient précautionnés dans le tems de la récolte précédente qui avoit été abondante, cet accident n'eût point été nuifible au fervice: la faute devint irréparable, ils ne purent abfolument remplir leur marché, le bled qui, dans le tems qu'ils fignerent, ne valoit que 7. livres 10. fols le fac de 200. livres, monta jufqu'à 50. livres ; & fans M. Fargès, qui trouva le fecret de tirer, des ennemis mêmes, une grande partie des grains, les troupes auroient manqué de pain; les fourages dont il étoit alors chargé, furent fervis comme s'il n'y avoit pas eu de gelée.

En 1712, il arriva de grands inconvéniens dans le fervice des fourages; car, malgré le prix fort, les payemens d'avance, les voitures des Communautés qui furent commandées, l'entrepreneur ne put remplir fon traité, & l'on fut obligé de fourager fur notre propre pays.

Les entrepreneurs négligens, dont je parle, au lieu de faire des fonds d'avance, retirent des droits de préfence; toute leur occupation eft d'arceler le miniftre pour obtenir des indemnités fous différens prétextes, aufquels, avec raifon, il ne fait aucune attention, à moins que des accidens caufés par une force majeure, n'ayent abfolument changé les circonftances de l'entreprife.

Ce que j'ai rapporté touchant les événemens de 1709. & 1712. prouve la néceffité qu'il y a, non-feulement pendant la guerre, mais en tems de paix, de tenir toujours les magafins des places frontiéres du Royaume fuffifamment aprovifionnés, fauf aux mois d'Avril, May & Juin, tems où les grains augmentent ordinairement de prix, d'en faire la vente d'un quart ou d'un tiers, pour les renouveller après la récolte; ce n'eft qu'une premiere dépenfe à faire, mais l'entretien, au moyen du bénéfice de ces ventes, ne coûte prefque rien, & le miniftere eft tranquille en cas d'événemens; d'ailleurs ces aprovifionnemens fervent fouvent de reffources très-utiles dans l'intérieur du Royaume lors des années ftériles. Je peux en parler avec certitude, après ce que j'ai vû en 1709, 1712, 1720, 1721. & 1722.

CHAPITRE IV.

Quelles doivent être les vûes d'un entrepreneur intelligent
& au fait du service.

Lorſqu'un particulier, ou pluſieurs aſſociés ſolvables, au fait du ſervice, & en état de le ſoutenir, ſe préſentent au miniſtre pour entreprendre les vivres; par une précaution néceſſaire, ils ſe font inſtruire par des correſpondans diſcrets, s'ils pourront compter ſur la quantité de bleds qu'ils jugent néceſſaire ſelon l'objet; enſorte qu'immédiatement après qu'ils ont ſigné leur traité, ils ſoient en état de remplir les magaſins, & de profiter des mois d'Octobre & de Novembre pour voiturer & commencer les moutures.

Des munitionnaires qui connoiſſent l'incertitude des mouvemens de l'armée, dont les différentes poſitions rendent ſouvent une partie des emplacemens inutiles, tandis que l'autre n'eſt pas ſuffiſante, ont toujours en ſeconde & troiſiéme ligne, un ſupplément de proviſion au-delà de ce qu'il en faut pour la conſommation fixée; c'eſt ce qu'ont toujours pratiqué les vrais munitionnaires, & c'eſt par ces ſages précautions que les armées où ils ont ſervi ont été dans l'abondance, & qu'ils ont mérité l'eſtime & la confiance des miniſtres & des généraux.

CHAPITRE V.

Des précautions que doivent prendre ceux qui veulent
devenir munitionnaires.

Lorſqu'un particulier a deſſein de devenir munitionnaire des vivres, il doit conſidérer trois choſes.

La premiere, s'il eſt au fait du ſervice, s'en étant mêlé, où s'il en a examiné de près toutes les circonſtances & les inconvéniens.

La ſeconde, les perſonnes avec leſquelles il veut s'aſſocier, prenant bien garde qu'elles ne ſoient pas plus avides de gain que de réputation; ſi elles ſont au fait des entrepriſes de pareille nature,

en

en ayant déja fait ; enfin fi dans celles où elles ont eu part , le miniftre & le public ont été fatisfaits de leur geftion , & fi elles en ont
rendu bon compte.

La troifiéme , s'il eft affuré des fonds d'avance qu'il convient
faire.

Si cinq ou fix perfonnes font féparément un femblable examen ,
qu'elles ayent les qualités requifes , & qu'elles s'affocient , on peut
bien augurer de l'entreprife.

Ces perfonnes doivent fe joindre dès le mois d'Août , fe prefen-
fenter aux miniftres de la guerre & de la finance , pour connoître
fi elles leur feront agréables , & s'ils voudront bien recevoir leur
propofition dans le tems.

CHAPITRE VI.

Soins à prendre jufqu'au mois d'Octobre.

LOrfque les propofans auront la parole du miniftre , ils formeront une fociété préliminaire , & s'affembleront au moins deux
fois par femaine , à l'effet de fe communiquer les avis fecrets que
chacun recevra des prix des bleds , ainfi que des foins & des avoines ; les équipages exigent une grande provifion de ces deux dernieres denrées.

Ils formeront , chaque jour , de leur affemblée un prix commun
des différens prix de chaque efpéce , & s'ils connoiffent que dans
le tems même de la récolte les prix font convenables , ils contri-
bueront pour former un fond qui fera remis à ceux d'entr'eux qui feront au fait des achats , ou qui auront de bons correfpondans ; & auffi-
tôt la fignature du traité , ils fe rendront fur les lieux , & avec mé-
nagement & difcrétion , ils s'affureront le plus qu'ils pourront de
bleds & d'avoines , & même de foins , ayant attention que ces
denrées , & particuliérement la derniere , foit à portée des rivieres , afin d'en pouvoir faire le tranfport avec facilité , & moins de
frais.

Ces préparations conduiront infenfiblement à la fin du mois
d'Octobre.

CHAPITRE VII.

Articles essentiels pour rédiger une proposition.

LEs associés présenteront leurs offres au ministre de la guerre pour la fourniture aux troupes de garnison d'hyver & d'été.

Pour former cette soumission, il faut faire attention, 1°. au prix du froment, 2°. à celui du seigle, 3°. qu'il faut deux tiers du premier grain contre un tiers du second *, 4°. que la ration doit être de 24. onces, 5°. qu'il faut des sacs de toille, 6°. des provisions de fagots & de bois de corde, 7°. des ustanciles de fours & de magasins, 8°. des droits de moutures, 9°. une direction dans chaque département, 10°. des commis, des boulangers, & des journaliers dans chaque place, 11°. des voitures par terre & par eau, 12°. des déchets naturels de magasin, 13°. des menus frais imprévûs, ainsi que des intérêts des fonds d'avance ; toutes lesquelles choses doivent entrer dans l'apréciation de chaque ration, ayant égard à ce qu'un denier de plus ou de moins sur chacune, forme un objet considérable sur la totalité : ** On trouvera dans la seconde partie de ce traité le modéle d'un calcul & d'une proposition.

Comme le tems s'écoule rapidement, il ne faut pas perdre un moment pour faire faire les transports & les moutures ; il faut que la compagnie sollicite l'expédition du traité. On trouvera plusieurs modéles dans la seconde partie ; je dis plusieurs, car quoiqu'il ne s'agisse au fond que de la fourniture du pain, néanmoins dans la forme il peut y avoir des variations.

Le marché le plus simple & le plus ordinaire est lorsque le munitionnaire fournit à forfait, au moyen d'un prix fixé à la ration, l'entrepreneur est chargé de tous les frais.

Il peut arriver que le Roy ait du grain, alors il ne s'agit que de la façon & distribution, ce qu'on appelle proprement *manutention.*

Dans l'un ou l'autre cas, ou la retenuë du pain s'en fait aux troupes par le trésorier, ou au profit du Roy, ou au profit du munitionnaire : ou enfin la fourniture se fait gratis. J'expliquerai, en son lieu, toutes ces variations, n'en ayant parlé ici que par raport aux différens stiles des marchés.

Marginal notes:

* Un sac de munition de 200. liv. contient,
133. l. ⅓ from.
&
66. ⅔ seigle.
____
200 liv.

** Chaque denier fait 15. fois par sac.

CHAPITRE VIII.

Ce que doivent faire les munitionnaires après la signature
du marché.

AUſſi-tôt que la compagnie ſera munie du marché, elle doit établir la direction générale de la maniere que je l'expliquerai.

Les aſſociés rédigeront leur ſocieté, qui doit être reconnue devant notaire par un acte en forme de ratification.

Il ne faut pas y omettre deux articles eſſentiels.

Le premier, qu'aucun aſſocié ne pourra avoir part ni intérêt, directement ni indirectement dans les marchés ou ſous-entrepriſes que la compagnie fera, qu'en cas de contravention prouvée ; tel aſſocié ſera exclu & rembourſé de ſes avances, ſans bénéfice ni droits de préſence, qui lui ſeront précomptés s'il en a reçu.

Le ſecond, que celui des aſſociés qui ſera convaincu d'avoir eſcompté avec profit, des ordres, mandemens, & autres effets appartenans à des créanciers directs ou indirects de la compagnie ; outre l'excluſion de la ſocieté, & la privation des droits de préſence, il lui ſera précompté ſur ſes fonds d'avances qui lui ſeront rendus, la perte qu'il aura fait ſupporter aux porteurs des effets eſcomptés, auſquels on en fera la reſtitution. *

Ordinairement le marché eſt paſſé ſous le nom d'un particulier qu'on appelle *prêtenom*, la compagnie lui fait ſigner dans le même tems, & devant le même notaire, ſes déclaration & procuration ; on trouvera dans la ſeconde partie de ce traité les formules de ces différens actes.

---

* *Nota.* J'ai vû des munitionnaires faire uſer partie de leur fonds par ce honteux commerce, & profiter d'un tiers ou de moitié, ſur les porteurs des effets qui avoient ſollicité leur payement pendant des années entieres.

CHAPITRE IX.

Bureau de Paris.

Choix d'un directeur général.

CE directeur doit être d'une grande probité, vif, laborieux, affable, prévenant, & néceffairement au fait du fervice, pour l'avoir exercé dans un département avec fuccès ; car il ne fuffit pas, dans ce pofte, de fçavoir écrire & chiffrer ; comme c'eft la direction générale qui doit inftruire & faire mouvoir les autres directions, il eft néceffaire que celui qui la remplit foit par une pratique confommée en état de conduire ceux qui lui font fubordonnés, & de diriger toutes les opérations qui ont rapport au fervice & à la focieté, d'autant que la plûpart des affociés, comme je l'ai déja dit, ignorent les élémens de leur entreprife, & ne font occupés qu'à calculer des bénéfices imaginaires.

Le directeur général, doit être homme de lettres, entendre le droit & la pratique, ne pas ignorer les opérations militaires qui ont rapport à fon état ; il doit être parfaitement au fait de la comptabilité, de l'ordre & de l'arrangement de la finance, & de la chambre des comptes ; il ne doit pas ignorer le commerce des gros fruits, le rapport des différens poids & mefures, tant du dedans que du dehors du Royaume ; enfin les changes & remifes d'argent de place en place.

Je ferai connoître l'utilité de toutes ces chofes en fon lieu.

CHAPITRE X.

Des fonctions & attentions du directeur général.

LEs fonctions du directeur général, s'établiffent par les fonctions des différens employés, dont il eft comme le gouvernail ; c'eft lui qui doit les éxaminer, les fuivre dans l'exécution, & les relever en cas d'infuffifance ou d'infidélité, & rendre compte à la compagnie des récidives, pour faire mettre en ufage la rigueur de l'ordonnance.

Dans les détails, quoique tous effentiels, il y en a d'une plus grande étendue les uns que les autres; la correfpondance eft un travail continu, ferré, & qui exige une grande célérité, parce que, dans le fervice, les inftans font précieux; l'ordre qui arrivera à tems aura un effet avantageux; quelques jours de retard le rendront inutile, & l'intervale pourroit être fufceptible de facheux accidens. Ainfi, fur le courant du fervice, les lettres reçues par l'ordinaire du matin, doivent être répondues & envoyées à la pofte pour l'ordinaire du foir, à moins qu'il ne s'agiffe de décifions de la cour que la compagnie ne peut obtenir fi promptement : mais en attendant que le miniftre ait décidé, il convient toujours de faire une réponfe qui faffe connoître à celui qui a écrit que le retard ne procéde point de négligence. Quoiqu'il paroiffe qu'une femblable lettre foit inutile, il y a de certains cas où la compagnie peut prévoir la volonté du miniftre.

J'ai vu cette correfpondance occafionner plus de 60. lettres par jour; la plûpart de celles qui s'écrivent aux directeurs font amples, celles des infpecteurs le font moins, & celles des gardes magafins qui doivent toujours contenir des réflexions fur leur devoir, & l'exécution de leurs inftructions, font affez étendues; mais les lettres qui demandent toute l'attention du directeur pour bien expofer un fait en bons termes, & en ftile concis, ce font celles que la compagnie écrit à meffieurs les intendans, commiffaires des guerres, commandans, officiers généraux, ou autres perfonnes conftituées en caractére, & avec lefquelles la compagnie entre en relation pour le fait du fervice : le ftile de toutes ces lettres doit être fi clair, qu'il n'y ait aucune équivoque qui puiffe préjudicier au fervice.

Lorfque les munitionnaires demandent, ou font des repréfentations au miniftre de la guerre ou de la finance, ce doit être par des mémoires fimples & expofitifs du fait, fans aucun déguifement, verbiage, ni fleurs de rhétorique; ces mémoires doivent contenir briévement l'expofition, les moyens, & la conclufion. Il faut avoir attention de ne point confondre différens faits, mais faire autant de mémoires qu'il y a de demandes, ou de repréfentations particulieres, pour que la diftribution s'en faffe aifément & fans confufion dans les différens bureaux du miniftre.

Le directeur général ne doit pas ignorer la forme des actes pour ftipuler avec folididité les délibérations, marchés, cautionnemens, indemnités, pouvoirs, & autres actes concernant l'entreprife & la focieté.

Il doit pareillement fçavoir les principes de la finance pour tenir

dans une bonne, forme le controlle de la caiffe générale, pour libeller fi bien les ordonnances ou mandemens de la compagnie,
qu'ils indiquent au tréforier les natures des décharges qu'il doit éxiger, pour difcuter & apoftiller felon la forme & l'équité les comptes
qu'il doit arrêter, ou fur lefquels il doit faire donner des décifions
par la compagnie.

Une attention particuliere que le directeur général doit avoir,
c'eft d'empêcher les mauvaifes difcuffions entre les commis fur des
intérêts particuliers qui ont rapport à leurs comptes ; il doit s'en
rendre l'arbitre équitable, de même que pour les difcuffions qui
interviennent entre l'oyant compte & les comptables, à l'occafion
des radiations que cet oyant compte peut leur faire ; il doit avoir
égard au caractere du fujet, à l'éxactitude & à la probité avec lefquelles il a rempli fon emploi, à l'attention qu'il aura eu de fe
conformer aux inftructions ; & fuppofant toutes ces éxactitudes dans
un comptable, le directeur doit engager la compagnie à lui accorder juftice en tout ou partie.

S'il arrivoit que toute la bonne foi poffible fût prouvée dans le
comptable, & que la grace qu'il conviendroit de lui accorder fût
d'une nature oppofée aux inftructions, & qu'elle tirât à conféquence pour les autres comptables qui ne mériteroient pas une femblable faveur, l'article en difcuffion fera à toute rigueur rayé dans le
compte, & la grace accordée, portée dans un mandement particulier, ftipulé *pour caufes connues à la compagnie.*

Suppofant au contraire, qu'un comptable fût de mauvaife foi ;
le directeur l'éprouvera, & en tirera le meilleur parti qu'il pourra,
évitant avec foin à la compagnie quelque procès que ce puiffe
être : j'ai l'expérience qu'ils font toujours préjudiciables, parce que
le commis qui plaide eft un joueur ruiné, dont l'enjeu eft le gain
que le hazard lui a procuré ; s'il le perd il ne rifque rien : mais le
munitionnaire, qui eft le contrejoueur, rifque toujours la matiere
du procès, & les frais ; d'ailleurs il faut craindre les mauvaifes im-
preffions qu'une condamnation donne aux autres comptables fufpects ; il y en a fouvent de très-mauvaife foi, mais timides, qui
n'attendent qu'un exemple autorifé pour le fuivre.

Il eft indifpenfable au directeur général d'entendre la géogra-
phie, du moins les parties de l'Europe qui enveloppent la France ;
il doit connoître les principales places, les ports, les rivieres, &
les villes de commerce du royaume, parce que le fervice des vivres peut s'étendre de toutes parts, comme il eft arrivé plufieurs
fois, foit pour la fourniture du pain aux troupes, foit pour les achats
de grains ; & même il ne doit pas ignorer les traites que l'on peut

faire de cette denrée en Sicile, en Barbarie, en Angleterre, en Irlande, à Dantzic, &c. dont les tranfports fe font par mer : & dans la Flandre étrangere, l'Allemagne, & la Lorraine, dont les tranfports fe font par terre.

Les traites qui fe font de ces différens lieux, demandent auffi que le directeur connoiffe la différence des poids & des mefures, & leur rapport avec celles des magafins du Roy, qui font toujours en livre, poids de marc, & en boiffeau mefure de Paris. Il fuit encore de ces traites de bleds, qu'il doit fçavoir le change étranger.

Quant au caractére, il faut qu'il foit affable & judicieux, qu'il entende avec une égale tranquillité les bonnes ou mauvaifes demandes, & prétentions des comptables, ou du public qui ont affaire à lui ; qu'il fatisfaffe les uns avec beaucoup de vigilance, & qu'il élude les autres avec douceur.

Comme le directeur général doit être impartial, entre tous les munitionnaires, & qu'il ne doit pas être porté plus pour les uns que pour les autres, il doit concourir de toutes fes forces à entretenir entr'eux l'union ; & en cas de confidence de la mauvaife humeur de ceux-ci, à l'occafion de quelques chofes d'irrégulier de ceux-là, il doit fans adhérer aux plaintes, mettre en ufage tous les moyens pratiquables pour procurer leur fatisfaction commune, & les munitionnaires de leur part doivent avoir beaucoup d'égards pour lui, & le traiter comme un affocié très-utile, & la clef de leur édifice.

Le directeur général ne doit pas être comptable en quelque maniere que ce foit, ni intéreffé directement, ni indirectement dans l'entreprife.

Il faut qu'il ait à fes ordres deux premiers commis, fidéles, intelligens, & au fait du fervice.

CHAPITRE XI.

Premier commis dépofitaire à la direction générale.

CE commis eft le dépofitaire des états de quinzaine, que les directeurs envoyent, des effets éxiftans dans les magafins de leur département, fur lefquels il forme l'état général que le munitionnaire préfente les 5. & 20. de chaque mois au miniftre.

Il eft pareillement dépofitaire des marchés d'achats ou fous-entreprifes, dont il fait le dépouillement fur un regiftre, ouvrant un compte à chaque fournisseur ou sous-entrepreneur, pour connoître si leurs remises se font exactement, ce qu'il voit par les états de quinzaine, par les connoissemens, si c'est par mer que se font les envois, & par la correspondance des directeurs, & des gardes-magasins avec la compagnie.

Il tient un registre sur lequel sont inscrits les expéditions & certificats de passeports qui se délivrent aux fournisseurs ou voituriers, pour l'affranchissement des droits de chaque passage, péage, &c. suivant ce qui sera dit dans son lieu.

Il enregistre les commissions & les cautionnemens.

Ce premier commis est, de plus, comptable en piéces qui sont adressées des départemens à la direction générale, suivant ce qui sera dit ci-après.

Il aura deux registres cottés & paraphés par le directeur; le premier, qui sera un journal, servira à enregistrer ensuite l'un de l'autre, sans intervale, renvoi, ni ratures, tous les états de fournitures, rescriptions des trésoriers de l'extraordinaire des guerres pour le montant des retenues faites aux troupes, procès-verbaux de pertes, états ou autres piéces justificatives de toutes sortes de dépenses qui doivent entrer dans le compte du Roy: Comme aussi toutes les piéces relatives à la comptabilité des commis, qui seront adressées à la direction générale par celles des départemens, desquels états & piéces, ce commis fournira ses reconnoissances comptables, au bas de copie ou d'extrait d'iceux, portant promesse d'en compter à la décharge du comptable qui en aura fait l'envoi; ces reconnoissances seront visées par le directeur général qui vérifiera l'enregistrement, & mettra son paraphe à la marge du journal, à côté de l'article dont il sera question.

Le second registre sera divisé en autant de chapitres qu'il y aura de directions, & les feuillets par colomnes en aussi grand nombre qu'il y aura d'effets de différentes natures, outre celles qui doivent contenir le *folio* du journal, la date de l'envoi, de la reconnoissance comptable, & les sommes de deniers.

Aussi-tôt que ce commis aura fait l'envoi de ses reconnoissances, il portera sur son deuxiéme registre les articles de son journal concernant cet envoi; ayant attention de mettre à la marge le *folio* du grand registre où l'article sera employé.

Le directeur général, & ceux des départemens, doivent avoir attention de rayer des comptes les piéces du caractére ci-dessus désignées que les comptables rapporteroient en originaux, contre la disposition des instructions qui prescrivent le tems des remises de semblables piéces.

Au moyen du dépôt des reconnoiſſances , récepiſſés , ou acquits comptables , il n'y aura , ni omiſſion , ni faux ou doubles emplois dans les comptes ; les gardes magaſins , chefs aux travaux , fourniſ-ſeurs , ou autres comptables rapporteront dans leurs comptes , pour piéces juſtificatives , les certificats du premier commis dépoſitaire des directions dont ils dépendent ; l'emploi de chaque nature de re-cette & de dépenſe étant fait dans les comptes généraux de ces pre-miers commis , les comptes particuliers de chaque département fe-ront aiſés à vérifier , l'opération en ſera prompte & certaine , & l'intelligence entre les comptables , ſur les converſions des récepiſſés particuliersen recepiſſés généraux,avec des augmentations illégitimes, leur ſera interdite ; il n'y aura plus de procès-verbaux vicieux , ou total-lement ſuppoſés ; l'on empêchera pareillement la facilité qu'ont plu-ſieurs gardes magaſins de donner aux fourniſſeurs leur récepiſſés comp-tables pour leur procurer le payement des bleds qu'ils s'engagent d'emplacer dans les premiers mois de l'année ſuivant leur marché , & dont ils ne remettent que le quart ou le tiers , donnant pour le ſurplus à ces gardes magaſins des contre-lettres portant promeſſe de les fournir à l'approche , ou après la moiſſon ; afin de profiter enſem-ble du rabais qu'ils eſpérent ſur le prix des grains , procedé crimi-nel & intéreſſant pour le Roy & les munitionnaires ; en voici deux preuves.

Pendant la guerre , qui fut terminée par la paix d'Utrek , on fut obligé de rendre une place très-forte en Flandres , parce qu'on avoit compté ſur les états certifiés du garde magaſin ; ils ſe trouve-rent faux au moyen des contre-lettres ; la ſubſiſtance manqua , le gou-verneur fut obligé de capituler deux mois plûtôt qu'il n'auroit fait ; les fourniſſeurs qui avoient été payés ſur les récepiſſés comptables du garde magaſin , étant paſſés ſous la domination des ennemis , ne ſe mirent plus en peine de remplir leurs contre-lettres , & ce commis ayant diſparu , les munitionnaires perdirent la valeur des grains qui reſtoient à fournir.

En Allemagne , ſur la foi de ſemblables états , le général d'armée fit faire un mouvement ſecret à un corps de troupes , avec ordre de prendre le pain pour quatre jours dans une place qu'il indiqua , où , ſuivant l'état ſur lequel il comptoit , il devoit y avoir 4000. ſacs de farines ; mais cette ordre ayant été communiqué au garde magaſin , qui , au lieu de farines ou de grains , avoit des contre-lettres , ne trouva ſon ſalut que dans la fuite , & le projet du général n'eut point d'exé-cution.

Je pourrois citer un grand nombre d'exemples à peu près ſembla-bles ſur l'abus que les commis ont toujours fait de la trop grande confiance des munitionnaires, forcés d'employer des protégés fans probité & fans caution : mais les deux faits que je viens de citer me paroiffent fuffifans pour prouver la néceffité qu'il y a de faire choix des fujets à qui l'on puiffe confier, fans crainte, le maniement des effets & des deniers des vivres , de n'en admettre aucun qui ne foit de bonne famille , & qui ne donne caution , de les fuivre de près dans l'éxercice de leurs emplois, de vérifier fouvent l'éxiftance de ce qu'ils ont en garde , de s'affurer de l'éxacte tenuë de leur journal, qui doit être la vraie & feule pierre de touche pour les entrées & forties jour-nalieres des effets & deniers ; de ne pas les laiffer maîtres de leurs piéces , & de les obliger à les convertir, immédiatement après leur date , en récepiffés comptables des premiers commis aux directions, qui font eux-mêmes furveillés par les directeurs, & aftraints, au moyen de leur regiftres controllés à chaque article, par l'examen & par le paraphe.

Les mouvemens que la cour fait faire aux troupes , peuvent empê-cher les directeurs des départemens de confommer les décomptes. Précedemment l'ufage étoit que les directeurs les adreffaffent , avec les billets de prifes, aux majors ; mais il eft arrivé fouvent qu'ils ne faifoient aucune réponfe , que les billets fe trouvoient perdus , ou enfin que plufieurs années fe paffoient fans pouvoir finir , fans un ordre fupérieur, qu'il n'eft point aifé d'obtenir après l'éxercice : Pour remédier à cet inconvénient, auffi-tôt qu'un régiment fera forti d'un département , le directeur enverra à la direction générale les billets de troupes , extraits des revues d'hôpitaux , projets de dé-comptes & ordres des intendans pour retenue , fi elle eft ordonnée, defquelles piéces le premier commis , à qui elles feront remifes, en ac-cufera la reception au directeur qui en aura fait l'envoi par une lettre miffive , qui contiendra en détail le nombre & la qualité des piéces , avec le montant des rations de pain ou de bifcuit contenues dans les billets , cette quantité fera écrite en toutes lettres , & la miffive tranf-crite correctement fur un troifiéme regiftre.

Dans le même inftant il dreffera une lettre de ftile, que le direc-teur général fignera & adreffera au major , avec une copie du dé-compte , lui donnant avis de l'envoi des billets qu'il fera au tré-forier du lieu où fera le régiment, ou à d'autres perfonnes , l'invi-tant à terminer ; & en cas de retard, après un temps convenable , le directeur général formera un mémoire que le munitionnaire préfen-tera au miniftre, à l'effet d'obtenir un ordre au major pour l'obli-ger de finir, ou un ordre de retenue en cas que le régiment re-doive.

Il arrive quelquefois que les officiers chargés du détail fe trouvent à Paris, & qu'ils fe rendent au bureau de la direction pour terminer leurs décomptes.

Quand le décompte aura été ainfi confommé, & qu'il fera revenu à la direction générale, ou qu'il y aura été fini ; le commis l'adreffera au directeur qui le lui aura envoyé, & qui lui renverra fa lettre miffive, à la marge de la minute de laquelle le commis mettra, *affaire confommée*, & ce, afin d'éviter toute comptabilité fur cette matiere ; ainfi le commis aura attention de ne faire mention que d'un même fait dans chaque lettre.

Je dois obferver que toutes lettres, concernant un détail auffi confidérable que celui des vivres, ne doit contenir qu'un feul fait, il ne coûte guére plus de temps d'écrire, par exemple, trois petites lettres fur différens fujets, qu'une feule qui les contiendroit tous. Elles éxigent de celui qui les reçoit chacune une attention particuliere ; & fi la différence des matieres eft fufceptible d'être diftribuée dans différens bureaux, cette précaution évite des redites, des multiplicités d'extraits, & empêche fouvent qu'on oublie un article qui peut être effentiel.

CHAPITRE XII.

Commiffaire pour la formation & la vérification des comptes.

CET emploi eft confidérable ; il faut pour le remplir un homme confommé dans la pratique des recettes, dépenfes & mouvemens du fervice ; il faut qu'il foit intégre, équitable & méfiant, pour ne pas tomber dans les piéges des comptables, qui, pour la plus grande partie font féconds en toutes fortes de fubtilités.

Il aura un regiftre cotté & paraphé du directeur, pour fervir de répertoire, tant des comptes qu'il formera, & que le directeur appoftillera, que pour les comptes qui feront envoyés des départemens.

La forme des comptes & tout ce qui y a rapport, fera traitée dans un chapitre particulier, n'étant à préfent queftion que de l'établiffement de la direction générale. Il fera donné à chaque employé des inftructions, aufquelles ils feront obligés de fe foumettre par écrit ; chaque directeur aura attention de les leur faire fuivre exactement ; & comme le commiffaire chargé des comptes, doit mettre toute fon attention pour l'uniformité du travail, à ce que ces mêmes inftructions foient la régle des comptes qu'il dreffera, ou qui lui feront envoyés des Provinces, dont il fera la vérification, les doubles defdites inftruЯions fignées des comptables, feront remifes dans fon dépôt, pareillement les lettres, mémoires, piéces & renfeignemens relatifs à ces comptes, & diftribués dans la boëte ou carton, titré du nom de chaque comptable, pour y avoir recours lors de la formation ou vérification des comptes.

Et pour l'accélération de ces comptes, à fur & à mefure que par les recettes & dépenfes, envois & confommation, la matiere fe formera, le commiffaire oyant compte de chaque département, difpofera journellement la minute de chaque compte fur un regiftre d'un volume proportionné aux détails des comptables; ce regiftre fera divifé en autant de chapitres, qu'il y a de différentes natures de recettes & de dépenfes en deniers & effets, pour à chaque divifion, rapporter & libeller les recettes & dépenfes qui feront dépouillées de l'extrait du journal que chaque comptable eft tenu d'adreffer aux directeurs tous les Dimanches; enforte qu'infenfiblement cette minute de compte & la vérification fur les dépouillemens relatifs & fur les piéces originales, étant au dépôt du premier commis à la direction, puiffe être faite, & qu'il ne refte plus que l'éxamen & l'arrêté à faire avec les comptables, dans le mois de Novembre ou Décembre au plus tard.

On trouvera dans la feconde partie de ce traité, une ample inftruction pour l'oyant compte & les infpecteurs chargés du même détail dans les départemens.

CHAPITRE XIII.

Travail de la direction.

LE premier ouvrage du directeur, doit être la formation d'autant de lettres, qu'il y a d'intendans dans les provinces du royaume où le fervice des vivres s'étendra : on pourroit fans fcrupule faire cette lettre circulaire, c'eft-à-dire, d'un même ftyle : mais il eft mieux d'en varier la forme, quoique le fond ne doive rouler que fur l'avis que la compagnie leur donne, en termes refpectueux, que le miniftre lui a confié l'entreprife générale des vivres; qu'elle leur demande leur protection & leur bienveillance; en même temps, elle peut leur donner connoiffance des achats qu'elle aura fait dans leurs départemens, s'ils font conftans, & elle conclura, en les affurant qu'ils feront très-éxactement inftruits des arrangemens qu'elle prendra pour affurer le fervice.

Le directeur fera faire tous les regiftres néceffaires, pour envoyer dans les départemens, ayant attention de cotter & parapher ceux des premiers commis & du tréforier de chaque direction.

Les directeurs des départemens doivent cotter & parapher ceux des places qu'ils dirigent.

Le directeur général aura dans fon bureau huit regiftres, le premier fervira à infcrire, en premier lieu, l'acte de focieté, les déclarations & procurations du prête-nom, la propofition fur laquelle le marché a été accordé : le marché avec l'état des emplacemens, le paffeport pour l'affranchiffement des droits fur les approvifionnemens, & généralement tout ce qui aura forme d'acte, de convention, de titres, ou d'ordres relatifs à l'entreprife.

Le fecond regiftre fervira à infcrire les ordonnances de fonds, ou ordres d'avances, & les états de diftributions qui feront expédiés fous le nom du prête-nom, en exécution du marché.

Et lorfque le tréforier général de l'extraordinaire des guerres fera en état de payer, fi c'eft en conféquence d'une ordonnance de fonds, le directeur fera expédier pardevant notaire une quittance fur parchemin au nom du prête-nom, & il mettra au dos de la quittance le confentement des munitionnaires qui le figneront fans miniftere de notaires. Après que cette quittance & le confentement auront été copiés tout au long fur le fecond regiftre, & à la fuite de l'ordonnance, & de l'état de diftribution dont il fera queftion, le directeur remettra les originaux, tant de l'ordonnance, de l'état de diftribution, que de la quittance au tréforier général des vivres, pour en retirer le payement; dans le même tems de la remife de ces trois piéces, le tréforier donnera fon récepiffé comptable, qui fera pareillement infcrit fur le fecond regiftre, enfuite des piéces qui lui font relatives.

Si le titre de payement eft un ordre d'avance, après l'enregiftrement fur le fecond regiftre, le directeur en fera faire une copie féparée, au bas de laquelle il mettra une quittance, que le prête-nom fignera, & au-deffous de fa fignature, les munitionnaires mettront leur confentement, après quoi il remettra au tréforier des vivres, la feuille de papier qui contiendra ces trois chofes, avec l'original de l'ordre d'avance; & cette remife fe fera avec les mêmes formalités qui ont été expliquées pour l'ordonnance de fonds.

On trouvera dans la feconde partie de ce traité des formules & modéles, des ordonnances, ordres, quittances devant notaire, ou fous fignatures privées, & du récepiffé comptable du tréforier des vivres.

Le troifiéme regiftre fervira pour le controlle de la recette de la caiffe générale; il fera divifé par femblables chapitres que celui du tréforier; ainfi l'ordonnance de fonds, ou l'ordre d'avance, dont je viens de parler, y feront employés au chapitre du tréforier général de l'extraordinaire des guerres, qui en fera le payeur.

Le quatriéme regiftre fervira pour le controlle de la dépenfe de la caiffe, tant des payemens faits par le tréforier que par le fous-caiffier; pour cet effet, il fera divifé en deux chapitres, le premier contiendra les payemens faits par le tréforier, tant fur les ordres & mandemens de la compagnie *admife*, qu'au fous-caiffier; l'article duquel fous-caiffier fera porté dans ce chapitre en une feule fomme, à l'inftant de la remife de l'ampliation du bordereau des payemens, dont il a été ci-devant parlé, que le fous-caiffier doit faire tous les vendredis au foir à la direction générale. Le fecond chapitre qui concernera le fous-caiffier, fervira à enregiftrer toutes les piéces, pour autorifer les payemens qui font du reffort de la fous-caiffe, qui ne doivent néanmoins jamais être faites qu'en conféquence *du vû* du directeur général, lequel en vifant, mettra de fa main le numero de l'article, pour s'affûrer que l'enregiftrement en fera fait par le commis chargé de tenir ce regiftre.

Le cinquiéme regiftre fervira à infcrire les délibérations de la compagnie, lefquelles feront d'abord rédigées féparément, & enfuite mifes au net fur ce regiftre où les munitionnaires figneront; & fuppofé que les intéreffés défiraffent avoir copie de quelques délibérations, elles leur feront délivrées par le directeur général, qui les fignera par ampliation.

Le fixiéme regiftre fervira à infcrire les mémoires & repréfentations, que les munitionnaires feront aux miniftres de la guerre & de la finance.

Le feptiéme regiftre fervira à infcrire les lettres miffives, qui feront écrites par la compagnie à M^{rs}. les intendans, commiffaires des guerres, officiers généraux, commandans & autres perfonnes caractérifées.

Le huitiéme regiftre contiendra toutes les lettres miffives qui feront écrites par la compagnie, aux directeurs, tréforiers, gardes-magafins, fourniffeurs, & généralement à toutes les perfonnes qui auront relation avec la compagnie, pour raifon du fervice.

CHAPITRE XIV.

Du tréforier général.

Ses fonctions.

UNE perfonne qui exige beaucoup d'attention dans le choix, eft le tréforier général; ce doit être un parfaitement honnête homme, au fait du maniement des deniers, & exempt de tous foup-çons de commerce ufuraire de quelque forte que ce foit : il doit être au fait de la comptabilité, pour fçavoir payer valablement & connoître fes décharges.

Tous les fonds de quelque nature que ce foit, provenans ou du tréfor royal, ou de l'extraordinaire des guerres, ou des avances des intéreffés, doivent paffer par fes mains. Il en fournit fon récepiffé comptable à la direction, dans la forme qui vient d'être prefcrite. Pareillement toutes les dépenfes de gros fonds doivent être faites par le tréforier : l'on entend par dépenfe de gros fonds, les envois dans les départemens, les acquits d'ordres & mandemens de la com-pagnie, & les remifes au fous-caiffier pour le détail; le tréforier doit donner une caution folvable & indéfinie.

CHAPITRE XV.

Sous-caiffier.

Ses fonctions.

L'ON doit faire avec un pareil foin, le choix d'un fous-caiffier; fes fonctions feront le payement en détail des traittes, certifi-cats, & autres valeurs qui feront tirées par les différens comptables, & vifés du directeur général. Pour faire ces payemens, le tréforier général doit remettre journellement des fonds, à proportion de la confommation, dont le fous-caiffier fournira fon reçû, portant pro-meffe d'en rapporter le montant en piéces valables.

Chaque vendredi au foir, le fous-caiſſier formera un bordereau, contenant, en tête, les fonds que lui aura remis le tréforier général, jour par jour, & fomme par fomme, & en détail les payemens qu'il aura fait, ayant attention d'énoncer dans le bordereau la nature de la piéce, fa date, & le nom de celui qui l'aura fignée.

Ce bordereau certifié véritable par le fous-caiſſier, fera remis avec les piéces au tréforier général, qui rendra au fous-caiſſier fes reconnoiſſances énoncées au bordereau, au moyen de cet échange, ce fous-caiſſier n'aura point de compte à rendre ; il remettra à la direction un double du bordereau, figné de lui par ampliation, & vifé du tréforier général ; le fous-caiſſier donnera une caution, au moins de dix mille livres.

CHAPITRE XVI.

De l'ordre à fuivre pour la caiſſe générale.

LE tréforier général aura trois regiſtres qui feront cottés & paraphés du directeur, le premier fervira de journal pour infcrire, jour par jour, fans intervale, renvoi ni rature, & enfuite l'un de l'autre indiftinctement, toutes les recettes & dépenfes en deniers, aſſignations, lettres de change, mandemens ou ordres de la compagnie, & les récepiſſés particuliers du fous-caiſſier.

Les fommes feront écrites en toutes lettres, & tirées hors ligne dans l'une des deux colomnes préparées, l'une tirée *recette*, & l'autre *dépenfe*, afin que par l'addition des chiffres de chacune, & la comparaifon du montant de la premiere, à celui de la feconde, avec la vérification des fonds exiftans dans la caiſſe, en efpéces ou lettres de change, le tréforier puiſſe à chaque inftant, connoître fa fituation.

Le fecond regiſtre fervira à infcrire toutes les recettes de quelque nature qu'elles foient, dont le dépoüillement fera pris fur le journal, à la marge duquel fera pofé le folio du deuxiéme regiſtre, où fera employé la partie, comme réciproquement le folio du grand regiſtre où l'article aura été employé, fera porté à la marge du journal, à côté de l'article dépoüillé. Ce grand regiſtre fera divifé par chapitres, le premier contiendra les fonds du tréfor royal, le fecond, les fonds de l'extraordinaire des guerres, le troifiéme, les fonds d'avances & mifes de chaque aſſocié ; & chacun de ces chapitres fera fubdivifé en autant de chapitres particuliers, qu'il y aura de parties
payantes ;

payantes; ainfi il y aura trois chapitres particuliers pour le tréfor royal*, femblable nombre pour l'extraordinaire des guerres, & autant de chapitres qu'il y aura d'intéreffés; bien entendu, que s'il y avoit quelqu'autre perfonne, dont on pût recevoir, il faudroit leur ouvrir à chacun un chapitre.

Le troifiéme regiftre fervira à infcrire généralement toutes les dépenfes que le tréforier fera pour les envois dans les départemens, traites, & mandemens; comme auffi en détail les payemens qui auront été faits par le fous-caiffier, fuivant les bordereaux dont nous avons parlé, qui feront dépoüillés & rapportés fur ce regiftre, article par article.

Ce troifiéme regiftre fera divifé en autant de chapitres qu'il y aura de comptables; & comme les affociés font parties prenantes, par rapport à leur droit de préfence & les intérêts de leurs avances, ils auront auffi chacun un chapitre particulier; il en fera pareillement ouvert un, ou plufieurs pour toute autre nature de dépenfes confommées, ou extraordinaires qui n'ont point de retour; toutes ces parties, ainfi que celles à porter au compte du Roy, qui auront auffi leur chapitre particulier, feront dépoüillées du journal, de la même façon qu'il a été expliqué pour les recettes.

Chaque famedy au foir, le directeur général fe tranfportera dans la caiffe, pour arrêter le regiftre journal du tréforier, duquel il recevra un bordereau certifié de lui, de l'état des fonds reftans.

* Il eft cependant rare que les munitionnaires reçoivent directement du tréfor Royal, mais comme je l'ai vû quelquefois, j'ai fait l'attention ci-contre.

CHAPITRE XVII.

Du garde-magafin à Paris.

QUOIQUE Paris foit éloigné des frontiéres, il eft befoin d'y avoir un garde-magafin, dont les fonctions principales regardent ordinairement plus les équipages que la fubfiftance des troupes; ainfi nous nous étendrons fur fes fonctions, lorfque nous traiterons le détail de la campagne.

CHAPITRE XVIII.

De l'établiſſement des départemens.

DANS chaque département, il y aura un directeur, un tréſorier, deux commis à la direction, dont le premier ſera dépoſitaire, à l'inſtar de celui de la direction de Paris, duquel il eſt parlé au chapitre XI.ᵉ un commiſſaire oyant compte, qui ſera auſſi inſpecteur des magaſins, & un inſpecteur ambulant ſi le département eſt étendu; enfin il y aura des gardes-magaſins dans chaque ville, & même des gardes-entrepôts dans les lieux convenables pour les moutures, à cauſe de la proximité des rivieres. Toutes ſortes d'autres commis dans les places, tels que des controlleurs, des aydes, des inſpecteurs, & des commis aux moutures, ſont non-ſeulement inutiles, mais même préjudiciables; la plus part excitent ou concourent à la fraude, ils ſont intéreſſés par les gardes-magaſins pour les obliger au ſecret; néanmoins, comme il peut arriver, que les mouvemens des troupes exigent de nouveaux établiſſemens, il doit y avoir trois ou quatre ſurnumeraires à la ſuite de chaque département, même davantage, ſelon la proximité des frontiéres, auſquels commis on paye des appointemens pendant l'hyver, quoiqu'ils ne rendent pas grands ſervices, à moins de quelque événement; mais pendant la campagne ils deviennent très-utiles.

CHAPITRE XIX.

Du directeur d'un département.

UN directeur de département doit être entierement au fait du ſervice, & il ſeroit à ſouhaiter qu'il eût les mêmes qualités que l'on demande dans le directeur général, parce que ce directeur particulier a bien du travail, bien du ſoin & du mouvement à ſe donner: il eſt dans une relation continuelle avec Mʳˢ. les intendans, commandans & officiers, avec la compagnie, les gardes-magaſins, & les fourniſſeurs pour tous les cas variés du ſervice : il faut qu'il ſoit prévoyant, que rien ne l'embarraſſe, & qu'il puiſſe également ſatisfaire l'intendant, les troupes & les munitionnaires; il ne ſe trouve pas de ces génies de reste, surtout lorsqu'une parfaite probité accompagne les autres qualités ; par la lecture de ce traité, on connoîtra plus particulierement ses fonctions.

Lorsque le directeur a rendu ses devoirs à l'intendant, au commandant, & qu'il a établi son bureau, il doit écrire une lettre circulaire à chaque garde-magasin des places de son département, pour leur demander, 1°. L'état de leurs magasins, leur situation, ce qu'ils peuvent contenir chacun de bleds, de farines & d'avoines ; soit debout, en pile ou en couche. Si les magasins sont en bon état pour resserrer & conserver les effets. 2°. L'état des fours appartenans au Roy, ou aux bourgeois ; s'il n'y a pas de réparations à faire dans ceux de sa majesté. Ce qu'ils peuvent chacun contenir de ration de pain, combien de fournées ils peuvent faire en vingt-quatre heures, s'ils sont à portée de la riviere ou des fontaines, ou s'ils ont des puits ; pareils détails pour les fours bourgeois, observant que le service public doit être reservé. 3°. L'état des moulins à vent & à eau, dans la ville, dans les fauxbourgs, ou situés à une ou deux lieues aux environs ; ce que chacun de ces moulins peut moudre de sacs de bled de 200 livres en vingt-quatre heures.

Il mandera encore au garde-magasin de l'instruire, s'il y a des forêts ou autres bois, à quelle distance de la place, le prix de la corde, ou du cercle, ou du quintal, selon l'usage des lieux ; quel rapport ces mesures ou poids, ont avec la corde, mesure de Paris ; la longueur, grosseur, & le prix des fagots, quelle quantité on peut en amasser pour le service des fours : si l'on peut trouver des voitures par terre ou par eau, en quel nombre, quel est le prix qu'on paye de ces voitures par sac, & par lieue. A mesure que le directeur recevra ces états & renseignemens, il en fera faire la récapitulation, suivant le modéle inséré dans l'instruction du garde-magasin, (2ᵉ. partie), & il l'adressera, certifié de lui, à la direction générale.

Dès que les magasins seront bien établis, les moutures & les manœuvres en mouvement, le directeur fera une tournée dans chaque place de son département pour connoître par lui-même si les états & renseignemens des gardes-magasins sont éxacts , s'ils tiennent conformément à leur instruction, leur journal & le grand livre ; il vérifiera si les recettes, & les dépenses qui y sont inscrites, avec l'éxistant en magasins qu'il comptera, fera peser ou mesurer, sont quadrantes & précises. Il dressera du tout un procès-verbal qu'il signera & fera signer au garde-magasin ; & il en enverra une copie certifiée à la direction générale.

Précédemment les directeurs des départemens étoient comptables en pieces, l'expérience & plusieurs raisons m'ont déterminé à

décider qu'il eſt de l'intérêt du ſervice qu'ils ne ſoient point comptables ; la premiere, eſt que, lorſque l'intrepriſe change de munitionnaires, un directeur comptable ne peut, & rendre compte à
l'ancienne compagnie, & ſuivre les établiſſemens de la nouvelle.
La ſeconde, eſt qu'un directeur, étant ordonnateur, ne peut, ſans
bleſſer la regle, s'ordonner à lui-même ; enfin, le ſoin des détails
journaliers & la comptabilité occupent trop pour laiſſer la liberté
néceſſaire, à un homme ſans ceſſe embarraſſé à conduire & à ſur-
veiller un grand nombre de commis éloignés de lui. Ainſi, pour remédier à ces inconvéniens, il faut que le premier commis, à la direction d'un département, faſſe ſous le directeur particulier, ce que
fait ſous le directeur général le premier commis à la direction de
Paris.

CHAPITRE XX.

Premier commis dépoſitaire à la direction d'un département.

CE premier commis aura deux regiſtres cottés & paraphés par le
directeur général, le premier ſervira de journal pour enregiſtrer,
jour par jour, article par article, ſans intervale, renvoi, ni rature,
enſuite l'un de l'autre, toutes les pieces qui ſeront adreſſées à ſon
directeur par les comptables du département, telles que les billets
de troupes, reſcriptions particulieres, & états particuliers de fournitures, procès-verbaux de pertes, & autres, pour compter avec les
troupes, ou pour employer au compte du Roy ; comme auſſi toutes
les autres pieces dont il ſera parlé ci-après, deſquelles ce commis
fournira ſa réconnoiſſance comptable, pourvû que la remiſe lui en
ait été faite dans le tems preſcrit par les inſtructions, laquelle reconnoiſſance il fera viſer par ſon directeur, qui vérifiera l'enregiſtrement
en mettant ſon paraphe, à la marge du journal, à côté de l'article dont
il ſera queſtion.

Le ſecond regiſtre ſervira pour le dépouillement de ce journal,
conformément à ce qui eſt énoncé à l'article du premier commis de
la direction générale.

Les devoirs de ce commis étant les mêmes que ceux du premier
commis à la direction générale, on renvoye au Chapitre XIe.

CHAPITRE XXI.

Du tréforier d'un département.

LE tréforier d'un département aura deux regiftres cottés & paraphés du directeur général. Le premier lui fervira à infcrire, fuivant la forme ci-devant prefcrite au tréforier géneral, toutes les recettes & dépenfes en deniers qu'il fera.

Le fecond regiftre fervira à rapporter par compte ouvert, toutes les recettes & les dépenfes employées au journal, dont les pieces feront vifées & autorifées par le directeur, faute de quoi elles feront rejettées du compte.

Chaque famedy au foir, le directeur fe tranfportera à la caiffe du tréforier pour arrêter fon journal, & le tréforier remettra au directeur un état de lui certifié véritable, de fes recettes & dépenfes pendant la huitaine, lequel état le directeur vérifiera fur le journal, & en adreffera un double à la direction génerale.

Chaque tréforier donnera une caution au moins de vingt mille livres.

Les devoirs d'un tréforier feront plus amplement détaillés par l'inftruction que l'on trouvera dans la feconde partie de ce traité.

CHAPITRE XXII.

Des gardes-magafins.

LES gardes-magafins doivent avoir chacun, deux regiftres, & deux livrets, ces regiftres doivent être cottés & paraphés par le directeur du département.

Le premier regiftre & le plus important, eft le journal fur lequel le garde-magafin doit infcrire toutes fes recettes, dépenfes, envois, confommations en deniers & effets, de quelque nature que ce foit, par articles féparés, enfuite l'un de l'autre, fans intervale, renvoi, ni rature ; les fommes ou quantités en toutes lettres & répetées en chiffres au bout de la derniere ligne de chaque article, &, fous la

fomme ou quantité, il fera tiré une petite ligne, car il n'eſt pas queſtion d'addition ; cet enregiſtrement doit être fait dans l'inſtant qu'il
reçoit , ou qu'il dépenſe, dans la forme qui eſt preſcrite par les
iuſtruɛtions des gardes-magaſins, que l'on trouvera dans la feconde
partie de ce traité.

Tous les Dimanches matin le garde-magaſin fera une copie figurée des articles qu'il aura enregiſtrés pendant la femaine, il la col-
lationnera, la certifiera vérirable, & après l'avoir fignée, il l'adreffera au direɛteur du département, nottant en marge qu'il a fait l'envoi de l'extrait le tel jour.

Le fecond regiſtre fera diviſé en autant de chapitres qu'il y aura
de différentes fortes de nature de recette & dépenfe, en deniers ou
effets dans le journal ; & pour que le garde-magaſin fe puiffe rendre
compte à lui-même, à chaque inſtant, de la fituation de fon maniement, il fera tous les foirs le dépouillement de fon journal, & portera fommairement chaque forte de recette & de dépenfe fur fon
grand regiſtre, au chapitre relatif, pour connoître par la balance de
ce qu'il a reçu, de ce qu'il a payé, envoyé, ou confommé, ce qui
reſte réellement dans fes magaſins & dans fa caiffe.

Les deux livrets qui feront auffi cottés & paraphés du direɛteur,
ferviront au garde-magaſin ; fçavoir, le premier pour infcrire fur chaque *folio verfo*, la remife des bleds de $\frac{2}{3}$ froment & $\frac{1}{3}$ feigle
en facs de 202^{tt}. la toille comprife, qu'il fera, jour par jour, aux meuniers pour moudre. Et fur le *folio reɛto* l'envoy que les meuniers feront des farines auffi, jour par jour en facs de 200^{tt}. la toille comprife,
obfervant de ne faire la pefée que 24. heures après que la farine
foit refroidie. Et, à la fin de chaque mois, le garde-magaſin mandera
le meunier pour compter avec lui, ce compte ne confifte que dans
la balance du total de la remife en grain fuivant le *folio verfo*. Avec
le total du rapport en farines fur le *folio reɛto*, y compris quatre pour
cent qu'on y ajoute pour le droit de mouture.

On trouvera dans les inſtruɛtions des gardes-magaſins une plus
ample explication fur l'attention qu'ils doivent avoir à l'égard des
meuniers.

Le deuxiéme livret eſt pareillement pour infcrire fur le *folio verfo*
les remifes que le garde-magaſin fera aux boulangers, en farines méteil du poids de 200^{tt}. & fur le *folio reɛto* la fourniture que le boulanger fera au garde magaſin en rations de pain fur le pied de 180. rations de 24. onces pour chaque fac de 200^{tt}. de farines, laquelle
fourniture en ration, le boulanger juſtifiera par les ordres que le garde-
magaſin délivrera aux officiers faifant le détail des regimens, en
échange des billets de prife que lefdits officiers remettront à ce garde-

magafin qui réglera la quotité de fes ordres fur le boulanger, par le montant des revûes dont il aura foin de fe procurer des copies en forme, ainfi que des états des hopitaux, pour ne délivrer aux troupes que le complet fans excédent.

Le garde-magafin comptera tous les mois, avec chaque boulanger; ce compte, comme celui du meunier, ne confifte que dans la balance du total de la remife en farines, fuivant le *folio verfo*, avec le total de la fourniture juftifiée par les ordres du garde-magafin infcrite fur le *folio recto*. Le décompte ainfi reglé, le garde-magafin payera la cuiffon au boulanger fur le pied convenu, à tant par fac, & il en retirera une quittance qu'il portera fur fon journal.

On trouvera dans l'inftruction du garde-magafin cet article plus étendu, avec un modele d'enregiftrement & de décompte *.

* *Voyez* la 2e. partie.

CHAPITRE XXIII.

Attention fur le choix des gardes-magafins.

LA fource ordinaire des fraudes fe trouve dans ces fortes d'employés, foit par l'intelligence qu'ils ont avec leurs confreres, ou avec les fourniffeurs, foit fur le mélange des effets, la légereté des poids, les journaliers paffevolans, les dépenfes imaginaires: ou enfin par des augmentations fur le prix de tout ce qu'ils achetent, & de tout ce qu'ils font faire, ainfi rien ne demande plus l'attention du directeur, & de l'infpecteur, que ces commis.

La premiere caufe de cette infidélité, vient, non de l'emploi qui féduit, mais de ce que plufieurs de ces employés, qui fouvent étant tirés de la baffe condition, fans éducation, & fans aucun principe d'honneur, n'ont pour but que la rapine, afin de s'affranchir de la mifere d'où ceux qui les protegent les ont tirés. De-là viennent les plaintes des troupes, ou fur la mauvaife qualité du pain, ou fur la négligence du fervice, aufquelles de tels gens ne font ni fenfibles ni attentifs.

La preuve de ce que j'avance eft tirée de plufieurs exemples que j'ai vûes dans la derniere guerre de 1710, 1711, 1712, & 1713. Il y avoit dans 15. ou 20. places de Flandres & d'Allemagne des hommes de famille honorable qui étoient chargés des magafins; en 1718, 1719, & 1720. plus de la moitié des gardes-magafins étoient de ce genre, auffi pendant l'un & l'autre temps, n'eft-il jamais revenu de plaintes des lieux où ils étoient, & leurs comptes ont été fimples, fans déduction d'aucun article.

Au contraire, les gardes-magafins, contre lefquels je déclame, ont fait crier les troupes, ont porté préjudice à leurs confreres, & préfenté des comptes monftrueux, qu'il a fallu réduire extraordinairement.

Or, tant que les munitionnaires ne pourront réfifter aux puiffances importunes qui follicitent des emplois, foit pour récompenfer leurs domeftiques, ou pour en placer d'autres, le fervice fera toujours accompagné de fâcheux inconvéniens.

Le feul moyen pour rémedier à cet abus, c'eft de n'admettre aucun garde-magafin, s'il n'eft de famille honorable, & s'il ne donne une caution bien folvable, proportionnée à la conféquence des poftes; & pour rendre la chofe plus efficace, il faut fous le même prétexte de fureté du fervice, & de préfervatif à la fraude, que dans le traité de l'entreprife il y ait une claufe exprefle, *qui défende aux munitionnaires d'employer, fous tel égard que ce foit, aucun comptable s'il ne donne bonne & valable caution, proportionnément à la conféquence des effets qui lui font confiés.*

L'on objectera peut-être, que le Roi, ayant les munitionnaires pour garans des malverfations de leurs commis, Sa Majefté n'a pas befoin d'entrer dans ces confidérations; mais je vais faire connoître qu'elles l'intéreffent encore plus que les munitionnaires; car la fraude peut être préjudiciable aux troupes par la mauvaife qualité des effets, & du pain qui en eft formé, par le défaut de quantité effective dans un magafin, fur lequel un miniftre, ou un général compte pour une expédition, un paffage, ou un féjour. Par les procès verbaux captieux aufquels l'intendant le plus fevere cede le plus fouvent par la couleur du prétexte, par le mauvais éxemple & la corruption qui fe communique à tous les employés, à ceux qui font les détails des régimens, aux perfonnes mêmes chargées de la police, par rapport à la bonne regle, d'autant que fi tous les commis, faute de frein, fe jettent dans le déreglement, leurs comptes deviendront pleins de fauffetés, pareillement ceux des fourniffeurs.

Les munitionnaires ne pouvant faire face à tant de dépenfes extraordinaires, feront obligés de ceffer les payemens à leur caiffe; fur des mémoires fpécieux & bien circonftanciés, la Cour leur accordera des furféances, les créanciers & le public en deviendront les victimes.

Par la voye des vives follicitations de quelque puiffance, les munitionnaires feront écoutés favorablement fur des indemnités, on leur nommera des commiffaires pour l'examen de leur demande, les comptes rapportés & vérifiés, le Roy les recevra à compter de clerc à maître, & par une fuite inévitable, l'entreprife coûtera à Sa Majefté jeſté un tiers de plus que la fixation du traité. Je crois avoir évidemment démontré que le Roy eſt plus intéreſſé, dans la clauſe que je propoſe, que les munitionnaires mêmes, puiſque c'eſt Sa Majeſté qui paye les fraudes, & que malgré ſa juſtice, le public qui a ſouffert par le retard des payemens, ſe trouve encore lezé.

Il conviendroit que chaque garde-magaſin dans des places d'un grand détail eût un commis pour enregiſtrer ſur le journal & ſur le grand livre, & pour en expédier les extraits ; que ce commis fût de ſon choix, mais aux appointemens des munitionnaires.

Comme j'ai ſupprimé tous les commis inutiles à la ſuite des places, celui que je propoſe ne ſeroit pas une augmentation de dépenſe, il ſeroit très-utile, & ôteroit au garde-magaſin tout prétexte d'excuſe ſur la tenue de ſes regiſtres.

CHAPITRE XXIV.

Commiſſaire-inſpecteur, oyant compte d'un département.

L'INSPECTEUR d'un département fera des viſites, le plus frequemment qu'il lui ſera poſſible, dans les magaſins des places ; il vérifiera la quantité des effets dont il prendra un état, il s'aſſurera de leur bonne qualité & s'ils ſont bien ſoignés ; il prendra le nom des journaliers qu'il trouvera dans les magaſins, il éxaminera le journal du garde-magaſin & le grand livre, pour connoître s'ils ſont bien tenus, ſi le dépouillement du premier, eſt éxactement fait ſur le ſecond, & ſi, de huit en huit jours, il a fait l'envoi de la copie du journal à la direction.

Il conſtatera ſa viſite par un *vû*, & par ſa ſignature qu'il mettra immédiatement au-deſſous du dernier article qu'il trouvera inſcrit ſur le journal. Toutes ces choſes, & le ſurplus du devoir d'un inſpecteur, ſont amplement détaillées dans l'inſtruction concernant cet emploi, laquelle eſt rapportée dans la deuxiéme partie de ce traité, enſuite de celle du commiſſaire oyant compte.

L'on voit ſuffiſamment, par le détail ci-deſſus, qu'il convient qu'un tel ſujet ſoit d'une fidélité à toute épreuve & très-vigilant ; il convient auſſi qu'il ſoit au fait de la comptabilité, parce que c'eſt lui que l'on doit charger de la formation & vérification des comptes, à l'inſtar du commiſſaire oyant compte de la direction générale.

Et comme ce que j'ai dit dans l'article de cet oyant compte à la

direction générale, est commun avec les fonctions de l'inspecteur
à cet égard, on y aura recours.

A la fin d'Octobre la compagnie mandera par une lettre circulaire
à tous les comptables, d'apporter leurs registres & pieces, & de se
rendre près de leur directeur dans le courant de Novembre au plus
tard, pour l'arrêté de leurs comptes.

Au moyen du dépouillement des extraits des journaux, les minutes des comptes seront dressées, & il ne restera plus que la vérification & l'arrêté à faire, en présence des comptables.

CHAPITRE XXV.

Des préparatifs pour le service du quartier d'hyver.

L A compagnie fera choix des directeurs, inspecteurs, trésoriers,
& gardes-magasins, observant de donner les postes les plus importans aux personnes les plus consommées & les plus intelligentes;
elle donnera à chacun leur instruction, remettra aux trésoriers des
fonds proportionnément à la dépense de leurs départemens sur leurs
récépissés comptables visés de leurs directeurs, & les obligera d'être
rendus & installés, chacun dans leur poste, le 15. octobre au plus
tard.

La compagnie remettra une lettre, à chaque directeur, pour l'intendant du département auquel chacun sera destiné : par cette lettre
elle lui marquera le choix qu'elle a fait de ce directeur pour servir
sous ses ordres, le suppliera de lui accorder protection & autorité
pour le service, & cette lettre sera accompagnée d'un état qui contiendra les noms du trésorier, des gardes-magasins, & des places où
ils sont destinés.

Si la compagnie n'a pas de provisions dans quelques places, elle
chargera des commerçans d'en faire acheter, avec précaution, dans
les greniers, ou sur les marchés par commission, en attendant la remise des emplacemens, pour faire commencer sans perdre de tems
les moutures & assurer le service de toutes parts; ensorte que le
29. octobre les boulangers préparent les levains pour être en état
de distribuer le pain de munition le premier du mois de novembre.

Si la compagnie est sure de ses fonds, & qu'elle prévoye que les
payemens stipulés par le ministre soient exactement faits, elle pourra
se dispenser de faire des achats par des marchés avec des fournisseurs

à forfait, & elle chargera des commiffionnaires connoiffeurs & au fait du commerce des grains, d'acheter dans les greniers, ou dans les marchés, moyennant un droit par fac, qui ordinairement eft de 10. 12. ou 15. fols, les fournitures en font meilleures : & cela eft certain, car le commiffionnaire n'a pas les mêmes raifons que le fourniffeur, lequel cherche moins la qualité que la quantité. Le commiffionnaire au contraire a intérêt d'acheter ce qu'il y a de mieux conditionné, afin d'être employé par préférence.

Il y a des précautions à prendre pour lever des quantités confidérables fans que les prix augmentent, & même quelquesfois on peut les faire baiffer. On trouvera dans la feconde partie de ce traité une inftruction pour un commiffionnaire, dont l'exécution a eu fouvent l'effet dont je viens de parler.

Si les munitionnaires n'ont pas de gros fonds en caiffe & qu'ils apprehendent quelque retard dans les payemens que le miniftre leur a promis, pour ne point rifquer le fervice, ils doivent entre les différentes propofitions qui leur font faites, choifir, non pas toujours les plus avantageufes, mais les plus folides par rapport aux perfonnes qui fe préfentent; ils jugeront des offres fur les extraits des gros fruits dont ils pourront avoir communication au bureau de la guerre, en attendant que, par la correfpondance des directeurs, ils puiffent recevoir femblables extraits chaque huitaine. On trouvera dans la feconde partie de ce traité plufieurs modeles de marchés particuliers, & même le modele d'une propofition de fourniffeur à forfait.

Outre les grains, les facs demandent une égale attention ; car des grains fans facs ne peuvent être tranfportés ; ainfi en même tems qu'on achete l'un, il faut acheter l'autre. On le peut faire également par commiffion ou à forfait. On trouvera dans la feconde partie le modele d'un marché pour des facs, dans lequel leur grandeur, & les qualités de toiles ou treillis font expliquées; il y a fouvent des propofitions pour des grains qui contiennent auffi des facs.

On a dit (Chapitre XIX.) en parlant du directeur d'un département, qu'il falloit qu'immédiatement après fon arrivée à fa deftination, il fe procurât par les commis de fon diftrict, l'état des magafins, fours, & moulins de leurs places; qu'il devoit former de ces états particuliers, une récapitulation générale, en faire faire une expédition certifiée & l'envoyer à la direction de Paris. On doit ajouter ici que cet état eft très-néceffaire au munitionnaire pour exécuter ce que la cour ordonne en conféquence des projets de la campagne, & des différens poftes qu'on fait occuper par les troupes avant le mois de May. Par exemple, fi le miniftre avertit la compagnie que l'on formera des lignes en tel & tel endroit, elle fera en état d'arranger ſes emplacemens & ſes moutures, & ſera aſſurée des lieux d'où elle pourra tirer ſes diſtributions. On trouvera, dans la ſeconde partie, un modele de l'état général dont je viens de parler.

Cet état a encore ſon utilité pour ſtipuler, dans les marchés écrits, les quantités & les différentes qualités que les fourniſſeurs doivent remettre dans les magaſins d'entrepôts, parce que l'on ſçait ce que chacun en peut contenir, & les moutures que l'on en doit eſperer.

CHAPITRE XXVI.

D'une compagnie qui ſuccéde à une autre.

JUSQU'A' préſent j'ai ſuppoſé une entrepriſe à l'occaſion d'un commencement de guerre, & lorſqu'il n'y a point de munitionnaires en place : mais, ſuppoſant une ſuite de ſervice, & ſeulement un changement de compagnie, indepéndamment de ce que j'ai ci-devant obſervé, qui, dans l'un & l'autre cas, doit également s'exécuter, il y a des particularités que je vais expliquer.

La nouvelle compagnie doit ſe charger de payer à l'ancienne, la valeur de tous les effets & uſtanciles, chevaux, équipages, & fourages qui reſtent en nature après l'exécution de ſon marché, ſuivant qu'elles conviennent entre elles, par un acte dont on trouvera le modele dans la ſeconde partie de ce traité.

Je ne dirai rien quant à préſent de ce qui concerne les choſes qui ont rapport au ſervice de campagne, j'en parlerai dans ſon lieu.

Au premier Novembre, jour auquel une compagnie ſuccede à l'autre, des perſonnes de confiance qu'elles ont choiſies ſe trouvent préſentes aux inventaires qui ſe font dans tous les magaſins, des bleds, farines, pain de munition, biſcuit, ſacs vuides, fagots, ou bois de corde, & uſtanciles de magaſins, & de fours, &c.

L'eſtimation de toutes ces choſes eſt faite par les mêmes perſonnes, aſſiſtées d'experts, & les inventaires ſont ſignés du garde-magaſin en place, & de celui qui lui ſuccede, qui s'en charge, ſuppoſé que l'ancien ſoit relevé ; mais, en cas qu'il ſoit continué, dans l'arrêté de l'inventaire, il met, *qu'il comptera des effets y contenus, à la nouvelle compagnie, à la décharge de l'ancienne* ; les inventaires, faits doubles, ſont viſés des prépoſés des deux parts, & envoyés aux deux compagnies. On en trouvera un modele dans la ſeconde partie de ce traité.

Sur ces inventaires, le directeur général forme un état dont la nouvelle compagnie acquitte le montant.

Ces reftans en magafins font fujets à plufieurs inconvéniens.

Souvent les bleds font fatigués, les farines maronnées, les facs pourris, & les uftanciles ufés, & fi ceux qui les eftiment ne s'y con-noiffent pas bien, & qu'ils ne les éxaminent pas avec foin, la nouvelle compagnie en fouffre un grand préjudice.

Pareillement fi elle s'en rapporte, lors des inventaires, à la déclara-tion des commis qu'elle confervera, & que les prépofés ne comptent pas bien éxactement chaque effet, elle y trouvera du mécompte & l'origine de plufieurs procès, à caufe des déchets que les gardes-ma-gafins tâcheront de rejetter fur les comptes de la nouvelle geftion, à quoi l'ancienne compagnie les feconde ordinairement, pour n'être point la dupe de ces mêmes déchets.

Pour remedier à ces inconvéniens, il faut enjoindre aux prépo-fés, 1°. De compter, de nombrer, & éxaminer chaque chofe en par-ticulier : 2°. d'obliger le garde-magafin de s'en charger purement & fimplement, comme de chofes exiftantes & non fufcèptibles d'aug-mentation ni de diminution : 3°. d'avoir attention que les deux dou-bles de chaque inventaire foient bien conformes : 4°. Pour rendre la chofe ftable & certaine, il faut que la nouvelle compagnie obtienne du miniftre une lettre adreffée aux Commiffaires des guerres qui leur enjoigne d'être préfens aux inventaires, & même de les vifer. 5°. Immédiatement après que les inventaires feront parvenus à la direction générale, il faut former le compte d'entre les deux compa-gnies. En fuivant ce que je viens d'obferver, la nouvelle compagnie n'effuyera pas les procès que j'ai vûs fur femblable matiere, tant avec les précedens munitionnaires, qu'avec les gardes-magafins & gens d'équipages.

Lorfque la compagnie a fait des marchés ou des achats, elle en doit former un état général pour le miniftre ; & s'il eft content de la difpofition, les munitionnaires doivent écrire à meffieurs les inten-dans, & leur envoyer un extrait de cet état pour ce qui concerne leur département.

Pareil extrait doit être adreffé à chaque directeur, auquel il faut enjoindre de tenir la main à fon exécution : il faut auffi leur adreffer un extrait du marché paffé par le miniftre pour ce qui concerne les chofes qu'ils doivent exécuter, ou faire exécuter.

Les premier & quinze de chaque mois, chaque directeur des dé-partemens adreffera à la compagnie, un état des provifions éxiftantes dans toutes les places de fon département, compofé fur l'extrait des journaux que chaque garde-magafin qui lui eft fubordonné lui fournira conformément à fes inftruēlions. Ces états feront dépouillés ; pour ce qui concerne les bleds & farines, & il en fera dreffé, comme il a été dit à l'article du premier commis à la direēlion générale, une récapitulation, département par département, place par place, chaque nature d'effets diftingués par colonne *.

Sur ces états de départemens, le premier commis à la direēlion en formera un général, que la compagnie remettra au miniftre auffi-tôt qu'il fera complet, & au plus tard les 5. & 20. de chaque mois.

Si par le marché, il eft ftipulé que la retenue fera faite de deux fols par ration de pain qui fera fournie aux troupes, dont le montant fera remis par le tréforier général aux munitionnaires, & que le prix porté par le marché, excede le prix de la retenue ; voici de quelle façon cela fe fait, tant à l'égard des troupes, qu'à l'égard du tréforier général, de fes commis, & du munitionnaire.

Quoique par le marché il foit dit que le tréforier de l'extraordinaire des guerres remettra au munitionnaire le montant des retenues qui feront faites aux troupes pour les rations de pain qu'il leur fournira, & qu'il fembleroit que cette remife ne devroit fe faire qu'au fur & à mefure de la fourniture, (ce qui feroit à charge à la compagnie, par rapport aux groffes dépenfes qu'éxige le commencement d'une entreprife) néanmoins le tréforier général en paye par avance une partie fur des ordres que le miniftre expédie, qui s'appellent *ordres d'avance*, j'en ai déja parlé à l'occafion du fecond regiftre de la direēlion générale. On verra (feconde partie) dans le modele de l'ordre & de la quittance que la compagnie doit rapporter au tréforier de l'extraordinaire des guerres, les billets ou refcriptions de fes commis, pour compenfer cette avance : afin d'y parvenir, chaque direēleur raffemble les certificats de retenues des tréforiers particuliers des places, il les convertit en une refcription du tréforier principal du département. Voici de quelle façon fe forme cette refcription. Le direēleur à qui les commis des places envoyent les billets de troupes, les extraits de revues, & les états d'hôpitaux, expédie un état par colonnes qui contient, régiment par régiment, les rations de pain fournies, tant au nombre des foldats & cavaliers effeēlifs, fuivant les revûes que par excédent ; au pied duquel état le tréforier principal met fon certificat en forme de refcription fur le tréforier général, *qu'il prie de payer la fomme y contenue, & dont il promet de lui tenir compte fur les fonds de la fubfiftance.*

Sur le double qu'il figne par ampliation, l'intendant met un arrêté qui conftate le nombre des rations contenues dans cet état, qu'on

---

* *Nota*. Il faudra faire imprimer ces états & les titres de chaque colonnes, afin qu'il n'y ait que les quantités & les dates à remplir.

appelle, de fupplément, parce qu'il fert à établir le payement de la différence du prix de la retenue, à celui porté par le marché (cela s'entend pour les rations fournies fuivant les revûes, car celles qui font excedentes, font entiérement payées par les troupes.

Ces refcriptions & les états arrêtés font envoyés à la compagnie, & remis au premier commis pour l'ufage que j'expliquerai.

Si le Roy a des bleds dans fes magafins, foit par un marché particulier que le miniftre de la finance auroit pû faire, foit par des impofitions aufquelles l'on n'a recours qu'à l'extrêmité ; l'entreprife des munitionnaires eft réduite à la manutention. Ainfi dans l'offre qu'ils font, ils n'ont à confiderer que le bois, les uftanciles, les commis, les boulangers, & les déchets naturels de magafins, & même le nombre des commis peut être confiderable ; parce que dans les poftes qui ne font pas importans, l'on trouve des boulangers avec lefquels on convient pour la façon & diftribution du pain à tant par fac, qui s'engagent de rapporter, à la fin de chaque mois, les billets des troupes & les extraits d'hôpitaux, aux directeurs. On trouvera dans la feconde partie un modele d'une femblable convention.

Dans un tel marché, où il feroit ftipulé que la retenue fera faite par le tréforier de l'extraordinaire des guerres, qu'il en payera la valeur au munitionnaire ; en ce cas, il pourroit arriver que cette retenue excéderoit le prix de la manutention, & cette ftipulation ne pourroit avoir lieu qu'en fuppofant que la compagnie fût chargée d'autres dépenfes, avec lefquelles l'excédent feroit compenfé.

Ou le prix de la manutention feroit égal à celui de la retenue, ou il feroit moindre. Dans ces trois cas, la forme des refcriptions feroit femblable au premier exemple que j'ai établi : ou enfin la retenue feroit faite au profit du Roy, ou Sa Majefté accorderoit le pain gratis à fes troupes ; alors il feroit ftipulé que le payement feroit fait au munitionnaire fur des ordonnances de fonds. Dans ce dernier cas, au lieu de refcriptions pour juftifier la diftribution, il feroit formé, par chaque directeur, des états libellés, qui, foutenus par les extraits de revues, ceux des hôpitaux, & les décomptes de chaque troupe, feroient examinés & arrêtés par meffieurs les intendans.

L'on divife ces états en deux parties, l'une pour la fourniture d'hyver, & l'autre pour la fourniture d'été ; & auffi-tôt que ces états, expédiés triples, font arrêtés, les directeurs de chaque département en adreffent une expédition à la compagnie, laquelle eft remife au premier commis à la direction générale : à l'égard des deux autres expéditions, l'une refte à l'intendance, & l'autre eft remife par chaque directeur des départemens au premier commis dépofitaire de fa direction, comme une piéce de décharge & équivallente aux reconnoiffances qu'il a données aux gardes-magafins.

Indépendemment des refcriptions , états de fupplément ou de fourniture , chaque directeur des départemens doit encore former un état de fourniture extraordinaire ou de perte , & un état pour le remboursement des dépenfes en deniers : bien entendu qu'il en ait la matiere dans les piéces que je vais défigner.

Les dépenfes extraordinaires confiftent en fournitures de pain à des prifonniers, à des payfans commandés pour la garde de certains poftes, à des pionniers , travailleurs , & autres gens aufquels il plaît à la Cour, ou à meffieurs les intendans de faire donner la fubfiftance.

Les pertes proviennent des forces majeures, comme incendie , pillage par des partis , vols , ou écroulemens de magafins , orages qui brifent les toîts, ou, pénétrant par des ouvertures, fubmergent les effets.

Les dépenfes en deniers font occafionnées par des loyers, conftructions ou réparations de fours ou de magafins, voitures extraordinaires, ou autres dépenfes non comprifes dans le prix de la ration.

Toutes ces chofes doivent être juftifiées ; fçavoir , les fournitures extraordinaires , par des ordres fupérieurs , & des états particuliers quittancés des parties prenantes , vifés des commiffaires des guerres ou fubdélégués , & approuvés par meffieurs les intendans.

Les pertes doivent être conftatées par des procès-verbaux des commiffaires des guerres ou fubdélégués, dans les feules circonftances ci-deffus ; & le commis qui voudra fe fervir d'un procès-verbal , doit l'adreffer dans les 24 heures de l'accident arrivé , au directeur du département, qui le préfentera, auffi-tôt qu'il lui fera parvenu, à l'intendant pour le vifer, & enfuite être converti en récepiffé comptable du premier commis à la direction , en faveur de celui à qui la piéce appartient ; & au défaut de ces formalités , aucuns procès-verbaux ne peuvent être alloués dans les comptes des commis.

Enfin les dépenfes en deniers fe prouvent , fçavoir , les loyers, par des baux & des quittances des bailleurs ; les conftructions qui doivent être ordonnées par meffieurs les intendans, par des devis, marchés, réceptions d'ouvrages, & quittances d'entrepreneurs ou d'ouvriers ; les réparations fe juftifient de même ; & les autres dépenfes, par des ordres & des reçus. Pour la validité de toutes les piéces, il faut qu'elles foient vifées par des commiffaires des guerres ou fubdélégués, & remifes au directeur du département dans la huitaine de leur date au plus tard : & après qu'elles auront été approuvées de l'intendant, elles feront la matiére de l'état qui fera libellé & arrêté à l'intendance.

Les états de fournitures & dépenfes que je viens d'expliquer, feront

ront rédigés par chaque directeur de département, qui fera faire trois expéditions de chacun ; il en follicitera l'examen & l'arrêté à l'intendance ; l'une des trois expéditions y reftera avec les piéces juftificatives ; la feconde fera remife, par le directeur, au premier commis de fa direction pour lui fervir de décharge des reconnoiffances qu'il aura données aux commis des départemens ; & la troifiéme fera adreffée à la compagnie, & remife au premier commis de la direction générale.

Pendant que toutes ces chofes fe paffent, les commiffaires infpecteurs des départemens feront fréquemment des tournées dans les magafins ; ils feront en relation éxacte avec la direction générale, qui de fon côté n'épargnera point fes lettres de toutes parts pour tenir tous les employés dans une perpétuelle attention à leurs devoirs, & à l'obfervance de leurs inftructions.

CHAPITRE XXVII.

Affemblées de la compagnie.

LA compagnie doit s'affembler tous les jours réguliérement, depuis neuf heures du matin jufqu'à midi, & depuis cinq heures jufqu'à huit ou neuf du foir, felon l'étendue de la matiere à traiter dans chaque féance.

Les affemblées fe font, 1°. Pour examiner les lettres qui font écrites à la compagnie, lefquelles le directeur ouvre, en fait des extraits fuccincts, qui s'écrivent au haut de chacune, & il prépare les réponfes qui n'exigent point de réflexions, ni de décifions de la compagnie, celles dans ce dernier cas s'expédient pendant l'affemblée.

2°. Pour examiner les propofitions des particuliers qui offrent de faire quelques fournitures.

3°. Les états du prix des denrées, qui doivent être un guide pour déterminer les munitionnaires par l'augmentation ou diminution que ces états indiquent, joint au tems favorable ou facheux pour les femences ; s'ils précipiteront leurs achats, ou s'ils les feront avec modération.

4°. Les états des effets exiftans dans les magafins, pour s'affurer de l'exécution des marchés, ou de l'accéleration des commiffaires, la vivacité des moutures qui méritent une grande attention, & particuliérement, pendant les mois de Novembre, Décembre & Janvier, avant les fortes gelées, & depuis Mars jufqu'à l'entiere converfion des grains en farines; fur toutes ces chofes la compagnie doit décider, ordonner, & écrire ce qui fera convenable, & toujours avec vivacité, ne remettant jamais au lendemain ce qui éxige célérité.

5°. Pour y raffembler & concilier les matieres qui doivent être traitées chez les miniftres, & rendre compte des décifions que l'on a obtenues, & des ordres que l'on aura reçus.

CHAPITRE XXVIII.

Diftribution du travail, entre les munitionnaires.

VOICI un point très-effentiel, & en même-tems très-difficile à concilier avec la vanité dont tous les hommes font atteints du plus au moins; c'eft la juftice que chaque munitionnaire doit fe rendre fur l'étendue de fon génie, & fur les connoiffances & l'expérience qu'il a véritablement de la totalité, ou de quelque partie du détail de l'entreprife. Sur ce principe, joint à l'intérêt que le fervice fe faffe bien, & avec cette harmonie qui conduit à une heureufe fin : chaque intéreffé doit fe dépouiller de tous préjugés & entêtement, s'en rapporter & adhérer à celui ou ceux d'entre fes affociés qu'il reconnoîtra plus experts que lui, & dont les fentimens, déja fuivis en plufieurs occafions, ont eu du fuccès.

J'ai vû de ces fortes d'affociés, d'ailleurs fort honnêtes gens, mais très-incapables, être toujours les premiers à contredire ceux qui parloient raifon, fans fouvent leur donner le tems d'achever la propofition, & toujours fans la comprendre, ce qui rendoit de telles affemblées des controverfes perpétuelles & très-nuifibles au fervice & à la fociété : Suppofant donc le miracle d'une fociété telle que je la defire, il faut que les munitionnaires divifent entr'eux les travaux de l'entreprife par départemens; comme la matiere eft ample, ils trouveront chacun beaucoup d'occupations.

Les parties de cette matiere font :

1°. Les follicitations auprès des miniftres pour les fonds, la repréfentation de ce qui eft néceffaire pour faciliter le fervice, les expéditions d'ordres, d'ordonnances, & autres chofes qu'il faut fuivre dans les bureaux. Ce département demande un homme qui parle aifément, qui s'énonce bien, qui pofféde la matiere, fur tout qui foit agréable aux miniftres, & qu'il ait leur confiance; on peut lui donner pour

adjoint celui qui d'entre les affociés auroit à peu près les mêmes qualités, quoiqu'il n'ait pas la même expérience; cette adjonction fervira
à le former, & le mettre en état de fuppléer dans les cas de maladies
ou d'abfence.

2°. La fuite des fonds, qui confifte à l'infpection fur la caiffe générale, les procès-verbaux d'augmentation ou de diminution dans les
tems & fuivant les différens cas, la follicitation des payemens près
monfieur le controlleur général, & le payement chez les tréforiers
généraux; la confommation des ordonnances, la vérification des
enregiftremens par le tréforier des vivres fuivant fon inftruction.

3°. La fuite de la comptabilité, qui confifte à l'accéleration du travail, & à prendre connoiffance du fonds des difficultés qui pourroient
retarder l'arrêté des comptes; la fuite des difcuffions & procès qu'on
ne pourroit éviter avec certains comptables, quoique fuivant ce que
j'ai ci-devant obfervé, il foit fouvent plus à propos de ceder ou de
perdre quelque chofe que de plaider.

4°. La fuite du magafin de Paris, la conftruction des charettes &
harnois, rabillage, & tout ce qui a rapport aux charrois, & à l'entretien des équipages; cette partie, ainfi que la fuivante, demandent
un homme très au fait & clairvoyant, parce que les commis qui y
font employés, font auffi redoutables que les gardes-magafins, pour
la rapine.

5°. L'achat des chevaux, médicamens & uftenfiles, le foin particulier de leur fubfiftance, l'examen des maréchaux & des chartiers, & tout ce qui a rapport au mouvement des équipages.

6°. La direction générale à l'armée, laquelle éxige que celui qui en
eft chargé ait encore plus de talens que celui qui a le département
de la Cour; l'on en parlera plus amplement dans le chapitre qui concerne la campagne.

Suppofé qu'il y ait deux armées, il faut encore un autre munitionnaire général; ainfi chaque affocié qui voudra concourir au bien de
la chofe, trouvera fuffifamment de quoi s'occuper.

Chacun de ces détails, excepté celui de l'armée, qui eft un département détaché, doit fe rapporter à la direction générale, pour la
redaction, la forme & les décifions de la compagnie.

Lorfqu'un intéreffé aura réfolu quelque marché, ou jugé à propos
de donner quelques ordres, ou d'écrire des lettres à des directeurs,
employés, ou autres perfonnes; il en remettra le projet au directeur
général avant l'affemblée, il examinera ce qui aura été expedié pour
s'affurer qu'il n'y a rien eu d'obmis, & il appuyera le rapport qu'en
fera le directeur par les motifs qui l'auront déterminé.

Chaque fois que la compagnie écrit des lettres particulieres ou

circulaires, elle doit en donner avis aux directeurs, pour qu'ils fuivent l'exécution de ce qu'elles contiennent.

Les directeurs des départemens doivent avoir attention de faire
faire des journaux, & de les adreffer à chaque comptable dans la
premiere quinzaine d'Octobre, afin que le premier jour de Novembre les commis ayent chacun un nouveau journal pour continuer
leurs enregiftremens.

CHAPITRE XXIX.

Formation des comptes.

POur parvenir à la formation des comptes, la compagnie doit
faire choix de commis capables & entendus dans ce genre, &
en envoyer un à chaque directeur.

Elle ne peut mieux faire que de choifir pour ce travail les infpecteurs, parce qu'avec un fond de capacité que je leur fuppofe, ayant
fuivi la matiere dès fon origine, & connoiffant par pratique le caractere de chaque comptable le travail en feroit prompt & certain; mais
auffi il faudroit que les munitionnaires fuffent bien affurés de la probité de ces infpecteurs, ou que le directeur fous lequel ils feroient,
veillât de près à leurs actions.

L'on trouvera dans la feconde partie de ce traité une inftruction
pour l'oyant compte.

Lorfque le directeur d'un département aura arrêté un compte, il
en remettra la folde au comptable en un mandement fur le tréforier
des vivres du département, lequel, s'il n'a pas de fond en caiffe, con-
vertira de l'ordre du directeur, ce mandement en une refcription fur
le tréforier général; car pour éviter les omiffions, faux & doubles
emplois, la compagnie ne doit faire payer à Paris les dépenfes des
départemens (de quelques natures qu'elles foient) que fur des recepiffés comptables des tréforiers particuliers.

Lorfque le commis qui aura rendu compte fera réformé, le cautionnement qu'il aura fourni, ne lui fera rendu par le directeur général, qu'après la vérification & décharge de chaque article de fon
compte fur les comptes relatifs.

CHAPITRE XXX.

Compte du Roy, pour la fourniture aux garnisons.

IL ne me reste plus, pour ce qui concerne les garnisons, qu'à parler du compte qui doit être rendu par-devant le ministre de la guerre, & de la consommation finale avec le trésorier général de l'extraordinaire des guerres.

Lorsque le premier commis à la direction de Paris aura reçu de tous les directeurs des provinces les rescriptions, états de supplément, états de fournitures extraordinaires, pertes & dépenses en deniers, il doit préparer le compte du Roy.

Pour y parvenir, il faut qu'il forme un bordereau général des rescriptions ou certificats de retenue des commis principaux de l'extraordinaire des guerres, lequel doit contenir le nombre de rations, & les sommes retenues ; il doit vérifier sur le controlle de la caisse tenue à la direction, les sommes payées par le trésorier général de l'extraordinaire des guerres au munitionnaire, & en ajouter le détail ensuite du bordereau, l'additionner, & faire la balance, pour connoître si le trésorier général redoit, ou si le munitionnaire a trop reçu.

Au pied de ce bordereau le directeur prépare un ordre que la compagnie signe, à l'effet d'autoriser ce premier commis de remettre au trésorier des vivres les rescriptions, & d'en retirer un recepissé comptable, ensuite de copie du bordereau & de l'ordre ; ce recepissé sert au dépositaire de valeur pour les reconnoissances qu'il a données de ces rescriptions aux autres dépositaires des départemens.

Munis de ces piéces, le trésorier des vivres se transportera chez le trésorier général de l'extraordinaire des guerres, pour compenser les avances qu'il a faites, avec le montant des rescriptions ; il retirera un double du même bordereau certifié de ce trésorier général, & ce double doit être remis au commis dépositaire pour l'usage qu'on va expliquer.

Les recepissés que le prête-nom aura fournis au trésorier général seront rendus à celui des vivres, avec les ordres d'avances biffés.

Si le trésorier général redoit, il donnera son billet de comptant à sa caisse.

Si la compagnie est redevable, le trésorier des vivres donnera sa promesse de rapporter un ordre de décharge ; cette promesse sera vifée du munitionnaire chargé de la fuite des fonds qui aura été préfent à la compenfation.

Le compte que le munitionnaire doit rendre devant le miniftre eft fufceptible de formes différentes, car il peut être queftion dans l'entreprife d'un forfait, ou de la fimple manutention; l'un & l'autre avec retenue fur la folde, ou fans retenue.

Ces deux cas differens, renferment chacun deux conditions femblables; car le forfait ou la manutention avec retenue font la matiere d'un compte de même forme, ainfi que le forfait ou la manutention fans retenue operent des comptes femblables.

Lorfque la fourniture eft faite avec retenuë, on raffemble les états de fupplément dont j'ai parlé, & l'on en fait un bordereau à peu près femblable à celui qui concerne le tréforier général, on évalue chaque ration par le prix de l'excedent; c'eft à-dire par la difference qu'il y a de la retenue à l'eftimation portée par le marché, & l'on en tire le total, auquel on ajoute, 1º. le montant du prix entier des rations fournies par extraordinaire. 2º. Le prix entier des rations ou autres effets perdus. 3º. Les fommes qui doivent être remboufées pour loyers, conftructions & réparations de fours, de magafins, &c. le tout fuivant les états arrêtés, & dont on employe feulement le total en deniers, ce qui forme la dépenfe du munitionnaire.

Avec ces piéces, copie collationnée du marché de l'entreprife, & le bordereau arrêté entre le tréforier général de l'extraordinaire des guerres, & celui des vivres, le directeur général fe tranfporte au bureau du miniftre de la guerre, où après vérification faite par un des premiers commis, il eft expedié une ordonnance de parfait payement fur le tréforier général de l'extraordinaire des guerres.

Par cette ordonnance, une quittance en parchemin telle que je l'ai ci-devant expliquée, & au moyen du payement de l'ordonnance par le tréforier, l'entreprife eft entiérement confommée à l'égard du Roy; il ne refte plus que les comptes des fourniffeurs & commis à terminer.

Lorfque la fourniture eft faite fans retenue, on dreffe un compte libellé, qui contient:

1º. La recette faite du tréforier de l'extraordinaire des guerres en conféquence des ordonnances de fonds.

2º. La fourniture effective fuivant les revues.

3º. Les fournitures extraordinaires, & les dépenfes en deniers bien juftifiées par le marché, les ordres particuliers, & les états arrêtés par meffieurs les intendans.

Après l'examen de ce compte, & fa fignature par le miniftre, il eft délivré au munitionnaire une ordonnance pour la folde & parfait payement, laquelle fe confomme avec le tréforier général comme la précedente; au moyen de quoi il ne refte pareillement de l'entreprife que les comptes particuliers à achever.

Mais fi les muntionnaires font chargés de la fourniture à l'armée, qu'on leur ait remis des bleds d'emplacemens, ou de contribution, ou prix fur les ennemis, & qu'indépendamment des équipages de campagne, le miniftre ait confervé un nombre de chevaux pendant l'hyver aveo demie folde; l'on fait un compte général dont il fera parlé au chapitre 57. de la feconde fe&ion, concernant les comptes de la fourniture à l'armée.

CHAPITRE XXXI.

Attention néceffaire lors de l'expédition de l'ordonnance de parfait payement.

UNE attention que le dire&eur doit avoir, eft de s'oppofer à ce que le commis du miniftre, qui expedie l'ordonnance de parfait payement, employe dans l'article des décharges à prendre par le tréforier, ces mots de ftile, *en rapportant les piéces néceffaires à votre décharge*: car en conféquence de cet énoncé indéterminé, le tréforier de l'extraordinaire des guerres, qui craint les fouffrances de la chambre des comptes, veut éxiger du munitionnaire les originaux & états de dépenfes extraordinaires, de pertes, & de remboursement, lefquels il a été obligé de remettre au bureau de la guerre.

J'ai vû, fur femblables difficultés, le tréforier général refufer le payement au munitionnaire, & l'on a été obligé de faire faire des copies de tous ces états, que le miniftre a fignées par ampliation; & ces difficultés, qui font très-embarraffantes, n'ont pour motifs que les huit mots que j'ai ci-deffus rapportés, & dont j'ai obtenu la fuppreffion dans les ordonnances poftérieures à celles dont je viens de parler.

CHAPITRE XXXII.

Des comptes des gardes-magasins, des tréforiers, & des premiers commis à la direction.

AU moyen de l'exécution de ce qui a été ci-devant expliqué, les comptes relatifs au service de garnison, peuvent être entierement finis quatre mois après l'exécution de l'entreprise ; il ne s'agit pour cet effet que de tenir la main, à ce que chaque directeur dans son département, fasse suivre éxactement & sans délais, ce qui est prescrit par les instructions, & ce que la compagnie ordonnera, selon l'exigence des cas, qui consistent.

1°. De ne pas admettre aux comptables aucune dépense sur des procès-verbaux, ou autres piéces concernant des pertes, des constructions, des réparations, ou autres dépenses quelconques, s'ils n'en ont fait la remise à la direction dont ils dépendent, dans les tems & la forme prescrite par les instructions.

2°. Que les gardes-magasins enregistrent éxactement sur leur journal, & qu'ils envoyent à leur directeur une copie éxacte certifiée de ce journal tous les Dimanches.

3°. Aussi-tôt que chaque copie de journal aura été reçue par le directeur, d'en faire faire le dépouillement sur un regiftre d'un volume proportionné au détail du garde-magasin, & de porter & libeller chaque nature de recette & de dépense dans les chapitres qui auront été préparés à cet effet, pour former la minute du compte.

4°. De vérifier sur les copies de journaux relatifs, les sommes ou quantités qu'un comptable portera en recette ou en dépense sur un autre comptable, afin d'éclaircir sur le champ les différences ou les erreurs qui se trouveroient, par exemple, entre l'envoy de 100 sacs que le garde-magasin de Metz porteroit dans son journal, sur le garde-magasin de Thionville, & que le garde-magasin de Thionville, n'emploiroit à la décharge de celui de Metz que pour 95 sacs.

5°. Dans ce cas, aussi-tôt que par le dépouillement & la vérification l'erreur est reconnue, le directeur écrira à l'un & à l'autre comptable, pour leur demander raison de la différence, d'en convenir entre eux, & de lui en rendre compte dans la huitaine.

Par ce moyen les erreurs se vérifient avant que les temps ayent effacé les idées, & que les gardes-magasins ayent pû prendre des arrangemens

rangemens entre eux, ou avec les fourniſſeurs, pour faire retomber de ſemblables obmiſſions à la charge des munitionnaires.

Lorſque les comptes des gardes-magaſins de chaque département ont été arrêtés, le directeur doit les envoyer à la direction générale avec les piéces juſtificatives, & un inventaire ſigné de lui, la remiſe s'en fait au commis oyant compte, lequel les arrange dans ſon bureau par ordre alphabétique; & à meſure qu'il charge ſon repertoire, il pointe & vérifie l'inventaire, dont il fait faire une copie, ſur laquelle il met ſa reconnoiſſance, que le directeur général viſe & adreſſe au directeur qui a fait l'envoi.

Auſſi-tôt que les derniers comptes des gardes-magaſins ſont finis, les directeurs doivent arrêter ceux des premiers commis de leur direction, & enſuite ceux des tréſoriers, (qui doivent être les derniers, attendu la rentrée des piéces;) car il faut que chaque compte de tréſorier, & chaque compte de premier commis aux directions, contiennent, l'un, toute la dépenſe en deniers, l'autre, toute la dépenſe en effets de chaque département; de même les comptes du tréſorier & du premier commis à la direction générale, doivent contenir toutes les dépenſes en deniers, & toutes celles en effets de l'entrepriſe en général.

CHAPITRE XXXIII.

Vérification des comptes à la direction générale.

LA vérification des comptes ſe peut faire ſans le ſecours des parties doubles, & ſimplement les uns par les autres, ce qui eſt bien plus certain pour la décharge de chaque article. Cette façon d'opérer n'eſt pas ſuſceptible de doubles emplois, & d'omiſſions comme les parties doubles, on pourra encore s'en paſſer pour le compte de ſociété; car au moyen de ce que la caiſſe générale renfermera toutes les recettes & dépenſes en deniers, & que le compte du premier commis dépoſitaire contiendra toutes les recettes & dépenſes en effets; on connoîtra, & l'on vérifiera bien aiſément les profits & les pertes.

DEUXIÉME SECTION.

Du service des vivres pendant la campagne.

SUIVANT ce que j'ai expliqué dans la premiere section de ce traité, on voit que l'entreprise des vivres pour les garnisons est d'un grand détail, que néanmoins avec beaucoup d'attention, on peut parvenir en fort peu de tems au compte du Roy : mais le service de campagne est d'une étendue bien plus considérable, & renferme tant de parties différentes, que quelque vigilance que l'on puisse apporter, il faut au moins une année avant que d'être en état de présenter le compte à la chambre. J'observe cette circonstance, parce que les personnes qui veulent devenir entrepreneurs, doivent mettre en considération les frais de cette comptabilité.

Si l'on jugeoit de cette entreprise, par ce qu'il en coûte au Roy pour une année, on seroit moins ardent à se mêler d'un métier qu'on ne connoît pas; j'ai vû la dépense des vivres monter à 18. millions pour une campagne, sans compter les garnisons qui alloient à 6. millions, pour les armées de Flandres & d'Allemagne; ainsi les personnes qui veulent entreprendre, doivent faire de sérieuses réfléxions; j'ai l'expérience, qu'il y a une source inépuisable de risques, particulierement pendant les six à sept mois de campagne, si l'armée ou des corps détachés changent fréquemment de position.

Il faut dans les munitionnaires & dans leur principaux commis, une expérience consommée & une attention qui prévienne, pour ainsi dire, les résolutions d'un général, car l'instant manqué est irréparable, & l'exécution coûte le double; à quoi il faut ajoûter, l'infidélité d'un très-grand nombre d'employés, lesquels, malgré le bon établissement d'une régie & l'attention des chefs, ne laissent pas de s'attribuer des bénéfices, & de faire des dégâts, qui, par l'importance de l'objet total, font toujours d'une conséquence infinie.

Dans le même tems que le ministre de la guerre reçoit les propositions pour l'entreprise des garnisons, celui de la finance fait publier & afficher l'entreprise de la fourniture du pain à l'armée, & celle des équipages qui doivent faire les voitures & transports dans les camps, ou dans différens postes. Ces affiches & publications se réitérent par trois quinzaines.

Les compagnies qui ont dessein d'entreprendre constituent des avocats, aufquels, chacune donne pouvoir, felon fes arrangemens particuliers, pour fe rendre au confeil à la grande direction.

Pendant que les feux brûlent, chaque avocat, fuivant fes pouvoirs, offre d'entreprendre à un certain prix, & les uns à l'envie des autres portent toujours ce prix au rabais, jufqu'à ce qu'enfin le jour de la derniere publication, le feu s'éteignant pendant la derniere offre, tel avocat devient adjudicataire pour fes conftituans.

Il les fait connoître au chancelier qui fait l'adjudication, & aux miniftres de la guerre & de la finance qui font à fes côtés : fi la compagnie convient, on expédie un réfultat au nom du prête-nom qu'elle préfente, & duquel elle fe porte caution; fi elle ne convient pas, comme il eft arrivé plufieurs fois, on remet l'adjudication à huitaine ou à quinzaine; il fe pourroit fort bien que cette adjudication à huitaine fe fît en faveur d'autres, qu'aux entrepreneurs des garnifons, ou que les uns euffent la fourniture du pain, les autres celle des équipages; mais ces cas font rares, & la féparation des équipages eft toujours contraire au fervice, & préjudiciable à chaque compagnie.

CHAPITRE PREMIER.

Des confidérations qui doivent fervir de régles pour fixer le prix de la ration de pain de munition.

AFIN de parvenir à faire des offres en connoiffance de caufe, il faut confidérer ce qui fuit.

En Flandres & en Allemagne.

1°. Le prix des bleds.
2°. Celui des facs de treillis, pour contenir 200. livres de grain.
3°. Celui des avoines.
4°. Celui des foins.
5°. Celui des pailles.
6°. Celui des chevaux.
7°. Celui des bois propres au charonnage.
8°. La conftruction des chariots & le vannage.
9°. Les effieux, bandes des rouës, & autres ferrures.
10°. Celui des cuirs de toutes efpéces.
11°. Celui des cordages.

12°. Celui de la toile pour la couverture des chariots.

13°. Celui des médicamens.

14°. Celui des outils & uftenfiles d'équipages, & des fours.

15°. La fubfiftance des chevaux, & leur attache pendant le quartier d'hyver.

16°. La folde des chartiers, maréchaux, bourreliers, & charons.

17°. Les appointemens des commis.

18°. Les voitures des effets jufqu'aux lieux d'emplacemens.

19°. La maladie & mortalité des chevaux.

20°. Enfin les déchets de magafins, les droits de moutures, les pertes non juftifiées, les cas fortuits, les gratifications, les quatre deniers pour livre des invalides, les boulangers fans travail, les maçons à la fuite des travaux de l'armée, &c.

En Italie.

1°. Le prix du froment, *qui doit fe tirer de France, quand la mer eft libre.*

2°. Celui des facs, qui doivent contenir 2. quintaux de grain.

3°. Celui du ris, *fur les lieux.*

4°. Celui de l'avoine, *en France.*

5°. Celui du foin & de la paille, *fur les lieux.*

6°. Celui des mulets de bats & de traits, *en Languedoc, Auvergne, Dauphiné, Provence, Savoye & Piedmont.*

7°. Celui des bois propres au charonnage.

8°. Celui du vannage, *fur les lieux, pour les chariots, & des manettes à porter le pain fur le dos des mulets.*

9°. Celui des effieux, bandes de rouës, & autres fers, *fur les lieux.*

10°. Celui des cuirs de toutes efpéces, *le meilleur cuir d'Hongrie fe tire de Paris, le refte fur les lieux.*

11°. Celui du cordage, *fur les lieux.*

12°. Celui de la toile pour les chariots, & autres ufages, *fur les lieux.*

13°. Celui des outils & uftenfiles d'équipages.

14°. Celui des médicamens, & vieux oint, *fur les lieux.*

15°. La fubfiftance des mulets, tant en France qu'en Italie, avant & après la campagne.

16°. La folde des maréchaux, chartiers, muletiers, bâtiers, bourreliers, & charons.

17°. Les appointemens des commis, à chacun defquels on donne un mois de gratification pour fe rendre fur les lieux.

18°. Les voitures par terre des lieux d'achats à bord des vaiffeaux, aux ports de Dunkerque, Saint-Vallery, le Havre, & autres ports de France, ou jufqu'à Bordeaux, pour de-là defcendre par la Garonne & le Canal à Agde : repris par des Tartannes, pour être tranfportés à Gennes, où eft ordinairement l'entre-pôt général ; ou étant chargés des ports de France fur l'Océan, être embarqués par la grande route, paffant par le Détroit, jufqu'à Gennes.

19°. Les voitures par terre & par eau, de Gennes dans l'intérieur de l'Italie.

20°. La différence du prix des efpéces.

21°. Les frais de remifes & efcomptes des lettres de change.

22°. La différence du poids de marc, à celui des poids des pays au-de-là des Monts.

23°. La mortalité des chevaux ou mulets, également en Flandres, en Allemagne, & en Italie.

24°. L'entretien & l'anéantiffement d'une grande partie des équipages, des facs, & des uftenfiles.

25°. Enfin les déchets de magafins, les droits de moutures, les pertes non juftifiées, les cas fortuits, les gratifications, les maçons à la fuite de l'armée, & les boulangers fans travail.

Après un examen de toutes ces chofes que l'on doit confidérer, par rapport aux prix, aux quantités, & à leur confommation, on fait un calcul eftimatif, dont le réfultat eft le prix de chaque ration de pain, & la folde de chaque cheval par jour ; dans l'une & l'autre ap-préciation, tous frais généralement quelconques compris ; en forte qu'au moyen, je fuppofe, de 36. deniers par ration de pain, & de 45. fols par jour par chaque cheval ou mulet, le munitionnaire eft obligé de fournir les armées, camps, & détachemens en quelques lieux qu'ils foient.

On trouvera dans la feconde partie de ce traité, les modéles de l'état eftimatif, de la propofition & du réfultat, &c.

CHAPITRE II.

De l'entreprife des vivres, au cas de commencement de guerre.

SUPPOSE' que le traité fe fît à l'occafion d'une guerre que le Roy fe trouveroit obligé de faire, le munitionnaire n'en trou-vant pas un autre en place, feroit obligé à une plus grande levée de

chevaux neufs; à la conſtruction totale des charrettes & harnois, &
au choix de pluſieurs commis, & gens d'équipages : ce qui eſt plus
embarraſſant, que lorſque l'on ſuccéde à un autre entrepreneur; mais
d'un autre côté, une compagnie qui établit ſon ſervice, n'eſt point
chargée d'une multitude de chevaux qui périſſent en quartier d'hyver, par les fatigues qu'ils ont eſſuyés pendant une campagne, la
mauvaiſe nourriture ou le retranchement de cette nourriture, que
les capitaines de charrois en ont fait à leur profit : ajoutez que ſi les
employés ſont plus experts dans toutes ſortes de fraudes, après pluſieurs années d'exercice, que lorſqu'ils ne ſont que commencer, ils
en ſont bien mieux le ſervice ; ainſi dans l'un & l'autre cas, il y a de
l'avantage & du riſque; mais ce riſque peut être paré, en faiſant obſerver les régles que je propoſe.

CHAPITRE III.

De la même entrepriſe, par une compagnie qui ſuccédera
à une autre.

JE vais établir l'entrepriſe ſur le fondement d'une continuité de
ſervice, parce que c'eſt le cas le plus rempli de différentes circonſtances.

Auſſi-tôt que les munitionnaires ont ſigné le cautionnement de
l'adjudication au conſeil, ils s'aſſurent par des marchés, ou des
achats par commiſſion; d'avoine, de foin, & de paille néceſſaires
pour l'exécution de leur entrepriſe, ils doivent ſe régler pour la
quantité ſur les opérations militaires, d'autant que ſi l'on eſt ſupérieur aux ennemis, il y aura apparence de fouragement pendant toute la campagne; ainſi les chevaux de la compagnie qui ont droit de
fourager, comme ceux des troupes conſommeront moins de ſec;
mais il ne faut pas cependant, ſous ce prétexte, épargner les apro-
viſionnemens, car comme les armes ſont journaliéres, ou qu'il peut
intervenir des ſuſpenſions, qui font ceſſer tous actes d'hoſtilité; il
faut à tous événemens s'aſſurer de foin & d'avoine, mais en moindre quantité que ſi les ennemis étoient maîtres de la campagne.

Il faut dans le même tems penſer à des quartiers pour le logement
des chevaux pendant l'hyver : on trouve des particuliers qui traitent
de la ſubſiſtance & du logement, on en trouve d'autres qui s'engagent pour la ſubſiſtance ſans logement; & enfin une troiſiéme eſ-

péce qui traite uniquement du logement, ce qu'on appelle attache.

Comme on n'eſt pas toujours le maître de choiſir, il faut ſe ſervir de ces trois moyens, & ſe régler uniquement ſur la commodité des lieux, par rapport à la proximité de l'eau & des forêts, d'où l'on puiſſe tirer aiſément du bois pour le rabillage & la conſtruction. On trouvera dans la ſeconde partie de ce traité des modéles de marchés, dans les trois eſpéces ci-deſſus.

Outre ces logemens, il faut encore louer des prairies pour mettre les chevaux au verd juſqu'à l'entrée de la campagne, & y tenir les éclopés pour les rétablir.

CHAPITRE IV.

Des choſes à régler entre les nouveaux & les anciens munitionnaires.

AVANT la fin de Novembre, les nouveaux munitionnaires doivent convenir avec ceux qui ſont actuellement chargés du ſervice, de la remiſe des chevaux & équipages, & ils doivent chacun de leur part nommer une ou pluſieurs perſonnes intelligentes, munies de leurs pouvoirs, pour faire les eſtimations, & par les uns, la remiſe aux autres.

CHAPITRE V.

De la remiſe des chevaux par l'ancienne compagnie à la nouvelle.

CETTE remiſe ſe doit faire au premier Novembre par inventaire, équipage par équipage; l'on ſignale chaque cheval par couleur de poil, nombre de paumes, âge & marques, ſans parler de ceux qui ſont farcineux & hors d'état de ſervice.

On employe le nombre de harnois & de charrettes par différentes claſſes, en bons, médiocres, & hors de ſervice; on y ajoute les uſtenſiles, & les piéces nommées haut le pied, c'eſt-à-dire, de reſerve, ou ſurnuméraire.

Si un capitaine d'équipage eſt conſervé, il met ſa reconnoiſſance au bas de chaque inventaire, portant promeſſe de compter à la
nouvelle compagnie, à la décharge de l'ancienne, des effets y contenus. Si un commis nommé par la nouvelle le releve, celui-ci ſe
charge des chevaux & équipages contenus en l'inventaire, dont il
s'engage de compter à ſes commettans, & les prépoſés certifient
chaque inventaire pour en conſtater la qualité & la quantité.

Semblables inventaires ſe font des effets, dont les gardes-parcs
ſont chargés, comme auſſi des chevaux malingres en état de ſe rétablir, & des fourages & uſtenſiles qui ſont à la garde des commis
à la ſuite des éclopés, l'eſtimation en eſt pareillement faite par les
prépoſés.

Si les gardes-magaſins dans les places ſont auſſi chargés d'avoines,
foins & pailles, il en faudra faire mention dans les inventaires des
magaſins, dont j'ai parlé dans la premiere ſection de ce traité.

Je réïtére qu'il faut que tous ces inventaires ſoient éxactement col-
lationnés, & j'invite une nouvelle compagnie d'accélerer & folder
le compte de ces différentes remiſes.

S'il y a un garde-magaſin à Paris, ce qui ne peut manquer, ſi la
guerre eſt en Flandres & en Allemagne ; il faudra faire l'inventaire
de ce dont il ſe trouvera chargé, & pareillement l'eſtimation.

CHAPITRE VI.

Informations de la conduite des employés aux équipages, &
révocation de ceux qui ſe comportent mal.

LORSQUE la nouvelle compagnie s'eſt arrangée avec l'ancienne, l'un des munitionnaires qui ſe rend ſur les lieux, & qui
doit être au fait de l'adminiſtration, s'inſtruit autant qu'il lui eſt poſſible des bonnes ou mauvaiſes qualités des employés aux équipages,
dont il rend compte à la compagnie, en lui marquant les ſujets qu'il
juge à propos de conſerver, & le nombre de ceux qu'il faudra remplacer.

CHAPITRE VII.

Livraison des équipages, & marche aux quartiers d'hyver.

LE premier Novembre étant arrivé, ordinairement le général de l'armée licentie les équipages, & alors les prépofés de la nouvelle compagnie les font défiler dans les lieux qui leur auront été préparés, ainfi que les gîtes & la fubfiftance pendant leur route.

A leur arrivée, ceux qui font chargés en chef de la diftribution des quartiers, doivent avoir grande attention qu'ils foient bien nourris, panfés, & médicamentés, pour qu'ils fe rétabliffent promptement.

CHAPITRE VIII.

Attentions pour la formation des équipages des vivres.

AUSSI-TOST que les inventaires font parvenus à la direction générale des vivres, le directeur en fait faire un dépouillement par chapitres, qui contiennent féparément le nombre de chevaux en état de fervir, & ceux qu'il convient de médicamenter : le nombre de harnois, bons, & à racommoder, celui des charrettes en état de fervir, & à rétablir; la quantité d'effieux & de bandes en referve. Sur cet état, la compagnie fe détermine pour l'achat des chevaux neufs, & la conftruction des équipages, ou par marché, ou par œconomie.

Ordinairement, à l'égard des chevaux, on fait des conventions avec des entrepreneurs qui en font des levées dans la Suifle; mais pour les harnois & charretes, il convient mieux de les faire faire par des ouvriers à gages.

CHAPITRE IX.

Diſtribution des chevaux remis à la nouvelle compagnie.

UNE partie des équipages les moins fatigués, doit être diſtribuée dans les places frontiéres, pour le ſervice des magaſins pendant le quartier d'hyver.

CHAPITRE X.

Officiers & employés aux équipages.

CES premieres diſpoſitions étant faites, ce qui conduit ordinairement au commencement de Mars; il faut que la compagnie faſſe choix des officiers & autres employés d'équipages qui doivent ſe rendre aux lieux ordinaires, où ceux qui entreprennent la fourniture des chevaux ou mulets les livrent.

CHAPITRE XI.

De la maniere de compoſer les équipages, de fixer le nombre de chevaux & de charretes en Flandres, en Allemagne, & en Italie.

En Flandres & en Allemagne.

POUR eſtimer le nombre d'équipages qu'il convient mettre ſur pied, par exemple, pour une armée de cent mille hommes; il faut d'abord ſuppoſer qu'une telle armée conſomme par jour 120. mille rations, y compris les officiers, l'érat major, les officiers généraux, &c. que la diſtribution ſe fait au parc des vivres de quatre en quatre jours, partant le nombre de rations pour chaque diſtribution monte à 480. mille rations. Chaque voiture en contient 800.

ainfi divifant le nombre de rations par celui des voitures, c'eft-à-dire
par 800, il s'enfuivra que pour une armée de 100. mille hommes il
ne faudroit que 600. voitures, & 2400. chevaux attelés quatre à
quatre.

Mais comme les équipages des vivres ne fervent pas feulement à
la diftribution, qu'on les employe à des tranfports de farines & de
pain, par convois des places des premieres & fecondes lignes dans
les camps: aux amas de bois néceffaire pour les fours établis en campagne, ou dans les bourgs, ou villages: que les différentes pofitions
de l'armée, les camps détachés, les corps de referve, obligent à
changer fréquemment les travaux: Que les charettes portent la fubfiftance des chevaux, & les uftanciles de fours & d'équipages; enfin
qu'au commencement du fervice il périt plufieurs chevaux, dans le
cours d'une campagne environ un fixiéme. L'ufage a fait connoître
qu'à la fixation fondamentale de 800. rations pour chaque charettes,
il falloit pour affurer le fervice, y ajoûter, par eftimation, un cinquiéme.

Sur ce principe, dans la fuppofition de 480. mille rations par diftribution, joignant un cinquiéme d'augmention fur le nombre des chevaux, il faudroit 2880. chevaux *

* OBSERVATION IMPORTANTE.

L'eftimation des 120. mille facs, pour une armée de 100. mille hommes que
l'on vient d'établir, n'eft que la quantité précife qui fe confomme pendant une campagne; mais le miniftre, pour affurer le fervice à tout événement, augmente à cette
quantité un tiers enfus, par rapport aux abandons forcés, aux places affiégées, aux
autres cas fortuits, aux pionniers, travailleurs, prifonniers de guerre, &c. Le miniftre en ordonne 160. mille d'emplacemens, fans les garnifons. Partant, l'on peut
auffi augmenter d'un pareil tiers enfus, le nombre de chevaux & de charretes:
comme auffi les employés en même raifon, felon les lieux où l'armée doit agir of-
fenfivement, ou défenfivement. Comme il n'eft queftion dans ce traité, que de
prefcrire des régles, & des propofitions, c'eft aux munitionnaires à faire leur calcul fur ces mêmes propofitions, felon ce que le miniftre leur ordonne de plus ou
moins d'emplacemens.

PREMIERE REMARQUE.

» Si les munitionnaires fuivoient éxactement la claufe du réfultat,
» fur le remplacement de leurs chevaux, *quinze jours après leur perte,*
» l'on pourroit au lieu d'un cinquiéme d'augmentation, n'admettre
» tout au plus que le fixiéme; mais le remplacement ne fe fait jamais,
» quoique le Roy paye la folde pour le complet, & que le fervice

» se fasse également. Ainsi il conviendroit aux intérêts de Sa Majesté
» d'obliger les munitionnaires à remplacer, aux termes du résultat, &
» de n'employer que le sixiéme d'augmentation sur la proposition de
» 800. par quatre chevaux, c'est-à-dire par chaque voiture. C'est au
» ministre à en décider.

   » Pour prouvrer que le cinquiéme d'augmentation peut être réduit
» aux sixiéme, il faut obferver.

» 1°. Que les munitionnaires n'ont jamais le nombré, fixé par le ré-
  » fultat.

» 2°. Qu'ils répandent leurs équipages dans les places pour faire des
  » manœuvres & des tranfports qui font à leur charge.

» 3°. Qu'ils en prêtent beaucoup, contre la difpofition de l'ordon-
  » nance, à plufieurs perfonnes.

» 4°. Que les chevaux qui crevent depuis le commencement de la
  » campagne jufqu'à la fin, tournent à l'avantage des munition-
  » naires qui reçoivent la folde complette, & qui profitent de la
  » ceffation de la dépenfe.

» 5°. Que la perte des chevaux ne leur porte pas plus de préjudice
  » qu'à un marchand qui a vendu une piece de drap dont il a été
  » payé, & que l'acheteur jette dans la mer, parce qu'au moyen
  » de ce qu'ils ne remplacent pas les chevaux, la folde leur tient
  » lieu non-feulement de ces mêmes chevaux, mais encore des
  » voitures, harnois, uftenfiles, entretien, appointemens des com-
  » mis, gages, & nourritures, en un mot, de toute la valeur com-
  » plete des équipages.

» 6°. Enfin, fuivant le réfultat, les voitures extraordinaires font à la
  » charge du Roy.

I I. R E M A R Q U E.

Il conviendroit pour le bien du fervice & les interêts du Roy.

» 1°. Qu'il y eût une garde commandée pour le parc des vivres, &
  » que la configne des fentinelles fût, *de ne laiffer fortir aucune*
  » *avoine ni fourages fans l'ordre du fergent ou caporal*; confequem-
  » ment à ce qui feroit convenu entre eux & le capitaine géné-
  » ral des équipages, & en fon abfence, de fes lieutenans, ou con-
  » trolleur; & que ce qui fortiroit par ordre, fortît toujours par la
  » principale entrée, & jamais par les derrieres, ou pourtour du
  » parc.

» 2°. D'ordonner au controlleur des équipages de vifiter les voitures
  » qui arrivent au parc chargées des avoines, qu'elles ont été
  » prendre dans les magafins, afin de çonnoître fi les quantités qui

» entrent & qui font remifes au garde parc, ou diftribuées à chaque
» équipage , font les mêmes que celles portées par l'ordre d'en-
» voi, & les lettres de voitures.

» 3°. De vifiter les charettes qui fortent du parc pour voir fi il n'y a
» point d'avoine.

» Toutes ces précautions affureroient que les quantités qui en-
» treroient dans le parc y feroient confommées par les chevaux, qu'il
» n'y en auroit plus, comme dans les préfentes guerres, de venduës
» à l'armée ; ou de moins chargées dans les magafins fur les équipa-
» ges, & frauduleufement partagées entre celui qui envoye, & ceux
» qui font le tranfport.

» Les chevaux, par ces précautions, confommant toute l'avoine
» qui leur eft deftinée, fupporteroient plus facilement la fatigue ; & au
» lieu d'un tiers qu'on eftime ordinairement en perte, il n'y en au-
» roit pas le quart; cette différence quoiqu'en apparence indifférente
» au Roy intereffe confidérablement Sa Majefté.

» Pour évaluer le prix de la folde des équipages, le miniftre com-
» mence à eftimer le prix des chevaux, leur dépenfe pour nourri-
» ture pendant 199. jours, la valeur des charrettes & harnois, les
» appointemens de commis, les gages des chartiers & ouvriers, les
» frais ordinaires de levée, médicamens, l'uniforme des chartiers. *
» Enfuite il repartit la fomme totale, par le nombre des chevaux ou
» des mulets, il divife le quotien qui réfulte de cette operation, par
» 199. jours; & le fecond quotien eft le prix de la folde. Mais par
» rapport aux menues dépenfes, & aux cas imprévûs, aux tems, &
» aux lieux, le miniftre ajoûte un fixiéme, ou un feptiéme, ou un
» huitiéme; ainfi, fi la dépenfe totale porte la folde jufte à 40 fols,
» le miniftre la regle à 45 fols par cheval, c'eft-à-dire au huitiéme
» en fus, pendant 199. jours, y compris 15. jours pour la levée. Et
» au moyen de ces cinq fols d'augmentation, & du prix de la revente
» des chevaux, charrettes & harnois que le Roy abandonne aux mu-
» nitionnaires, ils trouvent à la fin de leur fervice un bénéfice de 2.
» à 300. mille livres. (a)

» Or en obligeant les munitionnaires aux termes du réfultat de
» remplacer les chevaux qui périffent, le nombre étant toujours com-
» plet, par la raifon déduite dans la premiere remarque; il n'en fau-
» droit, au lieu d'un cinquiéme, qu'un fixiéme au-delà du nombre
» proportionnel de quatre chevaux par 800. rations, ce qui influe-
» roit en déduction, comme de 27. à 24. fur le total de la dépenfe

* On trouve-
ra dans la fe-
conde partie ,
un calcul efti-
matif, art. par
art. de cette dé-
penfe.

(a) *Voyez* le calcul des reventes, qui eft enfuite de celui de l'eftimation de la
dépenfe ; (2. partie.)

» des achats de chevaux, charrettes, harnois, appointemens, gages,
» & nourritures.

» Si mettant obftacle au brigandage des capitaines qui vendent im-
» punément l'avoine dans le parc, ou qui s'accommodent avec les
» gardes-magafins & les traitans, les chevaux avoient toute la fub-
» fiftance néceffaire, au lieu d'un tiers qui fe détruit pendant une
» campagne, il n'en creveroit qu'un quart au plus ; par conféquent,
» le remplacement pour un fervice fubféquent feroit moindre dans
» la proportion de 18. à 16. donc que la folde des équipages feroit
» moins difpendieufe à Sa Majefté, & que les munitionnaires au-
» roient un bénéfice plus confidérable.

Il faudroit donc fuivant l'ufage ancien, dans la difpofition d'une
armée de 100 mille hommes, qui confommeroit 120. mille rations
par jour, faifant par chaque diftribution 480. mille rations, la quantité de   .   .   .   .   2880. chevaux.

L'on repartit ces chevaux par équipages de 104. chacun, y compris quatre furnuméraires par équipage, ce qui fait 28. équipages moins
32. chevaux.

Chaque équipage eft compofé de 25. charrettes, ainfi le nombre
de charrettes qu'il faut mettre fur pied eft de 692. faifant 28. équipages moins 8. voitures.

Chaque charrette étant attelée de 4. chevaux, le nombre de chevaux attelés eft de   .   .   .   .   .   2768.

Celui des furnuméraires étant de 4. par équipage,
le total eft de   .   .   .   .   .   112.

        Quantité pareille   .   .   2880.

Pour commander ces équipages, il faut.

1°. Un capitaine général, lequel fe doit bien connoître en chevaux,
& être au fait d'un convoi pour empêcher que les files ne fe rom-
pent, veiller à ce que les marches fe faffent avec ordre, auffi-
bien que les fouragemens ; d'ailleurs ce doit être un homme
d'efprit & de repréfentation, & en état de rendre compte aux
officiers généraux en différens cas, enfin il doit être capable de
commander & de fe faire obéir.

2°. Trois lieutenans qui doivent avoir s'il eft poffible les mêmes talens du capitaine.

3°. Il faut autant de capitaines en pied qu'il y a d'équipages, & fix
furnumeraires ; il faut que ces capitaines ayent été, pendant deux
campagnes au moins, conducteurs ; il convient comme étant
comptables d'un affez gros maniment, qu'ils fçachent lire, écri-

re, & chiffrer, & qu'ils donnent une caution de mille écus.

4°. Il faut autant de conducteurs qu'il y a d'équipages, & six conducteurs furnuméraires, il convient aussi qu'ils sçachent lire, écrire, & chiffrer.

5°. Il faut 804. chartiers, dont 692. pour conduire 692. voitures, & 112. furnuméraires diftribués fur le pied de 4. par équipage.

6°. Il faut un bourrelier principal, & autant de garçons bourreliers qu'il y a d'équipages.

7°. Il faut un maréchal principal, & autant de charons qu'il y a d'équipages.

8°. Il faut un charon principal, & autant de maréchaux qu'il y a d'équipages.

9°. Il faut un aumônier, & un chirurgien.

10°. Il faut donner un uniforme à chaque chartier, cet uniforme compofé d'un farrot, & d'un bonnet.

Italie & frontieres d'Efpagne.

Pour eftimer le nombre d'équipages qu'il convient mettre fur pied à la fuite d'une armée de 70. mille hommes en Italie; il faut fuppofer qu'elle confomme par jour 77. mille rations, y compris l'état major général, que la diftribution fe fait de quatre en quatre jours, qu'ainfi, le nombre total de rations pour chaque diftribution eft de 308. mille rations.

Ordinairement on forme les équipages en Italie de deux tiers de mulets de tranfport avec des bats, & un tiers de tirage attelés 4. à 4. à des charrettes.

Chaque mulet porte 120. rations à dos avec des bats, ou bâtines, dans deux facs, ou dans deux manettes d'ozier couvertes de peaux, qu'il faut préferer aux facs, pour que le pain ne foit ni brifé, ni mouillé; & chaque voiture contient 800. rations.

Ainfi pour le tranfport & la diftribution au camp de 308. mille rations, il ne faudroit que 2100. mulles ou mulets. Mais par les raifons qu'on vient d'expliquer fur la Flandre & l'Allemagne, il faut employer un cinquiéme de plus, cette augmentation porte le nombre à . . . . 2520.

L'on diftribüe ces mulets, comme on vient de le dire en un tiers de traits, & deux tiers de bats, ou de fomme; chaque équipage eft de 104. bêtes, y compris 4. furnuméraires par équipage.

Dans l'hypothefe il y en a 8. roulans, & 8. bêtes de plus, attelés 4.
à 4. a 202. charrettes, ce qui fait   .   ,   .   808.
Et 32. furnuméraires, 4. par équipage   ;   .   32.

                                                     840.

1616. bats ou de fomme, mis trois à trois à la
conduite de 539. multiers cy   .   .   1616. }
Et 64. furnuméraires, 4. par équipage . . 64. } . 1680.

Quantité pareille   .   ;   .   2520. *

Pour commander ces équipages, il faut.

1°. Un capitaine général.

2°. Deux lieutenans.

3°. Autant de capitaines qu'il y a d'équipages & cinq furnuméraires.

4°. Pareil nombre de conducteurs,

5°. Il faut un multier par quatre bêtes de trait, & quatre furnuméraires par équipage.

6°. Un multier par trois bêtes de charge, & quatre furnuméraires
par équipage.

7°. Un maréchal principal, & autant de maréchaux qu'il y a d'équipages.

8°. Un bourrelier principal, & autant de bourreliers qu'il y a d'équipages.

9°. Un charon principal, & autant de charons qu'il y a d'équipages.

10°. Un aumônier, & un chirurgien.

11°. Il faut donner un uniforme à chaque chartier & multier, compofé d'un farrot & d'un bonnet à la dragone.

On trouvera dans la feconde partie un calcul eftimatif de ces dépenfes.

8 équipages roulans & 8. bêtes de plus, faifant, 808 16. de bats & 16. bêtes, faif. 1616 furnu...96

24. équi. 2520

CHAPITRE XII.

*Les capitaines & conducteurs d'équipages, doivent être gens
robuftes & connoiffeurs en chevaux.*

J'OBSERVERAI que pour remplir les emplois de capitaines
& de conducteurs.

Il faut bien fe garder de choifir des perfonnes foibles, délicates, & dans l'habitude d'une vie aifée, ou oifive. Il faut au contraire rechercher des fils de laboureurs, d'artifans & gens de peine, accoutumés au travail, à la fatigue, qui connoiffent les chevaux, & qui foient en état, dans les fonctions de leurs emplois, de faire agir ceux qui leur font fubordonnés, en agiffant eux-mêmes les premiers. Dans le grand nombre que j'ai vû de ces fortes d'employés, il n'y a eu que ceux du genre que je viens d'indiquer qui fe foient abfolument bien acquittés de leurs devoirs. Il faut éviter fur-tout d'employer de ces protegés que j'ai caracterifés dans la premiere fection; les hommes robuftes font & font faire le tiers plus de befogne & plus vîte.

CHAPITRE XIII.

Des mulets.

LA levée de ces animaux fe fait dans l'Auvergne, dans le bas Languedoc, & vers les Alpes, Poitou, Provence, Montelimar, &c. Pour les conduire il faut des muletiers accoutumés à leur manége; trois raifons obligent à fe fervir de mulets.

La premiere, par rapport aux montagnes qui rendent les routes prefque inacceffibles aux voitures roulantes.

La feconde, la difette des fourrages dans les pays montagnards, dont les mulets naturellement fobres, ne font pas grande confommation.

La troifiéme, la crudité de l'eau des ruiffeaux, torrens ou ravines, produite par les neiges fondues, qui font dommageables pour les chevaux, & à laquelle les mulets font accoutumés.

On trouvera dans la feconde partie de ce traité un modéle de marché d'achats de mulets, qui en défigne la qualité & les fignes de bonté.

CHAPITRE XIV.

Le munitionnaire doit avoir la propriété de fes équipages.

L'ON trouve en tems de guerre dans les endroits que j'ai indiqués des particuliers qui conviennent de fournir, équiper,

I

entretenir, & conduire des mulets en tel nombre que l'on souhaite,
moyennant une certaine solde, la subsistance des mulets, & une ration de pain à chaque muletier; mais le service n'est jamais fait avec
autant d'éxactitude par ces particuliers qui exemptent leurs bestes de
fatigues autant qu'ils peuvent: Quand les mulets sont en propre à une
compagnie, qui a plus d'intérêts à faire faire éxactement le service,
que de ménager ses équipages, il se fait mieux; ainsi le munitionnaire
doit acheter des mulets, les équiper, gager les muletiers, & ne point
se servir de sous-traitans, & même le ministre a attention de le défendre expressément.

CHAPITRE XV.

Temps auquel se doit faire la reception des chevaux,
& des mulets achetés.

AU commencement du mois d'Avril, celui d'entre les munitionnaires qui se connoît le mieux en chevaux, doit se transporter
dans le lieu, où, suivant les marchés pour les chevaux & les mulets,
la remise en doit être faite; comme ces marchés font la loi réciproque du munitionnaire & de l'entrepreneur, je n'ai autre chose à con-
seiller, sinon d'en suivre éxactement les stipulations.

La compagnie pour autoriser leur associé fait une déliberation en
forme de pouvoir; on en trouvera le modéle dans la deuxiéme partie de ce traité.

CHAPITRE XVI.

Du trésorier des vivres à l'armée.

ON doit faire choix d'un trésorier pour l'armée, ce doit être un
homme au fait de la comptabilité, d'une grande probité, &
qui connoisse le détail des équipages; il doit avoir quatre registres cottés & paraphés par le directeur général.

Le Premier lui servira de journal, & il le tiendra de la même maniere qu'il a été dit fur celui du caiffier général.

Le fecond lui fervira à infcrire fa recette abfolue, j'entends par recette abfolue, celle qui eft effective & qui ne procede point d'ordre de recette, de reprife, ou virement de partie; ainfi comme ce tréforier ne doit abfolument faire recette que du caiffier géneral, ce deuxiéme regiftre ne doit contenir que deux chapitres. Le premier de la recette effective de la caiffe générale. Le fecond du produit des ventes d'effets qui pourroient fe faire pendant ou après la campagne, & ce dernier chapitre doit être divifé en autant de fections qu'il y aura de comptables qui occafionnent cette forte de recette.

Le troifiéme livre fervira à infcrire la dépenfe abfolue. J'entends pareillement par dépenfes abfolues, toutes celles qui ne font point fufceptibles d'ordres de comptes, reprifes, ou virement de parties, telles que celles que le tréforier fera fur le caiffier général, fur chaque capitaine d'équipages, ou commis détachés pour le foin des chevaux malingres, ou enfin pour appointemens de commis non comptables, tant defdits équipages, qu'autres principaux & particuliers à la fuite de l'armée.

Le quatriéme regiftre fervira pour enregiftrer les recettes, telles que les ordres de comptes, reprifes, ou virement de parties, & fera divifé par différens chapitres. Le premier pour le caiffier général à Paris; & les autres pour chaque tréforier de département; je vais expliquer la néceffité de ce regiftre.

Il convient, pour fimplifier la matiere, de réduire, le plus qu'il eft poffible, le nombre de comptables, & de faire entrer dans le compte de ceux qui le doivent être indifpenfablement, les recettes & dépenfes de ceux dont on peut fe paffer, par de fimples bordereaux: de même il convient d'éviter les viremens de parties, ordres de comptes, & reprifes, & de ne les admettre que dans les comptes des tréforiers pour les deniers; & des premiers commis aux directions, pour les effets.

Il faut empêcher que les commis, en fous ordre, faffent recette les uns des autres. Si le tréforier d'un département avoit par ordre fuperieur payé à des gens d'équipages, ou autres employés à l'armée, quelque fomme que ce foit, il doit en envoyer les pieces juftificatives au tréforier de l'armée pour en faire la retenue; mais celui-ci ne doit point lui en fournir fa reconnoiffance comptable, il doit en accufer fimplement la reception, avec promeffe de lui en procurer inceffamment la valeur; & dans l'inftant il doit fournir fon recepiffé comptable en faveur du caiffier général, enfuite d'un bordereau des pieces qui lui auront été remifes, & dans ce recipiffé énoncer *pour valeur à moi remife par tel.*

Le caiſſier général, de ſon côté, doit expedier ſon recepiſſé comptable à la décharge de celui duquel procedera l'envoi, & l'adreſſer au tréſorier des équipages, qui, avec cette piece, s'acquittera envers celui du département, & le caiſſier général qui aura employé ſur ſon journal ce recepiſſé du tréſorier des équipages, & celui par lui adreſſé à ce tréſorier, en faveur de celui du département, lorſqu'il en fera le dépouillement, portera ſur ſon regiſtre de dépenſe le recepiſſé du tréſorier des équipages, & ſur celui de recette, le recepiſſé qu'il aura fourni en faveur du tréſorier du département.

Cela operera ſimplement, dans le compte de la caiſſe générale, une récette pour répriſe, & dans le compte du tréſorier du département, une dépenſe pareillement pour repriſe. Par ce moyen, il n'y aura jamais que la vérification à faire ſur le compte du caiſſier général qui contiendra tous les ordres de comptes, repriſes, & virement de parties, ce qui ſimplifiera les recettes & dépenſes des tréſoriers, & n'obligera pas à la décharge des uns par les autres, mais ſimplement par celui du caiſſier général, & l'on ſera aſſuré qu'il n'y aura point de retenue obmiſe, parce qu'il ne ſera admis dans les comptes que des pieces de dépenſes abſolues, de plus chaque compte de tréſorier contiendra toute la dépenſe du département.

Ce que je viens d'expliquer pour le quatriéme regiſtre doit avoir lieu également pour le cinquiéme qui contiendra la dépenſe de pareille nature.

Sur ce cinquiéme regiſtre il y aura encore pluſieurs chapitres, le premier pour le commis à la caiſſe, & les autres pour les caiſſiers ambulans que l'on envoye à la ſuite des détachemens: ces deux eſpeces de comptables ne le doivent être que par bordereau qui ſe conſomment toutes les ſemaines, & plus ſouvent, autant que faire ſe peut, entre eux & le tréſorier, par la remiſe réciproque des acquits que les premiers rapportent, & des recepiſſés que le tréſorier leur rend.

Le tréſorier doit donner une caution proportionnée à ſon maniement.

Si par le marché des chevaux, il a été ſtipulé de faire des payemens à l'entrepreneur, dans les tems de livraiſons, le tréſorier général, ſur l'ordre de la compagnie, remettra des fonds au tréſorier des équipages, qui fournira une ſimple reconnoiſſance portant promeſſe de lui fournir la valeur en un recepiſſé de l'entrepreneur; quand il aura retiré ce recepiſſé, il en fera l'envoi au caiſſier général qui lui renvoyera ſa reconnoiſſance; ainſi cette partie n'entre point en comptabilité, les regiſtres ſeuls en ſont chargés pour entrée & ſortie.

CHAPITRE XVII.

Du sous-caiſſier des équipages.

IL faut encore, pour les équipages, un commis de caiſſe qui ſoit fidéle, vif, & intelligent ; ſes fonctions feront de diſtribuer, en ſous ordre, les fonds que le tréſorier ou caiſſier à l'armée lui remettra pour payer en détail ; il doit donner caution au tréſorier qui doit en faire choix comme d'un homme de confiance, & le preſenter à la compagnie.

On trouvera, dans la ſeconde partie, une inſtruction pour le tréſorier des équipages, à laquelle les ſous-caiſſiers ou commis de caiſſe ſe conformeront.

CHAPITRE XVIII.

Nomination des officiers & employés aux équipages.

AU commencent d'Avril, le directeur général doit expedier les nominations des officiers & employés que la compagnie a choiſis pour les équipages, leſquelles nominations doivent contenir l'ordre d'être, à jour préfix, au rendez-vous ; & pour leur donner moyen de faire le voyage & ſe mettre en équipage, le caiſſier leur paye à chacun un ou deux mois d'appointemens, en vertu de mandemens que le directeur leur délivre au même tems de la nomination. On en uſe de même à l'égard du maréchal, du bourrelier & du charon principal, mais les garçons maréchaux, bourreliers & charons, ainſi que les chartiers & muletiers, ſe rendent de leur gré & à leurs frais, au moyen d'un paſſeport qu'on délivre à chacun de ceux qui s'enrôlent à la direction générale.

CHAPITRE XIX.

Marque des chevaux & mulets, lors de la reception.

LORSQUE le munitionnaire chargé de la reception des chevaux ou mulets, eft arrivé au rendez-vous, les entrepreneurs les font paffer en revûe devant lui; il doit les bien éxaminer les uns après les autres, & dans l'inftant, leur faire appliquer la marque des vivres, qui eft une plaque de fer découpée en forme de double W. couronné, laquelle on appuye très - chaude & prefque rouge fur l'épaule de chaque cheval, cette précaution, à l'inftant même de l'éxamen & de la reception, eft d'autant plus néceffaire, que le munitionnaire a à craindre deux chofes; la furprife des fourniffeurs, & l'infidelité des commis qui l'environnent, qui font pour la plûpart plus attentifs à leurs intérêts qu'à leur devoir.

CHAPITRE XX.

De quelle maniere on fait la diftribution des équipages.

A mefure de la reception, le munitionnaire doit faire la diftribution de chaque équipage, lequel doit être compofé de cent quatre chevaux des plus égaux, il charge chaque capitaine par un recepiffé comptable étant enfuite d'un état de fignalement par colonnes qui contient, la couleur du poil, le nombre de paumes, ou de pieds de Roy, l'âge, & les marques particulieres de chaque cheval.

A l'égard des mulets, l'on prend la même précaution pour le fignalement. L'on diftribue les attelages roulans par quatre, dont le plus fort fert de limonier, ceux de bats, font mis trois à trois à la conduite d'un muletier; & les équipages ou brigades font auffi de cent quatre bêtes chacun.

CHAPITRE XXI.

Marche aux quartiers, en attendant l'assemblée générale.

LA distribution faite, on fait défiler les équipages par les routes, & dans les quartiers qui leur font préparés.

Le tréforier fur l'ordre du munitionnaire, ou de l'infpecteur, ou du directeur, remet, à celui qui commande ces équipages, une fomme convenable, par rapport aux dépenfes que l'on peut être obligé de faire dans la route & féjours; dès ce moment, le tréforier ouvre un compte à cet officier. On doit régulierement obferver de ne remettre aucuns deniers aux capitaines; & cet officier rend compte par bordereau de fon maniement, dont les pieces juftificatives font remifes au tréforier ou caiffier des équipages comme il eft ci-devant expliqué.

On doit faire paffer deux à trois cent chevaux par Paris, pour les raifons que je vais expliquer.

CHAPITRE XXII.

De la conftruction des chariots & harnois.

AU même tems que la compagnie donne ordre à des conftructions de chariots, & harnois dans les Provinces voifines des frontieres, elle doit en faire faire à Paris, ou aux environs, lefquels ferviront.

1°. A tranfporter les recoltes, & l'hôpital ambulant de l'armée. Cet article eft féparé du réfultat. Le miniftre en fait un marché à part. On en trouvera un modéle dans la feconde partie.

2°. Ces voitures ferviront à envoyer, dans les quartiers, des cuirs, cordages, uftanciles, toilles, drogues, médicamens, vieux oint, & autres chofes qui fe trouvent à Paris en abondance, & difficilement, ou même point du tout ailleurs; d'un autre côté, les ouvriers y font habiles & en grand nombre.

Il y a *dans la feconde partie, un détail des voitures & des attelages.*

On trouve aifément à loger des chevaux aux environs de Paris, à Saint Denys, à la maison de Seine, j'y en ai vû beaucoup qui y étoient commodément.

CHAPITRE XXIII.

De la toile à couvrir les chariots.

COMME la toille écrue peinte en huille conserve toute sa consistance, on la préfere à la toile cirée pour couvrir les chariots; celle-cy se casse & se déchire; ainsi il faut que la compagnie ait attention de se pourvoir de toille écrue en quantité suffisante, & qu'elle charge le garde magasin de Paris que cela regarde, de la faire peindre en rouge à l'huille à différentes couches, pour que l'épaisseur de la peinture la rende impénetrable. Il y a des peintres qui entreprennent à forfait, moyennant 12. à 14. sols par aulne.

CHAPITRE XXIV.

Des sacs vuides.

IMMEDIATEMENT après que tous les inventaires sont faits, & que les arrangemens entre les deux compagnies sont pris, les munitionnaires doivent donner ordre, aux directeurs des départemens, de faire brûler, en leur présence, ou de celle de l'inspecteur de leur département, tous les sacs vuides hors de service, qui sont dans les magasins, provenans du précedent munitionnaire : cela évitera de mauvaises manœuvres de la part des gardes magasins, qui s'entendans avec les fournisseurs obligés, par les marchés, de remettre leur grains avec les sacs; les gardes magasins les en dispensent, ils s'accommodent avec eux, en substituant les sacs hors de service à la place de ceux à raccommoder, ceux à raccommoder à la place des bons, & les bons leur servent à suppléer aux neufs que les commissionnaires devroient livrer, & dont le garde-magasin partage frauduleusement la valeur.

Supposé que la toile d'aucuns de ces sacs hors de service soit encore assez bonne pour rapiecer les autres, le directeur les fera cou-

per

perdiagonalement , c'eft-à-dire, d'un angle à l'autre, au lieu de les brûler.

CHAPITRE XXV.

Commis , employés , & boulangers pour l'armée.

PENDANT ces préparations, la campagne approche ; alors, il faut faire choix du furplus des commis, employés , & boulangers pour l'armée: ce choix demande de grandes attentions ; je vais de fuite détailler leurs qualités & leurs fonctions.

CHAPITRE XXVI.

L'infpecteur général à l'armée , & fes fonctions.

UN infpecteur général, doit être en état de feconder le munitionnaire qui aura le département de l'armée , en cas d'indifpofition ou de détachemens confidérables. Ce préfuppofé fupérieur doit être au fait du fervice, de la diftribution, des convois, des fouragemens ; c'eft le feul moyen pour tenir chacun des employés dans fon devoir.

Au défaut de munitionnaire, l'infpecteur doit aller à l'ordre chez le général, le major général, & l'intendant ; enfin il doit faire, comme chef, tout ce qui eft néceffaire pour le fervice.

Cet emploi convient mieux à un prépofé qu'à un munitionnaire, auquel il feroit défagréable d'être fubordonné, en quelque forte à fon affocié.

On trouvera dans la feconde partie, un modéle d'inftruction pour cet infpecteur.

CHAPITRE XXVII.

Du commis principal à la diſtribution du pain de munition.

CET emploi conſiſte à retirer, des majors & officiers généraux, les récepiſſés, à chaque diſtribution, des rations de pain qui leur ſont fournies, à la place deſquels il leur donne ſes billets pour prendre ce qui leur revient, ou des chefs aux travaux, ou des capitaines de charrois, dans les quartiers où ſe font les diſtributions.

Ce commis principal à la diſtribution, doit avoir un grand regiſtre ou ſommier, cotté & paraphé par l'inſpecteur général : ce regiſtre doit être diviſé par autant de chapitres, qu'il y a de régimens, d'officiers généraux, & de corps particuliers, qui, ſuivant l'état du Roy, doivent avoir la ſubſiſtance ; il faut auſſi que les pionniers, travailleurs & priſonniers de guerre, les chartiers de l'artillerie & des vivres, ayent chacun un chapitre : à la tête du livre, il doit y avoir une table alphabétique, pour renſeigner le folio des chapitres de chaque parties prenantes.

Sur ce regiſtre, le commis principal à la diſtribution, inſcrit dans des colonnes préparées, le nom du régiment, celui de l'officier qui ſigne le récepiſſé de priſe, la date de ce récepiſſé, la quantité de rations, le nom du chef aux travaux ou capitaine de charrois, ſur lequel il donne ſon billet, pour prendre la quantité contenue au récepiſſé de l'officier, la date de ce billet, & la quantité de rations.

Le lendemain de la diſtribution, il fait faire un extrait de ſon regiſtre, concernant cette diſtribution ; cet extrait qu'on fera imprimer, enſorte qu'il n'y ait que les dates, les noms & les quantités à remplir, eſt figuré & contient les mêmes colonnes du regiſtre, en chacune deſquelles il employe les mêmes dates, noms & qualités, enſuite l'une de l'autre. Il certifie cet extrait véritable, il y joint les billets de priſe & en fait l'envoi au directeur des comptes à l'armée, qui en fait la remiſe au commis dépoſitaire, lequel, après vérification faite, & l'enregiſtrement ſur ſon journal, fournit, au commis principal à la diſtribution, ſon récepiſſé au bas du double de l'extrait, portant promeſſe de lui procurer la décharge deſdits billets de priſe, & d'en compter au munitionnaire général.

On trouvera dans la ſeconde partie une inſtruction pour cet employé.

CHAPITRE XXVIII.

Des chefs & aydes aux travaux.

LES fonctions de cet emploi, consistent uniquement à faire fabriquer le pain de munition, ou dans des places, ou dans le camp, lorsqu'on y fait construire des fours ; ces commis reçoivent, des gardes-magasins, les farines dont on fabrique le pain, & ils en font la livraison, ou directement aux troupes sur les billets du commis principal à la distribution, ou sur les états de chargement émargés par les capitaines de charrois qui en font le transport, & qui le distribuent au camp; ainsi il y a une grande liaison d'intérêts entre les chefs aux travaux, & les gardes-magasins, & entre ceux-ci & les capitaines de charrois; c'est pour interrompre cette liaison, que je propose des moyens que l'on trouvera après la désignation du surplus des employés. Les chefs aux travaux doivent aussi donner caution proportionnément à leurs manimens.

Il faut autant d'aides aux travaux, qu'il y a de chefs.

La fonction de ceux-ci est de seconder les premiers ; ils sont quelquefois détachés dans des postes éloignés, & les uns & les autres commandent à plusieurs brigades de boulangers qui font le pain de munition.

CHAPITRE XXIX.

Du commis garde-parc.

CE commis est chargé, dans le camp, ou dans un lieu sûr près du camp, des avoines, & des fourages secs, ainsi que des ustensiles & médicamens en réserve.

Il seroit bon que, lors des fouragemens, les capitaines remissent à ce garde-parc les fourages qu'ils auroient faits, & que celui-ci les leur délivrât, il y auroit moins de dégats; & comme ce garde-parc ne délivreroit que sur un ordre du capitaine général; ensuite de l'état des équipages, lequel état le garde-parc envoyeroit émargé à la direction, le munitionnaire profiteroit des fouragemens, & ne seroit pas obligé, comme je l'ai vû plufieurs fois, de payer, à des entrepreneurs, des fournitures fimulées pour les mêmes jours que les chevaux des équipages étoient amplement nourris par les fouragemens. En 1711, 1712 & 1713. les fournitures fimulées faites aux chevaux des vivres, ont coûté aux munitionnaires plus de 600mille livres, & partie des mêmes chevaux font morts de faim; parce que, quand ils venoient dans les places de feconde ligne, pour charger des farines ou du pain, on ne leur fourniffoit aucune nourriture; les capitaines donnoient néanmoins leurs recepiffés comme s'ils euffent reçû, & de même que fi leurs chevaux avoient eu leur ration; l'entrepreneur en retiroit le payement des munitionnaires, & le partage s'en faifoit entre cet entrepreneur & les capitaines.

CHAPITRE XXX.

Commis furnuméraires.

IL faut un nombre plus ou moins grand de commis furnuméraires, que l'on qualifie de commis à la fuite de l'armée. Autant qu'il eft poffible, on n'en doit admettre que de capables, parce que, fuppofant le cas de maladie, ignorance, ou malverfation de quelques commis, ces furnuméraires leur font fubftitués; & fi une place eft conquife fur l'ennemi, on les y envoye en qualité de gardes-magafins.

On a encore introduit d'autres commis fous différentes dénominations; mais je les eftime à charge & inutiles.

CHAPITRE XXXI.

Couriers des vivres.

IL faut deux couriers, gens entendus & alertes; ils fervent plus utilement, & à moins de frais que des commis que l'on nomme vulgairement haut le pied, pour porter des ordres dans les places, ou des paquets de conféquence à la direction générale, ou enfin pour tranfporter & efcorter des fonds.

CHAPITRE XXXII.

Des boulangers, & maçons.

IL faut un nombre suffisant de boulangers, divisés par brigades, & commandés en sous ordre par d'anciens boulangers qui ont fait plusieurs campagnes, lesquels on appelle brigadiers.

Les constructions de fours demandent un homme intelligent en ce fait, l'on met sous lui un nombre de maçons experts pour ces constructions, & le nombre se régle sur celui des troupes dont l'armée est composée.

CHAPITRE XXXIII.

Etat général des employés.

LE directeur doit former un état qui contienne les qualités de chaque commis, le nombre des gardes-magasins, & celui des employés aux équipages.

Cet état doit être divisé par chapitres, & fixer les appointemens de chacun, ainsi que la solde des boulangers & maçons.

Si quelque homme de finance devenoit munitionnaire, il s'étonneroit de voir les appointemens trois ou quatre fois plus forts que ceux des fermes : mais considérant les fatigues, les travaux, & les risques d'une campagne, & que plusieurs d'entre les employés ne sont point payés l'hyver, il conviendroit qu'ils sont proportionnés à la dépense que ces employés sont obligés de faire.

Sur cet état, les commissions sont expediées, la compagnie, les signe, le directeur les enregistre & les distribue.

On trouvera dans la seconde partie un modele de commission.

Aussi-tôt que la compagnie a nommé à quelques emplois, le directeur qui remet, ou envoye la nomination, y doit joindre un éxemplaire d'instruction, dont le prepofé, qui a donné ou qui présente une caution solvable, doit signer une ampliation, avec soumission d'en suivre éxactement le contenu.

CHAPITRE XXXIV.

Où l'on voit la liaison, d'entre les chefs aux travaux, les gardes-magasins, les capitaines de charrois, & la nécessité de remédier aux abus qui naissent de cette trop grande liaison.

J'AI dit ci-devant qu'il y avoit une grande liaison entre les chefs aux travaux, les gardes-magasins, & les capitaines de charrois : En voici la preuve démontrée.

Le garde magasin reçoit des bleds des fournisseurs, & il en remet la farine aux chefs aux travaux.

Quoique les gardes-magasins soientdans l'usage de livrer au poids, plûtôt trop foible que trop fort, néanmoins la bonne qualité de la matiere, & l'habileté de celui qui la fait employer, en la faisant surcharger d'eau dans le petrain, ou en retranchant du tems ordinaire de la cuisson, pour rendre par l'humidité, ce qui a été diminué sur le poids de la pâte, opere une augmentation considérable à la quantité; desorte qu'un sac de farine qui n'est évalué qu'à 180 rations, en produit quelquesfois 190. de là naissent les plaintes des troupes, le bris & la moisissure des rations mal conditionnées, ce qui fait qu'il y en a beaucoup de rebut qui tombent en pure perte.

Messieurs les intendans, ni les commissaires des guerres, n'accordent pas de procès-verbaux en pareil cas, néanmoins les chefs aux travaux obtiennent la décharge de ces pertes sous de faux prétextes, dont les principaux sont la mutinerie des troupes, ou le transport fait en tems de pluies; c'est ainsi qu'ils colorent leur malversation. Par ce moyen, dans le cours d'une campagne, un chef aux travaux se trouve un profit considérable; il n'est question que d'en avoir le débouché : voici comme il y procede.

Le chef aux travaux s'adresse à un garde-magasin, & lui remet un récepissé en farine du montant de la fraude, qu'il appelle revenans bons.

Le garde-magasin a recours à un fournisseur qui lui aura fait des remises, & n'aura pas rempli son traité; il lui donne un récepissé en grain, équivalent à celui des farines, &, moyennant composition, le fournisseur en paye la valeur, laquelle se partage entre le chef aux travaux & le garde-magasin.

Il est évident que de telles prévarications portent un préjudice considérable à une compagnie. Car, 1º. Elle perd le pain rebuté. 2º. Elle paye au fournisseur ce qu'il ne fournit point. 3º. Elle tient compte au garde-magasin d'une mouture qui n'a point été faite. 4º. Elle passe aux chefs aux travaux une cuisson imaginaire ; enfin elle rachete ce qui lui appartient.

J'ai la preuve de plusieurs semblables malversations, qui, sur le total , fait un objet très-intéressant pour une compagnie ; quoiqu'il semble qu'il n'y ait qu'elle qui en souffre ; j'y trouve le Roy & l'état fort intéressés , soit par rapport aux loix offensées , à la corruption des mœurs , & à la mauvaise nourriture des troupes , soit parce qu'il peut arriver, qu'un général qui compte sur une distribution pour faire une marche précipitée, est obligé de changer ses projets , par la défectuosité ou le défaut de subsistance.

Si j'ai déclamé souvent contre les employés comptables , & si mon traité semble n'avoir pour but que de détruire leurs abus & leurs malversations , ce n'est pas sans cause ; j'en ai tant convaincu par raisonnement & par pieces sur un si grand nombre d'objets différens , qu'il seroit ennuyeux de les rapporter.

J'observerai encore un point essentiel qui regarde les capitaines de charrois , comme la troisiéme espéce la plus à redouter ; & après avoir enseigné l'antidote contre leurs subtilités , celles des gardes-magasins & des chefs aux travaux, je renvoyerai, pour s'en garantir, à l'étroite observance des instructions contenues dans la seconde partie.

L'exécution d'une partie de ces instructions pendant 1713 & 1714. & de la totalité pendant 1719, 1720, 1721 & 1727. m'ont convaincu, qu'avec l'autorité, on parviendra aisément à empêcher le désordre que quelques personnes croyent inséparable du service des vivres , lequel cependant ne s'est introduit, que par le défaut de réglement & de forme constante.

Ajoutez que le changement presque annuel des entrepreneurs , & des commis principaux, souvent remplacés par des personnes sans expérience, ne peut operer que des coups de hazard , & des essais que ceux qui les font n'ont, pas le tems de rectifier : les compagnies même ne peuvent y remédier faute de principes & de pratique.

Pendant une campagne, si l'on est supérieur aux ennemis en Flandres & en Allemagne, le munitionnaire pourroit compter sur la moitié de la subsistance de ses chevaux par les fouragemens ; mais il faut qu'il ait attention.

1º. De faire exécuter réguliérement les instructions.

2°. Qu'aucuns capitaines de charrois ne puissent rien prendre des magasins ni des sous entrepreneurs.

3°. Qu'il soit fait à chaque fouragement un magasin général au parc.

4°. Que le capitaine général & le controlleur réglent les états de distributions.

5°. De ne passer ni allouer aucuns reçus particuliers des capitaines ni des conducteurs.

6o. D'empêcher que les gardes-magasins, ou sous-entrepreneurs des fourages ne s'entendent avec les capitaines de charrois; car non-seulement les fouragemens ne seront point profitables aux munitionnaires, mais encore les chevaux périront de misere. Cette proposition surprend d'abord; en voici cependant la preuve.

En 1711 & 1712. il y avoit un entrepreneur des fourages, avec lequel les munitionnaires étoient convenus pour la fourniture de la subsistance de leurs chevaux, de laquelle il devoit être payé sur les reçus des commis des vivres.

J'ai vû, dans plusieurs places, les chevaux des convois qui venoient charger des farines ou du pain, passer la nuit sur le pavé sans paille, & sans avoir eu ni foin ni avoine, s'en retourner le lendemain à l'armée.

J'ai encore vû, dans un très-grand nombre de quartiers, près d'un tiers des chevaux des équipages, malingres, galeux, & farcineux, suite ordinaire d'inattention, & de mauvaise nourriture : & quoique par la vérification qui a été faite, il a été prouvé que l'entrepreneur a employé dans son compte la subsistance complette, sur les reçûs des capitaines de charrois, sans même avoir eu égard aux jours de fouragemens : malgré cela, la forme a emporté le fond, les munitionnaires ont été condamnés à payer à l'entrepreneur, porteur des re-connoissances frauduleuses des capitaines, sauf à eux de faire faire le procès aux comptables.

C'est ainsi qu'impunément les commis & les sous-entrepreneurs, ont tout à la fois volé le munitionnaire, détruit ses équipages, & hasardé le service.

Si le dépôt des piéces que je propose avoit été pratiqué, ou que l'on eût seulement arrêté les comptes, immédiatement après la campagne, on se feroit apperçu de l'omission des fouragemens, & même, les capitaines d'équipages n'auroient pas eu le tems de réfléchir & de s'arranger avec les fournisseurs & sous-entrepreneurs : mais les comptes n'ayant été présentés que plus de quatre ans après, les idées se sont perdues; ajoûtez le défaut de principes dans l'administration, & la négligence des chefs,

CHAP. XXXV.

CHAPITRE XXXV.

Moyens pour interdire les malverfations des chefs aux travaux,
gardes-magafins, & capitaines de charrois.

POUR empêcher la collufion d'entre les gardes-magafins, & les chefs aux travaux d'une part; les capitaines de charrois, les gardes-magafins, ou fous-entrepreneurs d'autre; il faut interdire la relation de leur comptabilité par un comptable intermédiaire dans chaque département, tel que l'eft, le premier commis à la direction. Voici la pratique qu'il faut fuivre à l'égard des chefs aux travaux & des gardes-magafins.

Le premier commis d'une direction doit être, comme on l'a obfervé dans la premiere fection, le feul comptable qui faffe la liaifon d'un département, à ce qui eft relatif au fervice de campagne ; pour cet effet, lorfqu'un chef aux travaux recevra des farines d'un garde-magafin, au lieu de lui fournir un récepiffé comptable, *Nominatim*, il doit lui en donner un dans la forme fuivante.

> * *Je fouffigné chef aux travaux établi à . . . . . certifie que le*
> *S.* . . . . . . *m'a ce jourd'hui, envoyé la quantité de 500. facs de*
> *farines méteil, en 500. facs de toile, du poids de 200. livres chacun,*
> *dont je prie M.* . . . . . *premier commis à la direction de . . . . .*
> *de lui tenir compte. Promettant de compter à fa décharge defdits 500.*
> *facs de farines en 500. facs de toile, au munitionnaire général. Fait*
> *à . . . . . . le . . . . . .*

** Nota. Ces formules doivent être imprimées, en forte qu'il n'y ait que les noms, les qualités, & les dates à remplir.*

Auffi-tôt que le garde-magafin aura reçu ce récepiffé, qui n'eft qu'un certificat à fon égard, il doit l'envoyer, dans l'efpace de 24. heures à fon directeur, qui le remet au premier commis à fa direction, lequel lui fournit fon récepiffé comptable dans la forme fuivante.

> 500. facs de farines, méteil. ⎱ fuivant le récepiffé comptable du S.
> 500. facs de toile . . . . . ⎰ chef aux travaux à .. en date du ..

> ** *Je fouffigné, premier commis à la direction de . . . . promet comp-*
> *ter au munitionnaire général, à la décharge du S.* . . . . . *garde-*
> *magafin à . . . . . de la quantité de 500. facs de farines, méteil, &*
> *500. facs de toile, valeur en ce que deffus. Fait à . . . . le . . . . .*

*** Nota. Il faut que ce récepiffé foit vifé du directeur, qui met fon paraphe à la marge du journal, à côté de l'article en queftion.*

Le premier commis à la direction, après avoir fait les enregiftremens convenables, remettra à son directeur, de huitaine en huitaine, un bordereau de lui certifié véritable, qui contiendra par extrait, place par place, & jour par jour, les récepissés comptables des chefs aux travaux, & la date de ceux qu'il aura fourni aux gardes-magasins.

Le directeur du département adressera ce bordereau au directeur des comptes de l'armée ; celui-ci le remettra au commis dépositaire de son bureau, & en accusera la reception par une lettre, afin qu'on ne puisse imputer au directeur du département, l'obmission qui feroit faite à la direction de l'armée.

Le commissaire oyant compte à la direction de l'armée, dépouillera ce bordereau, & portera au compte de chaque chefs aux travaux, les articles qui les concernent.

Si dans le nombre des piéces remises aux commis dépositaires des départemens, il y en avoit qui justifiassent de pertes en deniers ou effets, de fournitures extraordinaires, de constructions, ou réparations de fours, & de magasins, de prises par les ennemis, d'abandon forcé, fourniture du pain à des détachemens, & que toutes ces choses concernassent le service d'armée, l'envoi en doit être fait au dépositaire à l'armée ; il sera pour cet effet, formé un bordereau desdites piéces, par celui ou ceux qui les auront reçûes, ils l'enregistreront, & le directeur de chaque département, après avoir vérifié les piéces & ces enregistremens, & mis son paraphe sur le journal à côté de l'article, il signera la lettre d'envoi au directeur de l'armée ; celui-ci en fera la remise au dépositaire de sa direction, duquel il retirera un récepissé comptable en faveur de ceux qui auront fait l'envoi, & l'adressera à leur directeur.

Par ce moyen on empêchera. 1.° Les omissions.

2o. La fabrication & la conversion des récepissés particuliers, faux & vrais, en récepissés généraux.

3°. Le chef aux travaux n'ayant plus de débouché secret & certain ; se conformera, sans tentations, aux instructions qui lui seront données.

Enfin, le garde-magasin, (surveillé par les inspecteurs ambulans,) au lieu de faire une dépense que je nommerai *étrangére*, la fera sur le comptable commun du département, & la vérification de toute part sera simple, & le renseignement aisé.

A l'égard des capitaines de charrois, des gardes-magasins, & sous-entrepreneurs : voici comme j'estime qu'il faut se comporter.

Lorsqu'il se fait un détachement d'équipages, pour aller charger des farines, ou du pain dans une place ; le capitaine général ou le lieutenant, qui forme ou commande ce détachement, doit dresser

un état détaillé, équipage par équipage, & y comprendre le nom
de chaque capitaine, le nombre de chevaux, & la quantité de rations de foin & d'avoine, qu'il convient que le garde-magafin ou
fous-entrepreneur délivre; au pied de cet état, l'officier doit mettre
fon ordre vifé du controlleur, *de délivrer la quantité qu'il aura fixé,
dont il fera tenu compte à celui qui livrera, en rapportant l'état émargé de
chaque capitaine.*

Le garde-magafin enregiftrera cette piéce, & au dos mettra ces
mots : *envoyé par moi, ce jourd'hui . . . . . . à M. . . . . . premier
commis à la direction de ce département, pour tant . . . . de rations de
foin, & tant . . . . . de rations d'avoine, dont il me fournira valeur
ce . . . .*

Il adreffera cette piéce, dans l'efpace de 24. heures, au directeur
du département, pour être remife au premier commis à fa direction, qui en fournira fa reconnoiffance comptable, dans la forme
fuivante.

> *Au Sr. . . . . capitaine d'équipage, fui-
> vant l'ordre de Mr. . . . . lieutenant prin-*
>
> Pour { 50. *rations d'avoine.* } *cipal, & l'emargement dudit Sr. . . . . . .*
> { 50. *rations de foin.* } *en date du . . . . & à moi envoyé par le*
> *Sr. . . . . garde-magafin à . . . . le . .*
> *. . . du préfent mois.*

** Je compterai au munitionnaire général, à la décharge du Sr. . . .
garde-magafin des vivres, à . . . . . de la quantité de* 50. *rations
d'avoine, & de* 50. *rations de foin, valeur en ce que deffus. Fait à . .
le tel jour . . . .*

Le directeur envoyera ce reçu au garde-magafin; tous les huit
jours, le premier commis de la direction, formera fon bordereau, de
tous les reçus qui lui feront parvenus, dans la forme expliquée, à
l'article du chef aux travaux. Ce bordereau certifié de lui, fera remis au directeur du département, qui l'enverra à celui des comptes
de l'armée, lequel le remettra au commiffaire oyant compte, qui
fuivra ce qui a été prefcrit ci-devant, en pareil cas.

Au moyen de ces précautions, toute intelligence fera interdite,
les fouragemens entreront au profit de la compagnie, les capitaines
de charrois n'auront plus la faculté de recevoir ni de figner fans ordres; les gardes-magafins, qui feront à l'inftant déffaifis de leurs reçus,
ne pourront plus les augmenter, ni les altérer: les comptes des uns &
des autres, toujours relatifs dans le fait, n'auront plus aucune rela-

tion dans la forme, & on fera à couvert à cet égard, d'omiſſions & de malverſations.

J'obſerve, qu'il faut, ſans miſéricorde, rejetter des comptes des gardes-magaſins, les reçus particuliers qu'ils pourroient rapporter, ſoit des capitaines, ſoit des chefs aux travaux ; & ſuppoſé que ce fût un ſous-entrepreneur de fourages, qui fiſt la fourniture aux équipages, il faut inſérer expreſſément dans ſon marché, *qu'il ne lui ſera pas tenu compte des reçus particuliers des capitaines, conducteurs, & employés inférieurs, mais uniquement ſur les récepiſſés comptables des dépoſitaires du département où ſe feront les fournitures.*

CHAPITRE XXXVI.

Forme pour parvenir à la comptabilité en deniers, ſans courir le riſque d'omiſſions.

LORSQUE tous les commis, tant des départemens, que ceux de l'armée ſont partis, le tréſorier général doit former des bordereaux, département par département, même de l'armée, de tous les acomptes qu'il a payés par ordre de la compagnie, à chaque commis & employé.

Ces bordereaux avec les piéces juſtificatives, doivent être envoyés ſur l'ordre de la compagnie, tant au tréſorier des équipages, qu'à ceux des départemens, chacun pour ce qui les concerne : en échange, ils lui doivent fournir enſuite des copies de ces mêmes bordereaux, chacun à ſon égard, leurs récepiſſés comptables, comme eſpéce : & en cas, que dans le courant du ſervice, il lui fût ordonné de faire de ſemblables payemens ou d'autres, qui concerneroient le détail des départemens, il en fera pareillement l'envoi à chaque tréſorier ; & réciproquement s'il arrivoit que les tréſoriers particuliers, payaſſent par ordre ſupérieur, quelques ſommes qui auroient dû être acquittées par la caiſſe générale, ils en doivent faire l'envoi au tréſorier général, en formant auſſi des bordereaux des piéces, dont le tréſorier leur remettra la valeur en récepiſſés comptables, enſuite de pareils bordereaux : par ce moyen chaque nature de dépenſe ſuivra ſa deſtination, dans le fond & dans la forme, ſans aucun riſque d'omiſſion, & les comptes ſeront très-ſimples, & d'une vérification aiſée.

CHAPITRE XXXVII.

De ce qu'il convient de faire au premier May.

AU premier May, (si la campagne n'est pas prématurée,) les équipages des vivres doivent se rendre au lieu qui aura été désigné : à l'effet d'être passés en revues par le commissaire des guerres, que le ministre commet.

Le commissaire fait défiler les équipages, il éxamine & compte les chevaux, les fait marquer sur la fesse droite, avec un fer rougi au feu, il forme son extrait de revue, qui sert à la compagnie pour justifier l'effectif, ce qui lui acquiert les quinze jours de levée portés par le résultat sur ce nombre effectif. Au milieu de la campagne, le général fait faire quelquefois une autre revue, mais cela est rare; les munitionnaires prétendent qu'il seroit difficile d'y parvenir, à cause des différens mouvemens de l'armée, & des camps séparés : mais cette objection n'est pas fondée.

L'intendant de l'armée peut demander au munitionnaire ou à l'inspecteur des vivres, un état certifié du nombre effectif de chevaux, & des différens postes ou quartiers où ils sont, & ordonner aux commissaires des guerres, chacun dans son district, d'en faire des revues séparées, dont un double seroit envoyé au ministre, pour connoître le nombre de chevaux éxistans; ordonner le remplacement, dans le temps prescrit par le résultat, ou lors du compte, retrancher la solde faute de remplacement justifié.

CHAPITRE XXXVIII.

Départ du munitionnaire pour l'armée.

LE munitionnaire destiné pour l'armée, doit partir quinze jours, ou trois semaines avant les officiers généraux ; ainsi la compagnie doit disposer de bonne heure tout ce qui le concerne.

Elle doit faire une délibération qui contienne, 1°. Le choix de sa personne pour régir à l'armée. 2°. Qui l'autorise absolument, surtout ce qu'il y aura à faire pendant le cours de la campagne, pour le bien du fervice & l'avantage de la focieté. 3°. Qui lui regle une fomme fixe pour fon équipage, fa table, & les dépenfes extraordinaires, aufquelles la compagnie l'obligera. J'ai vû regler cette fomme pour l'armée de Flandres feulement, à 36000 livres. 4°. Outre cette fomme, lui regler les appointemens d'un fécretaire & de deux commis.

Le munitionnaire doit emporter avec lui, une copie collationnée du marché des garnifons, avec l'état des emplacemens; les copies du réfultat, du paffeport, de chaque état du Roy, qui regle le nombre de rations, qui doivent être fournies journellement aux différentes perfonnes compofant l'armée; un état général des employés; un extrait bien circonftancié des marchés paffés aux fous-entrepreneurs; un pareil extrait des ordres donnés aux commiffionnaires, qui fixe les quantités qu'ils doivent remplir; un état général des magafins, des fours & des moulins; un cahier d'exemplaires d'inftructions, pour qu'il foit en état de décider fur chaque article, en cas de difficultés, ou de contravention de la part des commis.

Il faut que le munitionnaire regle fa route d'une maniere à pouvoir vifiter & prendre connoiffance des magafins qui environnent le théâtre de la guerre, tant en premiere qu'en feconde ligne; ce font les fources qui doivent communiquer l'abondance à l'armée. Il doit en prendre des nottes bien éxactes pour en former un état détaillé, dont il remettra une copie au général qui juge de la fureté de la fubfiftance par la quantité des effets, & par leur fituation. Il donnera auffi un double de cet état à l'intendant, & en adreffera un femblable à fa compagnie pour le miniftre.

CHAPITRE XXXIX.

Du bureau pour la formation des décomptes des troupes, des états de fournitures, dépenfes & pertes à la charge du Roy, & pour la formation des comptes des équipages & des travaux.

DANS le même temps, les munitionnaires doivent établir un bureau pour les décomptes, la formation de l'état général des fournitures à l'armée, & pour les comptes des chefs aux travaux & des équipages.

Ce bureau doit être confié à un directeur très-entendu, & d'une probité parfaite. Il faut qu'il ait sous lui quatre principaux commis de même capacité & caractere.

Le premier, qualifié de premier commis dépositaire, aura les mêmes fonctions que ceux des départemens.

Le second, qualifié de commissaire aux décomptes, sera chargé des décomptes des troupes, de la formation des états généraux de fournitures, pertes, & dépenses en deniers; il faut que ce commis soit au fait de l'usage de l'extraordinaire des guerres, & de la chambre des comptes; j'en ai fait connoître la nécessité.

Le troisiéme, sera qualifié de commissaire oyant compte, il sera chargé particulierement de la formation de ceux des chefs aux travaux.

Le quatriéme, pareillement qualifié de commissaire oyant comptes, sera chargé de la formation des comptes & décomptes d'équipages; & ces deux derniers commis travailleront aussi l'un à la formation des comptes du tréforier, & l'autre à celui du premier commis dépositaire à l'armée.

Tous les comptes doivent être éxaminés, arrêtés, & signés par le directeur de ce bureau, & visés par le munitionnaire à l'armée, & en son absence par l'inspecteur. Et les décomptes avec les troupes seront signés du deuxiéme commis, & visés du directeur.

On trouvera, dans la deuxiéme partie, une instruction pour le commissaire aux décomptes; à l'égard des commissaires oyant comptes, ils auront recours à l'instruction des commissaires oyant comptes des départemens, elle leur est commune, à l'exception de l'inspection des magasins, qui ne les regarde pas.

Avant que la campagne soit ouverte, ce bureau doit être rendu sur la frontiere, & les commis peuvent commencer à former les registres que chacun d'eux doit tenir, & même le commis dépositaire, doit avant l'entrée de campagne, se procurer des autres commis dépositaires, les piéces qui pourroient être entre leurs mains concernant les équipages, & tout ce qui concerne le service d'armée, & en faire l'enregistrement.

CHAPITRE XL.

Des rachats de pain de campagne.

LE pain que l'on fournit aux troupes pendant la campagne, fait partie de leur folde; ainfi le munitionnaire leur doit livrer autant de rations, fuivant le tarif, qu'il y a d'officiers, foldats ou cavaliers, & même le complet de l'état major de l'armée, conformément aux états du Roy : mais comme il arrive des mortalités & des défertions d'une revue à l'autre; que d'ailleurs les officiers ne prennent pas toujours le complet, le munitionnaire paye en argent le moins pris fur un certain pied, qui fe proportionne à la valeur de la matiere & aux frais, & lorfque le directeut des comptes a vérifié les décomptes des troupes, que le deuxiéme commis a arrêtés & fignés, il vife le billet de folde de chaque décompte, pour le nombre de rations qui revient aux troupes, & qu'il évalue au prix fixé par le miniftre, & le payement de ce billet eft fait à l'armée, ou à Paris, fuivant l'ordre du munitionnaire. *(a)* On trouvera dans la feconde partie, des modéles du tarif, & du certificat pour le prix du rachat.

CHAPITRE XLI.

Point de rachat de pain en garnifon.

IL n'en eft pas de même à l'égard des troupes de garnifon, aufquelles le Roy fait payer la folde entiere, fur laquelle le tréforier retient le nombre de rations, que le munitionnaire leur fournit, fuivant le complet des revues, ou pour mieux dire de la quantité précifément qu'elles prennent, qui le plus fouvent eft moindre que les revues; il fembleroit que conféquemment, à ce qui vient d'être dit, au fujet du rachat de pain de campagne, qu'il s'en devroit faire aufli pour celui des garnifons : mais le cas eft différent, parce que la retenue eft ordinairement à deux fols par ration, & le rachat n'éxcéde pas 15. à 16. deniers; ainfi les troupes perdroient gratuitement neuf

____

(a) Pour éviter les difcuffions des troupes fur les rations non fournies en nature, le prix doit être réglé par le miniftre.

deniers

deniers par ration : de plus, il s'enfuivroit que le Roy feroit obligé de tenir compte au munitionnaire de fix deniers pour l'éxcédent de la retenue, au prix du traité, que je fuppofe à 30. deniers par ration : ainfi il convient, pour que les chofes foient dans l'équité & dans la régle, que le munitionnaire ne foit payé en retenue par le tréforier, que de ce qu'il fournit effectivement, fuivant le complet des revues; & à l'égard de l'éxcédent à ces mêmes revues, il eft payé en entier, par les troupes, fuivant la retenue qu'on fait à ce tréforier, au profit du munitionnaire.

On a fait un crime à d'anciens munitionnaires, à l'occafion de cette efpéce de rachat; j'en ai reconnu l'abus, & j'ai eu grande attention de l'éviter, & de n'admettre dans les comptes, & dans les états de fupplément, que la fourniture effective.

CHAPITRE XLII.

Des fonctions du munitionnaire général à l'armée.

LORSQUE le munitionnaire général eft à l'armée, il doit tous les jours aller à l'ordre du général, du major général, & plus fouvent encore chez l'intendant. Il doit avoir une correfpondance vive & éxacte avec fa compagnie, & les directeurs des départemens, principalement avec ceux qui environnent le camp, pour les tenir toujours en haleine, fur l'accéleration des remifes par les fournifleurs, les moutures, & les envois en avant; & chaque jour fur les états qu'il reçoit des départemens, & dont il fait faire une récapitulation, il doit obferver attentivement, fi les remifes, les moutures, & les envois égalent la confommation; & fi les quantités de farines, au lieu de diminuer, augmentent; enfin, fi les emplacemens ordonnés pour toute la campagne, font proportionnés à la fourniture journaliere.

Il doit vifiter fouvent les équipages, pour connoître par lui-même, fi les chevaux font bien nourris & bien penfés, fi les capitaines apportent toute l'attention qu'ils doivent à l'entretien des chariots: cet éxamen qu'il fera dans des temps inattendus, ou qu'il fera faire fouvent par l'infpecteur, rendra foigneux le capitaine général, les capitaines particuliers, & jufqu'aux chartiers.

Il en ufera de même à l'égard des travaux de la boulangerie, dans lefquels il éxaminera la qualité de la farine, comme auffi le pain en

M

pâte, & hors du four, qu'il fera péfer, pour s'affurer de leur poids ; & en cas de contravention, il fera punir les coupables, fuivant la gravité du délit.

Il ira fouvent au bureau des comptes, pour connoître s'ils s'accelérent, & pour décider les difficultés qui pourroient empêcher, ou ralentir le travail : ces articles meritent toute fon attention, s'il eft bien perfuadé que la prompte comptabilité eft un point très-important pour le fuccès de l'entreprife.

CHAPITRE XLIII.

Précautions à prendre dans le cas d'une place conquife fur l'ennemi, dans laquelle il y a des effets à remettre au munitionnaire.

Dans le cas contraire d'une place prife par l'ennemi, *Voyez* l'inftruction du garde-magafin.

SI les troupes du Roy s'emparent d'une place, dans laquelle il y ait des munitions, & que le général & l'intendant jugent à propos de les remettre à la compagnie ; en ce cas le munitionnaire fera choix dans le nombre des commis furnuméraires, d'un fujet capable d'en être chargé comme garde-magafin, il lui expédiera un ordre, lui donnera des regiftres & des inftructions, & lui fera figner une promeffe de s'y conformer & de donner caution, s'il n'en n'a pas donné lors de fon départ de Paris.

Ce commis ne doit recevoir les effets que par inventaire, & en préfence d'un commiffaire des guerres, nommé par l'intendant ; l'inventaire fera fait double, entre le garde-magafin nouvellement commis, & celui des ennemis ; & cet inventaire fera vifé du commiffaire, & à l'inftant l'original envoyé par le garde-magafin, au directeur du département, dans lequel la place fera comprife ; & en échange, le directeur lui procurera une reconnoiffance de remife du premier commis à fa direction, enfuite d'un double de l'inventaire.

CHAPITRE XLIV.

Le produit des effets vendus par ordre supérieur, doit être remis au tréforier des vivres de l'armée, ou des départemens.

SI les chefs aux travaux, ou les capitaines de charrois, font des ventes de pain de rebut, de farines défectueufes & autres effets, par ordre fupérieur, & en conféquence de procès-verbaux, revêtus des formes & des conditions expliquées ci-deffus, le prix en doit être remis par les comptables au tréforier des vivres à l'armée.

Pareillement, fi dans les magafins, femblables ventes avoient lieu, ou que les troupes qui auroient pris au-delà des revues, en payaffent la valeur, les commis comptables, fans en excepter les premiers commis des directions, en doivent remettre le produit aux tréforiers des départemens; voici de quelle maniere les uns & les autres le feront.

Si dans le nombre des procès-verbaux, qui s'adrefferont aux premiers commis des directions, il y en a qui contiennent, ventes, adjudications d'effets, & recette du produit; en même temps de l'envoi que les comptables en feront à leurs directeurs, ils doivent y joindre, finon la fomme provenant de la vente, du moins un récepiffé comptable, comme efpéces reçues du tréforier, en timbrant feulement l'origine de la valeur.

Le directeur à l'armée ou dans les départemens, auquel fera fait un tel envoi, fera certifier un extrait du procès-verbal par le dépofitaire de fa direction, & enfuite de cet extrait, il mettra un ordre au tréforier de recevoir la fomme y énoncée, & de donner au pied de l'ampliation de cet ordre, fon récepiffé comptable, en faveur de celui qui aura fait l'envoi, pour valeur duquel le récepiffé du commis, comme efpéces reçues du produit de la vente, lui fera en même temps donné; ce tréforier portera le montant de cette recette au chapitre, pour le compte du Roy, fi la perte concerne Sa Majefté; ou au chapitre des pertes, pour le compte de la compagnie, fi la chofe perdue étoit à fa charge; ce dernier cas n'eft pas ordinaire.

Cette formalité eft effentielle.

1°. En ce qu'elle fauve l'omiffion :

2°. Elle réunit dans les feuls comptes des tréforiers, toutes fortes de natures de recettes en deniers au profit du Roy ou de la compagnie, & rend plus fimple l'opération des comptes généraux.

Enfin, comme le directeur avant d'autorifer le tréforier à recevoir, vérifie & s'affure de la validité de la recette, par la caufe & preuve de la vente : il eft fans difficulté, que dans le compte général on ne peut plus, (ces formalités obfervées,) trouver de prétexte pour rejetter l'article de la vente allouée au commis. D'ailleurs, on ne doit pas toujours admettre certaines recettes en deniers ou effets, il faut en avoir conftaté le fait, d'autant que fouvent un comptable prend droit d'une très-médiocre recette en deniers, pour employer & foutenir une dépenfe confidérable en effets.

CHAPITRE XLV.

Commiffaire aux décomptes des troupes, & raifons de fon établiffement.

COMME l'on a réduit les fonctions du commis principal à la diftribution, à recevoir les billets de prifes des officiers majors des régimens, officiers généraux ou autres, à qui la fourniture du pain eft faite, fuivant l'état du Roy : & à donner en échange fes mandemens fur les chefs aux travaux, ou fur les capitaines d'équipages, l'on a en même temps établi un autre commis pour le travail des décomptes, celui de la formation de l'état général de fournitures, & de l'état général des dépenfes extraordinaires, afin que tous ces travaux puiffent s'accélérer & concourir avec les comptes particuliers de tous les différens comptables.

Les anciens munitionnaires n'ont que trop fouvent éprouvé la confufion, le défordre & quelquefois l'infidélité des commis principaux à la diftribution, les lenteurs, l'irrégularité de leur travail, qui les a plufieurs fois expofés à des réductions, ou à des fouffrances de la part de la chambre des comptes, peut-être étoient-ils trop chargés de détails; quoiqu'il en foit, il convient mieux au fervice, & aux intérêts du munitionnaire de divifer l'emploi de la diftribution, d'avec celui des décomptes & des états de fournitures.

L'on a, par une ample inftruction, (inférée dans la feconde partie,) fait connoître la néceffité & l'utilité de ce nouvel emploi, tous les devoirs de celui qui doit le remplir, fous le titre de *commiffaire aux décomptes des troupes*, y font déduits, en voici le précis.

Ce commiffaire aux décomptes aura un regiftre ou plufieurs cahiers attachés enfemble, cotté & paraphé du directeur. Ce regiftre fera divifé en autant de chapitres, qu'il y aura de régimens, d'officiers généraux, & autres employés fur l'état du Roy, ou fur les ordres particuliers des généraux, intendans & commiffaires des guerres.

Il y aura, au commencement, une table par ordre alphabétique, qui renfeignera *le folio* de chaque partie prenante.

Il ouvrira un compte pour chacun : Sur le *verfo* fera infcrit ce qui leur doit revenir, & fur le *recto* ce qui leur fera délivré chaque jour de diftribution.

Le commis principal à la diftribution, comme on l'a vû au chapitre 27, remettra au commis dépofitaire, dans le temps qui lui eft prefcrit, les billets de prifes, avec un bordereau conforme à fon enregiftrement *folio recto* ; & le commis dépofitaire, qui gardera dans fon dépôt les billets, doit remettre copie du bordereau au commiffaire aux décomptes, lequel en fera à l'inftant le dépouillement, ainfi qu'il eft porté par fon inftruction, & il fera par ce moyen en état de faire, mois par mois, les décomptes aux troupes, officiers généraux, & autres parties prenantes.

Les chefs aux travaux, les capitaines de charrois, & tous les autres comptables à la fuite de l'armée, doivent, comme on l'a vû ailleurs, adreffer à leur directeur les piéces juftificatives de leurs dépenfes, & l'état extrait de leurs journaux, de huit en huit jours, excepté les procès-verbaux qu'ils doivent remettre dans les 24 heures de l'accident ; ces piéces font remifes au premier commis dépofitaire de la direction, qui donne en échange fa reconnoiffance comptable à chacun : à l'égard de l'extrait du journal, le directeur le remet aux commiffaires oyant-comptes.

Les dépofitaires des départemens adreffent pareillement au dépofitaire de la direction à l'armée, les procès-verbaux, les ordres, & autres piéces de dépenfes extraordinaires qui concernent cette direction.

Au fur & à mefure que le premier commis dépofitaire à l'armée, reçoit toutes ces différentes piéces qui doivent entrer dans l'état de fourniture, & dans ceux de pertes en effets, dépenfes extraordinaires, & dépenfes en deniers, il en fait faire des copies éxactes & figurées, le directeur les vife après les avoir collationnées, & il en fait la remife auffi-tôt au commiffaire aux décomptes, qui peut, quand il le trouve néceffaire, prendre communication au dépôt des originaux fans déplacer.

Les revues, les décomptes des troupes, les états d'hôpitaux, l'état du Roi, le réfultat, & les ordres particuliers, lui fervent à former l'état

général de fourniture. Les piéces concernant les dépenfes extraordinaires, procès-verbaux de pertes, prifes, conftructions de fours,
& de magafins, &c. font la matiére de l'état général des dépenfes
extraordinaires.

Et lorfque ces états font arrêtés, fuivant ce qui eft expliqué par
l'inftruction, le commiffaire aux décomptes en remet les originaux
au premier commis dépofitaire, il retire de lui les reconnoiffances
qu'il lui avoit données, au moyen de quoi il n'a aucun compte à
rendre. Le directeur, pour fuivre l'ordre de l'adminiftration, qui
éxige que chaque dépenfe qui concerne un département y foit ar-
rêtée, lui fait fon décompte, & le met en liberté de venir à Paris
pour inftruire le procureur de la chambre des comptes.

J'ai fait connoître, par l'inftruction que l'on trouvera dans la feconde partie, la néceffité qu'il y avoit que le commis aux décomptes
entendît l'ufage de l'extraordinaire des guerres, & de la chambre
des comptes.

CHAPITRE XLVI.

*Des formalités qu'il convient d'obferver pour la validité des
procès-verbaux.*

IL faut que toutes les piéces, qui entrent dans le compte du Roi,
foient admiffibles dans le fond & dans la forme, afin que le munitionnaire ne foit point expofé à des radiations, ni au bureau de l'intendance, ni à celui de la guerre. Ainfi toutes dépenfes quelconques, doivent être foutenues d'ordres fupérieurs bien libellés, & re-
vétues des formalités requifes, avant & après leur exécution; il faut
auffi que les acquits portent le caractére de vérité. C'eft une attention que les directeurs doivent avoir en éxaminant les piéces que les
comptables leur adreffent pour le dépôt, avant de les remettre au
dépofitaire, foit qu'elles regardent le compte du Roi, ou qu'elles
concernent les comptes particuliers.

A l'égard des procès-verbaux, dont fouvent les commis ont fait
un mauvais ufage, quelquefois au préjudice du Roi, & toujours au
défavantage de leurs commettans, les directeurs doivent bien les
éxaminer avant de les recevoir au dépôt : Il faut qu'ils foient préalablement autorifés de meffieurs les intendans, & que le commis

qui les veut faire valoir, les remette dans les 24 heures après l'accident arrivé.

Suppofant qu'une perte, qui fait la matiére d'un procès verbal, ait été faite dans une place, où il y ait un commiffaire des guerres, le commis doit auffi-tôt s'adreffer à lui, le prier de fe tranfporter fur les lieux pour éxaminer par lui-même le fait, & en dreffer procès-verbal.

Et dans le feul cas où la perte auroit pour caufe une entreprife des ennemis, ou dans un pofte, ou dans une marche, ou un convoi, le commandant qui aura vû l'action, pourroit l'attefter par un certificat bien circonftancié : mais, ni le procès-verbal, ni le certificat du commandant ne peut valider, fi dans les 24 heures il n'eft pas envoyé au directeur du département, pour qu'il le préfente à l'intendant, à l'effet de l'autorifer.

Si le procès-verbal eft fufpecté de faux, il faut le biffer, le renvoyer comme nul, révoquer ce commis, & lui retenir le dernier mois de fes appointemens au profit de l'hôpital le plus prochain du lieu de fa réfidence.

Mais fi le fait eft certain, que l'intendant ne trouve que la forme de vicieufe, il faut le rectifier, & pour cet effet, le renvoyer, avec un modéle, au commis qui l'a adreffé.

Au moyen de ces attentions, il ne rentrera au dépôt des directions que des piéces en bonne forme, & dont le fond fera vrai; il n'y aura point de difficultés, ni de radiarions dans les comptes des employés aux munitionnaires, ni dans ceux des munitionnaires au Roi; ce qui accélerera & fimplifiera ces deux différentes comptabilités.

CHAPITRE XLVII.

Sur la comptabilité d'un garde-magafin, qui eft auffi chargé
de la fabrication du pain aux troupes d'armée.

SUPPOSANT que le garde-magafin d'une place à portée d'un camp, fût chargé de la fabrication du pain de munition pour l'armée, il feroit fujet à deux directions; comme garde-magafin, à celle de fon département, & comme chargé des travaux, à celle de l'armée; il faudroit en ce cas qu'il rendît à l'une & à l'autre des comptes féparés,

CHAPITRE XLVIII.

*De quelle maniere se doivent faire les payemens des transports
faits par des voitures du pays.*

SI pour le transport des bleds & farines des magasins dans les travaux de l'armée, on se sert des voitures du pays, il convient que le payement s'en fasse par les gardes-magasins des places qui font les envois, par les raisons déduites dans les articles 89. jusqu'à 103. de leur instruction, (seconde partie.) Si cependant, par des raisons de convenance, l'on jugeoit à propos d'en faire faire le payement dans le lieu du déchargement, il faudroit que le trésorier des équipages remît à l'un des commis de sa caisse, sur son reçu, le fond nécessaire, & ce commis se rendroit dans le lieu où les voitures arriveroient; il payeroit en conséquence des lettres de voitures de celui duquel procéderoit l'envoi, qui y auroit énoncé le prix, & au dos desquelles le chef aux travaux auroit certifié la quantité qu'il auroit reçue, pour, en cas de différence de la recette à l'envoi, la retenue en être faite aux voituriers sur ce qui leur reviendroit.

Les payemens achevés, le commis remettra au trésorier les lettres de voitures, & les certificats quittancés par chaque voiturier, ou par leur syndic, jurat, ou baillif; en échange, le trésorier rendra au commis son reçu. Cette mutation faite, le trésorier des équipages adressera au directeur du département, d'où procéderont les effets, les piéces avec un bordereau; & ce dernier lui procurera le remboursement par le trésorier du même département; celui-ci aura pour valeur de ce remboursement les récepissés comptables des gardes-magasins qui auront fait les envois. Voici la forme de ces récepissés.

> *Je compterai à la décharge de M.ʳ : . . . . . trésorier des vivres*
> *de ce département, de la somme de 0000 liv. qu'il a remboursé à*
> *M.ʳ . . . . . trésorier des équipages à l'armée, laquelle somme il*
> *avoit employée aux payemens des voitures des farines que j'ai adres-*
> *sées à M.ʳ . . . . . chef aux travaux à . . . . . suivant la re-*
> *connoissance de ce dernier à ma décharge, fait à . . . . . le . . . .*

CHAP. XLIX.

CHAPITRE XLIX.

Réfléxions générales sur le service de campagne.

J'AI dit à peu près tout ce que l'on peut dire sur les détails du service de campagne ; il y a cependant une infinité d'autres mouvemens, & des situations qu'on ne peut absolument prévoir, & qui ne doivent jamais surprendre un munitionnaire destiné pour le département de l'armée, où tout est instant, précieux & irréparable. Aussi pour remplir ce devoir, on doit faire choix de celui d'entre les associés qui soit le plus au fait du service, qui ait le plus de probité. Il doit être reconnu tel par le ministre qui l'agrée, & qui n'en juge jamais sur des rapports vagues, ou des dispositions apparentes ; mais uniquement sur l'expérience certaine de services rendus en pareil cas. La société a un double intérêt dans ce choix, parce que ce munitionnaire, ayant un pouvoir absolu, peut, pendant le cours d'une campagne, ruiner sa compagnie, ou lui être profitable. Ainsi la complaisance ne doit jamais la déterminer sur le choix d'une telle personne.

CHAPITRE L.

Des qualités nécessaires au munitionnaire à l'armée.

JE ne crois pas devoir beaucoup m'étendre sur les qualités nécessaires au munitionnaire qui a le département de l'armée.

En général, ce doit être un homme de beaucoup d'esprit, laborieux, prévoyant, affable, généreux, judicieux, bienfaisant, au fait de la comptabilité, & du stile de finance, pour la rédaction des ordres, états, mémoires, & autres choses de ce genre ; en un mot, il doit être tel que je l'ai représenté au premier Chapitre de la première Partie.

CHAPITRE LI.

Des occupations de la compagnie à Paris, pendant la campagne.

PENDANT le cours de la campagne, la compagnie n'eſt pas ſans occupations, non plus que le directeur général. La ſollicitation des fonds auprès des miniſtres, la correſpondance des départemens, l'éxécution des engagemens des fourniſſeurs ou des commiſſionnaires, la préparation des comptes du Roi, & des comptes particuliers : toutes ces choſes, quoique éxemptes de la vivacité qui eſt inſéparable du détail de la campagne, ne laiſſent pas d'occuper ſans relâche.

D'un autre côté, ſi la compagnie eſt agréable au miniſtre, au général, & aux troupes, parce qu'elle éxecute bien ſon entrepriſe, elle doit prendre de nouveaux arrangemens pour l'éxercice ſuivant.

CHAPITRE LII.

Licenciment des équipages.

LE premier Novembre arrivé, la campagne finie ; ſi la même compagnie eſt continuée, le munitionnaire, d'un côté, & l'inſpecteur général de l'autre, doivent, quelques jours avant le licenciment, accompagnés des charrons, boureliers, & maréchaux principaux, faire une revûe générale des chevaux & équipages, & faire faire, en leur préſence, une deſcription bien circonſtanciée de l'état où ſe trouveront toutes choſes : ils doivent, dans le même temps, ſéparer les chevaux en bon état d'avec les malingres, & les uns & les autres d'avec les invalides, pour envoyer les deux premiéres ſortes dans les quartiers que la compagnie leur aura aſſurés, afin d'y être panſés, médicamentés & rétablis, pendant que l'on travaillera au rabillage des harnois & charettes, & que l'on conſtruira ce qui ſera néceſſaire pour remplacer le défectueux.

A l'égard des chevaux invalides, il faut les faire tuer : il y a eu des munitionnaires qui les ont abandonnés à leurs employés ; mais ils y ont été trompés, & les ont rachetés comme bons la campagne fuivante ; raifon pour laquelle on les fait tuer ou noyer.

La veille de la féparation de l'armée, il faut faire partir autant de lieutenans ou autres employés fûrs & fidéles, qu'il y aura de routes différentes, pour faire préparer la fubfiftance & le logement aux équipages, pendant leurs routes, jufqu'aux quartiers : bien entendu que la compagnie aura auffi affuré d'avance, par des marchés en forme, ces fubfiftances & logemens.

Il faudra faire accompagner chacun des lieutenans ou employés par un ou deux capitaines furnuméraires, pour les laiffer dans chaque lieu où les chevaux pafferont une nuit, pour pourvoir à ce qu'à leur arrivée ils ayent d'abord leur néceffaire.

CHAPITRE LIII.

De la ceffation des appointemens des chefs & aides aux travaux,

& des commis à la diftribution à la fuite des équipages, ainfi

que des gages & folde de partie des ouvriers, & chartiers.

LE lieutenant des équipages eft l'époque de la ceffation des appointemens, & de la folde des chefs aux travaux, & de leurs aydes, ainfi que des commis ordinaires à la diftribution, des boulangers & maçons, d'une partie des conducteurs, & d'un grand nombre de chartiers. On fait choix de ce qu'il y a de meilleur dans ces derniéres claffes, pour remplacer ceux qui font moins bons, que l'on congédie ; on en fait de même des capitaines de charrois, que la diminution des chevaux rend inutiles ; du nombre néceffaire on retranche ceux qui auront mal ou infidelement fervi ; & on les remplace par d'autres dont on eft fûr, & même par les furnuméraires : ces changemens doivent être réfolus plufieurs jours avant l'éxécution, & même on doit mettre en état, par préférence, les comptes des gens fufpects, pour que, lors de la revûe, la remife qu'ils feront, par inventaire, des effets dont ils feront chargés, foit la piéce fuffifante pour arrêter promptement leurs comptes, & les renvoyer.

CHAPITRE LIV.

Les inventaires des magaſins doivent être faits au premier Novembre, ſoit qu'il y ait continuité ou changement de compagnie.

ENCORE qu'il s'agiſſe d'une continuité de ſervice dans les départemens, la compagnie ne doit pas moins ordonner la confection des inventaires des reſtans en magaſins au premier Novembre ; ces inventaires doivent être faits en préſence du directeur, d'un côté, & de l'inſpecteur de l'autre, & ſervent à aſſurer ce qu'il y a d'éxiſtant par compte & énumération de chaque nature d'effets en particulier ; ces inventaires doivent être faits doubles : l'une des expéditions s'adreſſe à la direction générale, & l'autre reſte au directeur, pour être remiſe au dépôt.

Suppoſé qu'il y eût des chevaux & des équipages attachés au ſervice d'une place, le directeur en fera pareillement un inventaire & deſcription, qu'il ſignera avec le commis qui en ſera chargé ; une expédition en ſera adreſſée à la direction générale, une autre ſera remiſe au dépôt de la direction.

De ces deux différentes ſortes d'inventaires, le directeur général formera les états généraux dont il a été ci-devant parlé, ſur leſquels la compagnie, connoiſſant les différens effets qui lui reſtent réellement, elle prendra des arrangemens certains pour faire de nouveaux achats, & des emplacemens. Ce que j'ai établi pour le commencement de l'entrepriſe, doit lui ſervir de régle pour ce qui concerne l'arrangement de la continuité.

CHAPITRE LV.

Envoy & vérification à Paris, des comptes arrétés, par le directeur des comptes à l'armée.

A mesure que le directeur des comptes de l'armée, aura arrêté des comptes, il les adressera à la direction générale, où ils seront remis à l'oyant-compte, qui les placera dans son bureau par ordre alphabétique, en vérifiant l'inventaire qui aura accompagné l'envoi; ensuite du double duquel il mettra sa reconnoissance, comme il a été dit dans la premiére Section, & il fera faire à l'instant la vérification & décharge desdits comptes, les uns par les autres, article par article.

CHAPITRE LVI.

Envoi à Paris des états, concernant les fournitures à l'armée.

LEs piéces que le commis dépositaire à la direction de l'armée, doit envoyer à celui de Paris pour former le compte que le munitionnaire rend au ministre de la guerre, & à la chambre des comptes, sont,

1°. L'état général de fourniture, en pain de munition, aux troupes de l'armée, camps, & détachemens, officiers généraux, & état major.

2°. Celui des fournitures extraordinaires dans lequel doivent être comprises les pertes.

3°. L'état des dépenses en deniers.

Il doit joindre à ces états, les extraits de revûes, ceux des hôpitaux, les décomptes, & blancs seings, & le licenciment; toutes les autres piéces justificatives desdits états restant à l'intendance.

Le commis, dépositaire à la direction de Paris, enregistrera les états sur son journal, il en fera un bordereau, au pied duquel il mettra sa reconnoissance, que le directeur visera, après avoir vérifié l'enregistrement, & mis son paraphe à l'article du journal où la reconnoiſſance comptable eſt employée ; enſuite de quoi il l'adreſſera à celui qui a fait l'envoi.

CHAPITRE LVII.

Des comptes à rendre au Roy, devant le miniſtre de la guerre, & à la chambre des comptes.

LE compte à rendre au miniſtre de la guerre, eſt différent de ce-lui qui ſe préſente à la chambre des comptes.

Compte du Roy.

Le directeur du département de Paris, forme ce compte ſuivant le ſtile de finance, ſur les piéces qui ſont au dépôt de ſa direction.

Ce compte eſt un compte général, qui comprend le ſervice des garniſons, & celui de campagne.

Si l'on veut ne point confondre ces deux objets, on peut en faire deux comptes ſéparés ; c'eſt toujours la même matiere, il n'y a que la façon de la diriger qui différe.

J'ai préſenté au bureau de la guerre pour les vivres de Flandres & d'Allemagne en 1711 & 1712. des comptes généraux, dans leſ-quels les garniſons & la campagne étoient employés. J'en ai depuis préſenté pluſieurs autres pour des ſervices ſuivans, dans leſquels l'un & l'autre objet étoient ſéparés, ils ont également été agréés du mi-niſtre qui les a arrêtés.

Si le compte eſt général, il doit contenir.

Recette en deniers.

1°. Les ordres d'avances, employés par ordre de compte, & non tirés hors ligne, attendu la compenſation qui en a été faite avec le tréſorier général de l'extraordinaire des guerres, au moyen des cer-tificats de ſes commis, pour la retenue de deux ſols par ration ſur la ſolde des ſoldats, cavaliers, & dragons.

2°. L'ordonnance de ſupplément du prix de la retenue à celui de la ration, ſuivant le traité ; s'il y en a eu une d'expédié à ce ſujet, celle-ci, & les ſuivantes, doivent être tirées hors lignes.

3°. Les ordonnances de gros fonds sur le tréfor royal.

4°. Les ordonnances de gros fonds sur les tréforiers de la maison du Roi.

Ces ordonnances doivent être datées & rapportées par articles féparés, par chaque tréforier général, sur lesquels elles ont été affignées : on doit aussi mettre les dates, & le détail des quittances du préte-nom.

5°. Les fommes des ventes d'effets, faites par ordre fupérieur, (dans les départemens, & à l'armée féparément) dont la remife a été faite aux tréforiers des vivres. *Cet article fe juftifie par les ordres, procès-verbaux, & adjudications en forme, qui font ordinairement vifés dans les états arrêtés par meffieurs les intendans.*

Dépenfe en deniers.

Pain de garnifon.

6°. La quantité & le prix des rations de pain fournies aux troupes de garnifon, fuivant le complet des revûes, déduction faite des journées d'hôpitaux. Obfervant que la retenue a été faite & payée au munitionnaire fur le pied de deux fols par ration, & fuivant l'état certifié par le tréforier général de l'extraordinaire des guerres, qui fert de piéces juftificatives ; enforte qu'il ne refte plus à tirer en dépenfe, fur cet article, que le montant du fupplément de ces deux fols au prix du traité : c'eft la raifon pourquoi l'on ne porte en recette les ordres d'avances, que par ordre de compte.

7°. La quantité & le prix des rations, fournies à des prifonniers de guerre, à des payfans établis pour garder des poftes le long des rivieres, & à tous autres à qui il eft ordonné de fournir le pain de munition fans retenue des deux fols ; le prix doit être employé fur le pied du traité. *Cet article, & le précedent, fe juftifient par les états arrêtés par les intendans des départemens :* on les énonce les uns enfuite des autres, par articles féparés.

8°. Les dépenfes extraordinaires, comme conftructions ou réparations de fours & de magafins, dans les places ou poftes.

Les voitures extraordinaires après les premiers emplacemens ordonnés.

Les pertes caufées par forces majeures, incendies, inondations, prifes par les ennemis, &c. *Ces trois derniers articles font juftifiés, par les devis, marchés, réceptions d'ouvrages, quittances, procès-verbaux autorifés par les intendans, & par eux vifés dans les états qu'ils arrêtent.*

Le prix des denrées se fixe sur le pied du traité de garnison. L'on énonce chaque état, comme les précedens.

9°. La demie solde des chevaux réservés pendant les 181 jours du quartier d'hyver. *Cet article est justifié, par le traité de garnison, & par les revûes des commissaires des guerres.*

10°. La quantité, (& le prix des rations de pain de munition fixé par le résultat,) fournie aux troupes de campagne, aux officiers, à l'état major, aux officiers généraux, & à tous autres compris dans l'état du Roi, & dans les ordres particuliers du général, soit au corps d'armée, soit aux corps séparés, & aux détachemens : l'on comprend dans cet article les deux pour cent. *Il se justifie par l'état arrêté par l'intendant d'armée*, dans lequel sont visés le résultat, l'état du Roi, les ordres particuliers, les extraits de revûe, l'état des hôpitaux, les décomptes & blancs seings.

Campagne.

11°. Les quantités, & le prix des rations fournies à des prisonniers de guerre, des déserteurs, des pionniers, des paysans commandés pour réparer les chemins, & tous autres à la suite de l'armée, ausquels il est ordonné de fournir du pain ; on joint pareillement à cet article les deux pour cent ; *& il est justifié par l'état arrêté par l'intendant de l'armée*, qui vise les piéces justificatives.

Cet état doit être séparé de l'état général de fourniture, pour éviter les difficultés de la chambre des comptes, qui ne doit débattre que ce qui se fournit en pain de munition aux troupes, aux officiers, à l'état major, officiers généraux, & autres compris dans l'état du Roi, & dans les ordres particuliers du général.

12°. Les dépenses extraordinaires, telles que les constructions de fours, & de magasins pour le service de l'armée ; les voitures extraordinaires, &c. *Cet article se justifie par les piéces, & par l'état où elles sont visées, & que l'intendant de l'armée arrête.*

13°. Les pertes causées par force majeure, prises par les ennemis dans des postes, ou dans les marchés, pendant les convois ; le pain que le général a ordonné de fabriquer, & qui n'a point été distribué par des cas forcés & imprévûs. *Cet article est justifié par les ordres du général, de l'intendant, & par les procès-verbaux visés dans l'état que l'intendant arrête.*

14°. La solde pour les chevaux des équipages, pour le temps de la levée pendant les quinze derniers jours d'Avril.

La solde entiere, pendant 184 jours de campagne, ou plus, si l'armée se sépare plus tard. *Cet article se justifie par le résultat, les revûes*

des

des commiffaires des guerres, & le licenciment.

15°. La folde, pendant 199 jours, pour les chevaux des équipages qui fervent aux récolets, & hôpital de l'armée. *Cet article fe juftifie par le marché particulier de cette entreprife.*

16°. Les épices, façon, & vacation du compte à rendre à la chambre. *Cet article fe juftifie par le réfultat.*

Recette en effets.

17°. Les bleds, facs vuides, uftenfiles, &c. appartenans au Roy, dont la remife a été faite, ou par la précedente compagnie, ou par les gardes-magafins du Roy, ou par les magiftrats des villes, aux munitionnaires, à charge de remplacement à la fin de fon fervice. *Cet article fe juftifie par les inventaires faits au temps de la prife de poffeffion des magafins.*

18°. Les bleds, avoines, facs vuides, &c. provenant d'impofition, de contribution, ou de prifes fur les ennemis. *Cet article fe juftifie par états ou procès-verbaux qui s'envoyent au bureau de la guerre;* & comme les intendans en ont ordinairement le double, l'emploi en eft fait dans les états qu'ils arrêtent. Et le munitionnaire en doit être informé par les directeurs, qui, eux-mêmes, doivent l'être huit jours au plus tard après la remife; au moyen des extraits des journaux des comptables, & de la recette que les commiffaires oyans comptes employent lors du dépouillement de ces extraits, fur les minutes des comptes.

Je m'étends fur cette obfervation, afin que les munitionnaires & les directeurs foient attentifs à ne point faire d'omiffion de recette au profit du Roy, parce que cela paffe (lorfque, par la fuite, le bureau de la guerre s'en apperçoit) pour une furprife honteufe.

Dépenfe en effets.

19°. Les bleds, facs vuides, uftenfiles, &c. provenant, tant des emplacemens, que des impofitions, contributions, prifes fur les ennemis, dont la remife eft faite, ou à une compagnie qui fuccede, ou aux gardes-magafins du Roy, en cas de paix. *Cet article fe juftifie, ou par les inventaires de remifes, ou par les recepiffes des gardes-magafins, compris dans des états arrêtés par les intendans.*

20°. Les bleds avoines, &c. qui ont été vendus par ordres fupérieurs, & dont la valeur eft portée en recette au cinquiéme article. *Cette dépenfe fe juftifie par les piéces rapportées fur cet article.*

Quelquefois le Roy fait donner du grain aux hôpitaux, à des

monafteres, ou à des paroiffes pour femer; on en employe ladé-
penfe fur les états & autres piéces qui la juftifie.

Compte à la chambre.

Pour rendre le compte à la chambre des comptes, on fe fert du
miniftere d'un procureur, auquel on remet copies collationnées du
réfultat, des ordres du général, une expédition de l'état général de
fournitures, des copies collationnées des états du Roÿ, les extraits
de revûes, les états des hôpitaux, les décomptes des troupes, ceux
de l'état major, officiers généraux, avec les blancs feings, & toutes
autres piéces qui juftifient la fourniture du pain: ce compte ne contient autre chofe; mais comme il eft purement de forme, la chambre n'admet rien fans preuves claires & certaines.

Ainfi, il faut que le commiffaire aux décomptes foit bien foigneux
à retirer toutes les décharges, de quelques légeres conféquences
qu'elles lui paroiffent; car la moindre qui feroit omife, opere une
fouffrance défagréable & coûteufe à une compagnie; c'eft ce qui
m'a fait dire, en parlant de ce commis, qu'il falloit qu'il entendît la
forme de compter à la chambre des comptes.

Il eft du bien du munitionnaire, que ce foit ce commis qui inf-
truife le procureur, la matiere lui étant familiere.

Lorfque le compte à rendre devant le miniftre, eft formé dans l'ordre, & fur le fondement des piéces que j'ai ci-devant articulées, la
compagnie, & le directeur général, doivent fe rendre auprès du miniftre, & lui préfenter ce compte; enfuite le premier commis de la
guerre, qui a le département des fonds, éxamine chaque article fur
les piéces: il apoftille en conféquence, & prépare l'arrêté que le miniftre figne avec les munitionnaires.

S'il eft redu au munitionnaire, il s'expédie en même-tems une
ordonnance de folde; le payement de laquelle termine abfolument
l'entreprife.

CHAPITRE LVIII.

Des commis qui comptent par bordereaux , en cas de continuation de service par une même compagnie.

SI la compagnie est continuée pour l'éxercice suivant , elle doit se contenter de connoître la situation du premier commis à la direction générale à l'armée , & du trésorier des équipages , par de simples bordereaux , étant presque impossible, pendant l'hyver , que ces commis puissent suivre leur emploi , & rendre compte de leur service ; mais pour accélerer , elle doit les obliger d'envoyer leurs états & piéces cottées & paraphées , avec l'inventaire de ces piéces d'eux certifiées , au commissaire oyant compte de la direction générale à Paris , qui leur fournira sa reconnoissance au bas du double de cet inventaire ; laquelle reconnoissance le directeur général visera après l'avoir vérifiée : Sur ces piéces , comptes , registres , & états relatifs , l'oyant compte formera ceux de ses comptables.

Il convient aux intérêts de la compagnie, que ces comptes principaux , & leurs semblables , soient arrêtés sous leurs yeux.

On peut en user ainsi pour les trésoriers & premiers commis des directions ; mais à l'égard des autres comptables, il ne faut rien épargner, pour que , dans le courant du quartier d'hyver qui suit la campagne , leurs comptes soient absolument arrêtés sur les lieux.

Le trésorier , & le premier commis à la direction générale à Paris , doivent pareillement remettre leurs piéces , par bordereau , au commissaire oyant compte , & suivre , pour cette remise , ce qui vient d'être dit.

CHAPITRE LIX.

Des nouveaux registres au premier Novembre de chaque année.

AU premier Novembre , on doit donner de nouveaux registres à chaque comptable , & les gardes-magasins , après le premier

Novembre , ne doivent plus rien porter fur les anciens : ils doivent être remis au dépôt du commiſſaire oyant compte , avec les piéces juſtificatives des recettes & dépenſes.

Les nouveaux regiſtres doivent contenir , à l'égard du garde-magaſin , l'extrait articulé , tout de ſuite , ſans renvoi ni rature , de l'inventaire du premier Novembre , qui eſt la premiére journée de ce regiſtre.

A l'égard des tréforiers , & des premiers commis aux directions d'armée & de départemens , ils doivent continuer leurs enregiſtremens enſuite de l'arrêté des inſpecteurs ou directeurs ; mais ſeulement pour ce qui aura rapport au ſervice commencé avec ces regiſtres , & employer , ſur les nouveaux , ce qui concernera le ſervice ſubſéquent.

Ce qui vient d'être dit ne doit point avoir d'exceptions pour la direction générale , & ſes différens bureaux.

CHAPITRE LX.

Obſervation ſur l'envoi des extraits de journaux , dans le cas
où les communications ſeroient interrompues.

SI une ville , ou un poſte , étoient inveſtis ou aſſiégés , ou qu'un corps de troupes fût ſéparé de l'armée , enſorte que la communication fût coupée entre les gardes-magaſins ou chefs aux travaux , & leur directeur , ils n'expédiroient pas moins , de huitaine en huitaine , les extraits de leurs journaux , qu'ils collationneroient , certifieroient & ſigneroient ; mais , aulieu d'en riſquer l'envoi , ils les remettroient , tous les dimanches , au directeur ou commis en chef , chargé du ſervice de la place , du poſte , ou du corps détaché , lequel ſera tenu de les procurer au temps preſcrit , & de les adreſſer à la direction de laquelle chaque comptable dépendra , lorſque la communication , ou quelque occaſion lui permettront d'en faire l'envoi ſans riſque.

Pareillement ſi , lors de quelques mouvemens vifs de l'armée , il n'étoit pas poſſible au chef aux travaux de faire l'envoi dans le tems preſcrit deſdits extraits , il les expédiera toujours , pour être en état de profiter de la premiere occaſion ſûre.

A l'égard des capitaines de charrois , ils en uſeront de même , &

remettront à l'officier qui les commandera, lefdits extraits, aux mêmes fins qu'on vient d'expliquer.

Cette régle eft impofée pour qu'il n'y ait point de prétexte de retarder l'expédition & l'envoi defdits extraits de la part des comptables, qui feront toujours obligés de les tenir près au temps prefcrit,
& de les remettre, fuivant ce qui vient d'être dit, afin qu'ils parviennent toujours aux directions le plûtôt qu'il fera poffible, & que le dépouillement, quoique retardé, fe puiffe également faire fuivant la
méthode prefcrite fur l'article des dépofitaires & des commiffaires
oyant comptes.

CHAPITRE LXI.

MEMOIRE fur les emplacemens de bleds appartenans au Roy,
pour affurer la fubfiftance des troupes, dans le cas d'une
déclaration de guerre fubite & imprévue.

LA fubfiftance des foldats, a toujours été confidérée, comme le
premier objet de la fureté des places : les fortifications les plus
compofées, & dans la pofition la plus avantageufe; les amas nombreux de canons, de fufils, de poudre, de boulets; la garnifon la
plus forte, fans munition de bouche; font inutiles.

M. de Louvois, qui connut l'importance de cette vérité, imagina
des emplacemens, qui fubfiftaffent toujours dans chaque ville frontiére, en premiere & feconde ligne; afin qu'indépendamment des
fonds de magafins, que doivent faire les munitionnaires, pour fubvenir à la fourniture du pain de munition, il y eût toujours au-delà
de cette fourniture des quantités fuffifantes en réferve, pour la fubfiftance des troupes à tout événement, pendant un an ou fix mois au
moins.

Les miniftres qui ont fuccédé à M. de Louvois, ont entretenu
ces emplacemens.

Lorfque le Roy fait fournir le pain de munition, lés emplacemens font remis aux munitionnaires, comme dépofitaires : quelquefois il leur eft ordonné de les confommer pour les renouveller, mais
à la charge de remplacer au fur & à mefure, ce qu'ils en employent,
par les bleds qu'ils font tenus d'acheter, pour l'éxécution de leur

entreprife ; en forte que la quantité d'emplacemens doit fubfifter toujours en entier.

Comme il fe pourroit, qu'à l'avenir des munitionnaires novices, peu au fait de la conféquence du divertiffement des emplacemens, les confommaffent à leur fourniture de pain, au lieu de faire les achats ordonnés pour l'éxécution de leur traité, j'ai cru devoir, par un chapitre particulier, prouver la gravité de cette contravention, dont on a vu quelquefois des éxemples.

En 1708. les bleds étoient à vil prix, néanmoins les munitionnaires ne fe prefferent pas de faire les achats, pour l'éxécution de leur traité ; ils confommerent les emplacemens du Roy : mais la mémorable gelée du jour des Roys de l'année 1709. ayant perdu, fans reffource, ce qui étoit fur terre ; les magafins fe trouverent totalement dépourvus, & ce ne fut qu'avec beaucoup de peines & de dépenfes, que le Roy put faire fubfifter fes troupes. La fituation étoit alors des plus critique, car nos armées étoient nombreufes, & la France avoit toute l'Europe contre elle. (*a*)

Il s'eft trouvé depuis une circonftance toute différente, mais non moins repréhenfible.

Le miniftre avoit traité avec une compagnie, pour la fourniture du pain aux troupes de garnifon, fur le pied de 24. livres le fac ; il y avoit apparence de guerre, & les frontiéres étoient totalement dépourvues de grains, il n'y avoit que les provinces éloignées, qui en avoient affez abondamment. L'on remit aux munitionnaires environ 200. mille facs d'emplacemens, appartenans au Roy, pour les confommer, à charge de les remplacer avant le temps de la campagne, par des grains de la récolte précédente.

Les munitionnaires, voyant que le prix du bled fe foutenoit, & que la terre promettoit une abondante récolte, ne s'emprefferent pas de remplacer les 200. mille facs, & loin d'en acheter, ou pour ce remplacement, ou pour leurs fournitures actuelles, ils vuiderent totalement les magafins, & ne firent le remplacement que des bleds de la nouvelle moiffon, que l'abondance fit tomber à vil prix : c'eft par ce moyen qu'ils ont fait un bénéfice auffi confidérable que criminel, ayant expofé les frontiéres, dans un temps critique, à être entamées faute de fubfiftance pour les troupes.

Si dans les deux cas, que l'on vient de rapporter, le Roy avoit nommé des commiffaires du confeil, pour éxaminer la conduite de

____

(*a*) Le bled en 1708. ne valoit que 7. livres 15. fols le fac ; l'on en permit la fortie ; & l'année d'enfuite, les Hollandois nous revendirent les mêmes bleds de 45. à 50. livres le fac.

tels munitionnaires, la peine de mort pour le délit de 1709. feroit, fans contredit, prononcée.

A l'égard du fecond éxemple, il y avoit au moins la peine du quadruple.

Il eft vrai que les munitionnaires, qui n'ont remplacé que depuis la moiffon, pourroient alléguer.

1°. Que les bleds étans rares & chers, il auroit fallu pour fubvenir à leur fourniture, ou au remplacement, qu'ils euffent acheté dans les pays étrangers, ce qui auroit fait fortir l'argent du royaume.

2°. Que le bénéfice qu'ils ont fait fur le remplacement, après la récolte, eft l'effet du hazard, que cette récolte pouvoit n'être pas auffi favorable qu'elle l'a été ; que le prix des bleds pouvoit augmen- ter du double : qu'ainfi comme ils avoient couru le rifque de la perte, il étoit jufte que le bénéfice leur appartînt.

Il eft fort aifé de détruire ces mauvais moyens, en répondant.

1°. Que l'heureufe fituation de la France, fait qu'il n'y a jamais de difette générale ; que lorfque la récolte dans des années déréglées, eft ftérile en deçà de la Loire, elle eft abondante au-delà, & récipro- quement, quand elle eft défavantageufe au-delà, elle remplit nos greniers en deçà ; & comme la mer, & les riviéres facilitent les tranf- ports, de l'une à l'autre extrêmité du royaume, en prenant les juftes précautions, que tous munitionnaires habiles & zélés à leur devoir doivent prendre, on peut en tout temps, fans avoir recours aux étrangers, amaffer dans les magafins 200. mille facs de bleds. Si fur les frontiéres de Flandre, il valoit 19. à 20. livres, dans le Langue- doc, le Montauban, le Bourdelois, le Poitou, le pays d'Aunix, &c. il ne valoit pas 14. livres.

2°. Que quand il auroit coûté 3. ou 4. livres, ou davantage, au- delà du prix que le Roy en payoit aux munitionnaires, il étoit de leur devoir de faire leurs achats, ou pour leur fourniture, ou pour le remplacement, fans y apporter le moindre retard, fauf dans le mê- me temps, à préfenter au miniftre de la guerre, un mémoire qui lui fît connoître la fituation des chofes ; de juftifier au fur & à mefure, le fur-achat, par des certificats, des éxtraits des gros fruits, des mar- chés, quittances, & autres piéces probantes, & de folliciter au pied du trône, une décifion d'indemnité, qui n'auroit pas été refufée, l'intention du Roy & de fes miniftres, n'a jamais été, que ceux qui fervent fidélement & éxactement fe ruinent.

Si la vie des hommes, qui leur eft plus chére que les biens, appar- tient à l'état, lorfqu'il eft queftion de fa défenfe, à plus forte raifon, font-ils obligés de s'acquitter des foins qui leur font confiés pour fa

fureté, fur tout quand il ne s'agit que du plus au moins de leurs intérêts. *

* *Voyez Grotius.*

3°. Les deniers ou les effets du Roy, qui font deftinés aux befoins, & à la fureté de l'état, ne font pas dans le cas des deniers &
des effets qui font dans le commerce, & qui appartiennent aux particuliers.

4°. A l'égard du rifque où les munitionnaires difent qu'ils étoient,
fi les grains fuffent devenus plus chers du double, ce rifque étoit
plus intéreffant pour l'état que pour eux, & cette alléguation fait
contre eux-mêmes, parce que l'objet feroit devenu fi confidérable,
qu'ils n'auroient pas été en état de remplacer les 200. mille facs,
qui leur auroient coûté plus de 9. millions, fans compter la difficulté de réunir, (fi la difette fût devenue extrême,) une fi groffe partie, dans un temps bref; ainfi il y avoit deux embarras évidens pour
le Roy, celui de ne pouvoir faire fubfifter fes troupes, & celui de
difcuter les biens des munitionnaires.

Les magafins de poudre, d'artillerie, les emplacemens de grains,
les fonds dépofés aux tréforiers des troupes, font à l'inftant de la remife, confacrés à la fureté des places, ou à la fubfiftance des foldats qui les défendent, & ils ne peuvent être divertis fous aucun
prétexte, de la part des dépofitaires, fans qu'ils ne fe rendent en même temps criminels de léze Majefté : à moins qu'il ne leur foit ex-
preffément ordonné par le Roy, ou fes miniftres, d'en difpofer, ils
ne peuvent s'écarter des conditions exprimées par l'ordre : ces conditions font toujours proportionnées aux befoins politiques de l'état
refervés à la feule connoiffance du Roy & de fes miniftres, fans qu'il
foit permis aux particuliers, chargés de l'éxécution, d'interpréter,
de différer, ou modifier l'ordre pour leur propre intérêt ou autrement, à moins que fur leurs repréfentations, *ils n'ayent obtenu de nouveaux ordres par écrit*, qui détruifent ou changent les premiers.

Il y a des circonftances qui rendent le crime de défobéiffance
plus grave : les munitionnaires que l'on combat, font précifément
dans ce cas, puifque, fuivant l'hypothéfe, nos frontiéres étoient mé-
nacées dès l'entrée de campagne, & bien avant la moiffon. ; &
fuppofant qu'il y eût eu des arrangemens fecrets avec une puiffance,
qui auroit déterminé la guerre, fi cette puiffance s'étoit mife en mouvement, les munitionnaires, aufquels on n'avoit pas confié le fecret, ne pouvoient pas de leur petite autorité, agir contre la claufe
de leur traité, & laiffer les places dépourvues; ainfi ils devoient donc,
à quelque prix que ce fût, rétablir les emplacemens, & pourvoir à
leur fourniture actuelle.

Enfin

Enfin ils ne devoient pas faire prévaloir à leur devoir, leur fpécu-
lation; tandis que l'apparence, & les préparatifs, perfuadoient tout
le monde d'une rupture, & par conféquent du befoin indifpenfable
où l'on étoit, de fe bien précautionner, conformément à cette maxi-
me, *fi vis pacem, para bellum*. D'ailleurs, le miniftre de la guerre fe
repofoit fur la certitude d'avoir 200. mille facs d'emplacemens, outre les fonds de magafins que les munitionnaires devoient avoir fait,
pour fubvenir à la fourniture du pain de munition, pendant l'année
de leur entreprife: ce qui devoit faire un fond de magafin de plus de
400. mille facs, fur lefquels il n'y avoit à déduire que la confommation actuelle; dans cette pofition les frontiéres auroient été en fureté.

Mais, fuivant toujours l'hypothéfe, loin par ces munitionnaires,
d'avoir remplacé les grains du Roy, loin d'avoir rempli leurs magafins pour la fourniture actuelle, leur avidité criminelle leur a fait entierement confommer les emplacemens, pour ne point acheter le
bled fur le pied de 17. 18. ou 19. livres le fac, tandis qu'ils en étoient
payés par le Roy, à raifon de 24. livres, fans la manutention. En
forte que fi la puiffance modérée fe fût jointe aux puiffances belli-
gerantes, les places frontiéres auroient été forcées de fe rendre à
difcrétion, étant alors dépourvues, & des emplacemens, & des
fonds de magafins pour la fourniture actuelle. (*a*)

L'on fuppofe que le Roy fît remettre au tréforier général de l'extraordinaire des guerres dix millions en efpéces, pour trois mois de
folde; & que ce tréforier opulent, & d'ailleurs cautionné par la finance de fon office, en employât deux millions à fes affaires particulieres, comptant furement de remplacer ces deux millions à temps,
pour remplir le dernier mois. Si le miniftre étoit d'abord informé du
divertiffement, il ne manqueroit pas d'envoyer un commiffaire du
confeil, vérifier le fond de la caiffe du tréforier; & le *déficit* étant reconnu, le tréforier feroit fur le champ mis à la Baftille, quoique fa

(*a*) Pour que les munitionnaires ne puiffent tomber dans ce défordre, fi intéreffant pour l'état, le miniftre les oblige de lui remettre, de quinze jours en quinze
jours, des états certifiés, place par place, département par département, de l'éxiftance des magafins, en grains & farines, & de la confommation journaliére. Ces
états qui fe fuivent, & fur lefquels, depuis le premier jufqu'au dernier, le reftant
de la derniere quinzaine, eft rapporté à la premiere colonne de la quinzaine fubféquente, forment une efpéce de controlle au bureau de la guerre : controlle d'autant
plus certain, que le miniftre, de temps en temps fait vérifier ces états, par les intendans & les commiffaires des guerres ; & lorfqu'il accorde aux munitionnaires des
ordonnances d'à-bon-compte, il s'affure par ces états, auparavant que de les faire
expédier, fi en effet ils rempliffent les conditions de leur traité.

P

charge & fes biens fuſſent ſuffiſans pour remplir le vuide : ſon procès lui feroit fait, ſes biens confiſqués, & la condamnation à mort s'enfuivroit, aux termes de la loy, qui prononce cette peine contre les dépoſitaires des deniers royaux, convaincus d'avoir détourné à leur profit, juſqu'à la ſomme de 3000. livres.

Or, les fonds divertis d'une caiſſe militaire, peuvent être remplacés de différentes manieres ; ou par les biens du comptable, ou en y ſuppléant dans l'inſtant, par de nouveaux fonds du tréſor royal ; en ſorte que la ſolde des troupes n'en ſoit point retardée : ainſi par ce divertiſſement, l'état n'en recevroit aucun dommage réel.

Mais l'emplacement de grains divertis, & non rétablis, au terme fixé par le marché ; ni les bleds pour la fourniture actuelle, n'ayant pas été enmagaſinés : cela forme un délit bien plus grave, puiſque le mal eſt ſans reméde : non-ſeulement, en ſuppoſant une ou deux places inveſties ; mais encore par l'impoſſibilité, faute de précaution à l'avance, dont l'avidité des munitionnaires qu'on ſuppoſe, auroit été le ſeul motif, ne pouvant dans le cas d'une irruption ſubite, ſuppléer à temps, puiſqu'il y avoit difette dans les départemens frontiéres, qu'il auroit fallu qu'ils tiraſſent les grains des provinces éloignées, la plus grande partie par la mer, qui n'auroit plus été libre.

Les munitionnaires, ſelon l'hypothéſe, n'ont fait, ni le remplacement, au terme preſcrit, ni remis dans les magaſins, les bleds néceſſaires à l'éxécution de leur marché : ils ont néanmoins reçu le montant de leur fourniture, ſur le pied de 24. livres le ſac, ſans la manutention : donc ſans avoir débourſé autre choſe, que cette manutention, ils ſe ſont appropriés tous les fonds qu'ils ont reçu du Roy, pour le montant total de leur fourniture. Donc, que ſur les 200. mille ſacs, qu'ils n'ont remplacés que depuis la récolte, à raiſon de 9. livres le ſac, rendu dans les magaſins, ils ont fait un bénéfice illégitime de plus d'un million.

Comme ce ſont les fonds du Roy, remis aux munitionnaires, que l'on ſuppoſe, qui ont occaſionné ce bénéfice, qu'ils ont expoſé les troupes à manquer de ſubſiſtance, & les frontiéres à être envahies, faute de défenſes, c'eſt la moindre peine que le Roy puiſſe impoſer à ceux, qui à l'avenir, feroient fauteurs de ce délit capital, que la reſtitution du quadruple.

Si de tels munitionnaires, plus coupables que le tréſorier qu'on a cité pour éxemple, n'ont pas un châtiment ſi rigoureux que lui, au moins l'ordonnance doit-elle décider la reſtitution du quadruple ; pour empêcher que les entrepreneurs futurs, n'oſent impunément, par des procédés ſi hardis, expoſer les places frontiéres & le royaume, faute de ſubſiſtance pour les troupes, à ſuccomber ſous la puiſſance de l'ennemi.

ETAT *du* 15. *Novembre* 1743.

MODELE (par extrait) de l'Etat général de Quinzaine que les Munitionnaires doivent présenter , certifié véritable, au Ministre de la Guerre, les six & vingt-unième jours de chaque mois. Ces Etats seront formés sur ceux particuliers des Départemens , certifiés des Directeurs qui les composent , sur les dépoüillemens des Extraits des Registres journaux , que les Gardes Magasins doivent adresser tous les Dimanches aux Directeurs desquels ils dépendent. *

VIVRES DE FLANDRES ET D'ALLEMAGNE.

ETAT général des Bleds & Farines qui restoient au premier Novembre 1743 ; de ceux qui ont été remis depuis, & de ceux qui existoient au 15. dudit mois , dans les Magasins des Places des Départemens cy - après : Déduction faite de la consommation en pain de munition , & des envoys faits en différentes Places.

SAVOIR,

NOMS des DEPARTEMENS.	NOMS des PLACES.	Restant en magasin au premier Novembre.			Remises faites du premier au quinze.			Consommation ou envoi pendant la 15.e		Restant net au quinze Novembre.		
		BLEDS.	FARINES.	TOTAUX.	BLEDS.	FARINES.	TOTAUX.	Bleds convertis en Farines ou envoyés.	Farines converties en pain de munition, ou envoyées.	BLEDS.	FARINES.	TOTAUX.
FLANDRES.	Dunkerque..	22000	6000	28000	6000	2000	36000	8600	2000	20000	14000	34000
	Lille	25000	8000	33000	7000	3000	43000	6000	3000	26000	14000	40000
	Douay	12000	7000	19000	5000		24000	5000	2000	12000	12000	24000
	&c.											
HAYNAULT.	Valenciennes	17000	5000	22000	4000	1000	27000	3000	25000	18000	65000	24500
	Condé........	8000	3000	11000	2000		13000	3000	1000	7000	5000	12000
	Maubeuge...	9000	4000	13000	3000	500	16500	4000	1200	8000	7300	15300
	&c.											
Nota. Il faut continuer ainsi chaque Place, & chaque Département.		93000	33000	126000						91000	58800	149800

Il ne restoit au premier Novembre que ...... 126000.

Partant il y a eu de remis pendant la quinzaine au-delà de la consommation .... } 23800.

NOUS, *Munitionnaires généraux des Vivres de Flandres & d'Allemagne* (ou de tels autres Pays que ce soit) *certifions le présent Etat véritable pour la quantité de* 149800 *sacs de bleds ou farines, existans dans les magasins des Places ci-dessus , le* 15 *du présent mois.* FAIT *en notre Bureau à Paris le* 21 *Novembre* 1743.

OBSERVATION.

Pour accelerer l'expedition de ces Etats, & qu'il n'y ait qu'à remplir les quantités & les dattes, à mesure que ceux des Directions arrivent. Il faut faire graver ou imprimer une planche conforme au Modele général.

Chaque Directeur en doit faire graver ou imprimer une particuliere pour son Département.

OBSERVATION.

Les quantités employées dans les trois dernieres colonnes de l'Etat cy-dessus , doivent être reportées dans les trois premieres colonnes de la quinzaine suivante ; & toûjours ainsi successivement de quinzaine en quinzaine, au moyen de quoy, le Ministre connoîtra au premier coup d'œil, l'accéleration des remises & des moutures.

CHAPITRE LXII.

Memoire pour prouver la nécessité de rétablir & maintenir l'usage, de tout temps pratiqué; *de faire commencer l'entreprise des vivres*, au premier Novembre de chaque année, jusqu'à pareil jour de la suivante : *au lieu d'en fixer l'époque, comme on a fait depuis trois ou quatre ans, dans les mois de Décembre ou Janvier, jusqu'à pareils mois de l'année suivante.*

CETTE ancienne pratique est également avantageuse au Roy & au service; & les ministres se déterminent avec plus de certitude au mois d'Octobre, sur les offres qui leur sont présentées par les proposans; parce qu'alors la moisson est faite, l'abondance, ou la disette sont connues; les grains sont à tous événemens à meilleur compte; d'autant que les laboureurs & les fermiers, qui sont obligés de vendre pour payer leurs maîtres & les impositions, lâchent la main dans les marchés & dans les granges : les extraits des gros fruits, qui s'adressent au ministre par les intendans, justifient cet exposé. Mais, lorsque le marché & l'adjudication des vivres ne se font qu'à la fin de Décembre ou en Janvier; les grains sont chers, les fermiers & les laboureurs n'étans plus pressés de vendre, attendent le dévelopement de la nature, sur la récolte prochaine, pour augmenter ou diminuer le prix, qui rencherit ordinairement jusqu'à l'approche de la moisson : c'est ce que les extraits des gros fruits peuvent encore justifier.

A quoi il faut ajouter, comme une chose de la derniere importance, que lorsque le marché se fait au mois d'Octobre, les adjudicataires ont le temps de faire voiturer & de faire moudre, avant que les chemins soient rompus, par les pluïes & les dégels; avant que les débordemens des rivieres les ayent rendus impraticables; avant que les moulins chaument forcément, ou par ces débordemens, ou par les gelées : inconvéniens qui subsistent quelquefois jusqu'à la fin de Février, & qui met le service en danger, parce qu'à peine peut-on moudre suffisamment pour la subsistance des garnisons, le service public réfervé; & fi la campagne s'ouvre de bonne heure, il n'y a pas fuffifamment de farines; & pendant les fix mois de cette campagne, la fubfiftance des troupes eft toujours en danger.

Les moutures font d'une conféquence infinie; car les magafins comblés de grains font inutiles, fi ces grains ne font pas convertis en farines : c'eft ce qui fait que le miniftre de la guerre eft fi foigneux de fe faire fournir, par les munitionnaires, de quinze jours en quinze jours des états, pour s'affurer que les remifes s'accelérent, ainfi que les moutures dans chaque place des départemens, en premiere & feconde ligne; & qu'il réprimende les munitionnaires, lorfqu'il s'apperçoit que les farines ne font pas en quantités équivalentes à la confommation actuelle, non-feulement pour les garnifons, mais encore pour quatre mois au moins à l'avance, dès l'entrée de la campagne.

Comme pour le quartier d'hyver, il faut autant de facs qu'il y a de foldats; & que pour la campagne, il faut au moins un fac & un tiers de fac auffi par chaque homme, à caufe de l'état major de l'armée; le miniftre connoît au premier coup d'œil, fi les quantités de farines font en proportion du nombre de foldats en garnifon dans les places; & du nombre, avec un tiers enfus, de ceux qui doivent entrer en campagne.

A la fin de 1741. Mr. de Breteuil, qui avoit connu l'inconvénient du changement d'époque, pour l'adjudication des vivres, avoit réfolu de remettre les marchés fur l'ancien pied, & de fixer l'entreprife des munitionnaires, à compter du premier Janvier 1742. que le précédent traité expiroit, jufqu'au dernier Octobre fuivant, faifant dix mois; pour pouvoir au mois d'Octobre de cette même année, procéder à un nouveau marché, qui devoit avoir lieu, à compter du premier Novembre 1742. jufqu'à pareil jour 1743. Mais fur la repréfentation que firent les munitionnaires, que les grains étans chers, ils ne pouvoient trouver de bénéfice, que pendant les mois d'Octobre, Novembre & Décembre, leur repréfentation prévalut, Mr. de Breteuil ne put exécuter fon projet: le marché fut fait pour l'année complette. (*a*)

Mais comme le prétexte, qui a empêché Mr. de Breteuil d'éxécuter fon projet, n'a plus eu lieu, par rapport à l'abondance, & au bas prix où les grains font tombés; il n'y a rien qui empêche le miniftre de fixer les marchés des garnifons, à la même époque du réfultat,

____

(*a*) Cette raifon alléguée par les munitionnaires, fur ce qu'ils ne pouvoient trouver de bénéfice, que dans les mois d'Octobre, Novembre & Décembre, prouve la néceffité de remettre l'adjudication des marchés des vivres fur l'ancien pied, c'eft-à-dire, au mois d'Octobre de chaque année.

pour la campagne; c'eft-à-dire, au dernier Octobre, fuivant l'ufage.

Cette époque du mois d'Octobre, eft également avantageufe au Roy, au fervice, & aux munitionnaires; & peut opérer un rabais, fur la fixation de la folde des équipages, & procurer en même temps plus de facilité pour le fervice, en ce que.

1°. Après la moiffon, l'avoine & le foin, font moins chers que dans les mois de Décembre ou de Janvier, par les raifons que je viens d'expliquer.

2°. Les munitionnaires qui font affurés de bonne heure de leur état, ont tout le loifir de faire travailler à la conftruction des charrettes & harnois; & ayant cinq mois devant eux, le travail fe fait avec plus de foin, de précaution & de folidité, & à moindres frais que quand on le commence à la hâte, en Janvier ou Février.

3°. Les munitionnaires ont tout le temps de fe pourvoir de chevaux & de les choifir, & ils les ont à meilleur compte.

4°. De préparer des logemens & la fubfiftance à ces chevaux, pour la fin de Mars, ou le mois d'Avril, afin de les accoutumer à l'avoine, & au tirage, & de médicamenter ceux qui jettent.

Toutes ces raifons concourent au bien & à la fureté du fervice, & à diminuer le prix de la ration de pain, & la folde des chevaux, au profit du Roy.

A l'égard de l'entreprife des fourages pour les garnifons, par les mêmes raifons ci-deffus déduites, elle doit être réglée à la fin de Juillet, pour commencer au premier Aouft, jufqu'à pareil jour de l'année fuivante; les foins qui font le principal objet de cette entreprife, font coupés & fannés dès le mois de Juin; l'on en connoît alors l'abondance ou la difette, & le prix eft à meilleur compte, dans ce temps, que dans toute l'année, les entrepreneurs peuvent faire leurs achats fur le pré de la premiere main. Il en eft de même des avoines qui font alors entiérement dévelopées, ainfi que la paille de froment.

Si l'on ne fait l'adjudication de cette entreprife, qu'au mois d'Octobre, le miniftre paye la ration plus chere, parce que les entrepreneurs font obligés alors d'acheter de ceux qui en ont fait des amas, pour y gagner, & qu'ils les ont ferrés dans des granges, quelquefois éloignées des riviéres; cela coûte de la manœuvre, des tranfports, & des déchets, qui influent fur le prix de la ration

TROISIÉME SECTION.

CHAPITRE PREMIER.

*Inſtruction du ſervice des vivres par régie, avec la méthode,
pour former les comptes particuliers de cette régie : comme
auſſi du compte général d'une entrepriſe à fortfait, réſiliée
par force majeure.*

IL peut arriver de ces cas, qui déterminent le miniſtre de la guerre à faire faire le ſervice des vivres par régie, c'eſt-à-dire, ſans
marché ni entrepriſe, pour le compte du Roy ; enſorte que celui ou
ceux qui en ſont chargés, ne ſont proprement que des œconomes :
ils rendent compte de clerc-à-maître, ſans profiter des avantages de
leurs ſoins, & ſans courir de riſques, en cas que le ſuccès (par des
forces majeures & inopinées, qui ne procédent pas de la force ordinaire de l'adminiſtration) ne répondît pas à leur attente.

Ce qui peut obliger à prendre ce parti, ſont les préparatifs ſecrets
d'une guerre que le Roy eſt obligé d'entreprendre, encore qu'il
voulût l'éviter. Les négociations ne réuſſiſſent pas toujours ; mais
lorſque la puiſſance oppoſée ſe trouve prévenue par des irruptions
ſoutenues de toutes les précautions, & des munitions néceſſaires,
il arrive ſouvent que ce que les négociations les mieux concertées
n'ont pû faire, la force y contraint, ou du moins donne de grands
avantages ſur l'ennemi. En pareil cas, le regiſſeur donne un compte
général de renſeignement, qu'il forme ſur tous les comptes particuliers des achats qu'il a fait ou fait faire, & de leur conſommation &
dépenſe.

Il y a encore un motif de compte, qu'on appelle de clerc-à-maître ; c'eſt lorſqu'une force majeure rend impoſſible une entrepriſe,
par marché & réſultat, ſelon le projet ſur lequel elle eſt fondée : Je
vais en citer deux exemples ; le premier, eſt la gelée du jour des
Rois en 1709. laquelle perdit, ſans reſſource, les biens dont la terre
étoit couverte ; cet accident opéra une augmentation ſur les bleds
de quatre fois leur valeur avant l'accident ; ainſi, les munitionnaires
qui avoient entrepris le ſervice de cette année, ſe trouvérent, faute

de prévoyance , & de s'être munis à propos , dans l'impossibilité de l'exécuter : il fallut même , pour assurer la subsistance des troupes , leur faire du pain avec de l'avoine & d'autres grains de chétif aloy ; & sans le secours du munitionnaire dont j'ai parlé*, qui trouva le moyen de tirer des bleds du pays étranger , on n'auroit pû se mettre en campagne , & on auroit été dans l'obligation d'abandonner le pays aux ennemis.

* M. Fargès,

Dans une situation aussi violente , la cour considera les munitionnaires , comme des regisseurs ; les fournitures que firent différens particuliers furent remises à cette compagnie , qui compta de son entreprise ; ainsi que je l'expliquerai ailleurs.

Le second éxemple , est l'augmentation de l'espéce , arrivée au commencement de 1720. laquelle , étant portée à six fois au-dessus de sa valeur intrinséque , avoit , par une conséquence nécessaire , augmenté proportionnément le prix de toutes les choses utiles à la vie ; ainsi , si les emplacemens qui furent ordonnés à la fin de 1719. sous prétexte de la continuation de guerre contre l'Espagne , (mais, qui dans le fonds , avoient pour objet des emplacemens de précautions dans toutes les provinces) l'avoient été par entreprise , en conséquence de marché à forfait , & qu'une compagnie n'eût pas fait ses levées avec autant de diligence & de précaution que fit celui qui en avoit été chargé ; il ne lui auroit pas été possible d'accomplir ces emplacemens , & la cour eût été obligée de le recevoir à compter de clerc-à-maître.

Qu'un , ou plusieurs munitionnaires soient regisseurs , ou qu'étant entrepreneurs , leur entreprise soit convertie en régie , ils ne doivent , comme j'ai déja dit , entrer dans aucun profit , ni aucune perte , de quelque nature que ce soit. En fideles œconomes , & en bons peres de familles , ils doivent agir & gouverner avec encore plus d'attention qu'ils ne feroient dans une entreprise à forfait.

Les regisseurs , particuliérement , doivent conduire leurs commis , & leur faire suivre la forme d'une bonne & sage administration , & d'une éxacte comptabilité ; ils sont obligés d'observer , & de faire observer par leurs subordonnés , les régles établies dans l'entreprise à forfait , jusqu'à la formation & l'arrêté de tous les comptes , qu'ils présentent ensuite aux intendans de l'armée & de chaque département , pour y être vérifiés & approuvés , ou rectifiés , & revêtus de l'attache de chaque intendant. Comme les régisseurs ont toute la confiance & les pleins pouvoirs du ministre , ils sont tenus d'avoir plus d'attention que si ils régissoient pour leur compte particulier. Cette loi est imposée à toutes sortes de mandataires. **

** Voy. Domat, sur les loix ci-viles.

A ce qui a été dit , dans la premiere & seconde section , sur la comptabilité d'une entreprise à forfait, il faut ajoûter quelques particularités, qui conviennent au compte général de régie, ou de clerc-à-maître; & pour le faire avec ordre, je commencerai par une régie pure & simple, & non précedée d'aucun traité.

Suppofant que le Roy fe vît dans la néceffité de fe préparer à faire la guerre, pour pouvoir plus fûrement maintenir la paix, ou fe faire craindre par la puiffance qui voudroit l'interrompre, le miniftre commence par affurer les provifions d'artillerie, & de vivres. (je me retranche à parler de ce qui regarde les vivres, comme étant l'unique fujet de ce traité.) Il choifit une perfonne d'une fidélité, d'une difcretion affurée, & dont la capacité & l'expérience ne laiffent aucun doute fur l'exécution.

Il le fait entrer dans le fecret, autant qu'il eft néceffaire pour les manœuvres qu'il doit mettre en pratique; le miniftre l'autorife par des ordres formels, & fous quelques prétextes, ou par des voyes indirectes, il lui fait remettre des fonds.

Lorfque les fervices des vivres & des fourages fe font par des marchés à forfait, les entrepreneurs n'obtiennent ordinairement des lettres du miniftre aux intendans, que pour des ordres généraux, néceffaires à l'éxécution de l'entreprife, fans toucher en aucune forte au détail particulier & à l'arrangement intérieur de la direction. Mais, quand il eft queftion d'une régie, le munitionnaire qui en a la confiance, eft proprement, à cet égard, un premier commis du miniftre de la guerre; les renvois lui font faits des lettres, projets, & mémoires relatifs à fon détail, ainfi qu'il fe pratique dans les régies d'affaires de finances. Le régiffeur en rend compte; & après le rapport, il forme les réponfes & les ordres, fuivant l'ufage des vivres, & les décifions du miniftre, lequel entre en connoiffance de toutes les parties de l'adminiftration.

Par une fuite de cette difpofition, les intendans prennent femblable connoiffance de ce qui concerne leur département, fuivant les différens cas; ils s'en font rendre compte par les directeurs qui font à leur fuite, & par les commiffaires des guerres; ils donnent des ordres & des décifions dont ils inftruifent la cour.

Sur cette feule idée, on peut juger de l'éxactitude & de la fidélité avec laquelle un fervice femblable fe fait, & fur tout, lorfque par l'autorité, les employés font foumis à fe conformer, chacun à fon égard, aux inftructions qu'on leur donne. Les comptes qui fe forment & s'arrêtent dans les départemens de la même maniere que ceux d'une entreprife à forfait, étant éxaminés & vérifiés, comme je viens de le dire, par chaque intendant, qui y met fon attache : il eft moralement impoffible qu'il s'y gliffe des erreurs de fait ou d'infidélité,

délité, puifque les opérations des commis font fuivies par chaque directeur, & que le travail des directeurs eft vérifié, approuvé, ou rectifié par les intendans, dont le titre feul fuppofe de grandes lumieres.

Les comptes qui s'arrêtent à la direction générale, ne font point fufceptibles d'attache; parce que, 1°. ce ne font que les comptes des principaux commis, dont les piéces juftificatives font autorifées par l'emploi des recettes & des dépenfes relatives aux comptes arrêtés dans les départemens : 2°. Parce qu'en fuppofant des dépenfes qui auroient befoin d'autorité pour être allouées, le miniftre en décide fur les repréfentations des comptables.

Malgré l'éxactitude & la précifion d'une régie, le compte général eft un travail immenfe, & renferme tant de parties, qu'il faut plus d'une année pour parvenir à l'édifier : loin que le régiffeur puiffe d'abord former ce compte, còmme dans une entreprife, fans avoir égard à l'arrêté des comptes particuliers qui n'y ont pas de rapport, au contraire, dans celui-ci, tous les comptes particuliers, fans en excepter aucuns, doivent y entrer, comme autant de piéces juftificatives qui renferment chacune les articles des chapitres.

Outre l'étendue de ce travail, il eft extrêmement vétillard, parce que chaque nature de recette & de dépenfe y doit être placée & balancée. Je vais dans un moment en donner la pratique.

Dans la premiere fection de ce traité, j'ai établi la néceffité de faire remettre, par les gardes-magafins, aux directeurs defquels ils relevent, les procès-verbaux & les piéces juftificatives des fournitures extraordinaires, & des dépenfes en deniers, à l'effet d'en être dreffé des états particuliers que chaque intendant arrête, & dont l'envoi fe fait à la direction générale, pour entrer dans les comptes du Roy: mais la forme de la régie change cette difpofition. Les gardes-magafins doivent, néanmoins, toujours remettre les piéces que je viens de défigner à leur directeur, & eux aux premiers commis de leur direction, pour les garder, comme dépofitaires, après qu'elles auront été approuvées de meffieurs les intendans dans le temps prefcrit.

Ces remifes n'ont pour objet, dans l'efpéce particuliere, que la fixation immuable des dépenfes réelles, dans le fond & dans la forme, en interdifant au commis la faculté des variations que leurs intérêts & la réflexion leur pourroient fuggérer ; d'ailleurs, le directeur à qui ces piéces font adreffées, eft en état de les recevoir ou refufer fi elles étoient informes ou infidéles : voilà donc les feuls motifs de ces remifes dans le cas d'une régie ; car, à mefure que les comptes fe préfentent à l'intendant, pour la vérification & l'attache,

Q

elles doivent être jointes aux autres piéces juftificatives ; & alors le premier commis à la direction qu'on en décharge , fans fupprimer les reconnoiffances qu'il a fournies, parce qu'elles font cottées des comptables , biffe fes fignatures , & n'a , à cet égard , aucun compte à rendre , & fa décharge fuit de la vérification du compte général du département.

La retenue aux troupes, pour le pain qui leur eft fourni, fe fait au profit du Roy ; ainfi les commis de l'extraordinaire des guerres, dans les départemens, n'ont aucune refcription à remettre au régiffeur, & la fourniture fe juftifie par des états que chaque intendant arrête fur le vû des revûes & des décomptes, fuivant ce qui a été prefcrit au chapitre 29. de ce traité.

Suppofé que , pour une néceffité urgente & par ordre fupérieur, les commis de l'extraordinaire des guerres remiffent des fonds à ceux des vivres, les reconnoiffances des deniers, avec les ordres, feront à l'inftant adreffées, par les premiers, au tréforier général de l'extraordinaire des guerres qui les donnera pour comptant au caiffier de la régie ; & celui ci les renvoyera au tréforier des vivres du département d'où elles feront émanées, qui, en échange, fournira fon récepiffé comptable timbré de l'origine de cette recette.

Je fuppofe que tous les comptes arrêtés foient remis à la direction générale ; avec les pieces juftificatives & les états de fournitures, qu'ils foient bien arrangés dans le bureau des comptes, par ordre alphabétique, & indiqués, fans obliger à des recherches, mais qu'à la feule infpection du répertoire, on les puiffe trouver ; voici comme on doit préparer la matiere du compte général. Il faut faire choix de huit commis les plus habiles , les plus éxacts, & au fait de la comptabilité, & les charger de faire le dépouillement des comptes.

On doit divifer ce travail entr'eux, enforte que les deux premiers foient chargés de dépouiller de chaque compte, fur deux cahiers féparés, toutes les recettes & les dépenfes en deniers.

Le troifiéme & le quatriéme, toutes les recettes & dépenfes en grains.

Le cinquiéme & le fixiéme, toutes les recettes & dépenfes en farines & en pain de munition.

Le feptiéme, toutes les recettes & dépenfes en avoine , foin, paille , & facs vuides.

Et le huitiéme, toutes les recettes & dépenfes en chevaux, équipages , & uftenfiles.

Ces cahiers feront divifés par colonnes ; ceux concernant la recette & la dépenfe en deniers , feront fufceptibles de plufieurs chapitres ; le premier de la recette, contiendra les payemens faits au caissier de la régie en conséquence d'ordonnances de fonds ; dans la premiere colonne seront employés les noms des tréforiers généraux ; dans la seconde, les dates des ordonnances ; dans la troisiéme, leurs sommes ; dans la quatriéme, les dates des quittances ; dans la cinquiéme, les *numero* & *folio* du regiftre de caisse, où chaque article sera regiftré ; dans la sixiéme, les sommes reçûes en détail ; & dans la septiéme, on rapportera le total de chaque ordonnance.

Le deuxiéme chapitre de recette, contiendra les deniers comptables dans le même ordre.

Le troisiéme, sera formé du produit de la vente de quelques effets endommagés, suivant des procès-verbaux, & les recettes qu'on trouvera réunies dans les comptes des tréforiers, ainsi que je l'ai établi (chapitre XLIV). La premiere colonne contiendra les départemens ; la seconde, les places ; la troisiéme, les noms des commis ; la quatriéme, les *numero* & *folio* des comptes où les recettes seront employées ; la cinquiéme, la date des arrêtés des comptes ; la sixiéme, qui sera subdivisée, contiendra les quantités & la nature des effets vendus ; la septiéme, le prix des ventes ; & la huitiéme, les totaux.

Le quatriéme chapitre de recette, qui sera formé du produit des ventes des magasins, contiendra, dans la premiere colonne, les départemens ; dans la seconde, les places où les ventes auront été faites ; dans la troisiéme, les noms des commis vendeurs ; dans la quatriéme, les *numero* & *folio* des comptes où les ventes seront employées, dans la cinquiéme, les dates des arrêtés des comptes ; dans la sixiéme, qui sera subdivisée, la nature & la quantité des effets vendus ; dans la septiéme, le prix de chacun ; & dans la huitiéme, les totaux.

S'il y a d'autres natures de recettes en deniers, elles seront dépouillées de même.

La dépense en deniers, sera pareillement fusceptible de plufieurs chapitres.

Le premier contiendra les deniers comptables.

Le second, toutes les différentes natures de dépenses effectives, sans virement, non comprises celles à l'occasion d'achats de grains, fourages, & facs vuides. Ce chapitre sera divisé en plusieurs colonnes : la premiere contiendra, le nom des départemens ; la seconde, celui des places ; la troisiéme, celui des commis qui auront payé ; la quatriéme, les *numero* & *folio* des comptes où les payemens feront employés ; la cinquiéme, les noms de ceux qui auront reçû ; la sixiéme, les sommes pour loyers de magasins ; la septiéme, qui fera fubdivifée , contiendra les fommes payées pour les voitures par eau & par terre ; la huitiéme , contiendra les fommes payées pour tranfports , chargemens , & déchargemens ; la neuviéme , les manœuvres , & journaliers, la dixiéme , les mêmes frais & dépenfes confommées ; la onziéme , les fommes des appointemens ; & la douziéme , les totaux.

Le troifiéme chapitre de dépenfe fera compofé des achats de bleds , d'avoine , de foin , & de facs vuides : il fera divifé en plufieurs colonnes ; la premiere , contiendra les noms des départemens ; la feconde , celui des commiffionnaires ; la troifiéme , les lieux des achats ; la quatriéme , les *numero* & *folio* des comptes où les quantités achetées feront employées ; la cinquiéme , qui fera fubdivifée , contiendra la nature & quantité des effets , réduits en mefure de magafin , c'eft-à-dire , en facs de 200. livres net , & en facs de 12 boiffeaux mefure de Paris ; la huitiéme , contiendra les prix des mefures réduites ; la neuviéme , les fommes des achats ; & la dixiéme , les totaux de chaque département.

S'il y a d'autres natures de dépenfes , il faudra en faire un pareil dépouillement.

Les deux cahiers fuivans concerneront les recettes & dépenfes en bled , où fi l'on fouhaite abréger , en toutes efpéces : mais fuppofant qu'on veuille divifer la matiere , ils feront fufceptibles de plufieurs chapitres.

Le premier de la recette , contiendra les remifes des commiffionnaires provenant de leurs achats ; il fera divifé en plufieurs colonnes ; dans la premiere , feront employés les noms des départemens ; dans la feconde , celui des places ; dans la troifiéme , celui des commiffionnaires ; dans la quatriéme , les *numero* & *folio* des comptes où les quantités feront employées ; dans la cinquiéme , qui fera fubdivifée , la quantité des facs , réduits en mefure de magafin , y fera portée.

Le fecond chapitre de recette en bled , & autres effets , fera compofé des remifes qui pourroient être faites au régiffeur , ou par un précedent munitionnaire , ou provenant d'impofition.

Le troifiéme chapitre , qui contiendra la recette par les gardesmagafins , ou autres commis qui auront confommé , fera divifé en plufieurs colonnes : dans la premiere , feront les noms des départemens ; dans la feconde , celui des places ; dans la troifiéme , celui des commis qui auront reçû , dans la quatriéme , les *numero* & *folio* de leurs comptes , où chaque partie fera employée , dans la cinquiéme , les noms des commiffionnaires defquels les effets proviendront ; dans la fixiéme , les *numero* & *folio* de leurs comptes où chaque partie fera employée; dans la feptiéme qui fera fubdivifée, feront employés les quantités & qualités des effets; & dans la huitiéme, les totaux.

La dépenfe en bled, fera pareillemeut fufceptible de plufieurs chapitres: le premier, concernera les commiffionnaires, & contiendra plufieurs colonnes; dans la premiere, feront les noms des départemens; dans la feconde, ceux des places où les remifes auront été faites; dans la troifiéme, les noms des commiffionnaires qui auront remis; dans la quatriéme, les *numero* & *folio* des comptes où ces remifes feront employées; la cinquiéme, qui fera fubdivifée, contiendra les quantités & qualités des effets remis; & la fixiéme qui fera pareillement fubdivifée, contiendra les totaux.

Cette dépenfe n'eft proprement qu'un ordre de compte, pour balancer la recette des effets, & pour les fuivre dans les différens comptes où ils font employés, & ne rien propofer fans preuves & démonftrations fuivies: c'eft par cette raifon qu'on a auffi établi une double recette en effets; l'une & l'autre font inconnues dans les comptes ordinaires: mais elles font indifpenfables dans celui dont il s'agit, où il eft néceffaire que chaque compte particulier foit entiérement relevé & déchargé.

Le deuxiéme chapitre de dépenfe en bled, contiendra les envois aux moulins, les droits de moutures, & les dépenfes effectives en grains pour fourniture à des troupes qui auroient preferé le grain au pain; auquel cas, l'état de fourniture que l'intendant arrête, doit contenir un chapitre de cette efpéce, fans confufion avec les rations de pain; & fuppofé que les troupes euffent reçû de l'argent au lieu de grain, il faudroit le comprendre de même dans l'état de fourniture.

Le troifiéme chapitre, contiendra les ventes d'effets, en conféquence de procès-verbaux, ou à caufe des évacuations des magafins.

Le quatriéme, contiendra les pertes & déchets.

Quoique je n'aye point fubdivifé ces chapitres par colonnes, ils doivent l'être comme les précedens.

Je ne m'étendrai pas d'avantage fur les autres différentes natures de recettes & de dépenfes, ce que j'en ai dit fuffit pour en donner une idée générale. J'ajouterai feulement, qu'il faut que ce travail foit bien éxact, chaque partie doit être pointée auffi-tôt qu'elle eft employée fur un cahier, & chaque cahier doit être vérifié par un autre commis que celui qui l'a formé, lequel en doit contrepointer les articles à mefure qu'il les vérifie, & les furpointer fur le compte.

Au moyen de ces cahiers, la formation du compte général eft facile; car il n'eft queftion que de les mettre par ordre, de libeller

les textes, & de les copier enfuite l'un de l'autre : fi ce travail eft
long, le renfeignement, que chaque article contient, ne laiffe fubfifter aucunes difficultés, & les apoftilles font fimples, étant toutes
fondées fur des vûs de piéces certaines, indiquées par chaque article.

S'il eft dû aux commis ou commiffionnaires, pour folde de leurs
comptes ou décomptes, il en faut faire un chapitre particulier de
dépenfe articulée, pour que le total fe trouve compris dans l'ordonnance qui feroit expediée pour la folde du compte.

S'il étoit dû par les comptables, il faudroit pareillement en faire
un chapitre de recouvrement.

Si le miniftre de la guerre ne défiroit pas d'entrer dans un fi grand
détail, ni charger fon bureau de tant de comptes, il feroit aifé de le
fatisfaire, en convertiffant la régie en forfait, & mettant un prix aux
grains & fourages, dans lequel entreroient tous les frais.

Pour parvenir à ce forfait, il faut, en premier lieu, établir la recette, 1°. du montant des ordonnances de fonds ou d'avances : 2°. Du
produit des ventes telles qu'elles puiffent être.

En fecond lieu, les payemens faits, 1°. aux commiffionnaires;
2°. aux commis pour dépenfes confommées, ou appointemens; 3°. ce
qui refte dû pour folde de comptes ou décomptes.

En troifiéme lieu, il faut confiderer les quantités des effets de toutes natures, qui ont été achetés & remis dans les magafins.

En quatriéme lieu, comparer ces achats & remifes, 1°. avec les
fournitures aux troupes, 2°. avec les ventes, 3°. avec les pertes &
déchets employés dans les comptes.

Suppofant que la recette du tréforier, monte à . . 10500000. liv.
Le produit des ventes, à   .   .   .   ... 1500000. liv.
Et ce qui refte dû, à .   .   .   . 2000000. liv.
____

Total à répartir fur les effets .   .   ... 14000000. liv.
____

Suppofant encore que les achats de bleds, fuivant
les comptes, montent à .   .   .   . 400000. facs.
____

Les achats d'avoine, à   .   .   .   . 200000. facs.
____

Les achats de foin, à   .   .   .   . 160000. qx.
____

L'on eftimera le prix de chaque fac de bled 26. livres, y compris
les facs vuides; les voitures par eau & par terre, les chargemens &
déchargemens, & tranfports, les journaliers, le bois, la cuiffon, &

diſtribution du pain de munition, les achats d'uſtenſiles, frais de bureaux; menus frais, appointemens de commis, & toutes dépenſes,
généralement quelconques, ce qui porte le prix de   400000. ſacs;

à : . . . . 10400000. liv.

Le prix de chaque ſac d'avoine, par ſemblable
conſidération, eſt eſtimé à 14. livres, ce qui revient
pour les 200000. ſacs, à . . . . 2800000. liv.

Le prix de chaque quintal de foin, à 5. livres pour
les 160. mille quintaux, ... 800000. liv.

Egal à la recette, : . : . : . . 14000000. liv.

Pour juſtifier l'emploi & conſommation des effets ci-deſſus, &
même de ceux qui auroient été remis aux régiſſeurs, par un précédent munitionnaire, ou provenant d'impoſition, il faut prouver les
fournitures, les ventes, les pertes, & les déchets, par des états arrêtés, des procès-verbaux, & des éxtraits des comptes, contenant
les quantités vendues, & les déchets, à moins que, pour ce dernier
article, on ne convienne de paſſer à l'entrepreneur, un déchet réglé de tant pour cent ſur les bleds, avoines & foins.

Pour que le régiſſeur connoiſſe bien le fond de ſon entrepriſe, il
faut qu'il faſſe une analiſe à peu près ſemblable à celle indiquée, au
ſujet du compte de régie; à l'égard du miniſtre, comme il ſçait le
prix ordinaire des différentes entrepriſes, eu égard aux récoltes abon-
dantes ou ſtériles, il reconnoît aiſément, ſi la propoſition eſt raiſon-
nable; ainſi, ſuppoſant qu'elle convienne, on forme un marché,
dans lequel on explique les motifs qui ont engagé la Cour à ne point
traiter de ces ſervices, dès leur origine, l'on ſtipule, qu'au moyen de
tant par ſac de bled & d'avoine, tant par quintal de foin, & tant par
cent de déchet, l'entrepreneur ſera chargé de tous les frais, généralement quelconques, éxcepté les loyers, conſtructions, & réparations de fours & de magaſins, & autres dépenſes éxtraordinaires,
qui ſont toujours à la charge du Roy.

Suppoſant l'entrepriſe ainſi réglée, l'on conſtruira le compte général, ſuivant ce qui eſt rapporté au chapitre 57.

Lorſqu'il y a eu des équipages mis ſur pied, on en fait également
une évaluation par cheval, & par jour, à tant de demie ſolde, pendant le quartier d'hyver, & de ſolde entiere, pendant le temps de
la campagne qu'ils ont été entretenus, & l'emploi s'en fait dans le
compte comme il a été dit au même chapitre 57.

Il ne me reſte plus à parler, que d'une entrepriſe à forfait, dont

le marché eſt réſilié par des accidens imprévus, tels que ceux que
j'ai cités.

La bonne conduite, dans l'adminiſtration, eſt bien néceſſaire en pareil cas; car, outre qu'elle met les entrepreneurs en état de faire valoir au miniſtre leur attention & leur droiture, & de lui prouver auſſi-
tôt l'accident arrivé, leur vigilance pour l'accélération des achats
& des remiſes, l'emploi des fonds du Roy, & leurs avances : ils le
déterminent à en rendre un compte favorable à Sa Majeſté, pour obtenir la réſiliation du marché, la faculté de compter de clerc à maître, ou ſur le pied d'un nouveau traité, proportionné à l'augmentation des denrées.

Quand au contraire, l'entrepriſe eſt mal dirigée, que les entrepreneurs n'ont pas profité du temps, pour former les magaſins; que
loin d'avoir fait les fonds, auſquels chacun des aſſociés eſt obligé,
ils ſe ſont contentés d'employer ceux du Roy, & quelquefois même
d'en avoir diverti, à bon compte de leur profit pour leurs affaires
particulieres, ce dérèglement de conduite les met hors d'état de
prouver une ſituation avantageuſe pour le ſervice, & touchante pour
leurs intérêts; il s'éleve un préjugé défavorable contre eux, le miniſtre n'a point d'égards à leurs plaintes, il les accuſe de négligence,
& d'avoir mal rempli leurs engagemens; alors, on les oblige par force d'éxécuter leur marché, ſauf à avoir égard à leur état, dans le tems
de l'arrêté du compte général, ce qui rend leur ſituation violente &
incertaine.

Je ne m'embarraſſerai pas de faire ſortir du labirinte, des entrepreneurs de la derniere eſpéce ; ce que je vais établir ne regarde que
ceux, dont le zéle éxcéde plûtôt leurs engagemens, que de rien
omettre dans l'éxécution : ſuppoſant donc une force majeure, qui
met une compagnie dans l'impoſſibilité de continuer le ſervice, ſans
ſe ruiner, (ce que la cour ne demande pas,) elle doit former un état,
au vrai, de ſa ſituation actuelle, faire connoître la recette de la caiſſe
générale, tant des fonds du Roy, que des miſes de chaque aſſocié,
les payemens faits aux fourniſſeurs, commiſſionnaires, ou commis,
la quantité d'effets éxiſtans dans les magaſins, & par ces faits, prouver, qu'elle a profité du quartier d'hyver, pour faire les emplacemens, en ſorte qu'il paroît une proportion, entre le temps de l'entrepriſe & les remiſes; ajouter le juſte prix de tous les effets achetés,
la quantité qui reſte à fournir pour accomplir l'engagement, & la
différence du prix de ce qui eſt acheté, d'avec ce qui reſte à acheter; obſerver la différence, que l'augmentation qui fait le motif de la
repréſentation, peut opérer ſur les autres effets néceſſaires à l'éxécution de l'entrepriſe ; réſoudre toutes ces conſidérations en un point

fixe,

fixe qui établiffe, le plus jufte que faire fe peut, la perte certaine, que la compagnie encoureroit, fi le miniftre n'y avoit égard.

Où la cour confentiroit à un compte de clerc à maître, il faudroit fuivre ce que j'ai ci-devant prefcrit, au fujet du compte de régie, qui ne différe point de cette efpéce.

Où elle trouveroit convenable de fixer un prix, alors, pour ne point faire une entreprife préjudiciable, il faudroit fuivre ce que j'ai établi en dernier lieu, au fujet de la régie convertie en fortfait.

Dans l'un ou l'autre cas, fi l'entreprife réfiliée avoit été ajugée, par un marché pur & fimple, un autre marché de même nature fuffiroit pour l'annuller; mais fi c'eft en conféquence d'un réfultat, il faut pour le détruire, un Arrêt du confeil, qui contienne les motifs de ce changement : il eft même à préfumer, qu'une femblable entreprife doit avoir l'un & l'autre titre, parce que dans l'hypothéfe, on fuppofe quartier d'hyver & campagne.

CHAPITRE II.

De l'entreprife de la fourniture des fourages.

QUOIQUE cette matiere foit d'une grande étendue, & qu'elle faffe un des principaux objets, lorfqu'il y a guerre, je me contenterai de la traiter très-fommairement, d'autant que tout ce que j'ai dit, concernant l'entreprife générale des vivres, a auffi fon application aux fourages.

La direction, les magafins, la caiffe, les décomptes aux troupes, les comptes des comptables fe réglent & fe terminent de même; je me perfuade que l'inftruction du directeur, & celle du garde-magafin des fourages, qui font dans la feconde partie, guidera parfaitement tous les entrepreneurs, foit généraux, foit particuliers, ainfi que leurs commis & prépofés.

Que l'on obferve cependant, que, quoique cette entreprife ne comprenne que la fubfiftance des animaux, elle eft d'une fi grande importance, que fouvent elle influe fur tous les avantages d'une campagne, & qu'elle peut au contraire, quand elle manque, faire avorter bien des projets, & caufer des préjudices confidérables à l'état.

Nous avons vû de nos jours un entrepreneur, *procurer au Roy, par fes attentions, les moyens de mettre fes troupes en campagne, avant le temps ordinaire, & les faire fubfifter au fec.

Il me fouvient, qu'en 1710. il fit une chofe prefque incroyable, il raffembla en Flandres, fuffifamment de fourages pour une armée de cent mille hommes, depuis le 15. Mars jufqu'au 26. Juin; ce qui fut d'un grand avantage. En effet, c'étoit un coup de partie, de prévenir les ennemis, & d'entrer en campagne avant eux : nos frontiéres étoient entamées, & fi les fourages euffent manqué, infailliblement les alliés auroient fait quelques entreprifes, aufquelles nos troupes difperfées dans des quartiers, n'auroient pû s'oppofer.

Je rapporte ce fait, perfuadé que les éxemples frappent bien mieux que les raifonnemens; d'ailleurs, fi d'un côté, je rends juftice à un fujet zélé, d'un autre, je fatisfais à la loi, que je me fuis impofée, de ne rien laiffer échapper, de ce qui peut inftruire & convaincre, ceux qui feront chargés de la partie du fervice militaire, dont je traite.

L'on fuppofe dans l'inftruction, que le munitionnaire général des vivres l'eft auffi des fourages; fi c'étoit des entrepreneurs féparés, les articles concernant les équipages des vivres ne conviendroient pas; mais comme on peut les retrancher, j'ai cru pouvoir traiter la matiere en général, pour fatisfaire aux différens cas.

A l'égard du premier commis dépofitaire aux directions, établi pour les vivres, il faut qu'un entrepreneur général des fourages en admette les fonctions, pour l'ordre & la fidélité de l'adminiftration; & comme le détail des fourages envelope moins de parties, que celui des vivres, le directeur peut être l'oyant compte.

CHAPITRE III.

Compte de fociété.

LE compte de fociété, pour les profits & pertes de l'entreprife, fera très-facile à former après l'arrêté des comptes du tréforier, & du premier commis à la direction générale, dans lefquels, toutes les recettes & dépenfes, tant en effets qu'en argent feront entrées; il ne fera queftion que d'en faire le dépouillement, de connoître s'il y a du bénéfice par la balance des recettes & des dépenfes, toutes dettes payées; d'égaler les avances de chaque affocié, proportionment à la part qu'il a dans la fociété; s'il a plus mis, il faut que la maffe lui en faffe raifon, s'il a moins mis, il faut en faire le rapport à sa charge ; & toutes chofes ainfi balancées, répartir le refte par une régle de proportion, dont la fomme à répartir eft le bénéfice, multiplié par la mife de chaque affocié ; le divifeur, le total de la mife de tous les affociés, & le quotient qui réfultera de la divifion, fera ce qui appartiendra à chaque affocié.

En cas de perte, c'eft la même opération, en fubftituant la fomme de la perte à la place de celle du profit.

Quand le compte eft ainfi balancé, arrêté & figné, on le ratifie par acte devant notaires ; car la fociété étant liée par un acte, il faut la diffoudre de la même maniere.

Et comme il refte aux munitionnaires une grande quantité de comptes & de piéces, prefque inutiles, excepté les comptes qui fe rendent au Roy & à la chambre, qu'il faut conferver avec foin, on loue ordinairement une chambre aux grands Auguftins ou ailleurs, pour en faire le dépôt ; on y met deux ferrures, & les affociés choififfent deux d'entr'eux pour en être les gardiens.

CHAPITRE IV.

De la maniere de fournir la fubfiftance à un corps de troupes auxiliaires, que le Roy envoye au fecours de fes alliés.

LORSQUE Sa Majefté s'eft engagée de prêter une partie de fes troupes à un ou plufieurs de fes alliés, elles forment entr'elles un corps inféparablement uni, quoiqu'elles fe joignent & qu'elles militent avec l'armée de la puiffance étrangere.

Le miniftre de la guerre appelle celui d'entre les munitionnaires qui a le plus de réputation & d'expérience ; il le charge à forfait ou par régie, de la fubfiftance des troupes auxiliaires, depuis leur fortie du royaume, jufqu'au quartier d'affemblée, dans les garnifons & à l'armée.

Ou la puiffance alliée convient de faire fournir le grain, ou de donner aux munitionnaires toutes les facilités d'acheter dans fes états, & de lui procurer des voitures du pays en payant : Dans ce dernier cas, le miniftre de la guerre confie fon fecret à ce munitionnaire, le plûtôt eft le mieux : il lui fixe le nombre des troupes qu'il faut faire fubfifter en infanterie & en cavalerie ; il lui indique les lieux où elles doivent s'affembler & opérer ; afin que ce munitionnaire puiffe prendre, auffi-tôt & fans délai, fes arrangemens.

Le munitionnaire, ainfi chargé, ne doit confier fa miffion à qui que ce foit, il doit lui-même former & écrire fes projets, fes états, & fes lettres miffives, jufqu'à ce que fes premieres opérations foient affurées.

Il doit bien fe garder d'envoyer des commis ou d'autres prepofés dans les états de la puiffance alliée, ou dans les états circonvoifins pour faire des achats, parce que, quelques précautions que puiffent prendre ces prepofés, quand même ils fçauroient la langue du pays, comme ils font obligés de s'adreffer à quelques perfonnes au fait du commerce des grains, de la difcretion defquels on ne peut pas toujours s'affurer, & qu'il faut qu'elles mettent en campagne des agens ou courtiers, le fecret eft bien-tôt éventé, les grains fe refferrent & renchériffent.

Pour parer à ces inconveniens, & fe procurer une grande partie des denrées néceffaires, avant qu'il naiffe aucun foupçon, & que les troupes auxiliaires fe mettent en mouvement, il faut que les levées fe faffent comme on va l'expliquer.

Le munitionnaire, auquel le miniftre donne fa confiance, doit être (fuivant l'idée que j'en ai donné dans la premiere partie) au fait, non-feulement de l'adminiftration des vivres, mais il doit encore entendre le commerce, & avoir des correfpondans fûrs, dans nos frontieres, & dans les pays étrangers, tels que de gros banquiers Chrétiens ou Juifs; ces derniers font préferables; ils ont des relations par toute la terre; & pourvû qu'ils trouvent à gagner, ils agiffent avec vivacité, & tout le fecret & la précaution convenables: on a tiré d'eux de grands fecours pendant les guerres de Louis XIV. dans les Pays-Bas, en Allemagne, en Italie, & en Catalogne.

Le munitionnaire, doit auffi-tôt qu'il a reçû les ordres du minif-niftre, s'adreffer à fes correfpondans qui ont précedamment pris des engagemens de même nature avec lui, & prétextant quelques fpé-culations de commerce, leur demander le prix des grains, & fur leurs réponfes, leur donner des ordres d'acheter une quantité; après cette premiere, une autre; & ainfi continuer par parties, jufqu'à ce que les achats foient aux deux tiers de ce dont on a befoin, & même de la totalité, fi les levées ne font pas de beaucoup hauffer les prix, & fi les lieux des achats font à peu de diftance des rivieres naviga-bles, au moyen defquelles on puiffe aifément faire le tranfport juf-ques dans les magafins à portée du théatre de la guerre: à mefure que le munitionnaire donne, ou fait donner ordre d'acheter, il faut envoyer aux correfpondans des lettres banquieres.

Comme chacun des négocians, & leurs correfpondans, agiffent en differens lieux éloignés les uns des autres fans fe connoître, du moins relativement à leur miffion actuelle ; & que chacun d'eux employe fon talent particulier pour empêcher le furhauffement du prix, il fuit de cette maniere d'operer, qu'en peu de tems on fait de fortes levées. J'ai vû en 1709. 1713. & 1718. trois ou quatre de ces Commiffionnaires s'affurer, chacun par marché ferme, en trois femaines ou un mois au plus, de 40 à 45 mille facs de bled, & pareille quantité d'avoine, fans que qui que ce foit ait pénétré leurs deffeins.

Quand les achats font faits, & remis dans les entrepôts par les correfpondans, le munitionnaire fait choix du plus expert de fes commis, il lui donne des inftructions par écrit, il lui remet des lettres de crédit, & l'adreffe aux correfpondans qui ont fait les achats.

Lorfque le commis s'eft rendu fur les lieux, il fe fait donner l'état des quantités achetées, il en conftate la vérité, il éxamine la qualité de la matiere, & fait un bordereau en forme de compte, figné double entre lui & chaque correfpondant.

Si ces correfpondans font réfidens en differentes Provinces, ou dans des lieux trop diftans les uns des autres, pour qu'un feul commis puiffe faire cette vérification en 12 ou 15 jours, le munitionnaire y envoyera deux ou trois autres commis femblables au premier afin d'accélerer.

Ces commis s'informeront du nombre de moulins à eau & à vent ; de leurs diftances aux entrepôts, & de ces entrepôts aux bords des rivieres navigables. Ils chargeront les correfpondans d'acheter du treillis, ou de la forte toile, & de faire faire des facs, fuivant la forme & la mefure qu'ils leur prefcriront ; ils envoyeront aux munitionnaires copie des bordereaux arrêtés, & un mémoire fur l'éxécution de leurs opérations.

Si les achats ne font pas complets, les correfpondans continueront d'acheter : fi les denrées hauffoient de prix, ils difcontinueront & feront entendre à leurs courtiers qu'ils ont plus de grain qu'il ne leur en faut ; ils en envoyeront même revendre fur les marchés quelques facs à un prix plus bas que le cours ; mais en même-temps, par leurs agens les plus affidés, ils en feront acheter dans les greniers.

Alors le munitionnaire général fait choix des employés néceffaires pour la garde des magafins ; il ne faut fe fervir que de ceux qui ont une grande expérience ; il faut les adreffer aux commis principaux qui font fur les lieux : celui d'entr'eux qui aura le titre de directeur, diftribuera ces employés, partie dans les places frontieres qui lui feront indiquées pour l'établiffement des magafins, & partie dans les entrepôts, pour recevoir & pefer les grains, en donner leurs récepiffés comptables aux correfpondans, envoyer aux moulins ; & après que les farines feront refroidies, les égalifer, ficeler & plomber, & les faire voiturer au premier ordre.

Les gardes-magaſins des places frontieres, ſe pourvoiront d'en‑droits propres à renfermer & conſerver les effets qui ſeront remis à leur charge ; ils s'adreſſeront, à cet effet, aux officiers ou magiſtrats de la puiſſance alliée qu'on leur aura indiqué, ou aux commiſſaires des guerres qui ſeront alors arrivés de France. Ils acheteront les uſtenſiles néceſſaires pour les manœuvres des magaſins, & pour la fabrication du pain & du biſcuit.

Lorſque les troupes arrivent à leur deſtination, que les gens qui font commerce de grain ne voyent pas faire de levées, mais qu'au contraire, les magaſins ſe rempliſſent journellement ; loin de reſerver & renchérir leurs denrées, ils viennent l'offrir : L'on feint d'écouter leurs propoſitions indifféremment, ſous prétexte qu'on a au-delà du néceſſaire ; cependant, ſi l'on trouve les propoſitions qu'ils font rai‑ſonnables, on ne perd point l'occaſion d'acheter par maché ferme, & de faire remettre dans les magaſins.

J'ai dit ci-devant, qu'il falloit d'abord commencer les levées par l'entremiſe de banquiers & correſpondans, & ne point envoyer de commis ſur les lieux pour acheter ; je le répete encore, comme une choſe importante, parce ce que ces commis qui font étrangers, ſonnent, pour ainſi parler, l'allarme ; le grain ſe reſerre & renché‑rit ; d'où s'enfuit la difficulté de n'en trouver qu'à des prix éxorbi‑tans : Je pourrois citer en preuves, pluſieurs éxemples anciens & modernes, mais la choſe eſt trop ſenſible, pour qu'il ſoit néceſſaire de m'étendre davantage à cet égard.

En même temps que les achats des grains ſe font dans les pays étrangers, il faut que le munitionnaire pourvoye à la conſtruction des voitures, harnois, & à la levée des chevaux ou mulets. L'on peut ſuivre ſur ce détail, ce qui a été preſcrit ci-devant, pour le ſervice en Flandres, en Allemagne, & en Italie, & avoir atten‑tion que les charretes ſoient ſolidement fabriquées & avec du bois bien ſec.

CHAPITRE V.

De quelle maniere on doit faire subsister les troupes pendant la route, partant de France pour joindre l'armée des puissances alliées sur les frontiéres.

AUSSITOT que la Cour a reglé la route que les troupes auxiliaires doivent tenir, partant de nos frontieres pour arriver au rendez-vous dans les états de la puissance alliée, le munitionnaire qui en est instruit, mande à ses correspondans de faire faire sécrettement aux environs des lieux, où les séjours ont été fixés, les achats de bleds & d'avoines nécessaires, proportionnément à la quantité de troupes : de les entreposer le plus à portée qu'il est possible des lieux des séjours, de faire moudre, & de s'assurer de bois pour la cuisson. Ces achats seront fort aisés à faire, parce que la consommation pour chaque établissement dans la route, est peu considérable.

Avant que les troupes auxiliaires se réunissent sur nos frontieres, le munitionnaire doit avoir attention, sur quelque prétexte qu'il imaginera, d'y augmenter les magasins de grains & de farines, en quantité suffisante, pour faire subsister, outre les garnisons ordinaires, les troupes auxiliaires qui arriveroient successivement, & pendant leur route jusqu'au premier séjour.

Le munitionnaire fera fabriquer du biscuit, se pourvoira de cintres de fer pour les fours de campagne, de blutoirs, de pêtrins, & autres ustensiles nécessaires à la fabrication & cuisson du pain & du biscuit.

Les fours de cintres de la grandeur ordinaire, contiennent chacun 450. rations de pain, l'on fait cinq fournées en 24. heures, lesquelles produisent 2250. rations.

Si des frontieres de France, au lieu du rendez-vous, il y a 72. lieues, à 4. lieues par jour, les troupes auront 18. jours de marche qui joints à 3. jours de séjours, font en tout 21. jours. (*a*)

(*a*) L'on suppose qu'il est nécessaire, que la jonction des troupes auxiliaires avec celles de la puissance alliée, se fasse promptement; car sans cela, l'on donneroit deux jours de séjours, dans chaque lieu d'établissement : ce qui ne changeroit rien à la disposition de ces établissemens, il n'y auroit qu'une augmentation de pain à y fabriquer.

La veille du départ de nos troupes, il leur fera délivré, le foir, pour fix jours de fubfiftance, dont quatre rations de pain & deux rations de bifcuit, ce qui leur fuffira pour fe rendre au premier féjour, où, en arrivant, il leur fera délivré une ration de pain pour le féjour, & le foir de ce féjour, on leur diftribuera pour fix autres jours, quatre rations de pain & deux rations de bifcuit, & pareillement pendant le refte de la route.

L'on fournira auffi une ration de viande, par jour, à chaque foldat & aux gens d'équipages des vivres & d'artillerie qui n'auront pendant la route qu'une ration de pain ou de bifcuit par jour, au lieu de deux qui leur reviennent.

Le munitionnaire fe pourvoira de la quantité de bœufs néceffaires; ils feront conduits à la fuite des troupes, & la diftribution s'en fera pour trois jours en partant de nos frontieres, & pour trois jours en route, jufqu'au premier féjour. Dans ce premier féjour, la diftribution fera faite pour quatre jours, & le quatriéme jour, en route, il fera fait une autre diftribution pour trois jours feulement, & toujours de même jufqu'à l'arrivée des troupes au rendez-vous.

Si la faifon étoit trop chaude, comme la viande pourroit fe corrompre, en faifant des diftributions pour plufieurs jours, on fera tuer & délivrer journellement.

Si les troupes auxiliaires font au nombre de vingt mille hommes, il fera fait quatre divifions de 5000 mille hommes chacune, & chaque divifion pourra partir de nos frontieres, à deux ou trois jours au plus de diftance l'une de l'autre.

Il faudra pour ces 5000 mille hommes, 6000 rations de pain, ou de bifcuit par jour, y compris les gens d'artillerie & des vivres.

Ainfi, dans le premier féjour, il fera diftribué 42000. rations, fçavoir, 12000 en bifcuit, & 30000 en pain de munition, dont 6000 pour le féjour, & 24000 pour les fix jours de marche : ces 42000 rations de pain & de bifcuit, feront produites de 251 facs $\frac{1}{6}$ de bled du poids de 200^{lt}. chacun; conféquemment, la confommation dans chaque féjour pour les quatre divifions, ne fera que de 1004 facs $\frac{2}{3}$.

Pour cuire 30000. rations (s'il ne fe trouve pas de fours bourgeois) il faut établir fept fours de ceintres, qui feront chacun en 48 heures 4500. rations, & tous enfemble dans le même temps, 31500. rations : comme on a fuppofé qu'il ne falloit que 30000. rations de pain dans chaque lieu de féjour, & que les fept fours travaillans également en feront 1500. de trop; le chef aux travaux aura attention de n'employer que quatre fours pour la derniere cuiffon.

Les fours étant établis dix jours avant l'arrivée des troupes, les chefs aux travaux s'en ferviront auffi-tôt leur recuiffon, pour y faire

cuire

cuire les 48000. rations de bifcuit qui doivent être diftribuées dans chaque féjour aux quatre divifions, à raifon de 12000. pour chacune.

Suivant ce qui vient d'être dit, le munitionnaire doit faire voiturer quatorze fours de ceintres, dont fept feront laiffés dans le lieu du premier féjour, & les fept autres, feront tranfportés au fecond féjour.

Il faut deux chefs aux travaux, quatre aydes, fix commis furnuméraires, un maître maçon, quatorze garçons, vingt-huit manœuvres, tous au fait de la conftruction des fours d'armée ; il faut 56. boulangers, 28. fendeurs de bois & porteurs d'eau, & trois garçons bouchers.

Le munitionnaire, fera préparer le nombre de voitures néceffaires pour le tranfport des fours, pêtrins, chaudieres, blutoirs, & uftenfiles qui en dépendent : & fur l'ordre du général d'armée, ou de l'intendant, quinze jours avant le départ des troupes, l'on fera défiler le convoi, qui fera efcorté par un détachement, que le général d'armée fixera felon l'éxigence des cas : on fuppofe que le convoy parte le premier d'un mois.

La marche fe fera en bon ordre & avec précaution, fuivant ce qui a été prefcrit précédemment au chapitre des convoys.

Le commis en chef, auquel la régie de ce fervice fera confiée, ne fera décharger dans le lieu du premier féjour, que la quantité de ceintres & d'uftenfiles fuffifant à la manutention qui y doit être faite.

Auffi-tôt fon arrivée, qui fera fuivant l'hypotéfe, le fix du mois, il fe fera accompagner des chefs & aydes aux travaux, & du maître maçon, il fe tranfportera chez le commandant, magiftrat, bourguemeftre, ou conful du lieu, il préfentera à l'un d'eux l'ordre de leur fouverain, à l'effet de faire fournir les lieux convenables pour loger les équipages, établir les travaux, & la jouiffance des fours bourgeois, s'il eft poffible d'en avoir, fans déranger le fervice public ; tout auffi-tôt il fera jetter les fondemens des fours portatifs, s'il n'y a point de fours bourgeois, ou s'il n'y en a pas fuffifamment pour les travaux ; il fe fera informer du lieu où il y a des briques ou des thuilles, ou autres matériaux propres à remplir les interftices des ceintres, & des autres matériaux néceffaires à la conftruction ; il fe fera pareillement informer où il pourra avoir le bois pour la cuiffon des fours du pain & du bifcuit *(a)* : il employera les voitures

____

(a) *Nota.* Le munitionnaire général aura attention de charger fes correfpondans, de lui donner toutes les connoiffances néceffaires, pour que le commis en chef qui aura des mémoires, agiffe avec plus de certitude, dans le cas où fes correfpondans n'auroient pas raffemblé toutes les chofes mentionnées.

déchargées pour faire le tranfport de toutes ces chofes, & des terres néceffaires pour couvrir les fours. Il partagera les chevaux & les chartiers de toutes les voitures , pour les faire travailler fans difcontinuer à tour de rolle : pendant ce temps, il fera blutter les farines pour la fabrication du bifcuit.

Un four de ceintres, peut être conftruit aifément en 24. heures, par deux maçons fervis chacun de deux manœuvres ; (a) ainfi le cinquiéme de l'arrivée du convoy dans le lieu du premier féjour, c'eft-à-dire, le onze du mois, le chef aux travaux peut faire cuire fes fours, préparer les levains pour le bifcuit, faire recuire , & le lendemain chauffer, & enfourner fans difcontinuer, jufqu'à l'accompliffement du nombre de 48000. rations.

Ces conftruĉions & cette manutention conduiront au 16 du mois, ce qui fe rapporte au lendemain du départ des troupes de nos frontieres : le foir dudit jour 16. le chef aux travaux fera faire les levains pour commencer les premieres fournées du pain de munition, le lendemain 17. troifiéme jour de la marche des troupes , il continuera , ainfi à cinq fournées par 24. heures jufqu'à ce qu'il ait les 30000. rations qui lui font néceffaires pour la diftribution du vingt-uniéme jour du premier féjour, & pour quatre jours de marche en avant : la diftribution pour le féjour doit être faite des premieres fournées.

Auffi-tôt que les fours feront achevés, & cuits ; c'eft-à-dire, le onziéme du mois, le commis en chef donnera fes ordres pour raffembler les voitures qui n'auront point été déchargées, il fera diftribuer à l'efcorte & aux boulangers, chartiers & ouvriers, du pain & du bifcuit pour fix jours, & le 11. du mois, qui fera le fixiéme de l'arrivée audit lieu , il fera défiler le convoi efcorté vers le deuxiéme féjour.

La viande continuera d'être fournie pendant la route & le féjour à l'efcorte, aux boulangers, chartiers & ouvriers.

Il ne laiffera dans le premier féjour , qu'un chef aux travaux, deux aydes, & deux commis furnuméraires , fept brigades de boulangers , & les équipages néceffaires, pour fervir à l'évacuation de l'établiffement, lors du départ de la derniere divifion, à la fuite de laquelle , ces hommes & ces équipages, feront route au rendez-vous.

Comme le bifcuit dans chaque établiffement , aura été fabriqué auffi-tôt le parachevement des fours, qu'il n'y aura que le pain de munition à faire, & qu'il ne faut que 48. heures à ces fours, pour cuire plus de 30000. rations, les divifions pourront partir à trois

---

(a) *Nota*. On fait auffi aider les Maçons par les boulangers, ils s'y portent volontiers pour être plûtôt occupés.

jours l'une de l'autre, & la derniere arriver au rendez-vous général
à 72. lieues de nos frontieres, neuf jours après la premiere divifion,
laquelle arrivera le vingt-uniéme jour.

Dans le même temps que le munitionnaire ordonne à fes correfpondans l'achat des grains, il les charge auffi de s'affurer de la fubfiftance des chevaux de la cavalerie & des équipages.

Ce que j'ai dit, fur ce que le munitionnaire doit faire pour affurer
la fubfiftance de la premiere divifion, depuis fon départ de nos frontieres, de leur marche & de leur arrivée dans le lieu du premier féjour, doit fuffire pour toute la route, il n'y a qu'à fuivre la même
chofe pour les autres divifions & les autres féjours, jufqu'au lieu du
rendez-vous général ; mais il faut que ce foit avec la derniere éxactitude, fans retarder d'un feul jour l'ordre de toutes ces différentes
opérations ; autrement il s'enfuivroit, que le fervice manqueroit ; il
faut confiderer cet arrangement, comme une machine dont le
moindre reffort venant à fe déranger, tout le refte s'arrête, & n'a
plus de jeu : je ne prétends pas néanmoins que ce que j'ai prefcrit foit
fans défaut & foit fans inconvéniens, mais les habiles vivriers peuvent le perfectionner, & regarder cet expofé comme un plan général que l'on peut changer, augmenter ou diminuer felon les circonftances, les temps, & les lieux : fi les marches font trop longues, on peut rapprocher les féjours, fi la diftance de nos frontieres
au rendez-vous général, eft moins grande, fi le corps de troupes eft
plus ou moins confidérable ; toutes ces chofes ne changent rien au
fond, il n'y a que le plus ou le moins qui peut différer.

Calcul eftimatif de la dépenfe, pendant la route de vingt mille hommes de troupes auxiliaires.

L'on ne comprendra dans cette dépenfe, que la confommation qui
fera faite en pain de munition, & en bifcuit, depuis l'arrivée des
troupes dans le premier féjour, jufqu'au lieu d'affemblée feulement
dans les états de la puiffance alliée ; fuppofé à 72. lieues de nos
frontieres ; à l'égard de la folde des équipages deftinés à la diftribution du pain aux 20000. hommes dans les camps, comme cela regarde le fervice de campagne, & que le détachement que l'on en
fait pour le tranfport des fours & uftenfiles, n'en augmente pas la
dépenfe, on n'en parlera pas ; mais l'on employera la fourniture de
la viande, depuis le jour du départ des troupes de nos frontieres,
parce que c'eft encore une dépenfe extraordinaire.

Détail de la confommation en pain & bifcuit.

Dans lepremier féjour , les troupes confommeront en pain &
bifcuit ;

SÇAVOIR,

La premiere divifion étant arrivée dans le lieu du premier établiffement.

	PAIN.	BISCUIT.
Pour un jour de féjour & quatre jours de marche la premiere divifion recevra	30000. ℞.	
Pour deux jours de marche		12000. ℞.
La feconde divifion recevra pareillement	30000.	12000.
La troifiéme, idem	30000.	12000.
La quatriéme, idem	30000.	12000.
Dans le deuxiéme féjour, les quatre divifions recevront pareillement	120000.	48000.
Totaux de chaque efpéce	240000.	96000.

Total général des rations . . . . 336000. ℞.

Pour la fabrication du bifcuit dans le premier féjour, il faut la quantité de		338. facs.
Pour celle du pain de munition		666. $\frac{2}{3}$.
		1004. $\frac{2}{3}$.
Et pour le fecond jour, il faut pareille quantité		1004. $\frac{2}{3}$.

Total des bleds . . . . 2009. $\frac{1}{3}$.

Supplément de confommation , pour l'établiffement des travaux ,
dans les lieux de féjours.

Il faut 14. fours de ceintres , & pour les tranfporter
avec les pêtrins , les blutoirs , les uftenfiles , ainfi
que dix facs de farines pour l'ufage qu'on expliquera

Ci-contre, ... 2009. ⅕

bien-tôt; il faut 60. voitures, conduites par 68. charetiers, y compris 8. furnuméraires, dits haut-le-pied,
à une ration chacun par jour. . . . 68.

Il faut deux maréchaux, deux bourreliers, &
deux charons, faifant par jour . . . 6.

Il faut pour fabriquer le pain, & le bifcuit,
une brigade de boulangers par chaque four, &
pour 14. fours 56. boulangers. . . . 56.

Il faut un fendeur de bois & un porteur d'eau
pour chaque four, cy . . . . 28.

Il faut 14. maçons, & 28. manœuvres, pour
la conftruction de fept fours, & comme après
la conftruction de ces fours dans le premier féjour, ces ouvriers pafferont au fecond, cy feulement pour . . . . . 42.

Il faut trois garçons bouchers . . . 3.
____
203.

Et attendu que ces chairetiers & ouvriers, recevront
en partant de nos frontieres pour 4. jours de pain, &
3. jours de bifcuit, & que fur une des voitures l'on
chargera de la farine * pour une premiere diftribution
des 4. jours, pour donner le temps néceffaire à l'établiffement des travaux, ces diftributions depuis le départ
de France, faifant en total onze jours : refte à employer 19. jours de fubfiftance à 203. rations par jour,
ce qui fait la quantité de 3857. rations, & en facs de
200. liv. celle de . . . . . . 21. ⅘

Il faut des foldats pour efcorter le convoy; l'on
eftime que 200. hommes font fuffifans, d'autant que
la marche eft fuppofée fe faire en pays amis, & comme ces 200. hommes font un détachement des 20000.
cy-deffus employés pour 15. jours à compter du premier féjour, que ce détachement en partant de nos
frontieres a reçû comme les chartiers & ouvriers une
ration de bifcuit, de plus que chaque homme de chaque divifion; que ce détachement recevra dans le premier féjour, pour 4. jours de pain, provenant des farines voiturées fur une des charretes du convoy, il ne

____
2030. facs ⁷⁄₂₅

De l'autre part,   .   .   2030. facs ¼

reſte à employer ici que 4. jours, pour parfaire la quantité néceſſaire pour les 30. jours de marche & de ſé-
jour, ce qui fait pour les 200. hommes, 800. rations,
& en facs   .   .   .   .   ; 4.

Une armée de 20. mille hommes, conſomme par jour
environ 30000. rations de pain, & comme la diſtribution
ſe fait au quartier général tous les 4. jours, il faut par
diſtribution 120. mille rations. Chaque charrette en
contient 800. rations, il faut donc 180. voitures, y
compris un cinquiéme en ſus ſelon l'uſage. * Or pour
l'établiſſement des entrepôts, ou ſéjours, il y en a
déja 60. d'employées, ainſi reſte 120. charrettes à diſtribuer ſur les 4. diviſions, ce qui fait 30. par chacune.

Pour conduire 120. charrettes, il faut 140. chartiers,
y compris 20. ſurnuméraires ou haut-le-pieds, à une
ration chacun par jour, cy   .   .   .   140. ℞.

Il faut 5. maréchaux, 5. charons, & 5. bourreliers, cy   .   .   .   .   .   .   15.

____

155.

____

Leſquelles 155. rations par jour, pour les 15. jours
de marche & de ſéjours ſeulement, attendu que ces
chartiers & ouvriers recevront le jour de leur départ
de nos frontieres, pour ſix jours, partant à employer
pour leſdits 15. jours 2325. rations, faiſant environ   .   ; 13.

L'on ſuppoſe qu'à un corps de 20. mille hommes, il
ſoit attaché 500. chevaux pour les équipages d'artillerie. Pour conduire ces 500. chevaux, il faut 125.
chartiers, & 16. ſurnuméraires, faiſant en tout 141.
hommes, & 141. rations, cy   .   .   141. ℞.

Il faut 5. maréchaux, 5. charons, & 5. bourreliers, faiſant 25. hommes, & par jour   .   .   .   .   25.

____

166.

____

Leſquelles 166. rations pendant les mêmes 15. jours
de marches & de ſéjours, montent à 2490. rations, faiſant en ſacs environ   .   .   .   .   .   .   ; 14.

____

2063. facs ¼

Ci-contre,   .   .   .   2063. facs ½.

Il faut 10. charrettes pour l'hôpital ambulant de l'armée, pour conduire ces 10. charrettes, il faut 12. charetiers, y compris deux furnuméraires à une ration chacun pendant les mêmes 15. jours   .   .   .   .   . 1.

Pendant la route, les foldats des 4. divifions, au nombre de 19. mille 800. hommes, déduction faite des 200. hommes d'efcorte, confommeront 19800. rations de viande par jour, chaque ration d'une livre poids de marc, comme ration de route, ce qui fait en total pour 21. jours, à compter de la derniere place frontiere de France, la quantité de 415800. livres, lefquelles feront produites de 924. bœufs ou vaches du poids commun de 450. livres chacun en viande nette. (*a*)

Pour tuer ces 924. bêtes, faifant pour chacune des quatre divifions 231. il faut 16. garçons bouchers, 4. à chaque divifion, qui tueront pour chacune d'elle, 22. bœufs tous les deux jours; pour la fubfiftance de ces bouchers, il faut 16. rations de pain & de bifcuit par jour de marche & de féjour pendant 15. jours; fçavoir, 160. rations de pain pendant 10. jours, & 80. rations de bifcuit pendant 5. jours, faifant en facs de 200. livres environ   .   .   .   . 1. ⅖.

Total des bleds qu'il faut dépofer dans chaque entrepôts   .   .   .   . } . 2065. facs ⅔.

L'on fuppofe que chaque fac de bleds de munition, y compris le pur froment néceffaire pour la fabrication du bifcuit, revienne prix commun, rendu dans les fours à   .   . 18. liv.

Manutention ordinaire de campagne   .   . 9.

Supplément par rapport à ce que la manutention en pays étranger eft plus coûteufe d'un fixiéme.   . 1.   10.f.

PAIN.

Prix d'un fac converti en pain   .   . 28. liv. 10.f.

Ce qui fait revenir chaque ration de 24. onces à . . 38. deniers.

(*a*) *Nota*. A caufe des vendredis, qu'il faudra déduire, la confommation fera de trois ou quatre jours de moins.

B I S C U I T. { Le prix de froment comme dessus . . . 18. liv.
Manutention ordinaire de 9. liv. & le supplément . 10. 10. l.
Augmentation à cause de la double cuisson . . . . 2. 10.

Prix d'un sac de froment converti en biscuit . . 31. liv.

Ce qui fait revenir chaque ration à. . . . 52. den. $\frac{18}{71}$.

Partant la dépense du corps de troupes, pendant les 15. jours de marches pour 20. mille hommes, y compris l'établissement des travaux, depuis le premier séjour jusqu'au rendez-vous à 72. lieues de nos frontieres, monte,

SÇAVOIR,

247880. R. de pain provenant de 1377. sacs $\frac{1}{9}$ à raison de 38. deniers chacune ou de 28. liv. 10. sols le sac, la somme de . . . 39247. l. 13. s. 4. d.

97769. R. de biscuit produites par 688. s. $\frac{1}{9}$ à raison de 142. R. par sac, de 52. d. $\frac{18}{71}$. par ration de 18. onces, & de 31. liv. par sac de 200. livres . . 21345. 1. 2.

Total de dépense pour le pain & le biscuit } 60592. l. 14. s. 6. d.

Viande.

La fourniture de viande, tant pour les 200. hommes d'escortes que pour les charetiers, boulangers & ouvriers, faisant en tout 730. hommes, monte pendant 30. jours, à compter de celui du départ de France, jusqu'au lieu du rendez-vous à 72. lieues de distance, à raison de 730. rations par jour, à la quanté de . . . . . . 21900. R.

Et pour 19800. soldats, faisant avec les 200. d'escortes cy-dessus employés, les 20. mille hommes de troupes auxiliaires, à une ration chacun par jour, pendant 21. jours

Ci-contre, . . . 21900. ℞.

de marches, à compter de nos frontieres
la quantité de . . . . 415800.

437700. ℞.

Lefquelles 437700. rations de viande d'une livre
poids de marc, comme ration de route, à raifon
de cinq fols chacune, montent à la fomme de . 109425.
Dépenfe extraordinaire pour conftructions de
fours & cas fortuits . . . . . 6000.

Total de la dépenfe pour la fubfiftance des } 176017.l.14.f.6.d.
troupes,& des établiffemens des entrepôts. }

L'on n'employera pas ici la dépenfe de ce qui doit être fourni en
pain & bifcuit aux troupes fur les frontieres pour les fix jours de route,
ni à l'efcorte, chartiers & ouvriers pour 11. jours, ni les 10. facs de
farines chargés fur une des voitures du convoi, le calcul étant aifé
à faire, fuivant le prix fixé par le marché du munitionnaire qui
fournit les garnifons, j'en parle feulement ici pour .. .MÉMOIRE.

Je me flatte de n'avoir rien omis dans ce traité ; mais, à tous
égards, les modéles & les inftructions que j'ai cités, & qui font la matiére de la deuxiéme partie, fuppléront à ce que je n'aurois pas fuffifamment expliqué.

ADDITION AU CHAPITRE V.

Relative aux fours de fer roulans, de nouvelle invention.

L'USAGE des fours de fer roulans du fieur Lavaud, feroit très-
avantageux pour établir les travaux des vivres en pleine campagne ou dans les marchés ; ils épargneroient de la dépenfe au Roy,
bien de l'inquiétude aux généraux, lorfqu'ils ont deffein de changer
leur armée de pofition, & aux munitionnaires beaucoup d'embarras & de foins, dans les lieux où les briques, les matériaux & le bois
font rares.

En premier lieu, ces fours marcheroient avec les équipages des
vivres.

En fecond lieu, auffi-tôt qu'un camp feroit marqué, les fours feroient placés & chauffés, pendant que les boulangers , qui fe feroient précautionnés de levains de tout point, paîtriroient & façon-

T

neroient le pain de munition, pour, auffi-tôt que la pâte eft levée l'enfourner.

En troifiéme lieu, chaque four, contenant 200. rations, & pouvant faire 15. fournées en 24. heures, produiront 3000. rations, ils en produiront 6000. en 48. heures, & 9000. en 72. heures. Et fuppofant que l'on mette à la fuite d'une armée 25. fours, le troifié-me jour de l'établiffement d'un camp, ils fourniroient tous enfemble . . . . 225000. R.

En quatriéme lieu, ces fours ne confomment que 2. cordes & demie de bois pour la cuiffon de 100. facs, aulieu de cinq cordes qu'il faut pour les fours maffifs, fans compter la recuiffon pour laquelle il s'en brûle beaucoup.

Or, fuppofant pour un moment que l'on fût dans la néceffité d'édifier 25. fours maffifs, ou avec des ceintres, ils ne produiront enfemble le troifiéme jour de l'établiffement d'un camp, à caufe de la conftruction & de la recuiffon, à cinq fournées pendant 24. heures, fur le pied de 600. rations chacun, que * . . . 75000. R.

Difference . . . . 150000. R.

Donc, les fours roulans font plus avantageux pour le fervice que les fours maffifs.

Les fours roulans cuifent le pain & le bifcuit par un feu de reverbere; ainfi les boulangers n'ont point à craindre qu'il brûle, parce qu'au moyen de l'éventoufe, qui eft adaptée à la cheminée, ils font les maîtres de donner plus ou moins de chaleur.

Auffi-tôt que l'ordre pour lever le camp fera donné, quoique les fours fuffent remplis de pain, l'on n'auroit qu'à remettre les roues & l'avant-train, atteler & marcher, de même que les voitures des vivres que l'on chargeroit en même-temps des paitrins, des levains & des uftenfiles, & auffi-tôt que l'armée feroit arrivée dans un nouveau camp, les fours fe placeroient & les travaux fe recommenceroient.

Chaque four, avec fon train, pefe 4500. liv. Il faut fix chevaux pour les tirer.

Suppofant qu'un four de fer roulant coute 2400. livres, comme il peut fervir plus de fix campagnes, cela ne fait que 400. livres par chacune, cy . . . 400. liv.

400. liv.

Ci-contre, ... 400. liv.

Solde de six chevaux pour chaque four à 45. f. par cheval, & par jour, pendant 199. jours, y compris 15. jours de levée . . . . . 2686. liv. 10. f.

Entretien pendant la campagne, tant en matiere qu'en folde de ferruriers, à raifon de deux hommes par équipage de 10. fours, cy pour la portion concernant un four * . . . . 179. liv. 4. f.

Total de la dépenfe pour chaque four . . 3265. liv. 14. f.

Si l'armée change cinq ou fix fois de pofition pendant une campagne, & que l'on foit obligé de conftruire à chaque fois des fours maffifs, ou avec des ceintres, fuppofant même que l'on puiffe avoir aifément de la brique, de la thuille, & les autres matériaux néceffaires, & pareillement du bois pour la recuiffon. Chacun coutera au Roy pour chaque établiffement 5. à 600. liv. au moins, ce qui fait pour un four à 500. livres feulement pendant cinq differens établiffemens . . . . . . 2500. liv.

Pour la conftruction des fours maffifs, l'on entretient pendant la campagne, à la fuite de l'armée, par une précaution d'ufage, au moins 24. maçons, & 48. manœuvres. La folde de ces ouvriers fe paye à raifon de 40. f. par jour, pour chaque maçon, & 25. f. pour chaque manœuvre; ce qui monte par proportion pour la conftruction d'un four, lequel occupe deux maçons, & quatre manœuvres, fur le pied de 9. liv. par jour l'un dans l'autre, pendant les 184. jours de campagne, à . . 1656. liv.

} 4156.

Bénéfice en préférant un four roulant à un four maffif . . } 890. liv. 6. f.

Mais ce bénéfice, plus ou moins fort, ne mérite aucune confidération, il faut feulement avoir égard aux avantages & à la certitude du fervice, prompt, aifé, & en toute pofition. D'ailleurs un four roulant, on le

---

* 2. garçons ferruriers, à 40. f. de folde, pendant 199. jours, ci, . . 1592. l. Ferraille, pour l'entretien, à 20 l. par four, ci pour 10 fours, . 200. l.

Tот. 1792. l.

repéte, produit dans les trois premiers jours de l'établissement d'un camp . . . . . .   9000. ℞.

Et le four maffif, à caufe de la conftruction & recuiffon, n'en produit, dans les mêmes trois jours, que . . . .   3000.

Avantage que le four de fer a fur le maffif.   6000. ℞.

Il eft vrai que par la fuite, le four maffif, & le four de fer roulant, produiront également 3000. rations en 24 heures; mais il faut ajouter, qu'en fe fervant des fours roulans, l'on ne feroit pas obligé d'aller chercher tous les quatre jours, le pain de munition dans des travaux éloignés, & de commander des efcortes, pour la fûreté des équipages des vivres, qui envoyent ce pain jufqu'au quartier général où fe fait la diftribution. Et les fours roulans étant établis dans le quartier général même, l'on pourroit diminuer d'un quart les équipages des vivres.

Ainfi la dépenfe des fours roulans, feroit de toute maniere infiniment moins difpendieufe pour le Roy, & d'un fervice plus fûr, à tout événement, dans quelque camp, & dans quelque marche que ce foit, que les fours maffifs. *

*REMARQUE.

Les chefs aux travaux, & quelqu'autres gens des vivres, pourront critiquer cette nouveauté, parce que la conftruction des fours maffifs & les décampemens précipités, leur occafionne des bénéfices, qu'ils fçavent mettre à la charge de Sa Majefté.

Application de l'ufage des fours roulans, au chapitre V. concernant la route des troupes auxiliaires.

Suivant la preuve que je viens d'établir, de l'avantage qu'ont les fours de fer roulans, fur les fours maffifs, je confeille aux munitionnaires, chargés de la fubfiftance d'une armée auxiliaire, fuivant l'hypothéfe expliquée aux chapitres IV. & V. troifiéme fection de la premiere partie, de ne point fuivre ce que j'ai dit, au fujet de l'établiffement des travaux, dans les lieux de féjours d'une route.

La marche de chaque colonne, pour fe rendre à 72. lieues de nos frontiéres, feroit de 30. jours, y compris 10. jours de féjour, cha-

que jour de marche, à quatre lieues par jour, pendant trois jours de
fuite, & deux jours de féjour.

Ainſi chaque diviſion, en partant de nos frontiéres, y recevra
pour quatre jours de ſubſiſtance, ſur le pied de 7000. rations par jour
pour 5000. ſoldats, officiers, employés, boulangers, bouchers &
charretiers, ce qui fait 35000. rations, fabriquées dans chaque ſé-
jour.

Les 35000. rations ſeront produites de 195. facs moins $\frac{1}{9}$.

Pour cuire en 24. heures 35000. rations, il faudroit 12. fours, à
raiſon de 300. rations par chacun; mais comme chaque féjour feroît
de 48. heures, chaque four peut cuire pendant 36. heures : ainſi il ne
faudroit que 8. fours roulans pour chaque diviſion.

Partant, il faudroit pendant 30. jours de marche & de féjour,
892. facs d'approviſionnement, pour les quatre diviſions dans chaque féjour ; mais comme dans le pénultiéme féjour, chaque diviſion
ne prendroit que pour trois jours de marche, attendu qu'à ſon arrivée au rendez-vous général, à 72. lieues de nos frontiéres, le pain
lui feroit diſtribué, il faut déduire deux jours de ſubſiſtance, montant à 14000. rations pour chaque diviſion, faifant 83. facs $\frac{1}{6}$, ainſi
il ne faudroit ſe précautionner pour chacune, que de 112. facs feulement, dans ce pénultiéme féjour; faifant pour les quatre diviſions
448. facs, au moyen dequoi le total des approviſionnemens, dans les
quatre premiers féjours, & dont le cinquiéme & dernier, feroit de
4016. facs, pour toute la route.

Les achats ſe doivent faire, ſuivant ce que j'ai dit au chapitre IV.
par des correſpondans ſûrs : & l'on doit envoyer quinze jours ou trois
femaines, avant le départ de la premiere colonne, des commis intelligens, pour faire moudre, préparer le bois pour la cuiſſon du pain,
l'avoine & le foin pour la cavalerie, & les équipages.

Suivant ce qui eſt dit au chapitre V. ſur le nombre d'équipages,
mis ſur pied, pour le ſervice de l'armée auxiliaire de 20000. hommes : il y a 180. voitures, qu'il faut partager également entre les 4.
diviſions, ce fera pour chacune 45. ainſi, au moyen des fours roulans, chaque diviſion pourra partir à deux jours l'une de l'autre, &
tout le corps d'armée être réuni au rendez-vous général, à 72. lieues
de nos frontiéres, le trente-fixiéme jour du départ de la premiere
colonne.

CHAPITRE VI.

Memoire sur l'érection d'un corps perpétuel de vivriers, pour le service aux armées & aux garnisons.

CE n'est pas assez, d'avoir démontré la maniere de bien faire le service des vivres & des fourages, il faut encore en rendre l'administration perpetuellement solide, par l'établissement d'un corps toujours subsistant de munitionnaires & de commis, qui, par un continuel éxercice, l'espérance des grades, l'augmentation des appointemens, & même des pensions, après vingt ans de service, puissent dans tous les tems, & en tous lieux, remplir entiérement l'harmonie des principes ci-devant établis ; ce qu'on ne peut jamais espérer des munitionnaires & des commis passagers, qu'on n'employe que lors de la guerre, souvent interrompue par plusieurs années de paix, pendant laquelle ceux qui ont acquis quelques légeres expériences, meurent, ou prennent d'autres partis; ou, qui en temps de guerre, changent ainsi que les munitionnaires, presque annuellement, sans avoir assez géré, pour apprendre, ou corriger les écarts qu'ils font. Ils considérent, la plûpart, la matiere des vivres, comme une simple affaire de finance : ils l'entreprennent, sans en avoir la moindre notion. Voici un plan, pour ériger un corps de vivriers perpétuels, il a eu des approbateurs.

Memoire pour l'établissement d'un corps toujours subsistant de généraux des vivres & fourages, pour la subsistance des troupes des garnisons & armées.

LA force de l'usage, & la forte de respect que l'on a pour lui, servent souvent à autoriser les abus qui se sont établis à sa faveur; & sous prétexte de ne pas changer le cours ordinaire des choses, l'on se refuse même à l'éxamen de découvertes heureuses, qui pourroient être d'une *utilité extrême*.

Tout ce qui ressent la nouveauté rébute souvent, & l'on a raison de s'en méfier, parce qu'il eft affez ordinaire de voir échouer, dans l'éxécution, de nouveaux fyftêmes qui ont d'abord ébloui.

Depuis cent ans, l'art & la difcipline militaire fe font bien perfectionnés.

L'on a formé des régimens toujours fubfiftans, un corps d'ingénieurs, un corps d'artillerie : il nous manque un corps fubfiftant de munitionnaires des vivres & fourages.

Ce n'eft pas que les miniftres de la guerre ne l'ayent jugé néceffaire ; mais perfonne au fait de la matiere des vivres, ne s'eft ingéré d'en donner le plan, & l'on a toujours fuivi l'ufage établi en 1574. des adjudications & des marchés, à des compagnies qui fe font préfentées pour entreprendre, où la plus baffe offrante, & la plus protégée, a toujours été préférée, fans trop s'attacher à la capacité & au crédit de ceux qui la compofoient.

Il femble que rien ne foit plus aifé, que d'être munitionnaire, parce qu'il ne s'agit au fond que de fournir du bon pain, & que les boulangers des villes s'en acquittent envers le public, l'entreprife eft cependant bien confidérable & d'un détail infini. Il faut de grandes parties dans ceux qui en font chargés, quoique, (comme on vient de l'obferver,) le but effentiel ne foit, que de faire ce que font tous les jours de vils artifans ; il y a bien des chofes difficiles, avant de parvenir à ce but dans les armées.

Il faut avoir des provifions confidérables, & ne fe fervir que le plus tard qu'on peut de celles où s'affemblent les armées ; il faut les laiffer fcrupuleufement pour la fubfiftance des peuples, & pour une derniere reffource, ou lorfqu'il n'eft plus poffible d'en avoir d'ailleurs. Il feroit bon même d'en tirer des ennemis pour conferver toujours chez foi l'abondance, & opérer chez eux la difette : Il convient cependant de ne fe fervir de cette reffource qu'après en avoir bien éxaminé les conféquences ; car, fi d'un côté, on fe procure des grains, d'un autre, on diminue les finances du royaume en augmentant celles des étrangers : ainfi l'avantage eft balancé par un inconvénient.

Il ne fuffit pas d'avoir amaffé des bleds dans divers provinces intérieures du royaume, il faut les faire voiturer dans les magafins des frontieres, ou par eau, ou par terre, ou par mer : effuyer les rifques du tranfport, des entrepôts, & l'avidité de ceux qui les livrent & qui les reçoivent ; il faut convertir ces bleds en farines, veiller à leur confervation, jufqu'à ce qu'on les mette en œuvre, il faut avoir du treillis pour faire des facs, il faut amaffer du bois pour cuire le pain, faire conftruire des fours, les garnir auffi-bien que les magafins de toutes fortes d'uftenfiles : Enfin pour tranfporter le pain dans les camps, il faut lever un grand nombre de chevaux ou de mulets, faire faire des chariots, des harnois, entretenir beaucoup de commis, de chartiers, d'ouvriers; & pour la subfiftance des équipages, il faut avoir de gros amas de fourages & d'avoine : Voilà le plan d'un édifice confidérable; mais quoique l'on fuppofe les matériaux placés dans les lieux ordonnés pour édifier, ils font cependant difperfés dans les différentes places du royaume de la premiere, feconde, & troifiéme ligne, au pouvoir d'un nombre infini de commis, fur l'intelligence & la probité defquels on eft obligé de fe repofer, la plûpart ignorans, infideles, & prefque tous auffi indociles aux ordres de leurs fupérieurs qu'incapables de commander à ceux qui leur font fubordonnés.

Obfervons à préfent fi ceux aufquels on confie la conduite de ces grandes opérations, & qu'on appelle munitionnaires, font eux-mêmes, en général, capables de les conduire, & d'en faire mouvoir avec harmonie toutes les parties convenablement & relativement à la volonté du Roy, des généraux, & des miniftres.

Lorfque la Cour préyoit une guerre prochaine, s'il n'y a pas de magafins de formés, les miniftres font faire des approvifionnemens. Si l'irruption eft douteufe, ils fe contentent de traiter avec des particuliers pour remettre dans les places frontieres une quantité de bled proportionnée au corps de troupes qu'on a deffein d'affembler, & d'en faire convertir une partie en farines : ils donnent la garde de ces grains à des particuliers ou aux magiftrats des villes, à certaines conditions qui varient felon les cas.

Si la guerre eft affurée, les miniftres reçoivent les propofitions des compagnies qui fe préfentent pour entreprendre la fourniture du pain de munition, & la levée & l'entretien des chevaux, ou des mulets, & des équipages néceffaires pour ce fervice.

Il y a bien du choix à faire dans les compagnies; les unes font paffablement bien compofées, les autres font mal afforties, & enfin une troifiéme efpéce, n'a ni le talent, ni le crédit convenable.

Les gens d'affaires ne font pas difficiles à trouver, le défir de faire fortune, par toutes fortes de voyes directes ou obliques, eft une paffion qui faifit particuliérement les hommes nouveaux, dont l'ambition eft de s'enrichir, & de s'élever, n'importe par où, ni comment.

Ils n'envifagent, pour l'ordinaire, ni le vrai intérêt de l'état, ni les inconvéniens d'une entreprife, le gain eft l'unique objet où ils portent leurs vûes, & ils n'apperçoivent pas l'embarras qui l'environne; à les entendre, une pareille entreprife n'eft qu'un jeu : Quelle difficulté, difent la plûpart, d'acheter des bleds, de les faire moudre, d'en faire du pain, & de le diftribuer aux troupes ? Mais un miniftre

niftre dont les vûes font fupérieures, ne penfe pas comme eux : Il eft perfuadé que pour être munitionnaire il faut avoir de l'acquit dans le fervice, avoir vû, & avoir mis la main à l'œuvre plus d'une fois ; connoître l'intérieur du royaume & les frontieres, & même les pays des puiffances qui les environnent ; entendre le commerce, la finance, & les comptes ; avoir de bons correfpondans tant au-dedans qu'au dehors de la France, pour, dans l'occafion, en tirer des fecours.

Ce font ces talens réunis qui conftituent le vrai munitionnaire ; mais un tel homme, ou même une compagnie compofée de plufieurs affociés, qui, par leur intelligence particuliere pour chaque objet, puiffent former ce tout, eft une chofe bien difficile à trouver à préfent qu'il n'en refte prefque plus qui ayent operé pendant plufieurs campagnes dans le tumulte des grandes armées, ou qui ayent rempli la jufte idée que j'ai donné, dans la premiere partie de ce traité, du parfait munitionnaire.

Dans le tems des anciennes guerres, lorfqu'une même compagnie a fubfifté plufieurs années, elle s'eft plus éxactement, & avec moins de dépenfe, acquittée du fervice, parce que les munitionnaires ont fucceffivement rectifié les erreurs où ils étoient tombés, & que l'expérience leur a fait appercevoir : leurs commis, devenus plus habiles, fe font rendus plus capables par un plus grand ufage.

Lorfque les compagnies changent, comme cela arrive ordinairement, avant que les nouveaux munitionnaires ayent repris les derniers erremens, & foient arrivés où les autres étoient parvenus, ils font bien des écarts, de même que les principaux employés fubftitués à la place de ceux que les anciens gardent pour la fuite de leurs affaires : Ainfi, quoiqu'il foit plus fûr d'avoir de bons munitionnaires pendant une guerre continue, le changement de compagnie eft toujours préjudiciable au fervice, & s'oppofe à l'élévation de bons fujets qu'on déplace pour fubftituer fouvent des ignorans protégés, incapables d'atteindre à la perfection de leur état.

L'artillerie & le génie, avant le régne de Louis XIV. n'étoient point incorporés ; lors de l'attaque & de la défenfe d'une place, l'on recherchoit les hommes propres à chaque talent particulier dont ces corps font compofés ; après l'expédition ils fe difperfoient, il n'y avoit ni école ni émulation ; la perfection de ces deux parties militaires a pour époque la réunion perpétuelle des membres divifés ; & cette réunion a été très-utile à l'état, & a formé de grands hommes.

Je propofe donc, pour affurer le fervice des vivres, de former de bons munitionnaires, & d'habiles commis, d'ériger un corps perpétuel de vivriers, lequel feroit auffi chargé des fourages.

De compofer ce corps d'un général, quatre direĉteurs généraux à l'armée, quatre infpeĉteurs généraux des départemens, un controlleur aux achats & emplacemens, un controlleur des caiffes de provinces & de Paris, un controlleur pour les équipages, & un controlleur pour les fourages, chacun defquels feroit breveté, & auroit la qualité d'écuyer confeiller du Roy, général des vivres des camps & armées de Sa Majefté.

Ils feroient exempts de toutes taxes & recherches de la chambre de juftice, pour raifon de leur fervice & adminiftration; ils auroient leur caufes particulieres commifes aux requêtes de l'hôtel & du palais, excepté pour ce qui concerneroit les vivres & les fourages dont les inftances feroient portées, fuivant l'ufage, devant un bureau du confeil.

Pour former des fujets capables de remplir les différens emplois des vivres, les généraux feroient tenus d'entretenir, en temps de paix comme en temps de guerre, les commis fixés par l'état ci-joint, lefquels, étant toujours en éxercice, inftruiroient & conduiroient ceux qu'il conviendroit d'augmenter proportionnément au nombre & à la force des armées.

Le général des vivres feroit le chef de ce corps; il auroit dans les affemblées deux voix délibératives; chacun des autres généraux en auroit une: ce feroit lui qui recevroit les ordres de la cour, & qui les feroit éxécuter par fa compagnie, fans être obligé de lui communiquer ce que les miniftres lui auroient confié fous le fecret; & en cas qu'il devînt indifpofé, ce feroit le premier direĉteur qui préfideroit.

Chaque direĉteur général auroit fon département affeĉté; le premier, la Flandre; le fecond, l'Allemagne; le troifiéme, le Dauphiné, & au-delà des Alpes; & le quatriéme, les frontieres d'Efpagne, & au-delà des Pyrennées; les infpeĉteurs fuivroient cette gradation, & il y auroit entr'eux préféance, felon l'ordre ci-deffus; enforte que dans les affemblées, en cas de maladies ou d'abfence du général des vivres, le direĉteur général des vivres de Flandres préfideroit; à fon défaut celui d'Allemagne, & ainfi de fuite.

J'affeĉte un département diftinĉt & conftant à chaque direĉteur, pour qu'il s'en faffe une étude, & qu'il puiffe le connoître topographiquement, qu'il s'acquiert, par de fréquentes tournées, une parfaite connoiffance des rivieres, des canaux, des ports, des chemins & des routes particulieres pour fervir à faire les convois, & même à dérober des marches & faire des tranfports en fûreté; qu'il foit informé des prairies, des marchés, des greniers, des magafins, des fours, des moulins, & de la capacité de chacun, qu'il en connoisse avec précision les distances; qu'il n'ignore pas les différens poids & mesures, & le rapport qu'ils ont avec la livre de seize onces, & avec le boisseau de Paris; qu'il se fasse des habitudes avec les amodiateurs, censiers, fermiers & autres gens du pays qui font commerce de bleds d'avoine, & de foin, afin que dans une occasion pressante, il puisse rassembler secrettement, & avec une extrême promptitude, la subsistance d'une armée, & qu'il soit toujours en état de satisfaire pleinement les ministres & les généraux, lorsqu'ils lui confieront un projet. Il ne doit pas borner ses connoissances à nos frontieres, il convient qu'il porte ses vûes jusques dans les pays étrangers : ainsi les quatre directeurs, ayant réuni ensemble leurs lumiéres, donneroient toujours une notion parfaite des quatre parties du Royaume, en ce qui concerne le service des vivres & des fourages.

Ce que je viens de dire des directeurs généraux regarde aussi les inspecteurs, puisqu'ils seroient leurs substituts, & qu'ils les remplaceroient.

Les controlleurs seroient rapporteurs de la matiere qui leur est affectée, & des comptes qui la concerne, & en l'abscence de tous les directeurs & inspecteurs, en cas de guerre, ils présideroient par droit d'ancienneté suivant l'ordre du tableau.

Chaque inspecteur seroit subordonné à son directeur général à l'armée; si ce dernier étoit attaqué de maladie, il en feroit les fonctions; & en cas de mort, il le remplaceroit de plein droit, au moyen de quoi le directeur du bureau de Paris, qui remplaceroit le décedé, deviendroit dernier controlleur général, & le droit d'ancienneté seroit régulierement observé; ainsi le général des vivres venant à manquer, par mort ou autrement, seroit remplacé par le directeur général qui auroit le département de Flandres, ce dernier par l'inspecteur de son département, ce qui acquiereroit un grade au premier controlleur, & ainsi de suite. Le directeur de Paris seroit remplacé par le plus ancien directeur des départemens, & la place de celui-ci seroit donnée au plus ancien dépositaire ou oyant-compte, &c.

Les directeurs, dépositaires, oyans-comptes, gardes-magasins, chefs aux travaux, & autres employés, ne pourroient être admis dans ces différens emplois s'ils n'étoient de famille honorable, afin d'effacer le mépris, préjudiciable au service, que les officiers militaires ont pour ceux qui, jusqu'à présent, ont rempli ces différens emplois : A l'égard des capitaines, conducteurs, & autres gens servans dans les charrois, comme la connoissance des chevaux, mulets,

V ij

équipages, & tout ce qui a rapport aux voitures, fe trouvent com-
munément dans les fils de laboureurs & artifans, qui font forts &
robuftes, & accoutumés à la peine, ces fortes d'emplois feront
remplis par eux, pourvû qu'ils fçachent écrire & chiffrer; mais tous
gens de livrée, valets de chambre, & autres domeftiques en feront
exclus, parce que la vie oifive dans laquelle ils fe font accoutumés,
les rend incapables de la force & de l'activité qu'éxige le fervice
des équipages.

Les généraux des vivres, les directeurs, tréforiers & autres employés au fervice, étant réputés du corps militaire, ne pourront
s'intéreffer directement ni indirectement dans aucune affaire, traité
ni marché de quelque nature que ce puiffe être, concernant le fervice des vivres & des fourages, ou traité de finance, à peine, fçavoir, les généraux des vivres, d'être caffés, & les employés d'être
révoqués, fans efpoir de pouvoir jamais rentrer dans le corps.

Les généraux des vivres feroient les achats de bleds néceffaires
pour la fourniture du pain, fuivant l'état du Roy qui leur feroit remis, & rendroient compte, au prix coutant, de l'achat du bled &
de la voiture devant les intendans, & pour la commiffion, il leur feroit paffé 15. fols par fac de 200. livres de bled, 10. fols par fac de
12. boiffeaux d'avoine, achetés par eux ou leurs prépofés, 5. fols
feulement pour les bleds qu'ils pourroient recevoir d'impofitions ou
confifcations, & 3. fols par fac d'avoine en pareil cas; & cette commiffion feroit employée en dépenfe dans le compte général qu'ils
rendroient par-devant le miniftre de la guerre, fur les comptes particuliers arrêtés aux intendances.

Il feroit réglé un prix fixe, invariable, & commun dans tous les
départemens, pour la manutention du pain de munition; celui de
garnifon à raifon de 6. deniers $\frac{2}{3}$. par ration de 24. onces, ou 5. liv.
par fac de 200. livres (*a*); celui de campagnes fur le pied de 12. d.
feulement, ou 9. livres par fac; la ration de bifcuit de 18. onces à
raifon de 16. deniers; la ration complette des fourages à 12. de-
niers(*b*).

Au moyen de ces différens prix fixés pour droit de commiffion &
de manutention, les généraux des vivres feroient tenus de tous les
frais de facs, de mouture, cuiffon, diftribution, achats & entretien
d'uftenfiles, appointemens des employés, ouvriers & journaliers,

(*a*) On verra par la fuite la raifon de cette fixation, à 5. livres, au lieu de 4.
livres 10. fols.

(*b*) Pour s'affurer de ces différens prix, il faut former un état de ceux qui
ont été donnés aux munitionnaires, pendant dix années de guerre, & prendre
le prix commun des dix années.

attachés au corps des vivres ; remuages, criblages des grains & farines, déchets de magafins, & de tous les frais de quelque dénomination que ce puiffe être, excepté des pertes caufées par force majeure, qui font toujours à la charge de Sa Majefté.

Lorfque des emplacemens d'effets feront faits fuivant l'état de la cour, fi le miniftre ou les généraux d'armée les font tranfporter dans d'autres places, les frais feront, fuivant l'ufage, à la charge de Sa Majefté.

A l'égard des chevaux ou mulets que les généraux des vivres feroient obligés de lever & entretenir pour le tranfport du pain dans les camps, la folde leur en feroit payée dans tous les temps à raifon de 40. fols par chaque cheval, & 35. fols par chaque mulet, juftifiant en la maniere accoutumée, du nombre effectif par les revues ; & lorfque la totalité ou partie des chevaux ou mulets feroit refervée pendant l'hiver par ordre du miniftre, les généraux des vivres en recevroient la demie folde (a).

Un embarras que les miniftres ont toujours en temps de paix, eft de traiter folidement de la fourniture des fourages ; il fe préfente une foulle de propofans appuyés par des protections refpectables ; dans le nombre de ces propofans, la plus grande partie n'a aucune connoiffance de l'entreprife qu'ils veulent faire ; prefque tous n'ont aucun fond d'avance, & n'en appuyent l'exécution que fur le crédit que le titre d'entrepreneur leur acquiert, ou fur les fonds du Roi, dont ils commencent à s'approprier une partie à compte du bénéfice qu'ils efperent, & c'eft le premier calcul qu'ils font : ou ils fous-traitent avec bénéfice, & leurs fous-traitans fous-traitent encore ; de-là vient que le fervice fe fait fouvent très-mal, parce que le dernier fous-traitant ayant un très-bas prix, & n'étant pas en état de fe pourvoir d'effets pour bien fonder fes magafins, ne va qu'au jour la journée, & n'achette que la denrée la plus médiocre pour trouver plus de bénéfice. Cela fait que le fervice eft toujours chancelant, qu'il manque quelques fois, que les troupes fe plaignent, & que les intendans font obligés d'y fuppléer, ou par des impofitions, ou par régie ; fouvent l'on a vû de ces entrepreneurs abandonner leur entreprife, & s'échapper à la pourfuite des particuliers qui leur ont prêté de l'argent, ou confié des denrées ; d'autres qui s'acquittent un peu mieux de leur fourniture, embarraffent encore le miniftre par des demandes en indemnités, quoique les prix ayent été bons, & que le défavantage de

____

(a) Si le Roy donnoit un corps de troupes auxiliaires à une puiffance alliée, le miniftre auroit égard à l'augmentation de dépenfe, que pourroit opérer la fortie du Royaume, la différence de l'efpéce, & les difficultés du fervice en pays étranger, éxcepté en Italie.

leur adminiftration, n'ait eu d'autres origines que leur défaut d'expérience & de précautions; enfin, lors des adjudications de l'année fuivante, ces mêmes entrepreneurs, ou des afpirans de la même catégo-
rie, font des propofitions à des prix plus forts, il arrive fouvent que
l'on y a égard, qu'on leur accorde ce qu'ils demandent, & par-là, l'on
tombe dans le même inconvénient que l'on a effuyé l'exercice précédent; toutes ces chofes n'arriveroient plus, fi l'établiffement pro-
profé avoit lieu, parce que les généraux des vivres auroient toujours des magafins pour un an ou deux à l'avance, comme je l'ai vû
dans le temps des guerres de Louis XIV. & que dans le plat pays
ils feroient avec des entrepreneurs folvables des marchés à longues
années. Revenons au projet.

Les généraux des vivres feroient dépofitaires des grains, que Sa
Majefté auroit en referve, au moyen de 5. fols par fac de bled, & 3.
fols par fac d'avoine par année; & ils feroient tenus de rendre, ou de
repréfenter les mêmes emplaçemens en pareille quantité & qualité,
toutes les fois que la Cour le jugeroit à propos; enforte qu'ils ne pourroient, fous aucun prétexte, alterer cette quantité; mais il leur feroit
permis, en temps de paix, d'en difpofer annuellement d'un tiers pour
les renouveller, & cette permiffion leur feroit accordée par le miniftre, par un ordre exprès qui leur fixeroit la vente ou le prêt, depuis le mois de Janvier jufqu'à la fin de Juin, & le remplacement
depuis le mois de Septembre jufqu'au dernier Décembre.

Sa Majefté feroit fournir le pain de munition & le fourage à toutes fes troupes d'infanterie, cavalerie & dragons dans tous les temps,
comme cela fe fait dans quelques états voifins, & la retenue à l'égard
du pain fe feroit toujours, fuivant l'ufage fur la folde à raifon de 2. fols
par ration pour l'effectif; & au prix coutant de la matiere & de la
manutention ci-deffus fixés, pour les rations excédentes aux revues.

Le Roy feroit fond aux généraux des vivres pour les dépenfes qui
leur feroient ordonnées: & dans le cas où ils feroient obligés de faire
des avances & des emprunts pour le Roy, Sa Majefté leur en payeroit les intérêts jufqu'au parfait rembourfement.

Les généraux des vivres compteroient par état devant les intendans, mois par mois, tant de la fourniture du pain, de celle des
fourages, que des achats de grains qui feroient faits dans leur département. Et fix mois après lefdites fournitures faites, les généraux des
vivres feroient tenus de préfenter le compte général pardevant le miniftre de la guerre.

A l'égard des fournitures à l'armée, folde & entretien des équipages
& autres dépenfes, concernant le fervice dont les états feroient arrêtés
à l'intendance de l'armée, fix mois après la fin de la campagne, les

généraux des vivres en préfenteroient le compte au miniftre de la guerre au plus tard, dans l'année qui fuivroit la campagne concernant ce compte.

Les généraux des vivres feroient obligés d'avoir toujours au moins pour dix-huit mois de provifions en fourages dans chaque département où l'on met ordinairement de la cavalerie, afin d'affurer la fourniture, & n'être pas obligé d'avoir recours à des impofitions dans les temps de difette , ou en cas d'une guerre imprévûe.

Par l'érabliffement que l'on propofe , on préviendroit le fur-hauffement du prix des denrées , tant à l'approche d'une guerre , que pendant fon cours: l'on feroit éxempt d'envoyer des commis aux achats dans les provinces pour raffembler les quantités néceffaires ; ces commis aux achats operent toujours de l'altération dans les marchés, & l'augmentation des prix dans les greniers ; les généraux des vivres par leurs commis ou leurs correfpondans dans chaque province , fe pourvoiroient aifément & fans bruit, de tout ce qui feroit néceffaire , d'où il s'enfuivroit abfolument une égalité fur la valeur des denrées en général , parce qu'ayant toujours des fonds de magafins , & des gens affidés pour pourvoir à l'entretien , les levées les plus confidérables fe feroient, fans que le public s'en apperçût.

Lorfque les munitionnaires paffagers font leur propofition au miniftre pour l'entreprife d'une campagne , ils mettent en pure perte les facs pour les bleds & pour les avoines : ils confiderent comme perdus , les chevaux , les charrettes, les harnois, & la totalité des uftenciles : c'eft fur ce fondement qu'ils font leur calcul, & ils font fondés en raifon, d'autant qu'à la fin de leur fervice , les munitionnaires fubfequents ne fe chargent de toutes ces chofes que fur le pied de l'eftimation , laquelle eft toujours de trois quarts au-deffous du prix coûtant; ainfi la perte fur le prix des facs, dont le nombre eft confidérable , joint à celle fur les charrettes , les chevaux, les équipages, & les uftenciles, influant fur le prix de la ration de pain & de la folde des chevaux, c'eft le Roy feul qui en fouffre , ce qui n'arriveroit pas, fi l'érection du corps de vivre avoit lieu : ces mêmes facs, les charrettes, les harnois, & uftenciles, ferviroient plufieurs années de fuite, parce qu'on les fabriqueroit avec plus de foins, de précaution & de meilleure matiere; & les chevaux mieux panfés , mieux nourris fubfifteroient pendant plufieurs campagnes.

L'on a vû varier le prix de la ration de pain fournie aux armées depuis 22 deniers, jufqu'à 70. deniers; la principale caufe venoit bien plus du changement de munitionnaires, du défaut de précaution, ou d'une mauvaife adminiftration, que de la difette de grain.

En 1709. par éxemple , le fervice des vivres coûta infiniment au

Roy, par la feule raifon que les munitionnaires n'auroient pas eu
l'attention de fatisfaire, avant la mémorable gélée du 6e. Janvier,
aux emplacemens qui leur avoient été ordonnés dès le mois d'Octobre de l'année précédente. Les achats forcés qu'il fallut faire pour
réparer cette négligence (qui eft un vrai crime d'état) exhaufferent
extrêmément les prix, & opererent la mifere publique; il eft fen-
fible que les généraux des vivres préviendroient ces inconvéniens,
& que l'égalité du prix des grains, jointe à ce que la perte des facs,
équipages, harnois, & uftenciles, ne feroient pas à beaucoup près
fi confidérables ; la dépenfe pour Sa Majefté feroit bien moindre,
que ce qu'elle lui coute ordinairement entre les mains de munitionnaires paffagers, fans compter les indemnités qu'on leur accorde.

Les directeurs des départemens qui recevroient de 8. en 8. jours
les copies des journaux des gardes-magafins, en formeroient un
état dont il feroit fait deux expéditions, l'une qu'ils remettroient à
l'intendant du département, l'autre qu'ils adrefferoient aux généraux
des vivres; & de tous ces états des départemens, il en feroit formé
un général pour remettre au miniftre, par le moyen duquel il feroit
toujours informé au vrai de la confommation, & de la force des
magafins.

Les généraux des vivres éxécuteroient & feroient éxécuter de
point en point l'ordonnance du Roy pour la police des vivres, & ils
feroient eux-mêmes foumis aux peines y portées, en cas de contravention. Ils feroient pareillement fuivre les principes de l'adminiftration, & les inftructions deftinées à chaque employé, dont la premiere
& feconde partie de ce traité font remplies.

Les comptes des fourniffeurs, tréforiers, gardes-magafins, & autres comptables qui feroient arrêtés par les directeurs des départemens, ou par celui de Paris, feroient revûs & corrigés par les généraux des vivres ; mais fi les comptables prétendoient être lézés, le
jugement de la conteftation feroit porté devant un bureau des commiffaires du confeil, à l'exclufion de toutes autres jurifdictions : ce
bureau a été établi par Louis XIV.

Les directeurs & les prépofés en chef dans chaque département,
informeroient les généraux des vivres du prix jufte des gros fruits chaque jour de marché, pour que ceux-ci puiffent en former un total
des départemens, & le préfenter de huit en huitaine, ou de quinze en
quinzaine au miniftre.

Le compte à rendre à la chambre des comptes, feroit préfenté dans
la forme ordinaire par les généraux des vivres.

ETAT

ETAT des directeurs, trésoriers, gardes-magasins, & autres employés , qui composeroient le corps perpétuel des vivres, & dont les appointemens en temps de paix, seroient fixés comme ci-après, sauf à être augmentés de moitié en sus, dans les places frontiéres des premiéres, secondes & troisiémes lignes en tems de guerre, à cause de l'augmentation de travail, & des soins plus pénibles, que la vivacité du service éxige.

SÇAVOIR, PAR MOIS.

FLANDRES...
Un directeur, ...200.#
Un premier commis dépositaire, ...120.#
Un second commis oyant-compte, faisant la fonction de trésorier, pendant la paix, ...120.#

Gardes-magasins...
A l'Isle,. . . . . . .100.#
A Doüay, ...100.#
A Cambray, ...100.#
A Dunkerque,. . .100.#

.840.

ARTOIS ET PICARDIE,
Un directeur, ...200.#
Un premier commis, . . . 120.#
Un second commis, . . . 120.#

Gardes-magasins...
A Arras, ...100.#
A St. Omer, ...100.#
A Calais , ...100.#
A Amiens, ...100.#

.840.#

HAYNAULT..
Un directeur, ...200.#
Un premier commis, . . . 120.#
Un second commis, . . . 120.#

Gardes-magasins...
A Valenciennes,. . .100.#
A Maubeuge, . . . 100.#
A Landrecy, . . . 100.#
Au Quesnois, . . . 100.#
A Avesnes, ... 100.#

.940.#

X

2620.#

De l'autre part ;   .   .   .   2620.^{tt}

CHAMPAGNE... {
Un directeur,	. . .	200.^{tt}
Un premier commis,	. . .	120.^{tt}
Un second commis,	. . .	120.^{tt}
Gardes-magasins....	A Sedan,	100.^{tt}
	A Mezieres ET Charleville,	100.^{tt}

} . 640.^{tt}

EVESCHEZ... {
Un directeur,	. . .	200.^{tt}
Un premier commis,	. . .	120.^{tt}
Un second commis,	. . .	120.^{tt}
Gardes-magasins....	A Metz,	100.^{tt}
	A Longwy,	100.^{tt}
	A Thionville,	100.^{tt}
	A Sarrelouis,	100.^{tt}

} . 840.^{tt}

ALSACE.... {
Un directeur,	. . .	200.^{tt}
Un premier commis,	. . .	120.^{tt}
Un second commis,	. . .	120.^{tt}
Gardes-magasins....	A Strasbourg,	100.^{tt}
	A Betford,	100.^{tt}
	A Huningue,	100.^{tt}
	A Schelestat,	100.^{tt}
	A Fort-Louis,	100.^{tt}
	A Vissembourg,	100.^{tt}
	A Landau,	100.^{tt}

} .1140.^{tt}

FRANCHE-COMTE'. {
Un directeur,	. . .	200.^{tt}
Un premier commis,	. . .	120.^{tt}
Un second commis,	. . .	120.^{tt}
Gardes-magasins....	A Besançon,	100.^{tt}
	A Vesoul,	100.^{tt}

} . 640.^{tt}

5880.^{tt}

	Ci-contre,		5880.

Dauphiné et Lyon.	Un directeur, . . . 200.^{tt} Un premier commis, . . . 120.^{tt} Un second commis, . . . 120.^{tt}		940.^{tt}
	Gardes-magasins.....	A Grenoble, . . . 100.^{tt} A Briançon, . . . 100.^{tt} A Mont Dauphin,. 100.^{tt} A Ambrun, . . . 100.^{tt} A Lyon, . . . 100.^{tt}	

Roussillon...	Un directeur, . . . 200.^{tt} Un premier commis, . . . 120.^{tt} Un second commis, . . . 120.^{tt}		740.^{tt}
	Gardes-magasins.....	A Perpignan, . . 100.^{tt} A Collioure, . . . 100.^{tt} A Canet, . . . 100.^{tt}	

Languedoc...	Un Directeur, . . . 200.^{tt} Un premier commis, . . . 120.^{tt} Un second commis, . . . 120.^{tt}		740.^{tt}
	Gardes-magasins.....	A Agde, . . . 100.^{tt} A Beziers, . . . 100.^{tt} A Narbonne, . . . 100.^{tt}	

Navarre...	Un directeur, . . . 200.^{tt} Un premier commis, . . . 120.^{tt} Un second commis, . . . 120.^{tt}		640.^{tt}
	Gardes-magasins.....	A Bayonne, . . . 100.^{tt} A Pau, . . . 100.^{tt}	

$$\overline{\qquad\qquad}$$

8940.^{tt}

De l'autre part, • • •   8940.ᵗ

Préposés pour le service, & de la correspon-

dance dans les départemens ci-après.

<table>
<tr><td>Nota. Il convient que les préposés, & commis dépositaires soient exempts de tailles, de logement de gens de guerre, & de charges publiques.</td><td></td></tr>
</table>

PROVENCE...	{ Un préposé, ⸱ ⸱ ⸱ 120.ᵗ } ⸱ ⸱ 180.ᵗ		
	{ Un commis dépositaire, ⸱ 60.ᵗ }		
MONTAUBAN...	*Idem.* ⸱ ⸱ ⸱ ⸱ ⸱ ⸱⸱ 180.ᵗ		
BORDEAUX....	*Idem.* ⸱ ⸱ ⸱ ⸱ ⸱ ⸱⸱ 180.ᵗ		
LA ROCHELLE..	*Idem.* ⸱ ⸱ ⸱ ⸱ ⸱ ⸱⸱ 180.ᵗ		
BRETAGNE....	{ Un préposé, ⸱ ⸱ ⸱⸱ 150.ᵗ } ⸱ ⸱ 210.ᵗ		
	{ Un commis dépositaire, ⸱⸱ 60.ᵗ }		
ORLEANS....	{ Un préposé, ⸱ ⸱ ⸱⸱ 120.ᵗ } ⸱ ⸱ 180.ᵗ		
	{ Un commis dépositaire, ⸱⸱ 60.ᵗ }		
ALENÇON....	*Idem.* ⸱ ⸱ ⸱ ⸱ ⸱ ⸱⸱ 180.ᵗ		
CAEN......	*Idem.* ⸱ ⸱ ⸱ ⸱ ⸱ ⸱⸱ 180.ᵗ		
ROUEN....	*Idem.* ⸱ ⸱ ⸱ ⸱ ⸱ ⸱⸱ 180.ᵗ		
TOURS....	*Idem.* ⸱ ⸱ ⸱ ⸱ ⸱ ⸱⸱ 180.ᵗ		
BOURGES...	*Idem.* ⸱ ⸱ ⸱ ⸱ ⸱ ⸱⸱ 180.ᵗ		
MOULINS...	*Idem.* ⸱ ⸱ ⸱ ⸱ ⸱ ⸱⸱ 180.ᵗ		
POITIERS...	*Idem.* ⸱ ⸱ ⸱ ⸱ ⸱ ⸱⸱ 180.ᵗ		
ET SOISSONS...	*Idem.* ⸱ ⸱ ⸱ ⸱ ⸱ ⸱⸱ 180.ᵗ		

} ⸱⸱ 2550.ᵗ

TOTAL des appointemens par mois dans les } ⸱⸱⸱ 11490.ᵗ
départemens. • • •

Ci-contre, ... 11490.ᵗ

BUREAU DE PARIS.

Un directeur, ... 600.ᵗ		
Un premier commis dépositaire, ... 250.ᵗ		
Un second commis oyant-compte, ... 250.ᵗ		
Un troifiéme commis, ... 120.ᵗ		
Un quatriéme commis, ... 100.ᵗ	...2020.ᵗ
Un caiffier, ... 400.ᵗ		
Un fous-caiffier, ... 200.ᵗ		
Un garçon de bureau, ... 50.ᵗ		
Un portier, ... 50.ᵗ		

TOTAL général des appointemens par mois, .. 13510.ᵗ

Faifant par an, ... 162120.ᵗ

Fonds pour fubvenir au payement de la folde du corps des vivres.

On fuppofe, 1°. que l'on fourniffe en tout temps le pain de munition à toutes les troupes en garnifon, & dans le plat pays, fur le pied de 150. mille hommes effectifs, il faudroit par an 54. millions de rations, pour la fabricatioin defquelles on employeroit 300. mille facs de 200. liv. chacun, ci . . . . . 300000. facs.

2°. Que chaque fac revienne en tout temps, du fort au foible, à 16. liv. le fac, ce qui pour les 300. mille facs, monte à la fomme de . . . . 4800000. liv.

3°. Qu'à la manutention ordinaire de 4. liv. 10. f. pour les garnifons, le Roy veuille bien y joindre 10. fols, en faveur de l'établiffement du corps des vivres, cette manutention reviendra à 5. livres par fac; & pour les 300. mille facs, à la fomme de (*a*) . . 1500000. liv.

6300000. liv.

(a) *Nota.* L'augmentation de 10. f. par fac, ne fait que 150. mille livres à la charge du Roy, mais l'avantage que Sa Majefté auroit de l'établiffement, feroit de quelques millions.

Le bled coûtant 16. liv. & la manutention 5. liv. la ration de garnifon ne reviendra en tout, qu'à 2. f. 4. den.

Total de la dépense de l'autre part pour un an en pain de munition, ... 6300000. liv.

Sur laquelle il y a à retenir, au profit du Roy, fur la folde, à raifon de 2. fols par ration de pain, ci, ... 5400000. liv.

Partant, ne reftera en dépenfe, au-delà des 2. fols de retenue, par chacun des 54. millions de rations, que . . . . . . 900000. liv.

Somme pareille . . . 6300000. liv.

La manutention ne revient, pour achats de facs, moutures, cuiffons, manœuvres, & déchets de magafins, qu'à 3. livres 10. fols, non compris les appointemens des commis, les honoraires & bénéfices ordinaires des munitionnaires; partant, fur les 5. livres par fac de manutention, il refteroit, ... 450000. liv.

Le bénéfice fur les fourages à toute la cavalerie, huffards, & dragons, peut être eftimé, année commune, à la fomme de . . . . . . 300000. liv.

750000. liv.

Les honnoraires des généraux des vivres, fuivant l'explication ci-après, montent à . . . . . . 210000. liv.

Les appointemens des directeurs, tréforiers & autres employés, montent à . . . . . 162120. liv.

Frais de bureaux par eftimation * . . . 146000. liv.

518120. liv.

Refte pour les parties inopinées, diminution de l'effectif des troupes, dépenfes éxtraordinaires, frais de compte au bureau de la guerre, . . . 231880. liv.

Somme pareille ; . . 750000. liv.

Répartition des 210000. livres, entre les 13. généraux des vivres, chacun fuivant fon grade.

Chaque place évaluée à 5000. livres.

Les généraux des vivres auroient entre eux 42. places, qui leur produiroient;

* Paris... 16000.l. onze départemens frontiéres, à chacun 8. mille livres,88000.l. quatorze départemens intérieurs à 3000l. 42000l.

To. 146000l.

SÇAVOIR,

Au général pour 6. places, ... 30000. liv.
Aux quatre directeurs, pour chacun quatre places,
la somme de 20000. livres, ci, pour les 4. . . 80000. liv.
Aux quatre inspecteurs, pour chacun trois places,
15000. livres, & pour les 4. . . . . 60000. liv.
Aux quatre controlleurs, chacun pour deux places,
10000. livres, & pour les 4. . . . . 40000. liv.

Somme pareille . . . 210000. liv.

Cette inégalité de traitement, outre la subordination qu'elle carac-
térise, excitera de l'émulation entre les inférieurs, & un désir de se
surpasser les uns les autres, pour mériter le choix & la préférence
de la part du ministre de la guerre, en cas de mort, ou de déplace-
ment d'aucuns d'entre eux : cette émulation s'étendra jusqu'aux directeurs du bureau de Paris, & des départemens, & sur tous les
employés qui s'éforceront à l'envi d'acquérir des grades, & mériter
dans le cas de la guerre, la préférence pour servir aux armées ; ainsi
le corps des vivres deviendroit en peu de temps, par l'observance des
principes, & la pratique, en état de servir dans les temps, & dans
les circonstances les plus difficiles, & l'on ne seroit plus éxposé, la
guerre arrivant, de prendre, comme l'on a toujours fait, toutes sortes de gens protégés qui ignorent, non-seulement la pratique des
vivres, mais encore qui n'en ont pas la moindre notion. L'on a
plusieurs fois éprouvé de leur part de fâcheux inconvéniens, (que
j'ai rapporté au chapitre des gardes-magasins,) dans lesquels le Roy
se trouve intéressé, & l'état en danger.

Il paroîtra peut-être, qu'un seul préposé en chef, dans chaque département intérieur du royaume, n'est pas suffisant pour remplir les
différentes parties des vivres & des fourages ; mais il faut faire attention que ce préposé ne fera que la fonction de directeur, pour la régie & la correspondance ; en sorte que comme tout ce qui concerne la subsistance des troupes, doit se rapporter au trésorier provin-
cial de l'éxtraordinaire des guerres ; de même les entrepreneurs
d'une ou plusieurs places, qui auroient fait des marchés fermes avec
les généraux des vivres, pour une ou plusieurs années, répondroient
à chaque préposé, de l'éxécution de leur entreprise ; ils lui remettroient les éxtraits des revues, les billets des troupes, les éxtraits
d'hôpitaux, pour justifier de leur fourniture ; & ce préposé, suivant

ce qui eſt dit, dans pluſieurs chapitres de ce traité, tant ſur les directeurs, & les commis dépoſitaires, que ſur les gardes-magaſins,
ayant réuni toutes les piéces, formeroit les décomptes, les états de
fournitures, & ceux de dépenſes en deniers, & éxtraordinaires,
pourvû que ce prépoſé ſoit un homme d'ordre, laborieux, qu'il entende le commerce, & qu'il ſuive ce qui eſt preſcrit dans les deux
parties des principes des vivres : il ſuffira avec le dépoſitaire, pour
chaque département intérieur en temps de paix; & les généraux des
vivres trouveront tant qu'ils voudront des entrepreneurs ſolvables,
pour le pain & les fourages, les entrepreneurs deviendront de plus
en plus capables & accrédités, leurs marchés étant pour pluſieurs
années; ils feront leurs approviſionnemens à propos, ils auront toujours des fonds de magaſins à des prix raiſonnables, au lieu que les
entrepreneurs annuels, ou paſſagers, qui ne ſont pas ſurs d'être continués, ne vont qu'au jour la journée; ils n'ont jamais la meilleure
denrée, & ils la payent plus cher. J'ai vû les directions de départemens de nos frontiéres, conduire & diriger des entrepreneurs,
d'un ou pluſieurs lieux de leurs départemens, par marchés fermes;
& chaque directeur, rendre un compte de renſeignement pour tout
ſon département; dont les piéces juſtificatives étoient les comptes
de chaque entrepreneur qu'il avoit arrêté, ce qui diminue & éclair-
cit bien la beſogne.

CHAPITRE VII.

PROJET D'ORDONNANCE DU ROY,
pour la police des vivres & des fourages.

MOTIFS
De cette Ordonnance.

La plus rigoureuſe & la plus éxacte obſervation des loix militaires, l'éxpérience la plus conſommée, la valeur & la grande intelligence d'un général d'armée, la bravoure des ſoldats, ne ſuffiſent pas pour faire des conquêtes, & pour s'aſſurer la conſervation d'un état : il faut de la ſubſiſtance aux hommes & aux chevaux.

SA Majeſté s'étant fait rendre compte de l'ordre ci-devant obſervé, dans es différentes entrepriſes, régies, & fournitures des vivres & fourages, dans ſes armées, & dans les places de ſes frontiéres; & aïant éxaminé les principales cauſes des abus & malverſations, qui ont pû s'y introduire par le paſſé, de la part des différentes eſpéces de perſon-

nes

Les commis des vivres en général, font dans une méfeftime fi grande, que les officiers fe croyent tout permis, lorf-qu'il s'agit de leur donner de l'inquiétu-de, & de leur marquer du mépris. Il faut convenir, que les munitionnaires y ont donné lieu, en commettant des em-ployés de la plus baffe éxtraction, fans mœurs, fans éducation, incapables de remplir leur pofte, avec honneur & éxactitude.

nes employées à ce fervice; elle a jugé néceffaire d'éxpliquer fi précifément fes intentions, fur les précautions qui feront doréna-vant gardées dans les détails qui y font relatifs, qu'aucun defdits employés, ne puiffent impuné-ment s'écarter de la régle qui lui aura été prefcrite; c'eft dans cette vûe que Sa Majefté a ordonné & ordonne, ce qui fuit.

Il a été précédemment établi dans la régie & perception des droits du Roy, de n'y admettre que des perfonnes bien cautionnées. Dans les vivres, l'on n'a pas imité cette fage précaution; d'où il s'eft enfuivi que les employés ont toujours beaucoup plus envifagé les rapines & les détours, que leurs appointemens, quoi-que l'on puiffe dire qu'ils font confidérables. Le mal vient, de ce qu'on reçoit in-diftinctement toutes fortes de perfonnes, & que les follicitations l'emportent, fur le mérite d'un fujet de probité, d'expérience, & bien né.

Article premier.

Aucun de ceux qui feront deftinés pour le maniment des deniers & effets refervés aufdites fournitures, ne pourra en éxercer la com-miffion, qu'il n'ait préalablement donné caution, bonne, fuffifante, & proportionnée audit maniment;

Sçavoir,

Les tréforiers pour la fomme qui fera réglée par le fécretaire d'eftat de la guerre, fuivant le plus ou le moins de fonds, qui leur feront deftinés.

Les gardes-magafins, pour la fomme de fix, jufqu'à dix mille livres, relativement à la force de leurs magafins.

Les chefs aux travaux, pour	4000. liv.
Le garde-magafin du parc, pour	6000. liv.
Un capitaine de charrois ou d'équipages, pour	4000. liv.

MOTIFS.

Il ne fuffit pas qu'un munitionnaire ait approvifionné les magafins, qu'il ait fait des marchés de fournitures de grain, il faut que les emplacemens foient bien confervés, & que les fournitures foient

Veut Sa Majefté, que les com-mis qui pourroient, pendant le cours de la campagne, être nom-més à des commiffions, telles que celles ci-deffus éxpliquées, foit par augmentation, ou par mort,

Y

bonnes & faites à propos ; qu'elles ne foient ni diverties ni diffipées. Les emplacemens en quantité fuffifante, font la premiere précaution ; mais leur confervation & la jufte difpenfation, font la fureté du fervice ; c'eft de la part des commis, que l'on doit attendre ces derniers foins, qui partent des mœurs, de l'éducation, & de la rigidité des loix. deftitution, ou promotion de ceux aufquels · ils fuccéderont, foient tenus avant que d'entrer en fonction, de figner une foumiffion, portant promeffe de fournir dans le terme d'un mois une caution, telle qu'elle eft précédemment éxpliquée, à peine de deftitution defdits emplois ; enjoignant Sa Majefté au munitionnaire général, de tenir réguliérement la main à l'éxécution du préfent article.

II.

Ordonne Sa Majefté, que tous commis qui fe trouveront avoir diffipé ou détourné les deniers ou effets du munitionnaire, feront punis fuivant la rigueur des loix, & que la peine de mort foit prononcée fans difficulté, lorfque la diffipation fera de la valeur de 3000. livres, & au-deffus.

III.

Seront punis des mêmes peines, les gardes-magafins, qui fe trouveront avoir donné des récepiffés de quelques fournitures, qu'ils ne pourront juftifier avoir été réellement remifes dans leurs magafins : ordonne Sa Majefté, que lorfque les fournitures fimulées, comprifes dans lefdits récepiffés, feront de la valeur de 3000. livres ; ceux qui auront donné fauffement lefdits récepiffés, feront condamnés aux galéres perpétuelles, de même que les fourniffeurs ou fous-traitans, en faveur defquels feront lefdits récepiffés.

IV.

Les chefs aux travaux, leurs aides, les boulangers, les meuniers, qui feront convaincus d'avoir, par de mauvaifes voïes, détourné, changé, ou altéré les grains & farines, qui leur auront été confiés, feront condamnés à un banniffement de trois ans, & ceux qui auront vendu, ou fe feront approprié, fous quelque prétexte que ce foit, les effets du munitionnaire, en quelque quantité que ce puiffe être, aux galéres perpétuelles, ou à la peine de mort, fuivant l'éxigençe du cas.

V.

Défend Sa Majefté au général des vivres, & à toutes autres perfonnes, de quelque rang & qualité qu'ils puiffent être, de faire recevoir aucun de leurs valets, ou de ceux des officiers militaires, en
qualité de commis appointé, dans l'adminiftration & diftribution des
vivres & fourages, ou à la fuite des équipages qui y font affectés.
Enjoint pour cet effet aux munitionnaires, de remettre au Sécretaire d'eftat, ayant le département de la guerre, un état contenant le
nom des employés, la qualité de leurs emplois, le nom & qualité
des cautions, tant à l'entrée qu'à la fortie de la campagne, & de l'informer réguliérement par de pareils états, des augmentations & remplacemens qu'il fera obligé de faire, dans huitaine, du jour de la
nomination des commis augmentés ou remplacés, lefquels états feront vifés & certifiés par l'intendant de l'armée, ou du département,
ou en leur abfence, par le commiffaire des guerres de la place, où
les fonctions de l'employé feront fixées.

V I.

M O T I F S.

Le capitaine d'un équipage des vivres, a des fupérieurs ; l'ordonnance
militaire régle les fubordinations. Il s'eft
trouvé des capitaines de charrois affez
téméraires, que d'ofer refufer le fervice,
& de mettre le piftolet, ou l'épée à la
main ; contre le capitaine général ou fes
lieutenans, lors du commandement ; il
y eut en 1706. devant Turin, un des
munitionnaires, faifant la fonction de
capitaine général, qui fut tué par un
capitaine de charrois.

Le capitaine de charrois, qui
refufera d'obéïr aux ordres, qui
lui feront donnés par le capitaine
général ou fes lieutenans, pour
le fervice de Sa Majefté, fera privé de fes appointemens pendant
quinze jours, & mis en prifon
pendant le même temps, pour la
premiere fois, & en cas de récidive, il fubira un mois de prifon,
pendant lequel il fera privé de fes
appointemens, & enfuite congédié du fervice des vivres, fans

qu'il puiffe jamais y être rétabli. Voulant Sa Majefté, que dans le
cas où il auroit frappé ledit capitaine général, ou fes lieutenans, il
foit condamné aux galéres à perpétuité.

VII.

MOTIFS.

On ne peut trop ménager les équipages, c'est la grande attention du général des vivres, il arrive cependant que les capitaines de charrois les ruinent en deux maniéres ; en premier lieu, en fe chargeant de marchandifes lorfqu'il doit partir, ou revenir à vuide ; en fecond lieu, en forçant la marche, pour brûler

Lorfqu'un capitaine de charrois aura chargé des marchandifes fur les voitures de fon équipage, ayant été commandé pour les conduire à vuide ; veut Sa Majefté, que dans le moment que la vérification en aura été faite, il foit pareillement deftitué de fon emploi.

une ou plufieurs couchées, ce qui arrive, quand il eft d'accord avec le garde-magafin des fourages, avec lequel il s'accommode de la ration à bas prix, & lui donne fes reçus pour rations complettes, comme fi elles lui avoient été fournies.

VIII.

Tout capitaine de charrois, qui dans une marche, dont les journées lui auront été prefcrites, n'aura pas fait refter fes équipages au lieu deftiné pour la couchée, fera mis en prifon pour un mois, privé pour le même temps de fes appointemens & deftitué de fon emploi.

IX.

Suppofé, qu'ayant outre-paffé un gîte fans s'y arrêter, il eût donné fon reçu au garde-magafin, du lieu deftiné pour ledit gîte, du nombre de rations de fourages, qu'il auroit dû y confommer. Veut Sa Majefté, que, tant ledit capitaine de charrois, que ledit garde-magafin, foient mis en prifon pour trois mois fans appointemens, & bannis enfuite pour trois ans de la province, où la fraude aura été commife.

X.

Le capitaine de charrois, qui fera convaincu d'avoir volé du pain, de la farine, ou des grains, en quelque quantité que ce foit, fera conftitué prifonnier pour quinze jours, enfuite mis au picquet pendant deux heures dans le parc des vivres, caffé à la tête des équipages & banni : fi le vol excéde la valeur de 3000. livres, il fera condamné aux galéres pour trois ans. Voulant Sa Majefté, que celui qui aura donné avis, ou adminiftré les preuves du délit au capitaine général, foit payé comptant, par fes ordres, de la fomme de 100.

livres, qui fera retenue fur les appointemens du capitaine convaincu.

XI.

Le conducteur, qui par l'abfence ou maladie d'un capitaine, fera chargé du commandement d'un équipage, en tout ou partie, fera puni, en cas de délit, des mêmes peines ci-devant décernées, contre les capitaines de charrois.

XII.

MOTIFS.

La facilité du général des vivres à prêter les équipages, qui ne font mis fur pied que pour le fervice, donne lieu à de fâcheux inconvéniens ; fouvent un équipage, qui n'a que peu fervi, fe trouve hors d'état de fervir, parce que le quartier général eft rempli des bêtes de l'équipage, & qu'il n'y a au parc que les éclopés, & les malades, l'autre partie eft obligée de fervir fans rélâche, ce qui l'abîme. Il s'eft trouvé des armées, où de 3000. bêtes, il y en avoit 1500. au quartier général ; d'où il s'enfuivoit, qu'on étoit obligé dans certains cas, de fe fervir des voitures des communautés, & que ce qu'on leur payoit étoit à la charge du Roy ; ce qui opére une double dépenfe pour Sa Majefté.

En conformité de l'ordonnance du 15. Avril 1707. défend Sa Majefté au général des vivres, au capitaine général des équipages, & aux capitaines de charrois, de prêter aucuns chevaux ou équipages des vivres, à des officiers ou autres, de quelque état & qualité qu'ils foient, à peine de 100. livres d'amende pour chaque cheval qui aura été prêté, payable, tant par ledit capitaine général des équipages, que par le capitaine de charrois, chargé defdits chevaux prêtés. Voulant Sa Majefté que ladite amende foit ajugée à celui qui en aura fait la dénonciation, par l'inten-

dant de l'armée, auquel Sa Majefté ordonne d'en faire faire une éxacte vérification, & de tenir la main à l'éxécution du préfent article, Sa Majefté fe réfervant au furplus de pourvoir à la peine méritée, tant par ceux à qui les chevaux auront été prêtés, que par le général des vivres, fuppofé que ledit prêt eût été fait de fon confentement, felon & ainfi qu'elle le jugera à propos, fuivant les circonftances du fait, dont le fécretaire d'eftat de la guerre fera ponctuellement informé, pour en rendre compte à Sa Majefté.

XIII.

MOTIFS.

Il eſt très-difficile d'avoir de bons charretiers ou muletiers, ils déſertent très-ſouvent; s'il eſt néceſſaire de leur accorder protection, pour les animer, il paroît important de les punir ſévérement, dans le cas de déſertion & d'infidélité : ils ſont d'autant plus puniſſables, que leur condition n'eſt pas mauvaiſe, ayant 20. ſols de ſolde & deux rations de pain par jour. Il arrive auſſi très-ſouvent, que la lézinerie des capitaines

Défend Sa Majeſté aux Capitaines de charrois, de maltraiter les charretiers ou muletiers, étans ſous leurs ordres; voulant, que lorſqu'ils auront contre eux quelques ſujets de plaintes, ils ſoient tenus de les porter au capitaine général, pour y être pourvû, ſoit par lui ou par le général des vivres, ſuivant la nature & l'éxigence du cas.

de charrois y donne lieu, en les maltraitant la veille de la huitaine, ou de la quinzaine, du payement du prêt, pour avoir occaſion de s'emparer de ce qui leur revient.

XIV.

Le capitaine de charrois, qui ſe trouvera convaincu d'avoir appliqué à ſon profit la ſolde d'un charretier ou multier malade, abſent, ou déſerteur, ſera congedié & mis en priſon pour trois mois ſans appointemens, avec reſtitution de ce qu'il aura retenu.

XV.

Tous charretiers ou muletiers ſeront tenus de donner leurs noms, ſignalement, & le lieu de leur naiſſance, dont les états ſeront adreſſés au ſecrétaire d'état de la guerre, pour les faire jouir, eux & leur famille de l'éxemption de logement de gens de guerre pendant qu'ils ſeront au ſervice.

XVI.

Le munitionnaire ſera tenu de donner un habit ou ſarrot uniforme aux charretiers des épuipages, afin qu'ils puiſſent être reconnus & diſtingués des ſoldats, ſoit dans les fouragemens ou ailleurs; la valeur duquel habillement, qui ne poutra exceder 15. l. ſera retenue mois par mois, pendant les ſix mois de campagne, ſur leur ſolde.

XVII.

Les charretiers & muletiers, qui feront malades ou bleffés, feront reçûs dans les hôpitaux de Sa Majefté, en payant, par le munitionnaire, ou par l'entrepreneur de l'équipage, fur les gages des charretiers ou muletiers chaque journée d'hôpital au prix du traité de l'entrepreneur : voulant que lorfqu'ils feront fortis defdits hôpitaux, le décompte de leurs gages leur foit fait pour le tems de la maladie, & qu'ils foient payés de ce qu'il leur fera dû, déduction faite de ce qui aura été payé pour lefdites journées d'hôpitaux.

XVIII.

Le charretier ou muletier qui défertera pendant la campagne, fera condamné aux galeres pour trois ans ; leur défend Sa Majefté, fous les mêmes peines, de paffer d'un équipage dans un autre, fans le confentement du capitaine général.

XIX.

Et au cas que ledit charretier ou muletier vint à déferter avec des chevaux, mulets, grains ou farines : Veut Sa Majefté, qu'il foit condamné à mort, fans efpérance de rémiffion.

XX.

Le charretier ou muletier qui fera convaincu d'avoir vendu du pain, grains ou farines du munitionnaire, fera flétri d'un double W couronné, marque ordinaire des vivres, & condamné aux galeres à perpétuité.

XXI.

S'il arrivoit qu'un capitaine d'équipages retranchât la fubfiftance ordinaire en avoine, & en foin aux chevaux, mules ou mulets de fon équipage, qu'il changeât ou vendît des chevaux, uftenfiles, ou autres chofes en dépendantes, celui qui en donnera avis au capitaine général, & qui en fournira ou adminiftrera des preuves, fera payé comptant par fes ordres de la fomme de 200. livres, dont la retenue fera faite fur les appointemens du capitaine convaincu, qui fera mis en prifon pendant la campagne, pour à la fin d'icelle, être caffé à la tête des équipages, fans efpoir d'être jamais employé dans les vivres, & fans qu'il puiffe être mis en liberté, qu'après avoir rembourfé les 200. livres payés par le capitaine général au dénonciateur.

XXII.

Défend Sa Majefté, à tous officiers de fes troupes & tous autres, de maltraiter ni infulter aucuns employés des vivres & fourages, à peine d'être caffés : Voulant que dans le cas où ils auroient lieu de s'en plaindre, ils s'adreffent à l'intendant de l'armée ou du département, pour y pourvoir en connoiffance de caufe.

XXIII.

Enjoignons à tous commis des vivres, des fourages, & des équipages, fous peine de défobéiffance & de révocation, de fe conformer aux inftructions qui leur feront données par les munitionnaires, & dont ils figneront le double, de tenir éxactement leur journal de recette & de dépenfe en deniers & effets, & d'éxécuter les ordres qui leur feront donnés par leurs fupérieurs.

XXIV.

M O T I F S.

Il eft de la prudence du munitionnaire, d'envoyer à la fuite de l'armée & du général des vivres, des commis, dits haut-le-pied, ou furnuméraires; ils s'inftruifent dans la pratique du fervice, par les différens foins dont on les charge, ils fervent de furveillans, & à porter les ordres; ils remplacent les commis malades ou caffés, ou morts, dans des occafions preffées, ou des marches

Lorfqu'un commis chargé de porter des ordres, négligera d'y fatisfaire, il fera privé de fon emploi, & s'il étoit convaincu d'avoir ouvert des lettres ou paquets, qui lui auroient été remis cachetés, il fera mis en prifon pour une année, & déclaré incapable de poffëder aucun emploi dans les vivres, fourages & équipages.

avancées; on les établit chefs aux travaux, ou gardes-magafins des places conquifes, felon leur capacité; comme ces fortes de commis, qui n'ont pas eu d'inftruction particuliére, & qui n'ont pas donné caution, fe croiroient à l'abri de la rigidité des loix, que, fouvent le général des vivres les trouve fous fa main, & les charge d'ordres & de paquets, quelquefois importans pour le fervice, & qu'il s'en eft trouvé, ou qui ont négligé, ou qui ont eu la curiofité de les ouvrir; il paroît néceffaire de les affujettir à l'éxactitude & aux peines méritées, par les autres commis, ci-devant dénommés, parce que l'abus du dépôt & de la confiance néceffaire, eft plus grand que la prévarication du dépôt volontaire.

X X V.

Les commis qui feront employés par extraordinaire par le munitionnaire général des vivres à l'armée, ou dans un département, quoiqu'à l'occafion d'un fervice inftant & paffager, feront punis en cas de prévarication ou autre délit, des mêmes peines ci-devant décernées contre les autres commis & employés.

X X V I.

M O T I F S.

Il eft rare que le vol foit fait fans complices; & fi le complice a connoiffance que le vol eft des effets royaux, nulle difficulté qu'il doit fubir la même peine que le principal accufé.

Les complices, fauteurs, & réceleurs d'aucuns des crimes & délits énoncés dans la préfente ordonnance, feront punis de la même peine que l'accufé principal, & tenus folidairement avec lui, à la reftitution des effets détournés, ou de la valeur d'iceux; voulant Sa Majefté, que les vivandiers & les boulangers, fuivans les camps & armées de Sa Majefté, qui fe trouveront avoir acheté des grains ou farines des munitionnaires, foient réputés réceleurs de vol, & que leur procès leur foit fait en cette qualité, pour être punis, fuivant l'éxigence du cas.

X X V I I.

Ordonne Sa Majefté, aux munitionnaires généraux ou particuliers, de tenir la main à ce que les grains & farines qui feront fournis, foient bons & bien conditionnés, & de veiller foigneufement à ce que le pain de munition foit fabriqué du poids porté par les ordonnances : Enjoignant Sa Majefté, aux intendans & commiffaires des guerres, de tenir la main à ce qu'il ne foit reçû que des fournitures bonnes, loyales & marchandes.

X X V I I I.

Défend Sa Majefté, à tous munitionnaires de s'intéreffer directement ou indirectement dans aucun fous-traité relatif au fervice des vivres & fourages, dont eux & leur compagnie ont l'entreprife générale, à peine, en cas de conviction, d'être contraints au payement de la valeur de l'intérêt qu'ils auroient pris dans lefdits fous-traités, appliquable deux tiers à l'hôtel royal des invalides, & l'au-

Z

tre tiers au dénonciateur : Défend auffi à tous directeurs, commis ou autres employés du munitionnaire général, de prendre aucuns intérêts, directement ou indirectement, avec les fous-entrepreneurs ou fourniffeurs, fous les mêmes peines, & en outre, de fubir un an de prifon fans appointement.

XXIX.

Défend Sa Majefté, conformément à l'ordonnance de 1703. à tous feigneurs de paroiffes & autres, d'obliger le munitionnaire de faire moudre les grains à leurs moulins banneaux, & à tous meuniers, même dépendans du domaine de Sa Majefté, d'éxiger de plus grands droits que celui de quatre pour cent, moyennant lequel ils feront tenus de rendre poids de farine pour poids de bled, de moudre lefdits grains par préférence, & d'aller prendre & reporter lefdits grains aux magafins.

XXX.

* Si les munitionnaires retardoient de faire la remife des quantités de grains néceffaires à l'éxécution de leur traité, conformément à l'état d'emplacement ; comme auffi s'ils éludoient les remplacemens des grains & farines que Sa Majefté leur auroit fait remettre à charge de les rétablir au fur & à mefure de la confommation, ou de les remplacer dans un temps fixé par leur traité, ou des ordres particuliers ; le fecrétaire d'état, ayant le département de la guerre, chargera des particuliers au fait de la fourniture des vivres, de remplacer fans délai le déficit, & les munitionnaires comme fauteurs du rifque où ils auroient expofé les frontieres, par le défaut de fubfiftance pour les troupes, en cas de fiége ou d'autres événemens, feront contraints par corps, de payer comptant, & fans retard, au tréfor royal, le quadruple de la valeur des bleds & farines non remplacés, & non remis dans les magafins aux termes préfixes de leur marché, ou de l'état d'emplacement, fauf plus grande peine fi le cas y échoit ; & l'eftimation du déficit fera réglée fur le pied dudit traité.

XXXI.

Et afin de pouvoir fuivre l'éxécution du précedent article, les mu-

---

* Les motifs de cet art. XXX. & du fuivant, font très-intéreffans pour la fûreté du fervice, on les trouvera expliqués par un mémoire, fur les exemples raportés à la fin de cette premiére partie.

nitionnaires feront tenus de préfenter de 15. en 15. jours au fecrétaire d'état ayant le département de la guerre, un état général d'eux
certifié, par colonnes, qui contiendra le nom de chaque département, & celui de chaque place qui en dépendent ; la quantité des
bleds & des farines éxiftants dans les magafins de ces places, les premier & quinze de chaque mois ; la recette faite pendant la quinzaine ; la confommation & le reftant en magafin le dernier jour de cette
quinzaine ; lefquels reftans feront fucceffivement rapportés aux premieres colonnes de l'état de la quinzaine fubféquente : Et les munitionnaires ne pourront fe difpenfer, fous aucun prétexte, & à peine
de défobéiffance, de remettre lefdits états ; fçavoir, pour les départemens frontieres de la Flandres & de l'Allemagne les 6. & 21 de
chaque mois au plûtard ; à l'égard de ceux des magafins en pays plus
éloignés, le tems de cette remife fera réglé par le traité de l'entreprife. *

** Voyez, dans la deuxiéme partie, le mo-dèle des états de quinzaine.*

XXXII.

Tous commis à la diftribution générale, chefs aux travaux, gardes-magafins, & autres employés aux fournitures du pain de munition, grains & fourages aux troupes, remettront à leurs directeurs,
dans huitaine au plûtard du jour de la livraifon, les billets des officiers majors ou autres, chargés du détail des régimens pour pain de
munition, bleds, farines, avoines, fourages, & autres chofes fournies aufdits régimens des magafins du munitionnaire, pour être compris dans les décomptes qui en doivent être arrêtés ; & faute par eux
de faire ladite remife dans le temps prefcrit, il leur fera retenu un
mois d'appointemens applicable au profit des pauvres du lieu où ils
feront établis. Veut, Sa Majefté, qu'au cas que la remife defdits
billets n'eût pas été faite à la fin de la campagne, ils foient tenus d'en
payer la valeur en leur propre & privé nom, & que les troupes en
foient purement & fimplement déchargées.

XXXIII.

Les directeurs des vivres, commis principaux aux diftributions,
& autres employés, chargés des décomptes des troupes, & des états
de fournitures, feront tenus, lorfque lefdites fournitures excéderont
ce que lefdites troupes auroient dû recevoir, d'adreffer auffi-tôt que
l'excédent aura été conftaté, un état à l'intendant de l'armée ou à
celui du département, dans lequel la fourniture aura été faite, pour
obtenir, fur leur folde, un ordre de retenue de la valeur dudit excedent : Voulant, Sa Majefté, que faute d'avoir pourfuivi ladite re-

tenue, & en avoir obtenu l'ordre, un an au plûtard après ladite fourniture faite, la valeur, à quelque fomme qu'elle puiffe monter, demeure & foit pour leur compte, fans qu'il puiffent là répeter, foit contre les troupes ou contre le munitionnaire.

XXXIV.

Si par intelligence ou mauvaife pratique entre les commis à la diftribution & les boulangers, il fe trouvoit que le pain diftribué ne fût pas du poids réglé par les ordonnances, le procès fera fait aux coupables à la diligence de l'intendant ou du commiffaire des guerres qui en aura fait faire la vérification, & ceux qui fe trouveront auteurs ou complices de ladite malverfation, feront condamnés aux galeres perpétuelles; fi cependant, par des cas imprévus & fans aucune malverfation, quelques fournées de pain ne fe trouvoient pas précifément de quarante-huit onces poids de marc (a); chaque pain faifant deux rations de vingt-quatre onces chacune, les commis à la diftribution en feront faire les remplacemens par augmentation, à proportion de ce qui fe fera trouvé de moins dans le poids, & les officiers chargés du détail des troupes, auront foin que les quantités remplacées foient également partagées entre les foldats qui auront eut du pain leger.

XXXV.

MOTIFS.

L'ufage des procès-verbaux eft jufte & néceffaire; mais il eft fujet à bien des abus, c'eft le mafque des prévarications des gardes-magafins, chefs aux travaux & capitaines de charrois; c'eft pourquoi on ne peut trop les affujettir à des formalités, & au tems bref de leur formation, & de leur envoi aux directeurs, à Mrs. les intendans, & au miniftre; pour que ceux qui fe trouvent indifpenfablement obligés d'en requérir, en qua-

Défend Sa Majefté aux commiffaires de fes guerres, & à tous autres, de dreffer & figner aucuns procès-verbaux de pertes, naufrages, enlevemens, ou abandons des denrées, chevaux, mulets, & équipages des vivres, hors le cas d'une néceffité urgente. Enjoint Sa Majefté aux directeurs, gardes-magafins, & autres commis des munitionnaires, ainfi

(a) 200.ᵗ de farine de ⅔. froment, & ⅓ feigle, y compris le fon, avec 115.ᵗ d'eau, produifent en pâte 315.ᵗ de ces 315.ᵗ de pâte, l'on fait 90. pains, du poids chacun de 56. onces, ou 3.ᵗ ½ faifant deux rations de 28. onces, qui par la cuiffon fe réduifent; fçavoir, le pain à 3.ᵗ & la ration à 24. onces, ou 1.ᵗ ½; enforte que par la cuiffon il s'évapore 45.ᵗ d'eau, & qu'il en refte dans le pain 70.ᵗ. Toutes ces proportions obfervées, la farine étant bonne, la ration doit être cuite à propos & bien conditionnée.

lité de comptables, n'ayent pas le tems de la réfléxion, & d'arrangemens captieux, pour féduire ou corrompre des témoins. On trouve dans les principes, fur le fervice des vivres, quelques moyens de parer à ces inconvéniens; & quand on auroit pû prévoir tous les cas, fi l'autorité du Roy, que la perte intéreffe, n'en ordonne formellement l'éxécution, avec des peines proportionnées aux négligences & aux abus; jamais les comptables ne s'y foumettront, & toujours ils fuppoferont des pertes, des incendies, des fubmergemens, des prifes par les ennemis, ou autres cas-fortuits; & fçauront fe procurer des titres bons, ou mauvais, mais fujets à de qu'aux entrepreneurs ou commis des équipages, de circonftancier & détailler lefdits procès - verbaux; de maniére que la vérité des faits qui y feront énoncés, puiffe être aifément conftatée, fans être fufceptible d'aucune ambiguité, & de les faire rédiger dans vingt-quatre heures, au plus tard, après l'accident arrivé, en préfence d'un commiffaire des guerres qui les fignera, & en certifiera la vérité & la néceffité urgente. longues difcuffions, qui tournent prefque toujours à leur avantage.

XXXVI.

Les procès-verbaux ainfi fignés & certifiés, feront, fuivant l'ufage, vifés de l'intendant de l'armée ou du département, & adreffés dans la huitaine de leur fignature, au fécrétaire d'état ayant le département de la guerre : Voulant, Sa Majefté, qu'aucune foi ne foit ajoutée à ceux qui pourroient être produits, fans être revêtus des formalités ci-deffus prefcrites, ou qui n'auront pas été dreffés dans le terme des vingt-quatre heures prefcrites par le précedent article.

XXXVII.

Suppofé que la fauffeté des pertes énoncées dans quelqu'un defdits procès-verbaux, quoique revêtus defdites formalités, vînt à être prouvée : Veut & ordonne, Sa Majefté, que dans le cas où lefdites pertes fauffement énoncées feront évaluées à la fomme de dix mille livres & au-deffous, les auteurs, participes, ou complices defdites fauffetés, foient condamnés aux galeres à perpétuité ; & dans le cas où elles excéderoient ladite fomme, qu'ils foient punis de mort, & que par le jugement qui fera rendu, il foit adjugé au dénonciateur qui aura adminiftré des preuves de la fauffeté, une gratification du quart de la fomme à laquelle la fauffeté aura été évaluée; de laquelle gratification il fera payé comptant par le tréforier de l'armée ou du département, dans lequel le procès aura été inftruit & jugé. Et en rapportant une expédition dudit jugement, &

un ordre dudit fieur intendant, l'article de cette dépenfe fera allouée & paffée dans fes comptes fans difficulté.

Et afin que les auteurs, fauteurs, participes & complices des crimes & délits mentionnés dans la préfente ordonnance, foient punis avec toute la célérité & la févérité qu'éxige la néceffité des éxemples, veut, Sa Majefté, que leur procès foit inftruit, fait & parfait par l'intendant de l'armée, ou par ceux des départemens dans lefquels lefdits crimes & délits auront été commis, pour être par eux jugés en dernier reffort, appellant avec eux le nombre de gradués requis par les ordonnances, & ce en conformité de l'arrêt rendu en fon confeil d'état le   que Sa Majefté veut être éxécuté felon fa forme & teneur.

Mande et ordonne, Sa Majeste', aux généraux de fes armées, à fes lieutenans & autres officiers généraux employés en icelles, aux intendans defdites armées, & à ceux de fes provinces & généralités ; comme auffi aux gouverneurs & fes lieutenans ou commandans èfdites provinces ; aux gouverneurs particuliers ou commandans de fes places ; aux commiffaires ordinaires de fes guerres ; & à tous autres fes officiers & jufticiers qu'il appartiendra, de s'employer & tenir la main, chacun en ce qui les regarde, à l'éxécution de la préfente : Laquelle, Sa Majefté, veut être lûe, publiée & affichée par-tout où il appartiendra, à ce qu'aucun n'en prétende caufe d'ignorance. (a) Fait.

CHAPITRE VIII.

Entreprife de la fourniture du pain aux officiers & foldats de l'hôtel royal des invalides.

TOus les ans le miniftre de la guerre adjuge au rabais à l'extinction des feux, la fourniture du pain aux officiers & foldats invalides.

Ce pain eft compofé de pur froment de bonne qualité : Sur un feptier mefure de Paris pefant environ (b) 240. livres.

(a) *Nota*. Cette ordonnance doit être commune avec tous les entrepreneurs & les commis & prépofés, de quelque genre que foit leur entreprife.

(b) Il y a du bled qui péfe un peu plus, d'autre un peu moins, ainfi le poids commun eft toujours à 240.tt

L'on ôte par le blutage huit boiffeaux de fon & de recoupes pefant enfemble 44. livres.

Aux 156. livres de farine épurée qui fe trouve après le blutage,
l'on joint 84. livres d'eau, ce qui fait une maffe de pâte de 240. liv.
dont on forme 156. rations pefant chacune 24. onces $\frac{8}{13}$. cette maffe
de 240. liv. fe trouve réduite après la cuiffon à 204. liv. $\frac{1}{4}$. & chaque
ration à 22. onces ; enforte qu'il s'évapore dans le four, fur 240.
liv. de pâte 35. liv. $\frac{1}{4}$. d'eau, & qu'il en refte dans le pain 48. liv. $\frac{1}{4}$.

Comme les farines gardées font de meilleur pain que lorfqu'elles
font fraiches moulues ; que d'ailleurs il eft de la prudence qu'il y ait
toujours au moins pour une année d'avance dans les greniers de
l'hôtel, l'entrepreneur, par fon marché, eft tenu d'avoir & entretenir
toujours le nombre de feptiers que le miniftre y fixe au-delà de l'emplacement ordinaire qu'on lui remet, & de le remplacer à mefure
de la confommation.

Mais, attendu que malgré cette précaution les bleds que l'entrepreneur achete pour ce remplacement, coûtent tantôt plus, tantôt
moins, que quand il y a augmentation l'entrepreneur ne manque
pas de crier à l'indemnité arbitraire ; de maniere que lors de l'adjudication fubféquente, les offres montent à des prix exceffifs.

Pour parer à ces inconvéniens, tant à l'égard du Roy que de l'entrepreneur ; l'on a mis en évidence l'objet de ces variations, au
moyen d'un tarif calculé fur le prix du froment, depuis 10. livres
jufqu'à 40. livres le feptier, avec le détail des frais de manutention
qui varient femblablement en proportion de la chereté du grain. Ce
tarif eft mis à la fin de la feconde partie de ce traité.

Au moyen de ce tarif le miniftre pourroit fe difpenfer de renouveller annuellement l'adjudication ; car, étant informé du prix des
bleds par les états des gros fruits qui s'adreffent de 15. en 15. jours à fon
bureau, & étant content de l'entrepreneur, il pourroit fimplement,
par une réconduction, augmenter ou diminuer le prix de la ration en
connoiffance de caufe, étant démontré par ce tarif que 13. à 14. fols
par feptier de plus ou de moins, influent d'un denier fur chacune
des 156. rations de pain que ce feptier produit. *(a)*

Les frais de l'entrepreneur confiftent à la mouture du bled, la voiture au moulin, & du moulin à l'hôtel, au portage & au remuage
des bleds à la pelle, au blutage des farines, à l'achat du bois pour la
cuiffon, main d'œuvre des boulangers & journaliers, achats & con-

---

(a) On pourroit faire un traité à longues années, ftipulant le traitement de
l'entrepreneur, fuivant les variations du tarif, le fervice feroit plus également
fait, que par des entrepreneurs, qui fe fuccédent d'années en années.

fommation d'uftenfiles, frais de régie, & bénéfice légitimes que mérite celui qui entreprend.

Lorfque le feptier de bled coûte depuis 10. livres jufqu'à 20. livres,
cette manutention doit être eftimée comme il fuit.

SÇAVOIR,

Mouture pour chaque feptier, ...	18. f.
Voiture au moulin & retour à l'hôtel, . . .	8. f.
Manutention, ...	2. liv. 4. f.
Ce qui revient à 5. d. $\frac{5}{13}$. par ration, . .	3. liv. 10. f.

Mais fur cette dépenfe, il faut déduire le prix du fon,
des recoupes, & de la braife, ce qu'on appelle, en termes de boulangers, *iffues*, dont la valeur eft variable,
en proportion du prix du bled. Or, lorfque le bled eft
entre 10. & 20. livres, inclufivement: voici ce que valent les iffues.

7. boiffeaux de fon à 5. f. . .	1. l. 15. f.	
1. boiffeau de recoupes, . .	6. f.	2. liv. 2. f.
Braife produite par la cuiffon d'un fep- tier, ...	1. f.	
Refte net, ...	1. liv. 8. f.	

Ce qui réduit la manutention à 2. d. $\frac{7}{13}$ qui portent la dépenfe de
chaque feptier, à la charge de l'hôtel, à 28. f.

Lorfque le feptier de bled coûte depuis 21. liv. jufqu'à 30. livres,
la manutention doit être eftimée, comme il fuit;

SÇAVOIR,

Mouture de chaque feptier, . . .	18. f.
Voiture au moulin, comme ci-deffus, . .	8. f.
Manutention (*a*), ...	2. liv. 9. f.
Ce qui revient à 5. d. $\frac{10}{13}$. par ration, . .	3. liv. 15. f.

Mais fur cette dépenfe, il faut auffi déduire les iffues, dont la

(*a*) Les 5. fols d'augmentation procédent, de ce que le pain que confomment
les boulangers & ouvriers qui travaillent à la munition, coûtent plus à l'entrepreneur en proportion de l'augmentation du prix du bled.

valeur,

Ci-contre, ... 3. liv. 15. f.

valeur, à caufe de l'augmentation du prix du bled, entre 21. & 30. livres, montent;

SÇAVOIR,

7. boiffeaux de fon, à 6. f. 6. d. . 2. liv. 5. f. 6. d. }
1. boiffeau de recoupes , . . 7. f. 6. d. } 2. liv. 14. f.
braife , ... 1. f. }

Refte net , ... 1. liv. 1. f.

Ce qui réduit la manutention à 1. d. $\frac{8}{13}$. par ration, & qui porte la dépenfe de chaque feptier, à la charge de l'hôtel, à 21. f.

Enfin , lorfque le feptier coûte, depuis 31. liv. jufqu'à 40. liv. la manœuvre doit être comme il fuit;

SÇAVOIR,

Mouture , ... 18. f.
Voitures , par rapport à l'augmentation des denrées , ... 10. f.
Manutention , ... 2. liv. 12. f.

Ce qui revient à 6. d. $\frac{2}{3}$. par ration, . . 4. liv.

Relativement au prix du bled, il faut déduire, comme il fuit.

7. boiffeaux de fon, à 9. f. . . 3. liv. 3. f. }
1. boiffeau de recoupes , . . 10. f. } 3. liv. 14. f.
Braife , ... 1. f. }

Refte net , ... 6. f.

Ce qui réduit la manutention à $\frac{1}{3}$. de denier, & $\frac{1}{13}$ de ce tiers, & par feptier, à la charge de l'hôtel, à 6. f.

C'eft fur ces trois principes, que le tarif qui eft à la feconde partie, a été calculé. (a)

(a) *Nota.* Le pain que l'on fournit aux officiers, eft de la fleur de farine , fans recoupettes.

Les recoupettes fe mettent dans le pain des foldats, ce qui le rend moins blanc que le premier; mais comme ces différences ne font qu'une opération de blutage & de main d'œuvre, dont la dépenfe eft comprife dans la manutention; l'on ne fonde le prix du marché, que fur celui de la ration de pain du foldat, où tout entre, hors la recoupe & le fon.

A a

CHAPITRE IX.

Sur l'administration des hôpitaux du Roy.

L'ADMINISTRATION des hôpitaux, a été de tout temps une source d'abus & de brigandage, de la part du plus grand nombre de ceux qui en ont eu l'entreprise, ou la régie. La corruption s'est même étendue jusques sur les controlleurs pour le Roy, honorés de la confiance du ministre de la guerre, lesquels loin de tenir les entrepreneurs ou régisseurs dans leur devoir, ont concerté ensemble les moyens de s'enrichir par toutes sortes de voyes contraires aux loix, à l'équité, à la charité & aux intérêts de Sa Majesté. Voici une partie des cas les plus ordinaires.

1°. De retrancher le tiers ou la moitié du poids de la viande fixé pour les bouillons des malades, & la nourriture des convalescens.

2°. De n'avoir pas les drogues, les onguens, les simples, & les eaux spiritueuses en quantité suffisante, & des meilleures.

3°. Substituer, ou mêler des folicules de sauls avec le séné; de la poudre de bois pourri avec du quinquina; du rapontic avec la rhubarbe, & faire ainsi plusieurs mélanges & sophistications, qui augmentent les quantités de la pharmacie à vil prix, mais qui sont sans vertu, & qui fatiguent le malade plûtôt que de le soulager.

4°. Négliger le renouvellement, ou la conservation de la charpie, la mettre dans des lieux humides, où elle se moisit & se corrompt, ce qui envenime les playes pour lesquelles on s'en sert, & cause la mort aux blessés.

5°. Donner aux convalescens de mauvais vin, & l'affoiblir en y mêlant de l'eau.

6°. Diminuer le poids & la qualité du pain, souvent d'ailleurs mal fabriqué & mal cuit.

7°. Dissimuler, le plus long-temps qu'ils peuvent, le jour de la mort des malades ou blessés, pour profiter au préjudice du Roy, des journées excédentes.

Il y a plusieurs autres prévarications que je passerai sous silence, elles feroient horreur & honte à l'humanité, d'ailleurs il seroit dangéreux de les réveler.

C'est pour rémedier à ces différens désordres, & instruire les particuliers qui voudront devenir entrepreneurs de la fourniture des hôpitaux, ou être employés à leur suite, que j'ai rédigé le mémoire

que l'on trouvera à la fin de la seconde partie de ce traité, il est appuyé des réglemens faits par le Roy, sur le fait des hôpitaux, il peut
être nécessaire aux officiers qui en ont la police, pareillement aux
médecins, aux chirurgiens, & même aux aumôniers : j'ai vû les gens
de ces trois derniers états, donner lieu, chacun à leur égard, à ce
que je viens de rapporter, quelques fois par négligence, mais plus
souvent par intérêt, pour en partager le bénéfice criminel.

J'ai aussi rapporté une instruction pour un directeur général des hôpitaux, laquelle contient tous les devoirs des employés.

CHAPITRE X.

Entreprise de la viande aux troupes d'armée.

L'ADMINISTRATION de la fourniture de la viande aux armées, a toujours été incertaine : chaque compagnie gére selon
son génie, sans régles uniformes. La plûpart de ceux qui s'engagent dans cette entreprise font des financiers, qui n'ont aucune notion de la pratique, ni même de la théorie des boucheries. Ils sçavent
seulement qu'il faut acheter des bœufs & des vaches, en faire la
distribution aux troupes, que l'on peut beaucoup gagner ; cela leur
suffit : mais comme ils font obligés de s'en rapporter, pour le détail
de leur service, à des employés qui n'en sçavent pas plus qu'eux,
& à des garçons bouchers qui les trompent ; il s'ensuit, que le
hazard, plûtôt que l'économie d'une administration ordonnée, est
presque toujours le guide de ces entrepreneurs : de-là il est souvent
arrivé que les troupes ont été mal servies ; en ce cas les entrepreneurs
se seroient enrichis, si leurs employés ne les avoient pas volés, ou
avoient eu plus d'attention ; ou que les troupes eussent été satisfaites :
mais que les entrepreneurs se font ruinés malgré les prix avantageux,
& les indemnités que Sa Majesté leur a accordé.

Comme j'ai suivi de près ces désordres, & que j'ai vû pendant les
dernieres guerres ce service mal fait & mal assuré, faute de régle & de
précaution, & particulierement de la part de celui d'entre les entrepreneurs qui régissoit à l'armée, j'ai jugé nécessaire, pour le service du
Roy, d'ajouter à ce traité une légere notion des principes, & de la
conduite qu'il faut suivre pour bien s'acquitter de l'entreprise de cette
partie de la subsistance des armées, qui puisse servir de guide à ceux qui
auront dessein de devenir entrepreneurs, ou d'être employés pour la,

fourniture de la viande, foit aux achats, à la diftribution, foit pour l'adminiftration & la comptabilité particuliere & générale.

Le local de ce fervice étant connu, il y aura plus de concurrens lors des adjudications, le miniftre fera en état de choifir entre les propofans, les plus au fait, & qui auront la meilleure réputation : par ce moyen les troupes feront bien fournies, le fervice affuré, l'entre-prife coûtera moins au Roy, & les entrepreneurs par une fage & ré-guliere adminiftration, y trouveront un bénéfice folide & légitime.

L'on a inferé dans la feconde partie de cet ouvrage, un mémoire inftructif fur chaque objet de l'entreprife de la viande ; un calcul qui démontre le jufte prix de la ration, rélativement aux différentes va-leurs des bœufs & des vaches réduites à un poids, & à un prix com-mun, fans frais, & avec les frais ; un modéle de marché de l'entre-prife pour une armée de 100. mille hommes. Toutes ces chofes peu-vent fervir de régle fur ce fervice, en quelques lieux que fe portent les armées.

CHAPITRE XI.

Entreprife des chevaux pour le fervice de l'artillerie.

IL y a deux fortes d'entreprifes à cet égard ; l'une pour ce qu'on appelle *les chevaux de la referve.* L'autre que l'on nomme fimple-ment, *équipages d'artillerie.*

Les chevaux de la referve, au nombre de 4. 5. ou 600. felon la for-ce de l'armée, font particulierement employés au fervice des fiéges pour conduire les canons & les mortiers dans les batteries. C'eft le mi-niftre de la guerre qui en fait le marché avec un entrepreneur au fait de cette manœuvre.

Les chevaux de la referve doivent être forts, de haute taille, & vigoureux ; l'on trouvera à la fin de la feconde partie une copie de la revûe que j'en ai faite en 1727. par laquelle on verra leur taille & leurs qualités ; ils coûtent ordinairement de 30. 35. à 40. piftoles.

La folde de ces chevaux eft payée 15. à 20. fols plus cher que cel-les des chevaux des équipages des vivres.

J'ai vû conferver ces chevaux après la paix, pour faire les rempla-cemens des magafins d'artillerie.

Cette entreprife ne doit s'accorder qu'à un homme au fait de la ma-nœuvre, valeureux & qui a fait le fervice,

Les chevaux d'équipages d'artillerie font plus nombreux de $\frac{1}{4}$. que ceux de la referve ; c'eft-à-dire, que fi la referve eft de 500. l'on met 2000. chevaux d'équipages fur pied. Ils font employés aux tranfports, & autres fervices d'artillerie. C'eft le miniftre de la guerre, qui fait ce traité de concert avec le grand maître de l'artillerie.

Ces chevaux font de la taille de ceux des vivres ; on les répartit de même 4. à 4. dont un fort limonier. Ils font divifés par équipages de 104. y compris 4. furnuméraires, dits, haut-le-pied.

Le corps de ces équipages eft commandé par un capitaine général, & deux lieutenans ; chaque équipage par un capitaine & un conducteur. Il y a un charretier en pied pour 4. chevaux ; & 4. charretiers furnuméraires, dits, haut-le-pied, par équipage, des maréchaux & des bourreliers, comme dans les vivres.

Les entrepreneurs ne font pas tenus de mettre fur pied des voitures comme les munitionnaires, c'eft le Roy qui fournit les charois.

Les entrepreneurs ne font chargés, par leur marché, que de livrer, équipper, faire conduire, nourrir, médicamenter, & remplacer immédiatement après la mort, le nombre complet des chevaux fixé par ce marché pendant les 199. jours de campagne, y compris les 15. jours de levée.

Ces chevaux on droit de fourager, de même que ceux des vivres ; mais ils ont de plus que ceux-ci, au-delà de la folde, cinq fols par cheval par chaque jour qu'ils ne fouragent pas. Ce qui fe régle lors du compte de l'entreprife devant le miniftre de la guerre, fur les états certifiés des commiffaires d'artillerie qui doivent tenir des nottes éxactes *du non-fouragé*, ainfi que des chevaux morts, pour qu'ils foient remplacés auffi-tôt, afin que le Roy ne paye que ce que Sa Majefté doit aux entrepreneurs.

Les équipages d'artillerie ont un fervice bien moins laborieux que ceux des vivres : parce que fi une armée refte long-temps dans la même pofition, ils n'ont rien à faire, au lieu que les charrois des vivres font dans un perpétuel mouvement, ce qui fatigue extrêmément ces bêtes, & en fait périr grand nombre. C'eft par cette raifon que la folde de ceux-ci, eft plus forte que celle de ceux de l'artillerie, qui a toujours été réglée à 5. fols de moins par cheval par jour ; de forte que fi, par éxemple, la folde des vivres eft de 50. fols par cheval, celle de l'artillerie n'eft que de 45. fols.

Pour proceder à l'eftimation de la dépenfe à faire, lorfque l'on met fur pied un équipage d'artillerie, & parvenir à en fixer la folde en connoiffance de caufe, il n'y a qu'à fuivre ce qui eft prefcrit au chapitre XI. de la deuxième fection, premiere partie de ce traité ; ayant attention de retrancher la dépenſe, concernant la conſtruction & entretien des voitures. Il ne faut aux entrepreneurs d'artillerie, que quelques fourgons pour porter leurs uſtenſiles, les drogues, médi-camens, & équipages des employés : mais il leur faut plus qu'aux vivres des canonieres, pour leurs gens d'équipages.

Les charretiers ont la même paye que ceux des vivres, c'eſt-à-dire, 20. ſols de ſolde, & deux rations de pain, un uniforme comme celui des vivres, excepté que l'écuſſon du bonnet pour l'artillerie repréſen-te deux canons en ſautoir, & que celui des vivres repréſente un double W. toutes ces choſes ſont aux dépens des entrepreneurs.

Les appointemens des employés ſe réglent auſſi ſur le même pied que ceux des vivres, excepté que le capitaine général & les lieute-nans d'équipages d'artillerie, ont un moindre traittement que ceux des vivres, dont le détail eſt plus conſidérable, ayant à commander plus du double d'hommes & de chevaux, & étant toujours en mouve-ment ; ainſi ſuppoſé que le capitaine général des vivres, ait 500 livres par mois, & chaque lieutenant 250. livres, le capitaine général des équipages d'artillerie, ne doit avoir que 400. livres, & ſes lieutenans 200. livres.

Pour l'adminiſtration, les procès-verbaux, la conſommation des fourages, celui des uſtenſiles & des drogues, les payemens des ga-ges de charretiers, le dépôt des piéces comptables, & la compta-bilité générale & particuliére, les entrepreneurs doivent ſuivre tout ce qui eſt preſcrit ſur les équipages des vivres.

Les équipages des vivres ſuppléent quelquefois dans des ſervices urgents à ceux de l'artillerie ; & pareillement ceux de l'artillerie ai-dent aux vivres. *

Les uns & les autres chevaux appartiennent également au Roy, au moyen de la ſolde que Sa Majeſté en paye aux entrepreneurs, & même de leur valeur, au prix convenu par le marché, s'ils ſont tués ou pris par les ennemis.

* Dans le tems que Louis XIV. aſſiégea Namur, les chevaux des vi-vres ſervirent aux tranſports des faſcines, des boulets & des bombes.

Pendant le ſiége de Philiſ-bourg, ſous Louis XV. les chevaux de l'ar-tillerie, tranſ-portent au quartier géné-ral du pain de munition.

SECONDE PARTIE

DU

TRAITÉ GENERAL

DES

SUBSISTANCES

MILITAIRES.

TRAITÉ GENERAL
DES
SUBSISTANCES MILITAIRES,

SECONDE PARTIE.

TARIF pour connoître ce à quoi revient en Flandres, en Allemagne, &
en Italie, la ration de pain de munition de 24. onces, & celle de biscuit
de 18. onces, tous frais de manœuvres & voitures comprises, eu égard à
la variation du prix du bled.

FLANDRES ET ALLEMAGNE.
GARNISONS ET CAMPAGNE.

MAIN d'œuvre, mouture, cuisson, sacs, distribution & déchet de magasins, suivant l'usage.

Sçavoir,

Pour les garnisons, 4 livres 10 sols par sac,
ce qui fait par ration . . . . 6 den. *

Pour la campagne 9 livres par sac, ce
qui fait par ration, . . . 12 deniers.

*OBSERVATION.

En temps de paix, le prix de la manutention n'est pas si fort qu'en tems de guerre, parce que les
munitionnaires ne sont pas obligés à de si grands frais, ni à l'entretien d'un si grand nombre de Com-
mis, & qu'ils trouvent à sous-traiter dans plusieurs Places, avec des boulangers à 15. ou 30. sols par
sac pour la cuisson & distribution : ainsi au lieu de 4. liv. 10. s. par sac, j'ai vû le Ministre n'accorder
que 3. liv. ou 3. liv. 10. s. ce qui fait 4. d. ou 4. d. ⅖ par ration ; mais les tarifs qui suivent, ont été
faits sur le pied d'entreprises en temps de guerre.

Il entre dans la compofition du pain de munition, deux tiers froment & un tiers feigle.

Suppofant que le fac de froment du poids de 200 livres, coûte 9 livres, les deux tiers reviennent à   .   .   .   .   6 livres.

Suppofant encore que le fac de feigle du même poids, coûte 4 livres 10 fols, le tiers revient à   .   .   .   1 l. 10 f.

Prix du fac de munition   .   .   7 l. 10 f.

Chaque fac de munition de 202 livres, rend 200 liv. de farine, le fon compris; à ces 200 livres de farines, on joint 115 livres d'eau, & ce mélange produit 315 livres de pâte, dont on forme 180 rations de 28 onces chacune, lefquelles étant cuites & raffifes, ne pefent plus que 24 onces; enforte que des 115 livres d'eau, il y en a 70 livres qui reftent dans le pain, & 45 livres qui s'évaporent par la cuiffon.

Afin de rendre ce tarif complet, on y a joint une colonne pour l'évaluation de la ration de bifcuit, auffi fuivant la variation du prix du bled.

La ration de bifcuit eft compofée de pur froment blutté. Le fac de 200 livres dont on retire 40 livres de gruau & de fon, produit 142 rations de 18 onces chacune; l'on trouvera cy-après une ample inf-truction fur la fabrication du bifcuit. L'on obfervera feulement ici, qu'à caufe de la façon, blutage, & double cuiffon, l'on paye 2 livres 10 fols par fac de plus, que pour le pain de munition; ainfi la manu-tention de campagne en Flandres & en Allemagne, par fac de 200 livres convertis en 180 rations de pain, étant de 9 livres, celle de bifcuit, fera de 11 livres 10 fols, ce qui fait par chaque ration 19. deniers $\frac{17}{71}$.

En Italie, ce même fupplément de 2 livres 10 fols, étant joint aux 9 livres 15 fols, à quoi revient celle du pain de munition de campagne, & aux frais de voitures par mer & par terre, évalués à 7 livres 10 fols, il en réfulte un total de 19 livres 15 fols par facs convertis en bifcuit; cette fomme étant répartie fur les 142 rations, fait revenir la manutention de chacune à 33 deniers $\frac{27}{71}$. fans la matiere.

A l'égard du prix de cette matiere, l'augmentation de 20 fols fur les 200 livres, influë fur chaque ration, d'un denier $\frac{49}{71}$. en Flandres & en Allemagne, & de deux deniers $\frac{49}{71}$ en Italie.

On n'a calculé ce tarif, que depuis le prix du sac de munition à 7. livres 10 sols, jusqu'à 30 livres, parce que c'est le prix le plus haut qui ait jamais été accordé aux munitionnaires, lorsque les payemens ont été faits en espéces.

FROMENT. SACS de 200 l.	FROMENT. 2/3 dudit SAC.	SEIGLE. SACS de 200 l.	SEIGLE. 1/3 dudit SAC.	Prix du Sac de 200 livres mélangé de 2/3 froment & 1/3 seigle.	Prix de la ration de pain de munition, manutention comprise. Garnison à 6 deniers.	Campagne à 12 deniers.	Prix de la ration de biscuit de pur froment, sur le pied de 19 d. 51/71 de manutention.
à 9 #	6 #	à 4 # 10	1 # 10	7. 10	16 d.*	22 d.	34 d. 46/71
10	6.13.4	5	1.13.4	8. 6.8	17.1/9	23.1/9	36.24/71
11	7. 6.8	5.10	1.16.8	9. 3.4	18.2/9	24.2/9	38.2/71
12	8	6	2	10	19.3/9	25.3/9	39.51/71
13	8.13.4	6.10	2. 3.4	10.16.8	20.4/9	26.4/9	41.29/71
14	9. 6.8	7	2. 6.8	11.13.4	21.5/9	27.5/9	43.7/71
15	10	7.10	2.10	12.10	22.6/9	28.6/9	44.56/71
16	10.13.4	8	2.13.4	13. 6.8	23.7/9	29.7/9	46.34/71
17	11. 6.8	8.10	2.16.8	14. 3.4	24.8/9	30.8/9	48.12/71
18	12	9	3	15	26	32	49.61/71
19	12.13.4	9.10	3. 3.4	15.16.8	27.1/9	33.1/9	51.39/71
20	13. 6.8	10	3. 6.8	16.13.4	28.2/9	34.2/9	53.17/71
21	14	10.10	3. 10	17.10	29.3/9	35.3/9	54.65/71
22	14.13.4	11	3. 13.4	18. 6.8	30.4/9	36.4/9	56.44/71
23	15. 6.8	11.10	3. 16.8	19. 3.4	31.5/9	37.5/9	58.22/71
24	16	12	4	20	32.6/9	38.6/9	60
25	16.13.4	12.10	4. 3.4	20.16.8	33.7/9	39.7/9	61.49/71
26	17. 6.8	13	4. 6.8	21.13.4	34.8/9	40.8/9	63.27/71
27	18	13.10	4. 10	22.10	36	42	65.5/71
28	18.13.4	14	4. 13.4	23. 6.8	37.1/9	43.1/9	66.53/71
29	19. 6.8	14.10	4. 16.8	24. 3.4	38.2/9	44.2/9	68.32/71
30	20	15	5	25	39.3/9	45.3/9	70.10/71
31	20.13.4	15.10	5. 3.4	25.16.8	40.4/9	46.4/9	71.59/71
32	21. 6.8	16	5. 6.8	26.13.4	41.5/9	47.5/9	73.37/71
33	22	16.10	5. 10	27.10	42.6/9	48.6/9	75.15/71
34	22.13.4	17	5. 13.4	28. 6.8	43.7/9	49.7/9	76.64/71
35	23. 6.8	17.10	5. 16.8	29. 3.4	44.8/9	50.8/9	78.43/71
36	24	18	6	30	46	52	80.22/71

* 16 deniers par ration est le prix du traité passé par M. Voisin, Ministre de la Guerre, le 26 Juillet 1715. pour toutes les garnisons de Flandres & d'Allemagne, depuis la mer, jusqu'en Franche-Comté.

ITALIE.

GARNISON ET CAMPAGNE.

Comme le fervice d'Italie eft plus difpendieux que celui de Flandres & d'Allemagne, les frais en général font plus forts. La plus grande partie des bleds fe tire de France, ce qui oblige à des tranfports par mer, de nos ports jufqu'à Gennes, ou autres endroits d'entrepôts, d'où il faut faire les envois par terre & par eau, jufques aux lieux d'emplacemens dans les magafins de la Lombardie; ainfi il convient d'ajoûter au prix du bled, celui du fret & du tranfport, & d'augmenter quelques deniers fur la manutention cy-devant fixée pour la Flandres & l'Allemagne, à caufe que le fervice ne fe fait pas en Italie avec la même facilité.

La fourniture du pain aux troupes en Italie, eft en pur froment, & l'on donne aux chevaux de cavalerie une ration de 4 livres en hiver, & de 3 livres en Eté, auffi de pur froment.

Il eft de l'intérêt de l'état d'obliger les munitionnaires d'acheter des bleds en France, pour que l'argent fe répande dans nos provinces, & que les Eftats voifins n'en profitent pas. L'objet du change eft une feconde confidération.

Frais qu'occafionne un fac de froment acheté en France, & tranfporté par mer jufqu'à Gennes, & de Gennes dans les Places d'Italie.

Suppofant que le munitionnaire achete les bleds en Picardie, en Normandie, dans l'Orléannois, le long de la Loire, & en Bretagne, &c. & même en Champagne & en Soiffonnois; qu'il en faffe l'embarquement à Saint Vallery, au Havre, ou dans d'autres ports de France, fur l'Océan; qu'il les faffe paffer par le détroit de Gibraltar, ou qu'il les faffe décharger à Bordeaux, pour être tranfportés fur la Garonne à Toulouze, & de Toulouze fur le canal à Agde, embarquer fur des tartannes, & conduire à Gennes.

S'il achete en Loraine, qu'il faffe paffer par Juffey & Mircourt fur la Saône; s'il achete en Bourgogne; que de ces differens endroits il charge à Lyon fur le Rhône pour faire defcendre à Arles; enfin, s'il achete en Languedoc ou dans le Montauban, pour embarquer à Agde, les frais de ces différens tranfports feront moindres que le fret des vaiffeaux, partant des ports de France fur l'Océan, pour fe rendre directement à Gennes; mais compenfation du fort au foible, & pour avoir un point fixe & général (& ayant d'ailleurs égard à ce qu'une partie de la confommation pour les garnifons fe prend en Italie même) c'eft eftimer ces frets & tranfports à un jufte prix commun, que de les porter par chacun fac à . . . . 4 livres.

Ci-contre, ... 4 #.

OBSERVATION.

Et de Gennes, dans les places de Lombardie, le transport, par terre & par eau, peut monter à . . . . . 3 #. 10 ß.

Ces 7 livres 10 sols de transport, étant alloüés sur la totalité des emplacemens ordonnés, sont suffisans, parce que, comme on vient de l'observer, les munitionnaires ne tirent pas tous leurs bleds des ports de France, & qu'ils en achetent en Italie & aux environs, lesquels ne leur coûtent pas le tiers de 7 livres 10 sols ci-contre.

Total du prix du transport d'un sac de bled * de France, aux places de consommation en Italie. } 7 #. 10 ß.

La mouture, cuisson, sac, distribution, & déchets de magasins, coûtent, suivant l'usage :

SÇAVOIR;

Pour le pain de garnison, 6 #. par sac ; ce qui fait, par ration, ... 8 đ. *

Pour le pain fourni en campagne, 9 #. 15 ß. par sac ; ce qui fait, par ration, . . . 13 đ. **

Pour la manutention du biscuit, y compris les 9 l. 15 s. sur le pain de munition. 20 #. 5 ß. *3

Ce qui fait, par ration, ... 20 đ. $\frac{10}{71}$.

L'on paye la ration de grain distribué à la cavalerie. . . . . 2 đ.

* Manutention . . . 8. đ.
Transport . . . . . 10. đ.
** TOTAL . . 18. đ.
Manutention . . . . 13. đ.
Transport . . . . . 10. đ.
*3 TOTAL . . . 23. đ.
Manutention . . . . 20 $\frac{50}{71}$.
Transport . . . . . 12 $\frac{48}{71}$.
TOTAL . . . 33 $\frac{27}{71}$.

Prix du sac de froment de 200 livres.	Prix du même sac, joint 7 #. 10 ß. par chacun de transport.	Prix de la ration de pain de 24 onc. tous frais compris.		Prix de la ration de biscuit sur le pied de 20 đ. $\frac{10}{71}$. de manutention.
		Garnison à 8 den. de manutention.	Campagne à 13 đ de manutention.	
à 7 #. le sac	. . 14 #. 10 ß.	. . . 27 đ $\frac{1}{3}$. . . .	. . . 32 đ. $\frac{1}{3}$. . . .	. . . 45 đ. $\frac{15}{71}$.
8	. . 15 . . 10 . . .	. . . 28. $\frac{2}{3}$. . . .	. . . 33. $\frac{2}{3}$. . . .	. . . 46. $\frac{64}{71}$.
9	. . 16 . . 10 . . .	. . . 30	. . . 35	. . . 48. $\frac{42}{71}$.
10	. . 17 . . 10 . . .	. . . 31. $\frac{1}{3}$. . . .	. . . 36. $\frac{1}{3}$. . . .	. . . 50. $\frac{20}{71}$.
11	. . 18 . . 10 . . .	. . . 32. $\frac{2}{3}$. . . .	. . . 37. $\frac{2}{3}$. . . .	. . . 51. $\frac{69}{71}$.
12	. . 19 . . 10 . . .	. . . 34	. . . 39	. . . 53. $\frac{47}{71}$.
13	. . 20 . . 10 . . .	. . . 35. $\frac{1}{3}$. . . .	. . . 40. $\frac{1}{3}$. . . .	. . . 55. $\frac{25}{71}$.
14	. . 21 . . 10 . . .	. . . 36. $\frac{2}{3}$. . . .	. . . 41. $\frac{2}{3}$. . . .	. . . 57. $\frac{3}{71}$.
15	. . 22 . . 10 . . .	. . . 38	. . . 43	. . . 58. $\frac{52}{71}$.
16	. . 23 . . 10 . . .	. . . 39. $\frac{1}{3}$. . . .	. . . 44. $\frac{1}{3}$. . . .	. . . 60. $\frac{30}{71}$.

Prix du sac de froment de 200 livres.	Prix du même sac, joint 7 ℔. 10 ß. par chacun de transport.	Prix de la ration de pain de 24 onc. tous frais compris.		Prix de la ration de biscuit sur le pied de 20 d. $\frac{10}{71}$. de manutention.
		Garnison à 8 den. de manutention.	Campagne à 13 d. de manutention.	
à 17 ℔. le sac.	..24 ℔. 10 ß.	...40 d. $\frac{2}{3}$...	..45 d. $\frac{2}{3}$...	...62 d. $\frac{8}{71}$.
18 ...	..25..10...	...42.......	..47.......	...63. $\frac{57}{71}$.
19 ...	..26..10...	...43. $\frac{1}{3}$...	..48. $\frac{1}{3}$...	...65. $\frac{35}{71}$.
20.....	..27..10...	...44. $\frac{2}{3}$...	..49. $\frac{2}{3}$...	...67. $\frac{13}{71}$.
21.....	..28..10...	...46.......	..51.......	...68. $\frac{62}{71}$.
22.....	..29..10...	...47. $\frac{1}{3}$...	..52. $\frac{1}{3}$...	...70. $\frac{40}{71}$.
23.....	..30..10...	...48. $\frac{2}{3}$...	..53. $\frac{2}{3}$...	...72. $\frac{18}{71}$.
24.....	..31..10...	...50.......	..55.......	...73. $\frac{67}{71}$.
25.....	..32..10...	...51. $\frac{1}{3}$...	..56. $\frac{1}{3}$...	...75. $\frac{45}{71}$.
26.....	..33..10...	...52. $\frac{2}{3}$...	..57. $\frac{2}{3}$...	...77. $\frac{23}{71}$.
27.....	..34..10...	...54.......	..59.......	...79. $\frac{1}{71}$.
28.....	..35..10...	...55. $\frac{1}{3}$...	..60. $\frac{1}{3}$...	...80. $\frac{52}{71}$.
29.....	..36..10...	...56. $\frac{2}{3}$...	..61. $\frac{2}{3}$...	...82. $\frac{23}{71}$.
30.....	..37..10...	...58.......	..63.......	...84. $\frac{6}{71}$.
31.....	..38..10...	...59. $\frac{1}{3}$...	..64. $\frac{1}{3}$...	...85. $\frac{55}{71}$.
32.....	..39..10...	...60. $\frac{2}{3}$...	..65. $\frac{2}{3}$...	...87. $\frac{33}{71}$.
33.....	..40..10...	...62.......	..67.......	...89. $\frac{11}{71}$.
34.....	..41..10...	...63. $\frac{1}{3}$...	..68. $\frac{1}{3}$...	...90. $\frac{60}{71}$.
35.....	..42..10...	...64. $\frac{2}{3}$...	..69. $\frac{2}{3}$...	...92. $\frac{38}{71}$.
36.....	..43..10...	...66.......	..71.......	...94. $\frac{16}{71}$.
37.....	..44..10...	...67. $\frac{1}{3}$...	..72. $\frac{1}{3}$...	...95. $\frac{65}{71}$.

CALCUL.

Pour servir de boussole à une compagnie qui veut entreprendre la fourniture du pain aux troupes de campagne & de garnison ; & la levée & entretien des chevaux & équipages, pour le service de l'armée.

Il convient, pour faire l'estimation, dans une juste proportion de toutes les parties, de supposer le nombre de troupes qui doivent composer les garnisons & l'armée.

FLANDRES ET ALLEMAGNE.

GARNISON D'HIVER.

(*a*) Si les garnisons d'hiver sont de 68. mille hommes, il faut, pour les 180. jours, environ . . . . . . 72000 sacs.

GARNISON D'ESTE'.

Si les garnisons des places, pendant les 180. jours, du premier Mai au dernier Octobre, sont de 17000. hommes, il faut aussi, à cause des cas fortuits. . . . . 18000 f.

TOTAL pour les garnisons . . . . . 90000 f.

ARME'E.

Enfin, si le nombre des troupes de campagne, est de 100. mille hommes, l'emplacement, pendant les 180. jours, doit être au moins de . . . . . 135000.

Total des bleds nécessaires, suivant l'hypothése. (*b*) . . . . } 225000 f.

Le pain de munition, ainsi qu'on l'a dit ci-devant, est composé de deux tiers froment & d'un tiers seigle.

Prix de la matiere.

On suppose que le sac de pur froment, de 200. livres net, rendu dans les magasins de la Flandres & de l'Allemagne, coûte, prix commun 18. liv. il en faut deux tiers du sac, qui reviendront à . . . 12 #.
Si le seigle coûte 9 liv. le tiers reviendra à . . ; 3.

Ainsi, chaque sac de munition, de 200 livres net, coûtera 15 #.

(*a*) *Nota.* Comme ceci n'est qu'une hypothése, s'il y a plus ou moins de troupes, il faut augmenter ou diminuer le nombre de sacs à proportion, sur le pied d'un sac par chaque homme, pour six mois.
(*b*) S'il y a un fond d'emplacement appartenant au roi, il doit être indépendamment de cette quantité; si le munitionnaire s'en est chargé, il est obligé de le rendre en même nature, & dans les mêmes magasins, à la fin de son service : mais ces 225000. sacs n'ont de rapport qu'à la consommation que peut faire le nombre de troupes supposées pendant l'année d'entreprise.

Il convient, au prix du bled, d'ajouter celui de la manutention; voici en quoi il consiste.

Bénéfice, en suivant une administration œconomique.

GARNISONS
d'hiver & d'été.

Estimation ordinaire, y compris le bénéfice.

Pour la mouture d'un sac de 202 livres de grain, le sac compris, les munitionnaires payent, suivant l'ordonnance du roi, 4. pour cent en grain, pris & rapporté dans les magasins : ces 4. pour cent sont évalués, prix commun, à . . . . . . 12. ß.

2. f. .. Bois, cuisson, & distribution . . . . 1.ᵗᵗ. 4.

2. .. Portage, chargement, & déchargement . . . . . 4.

2. .. Manœuvres dans les magasins . . . . . . 4.

2. .. Déchets . . . . 3.

Il sert pour un service suivant, ou le revend 12. sols.

5. 1. Sac de treilli, 25. sols; mais, comme il ne s'use pas pendant l'entreprise, on ne l'employe que pour . . . . 18.

10. .. Frais de régie (a) . . . . 1. 5.

1. l. 3. f.

Total de la manutention d'un sac, faisant six deniers par ration. . . } . 4. 10.

CAMPAGNE.

Comme le pain fait partie de la solde, on ne retient point aux soldats les 2. ß. par ration; le prix en est payé en entier sur des ordonnances assujetties aux 4. deniers des invalides.

Mouture, suivant les conditions ci-dessus;

Mais, comme il arrive quelquefois qu'il faut se servir de moulins éloignés, qui occasionnent quelques frais de voitures, l'on employe . . . 15. ß.

Cuisson, distribution, boulangers sans travail,

1. l. & massons à la suite des travaux. . . . . 2.ᵗ. 10.

5. f. . Portage, chargement, & déchargement. . . 10.

1. l. 5. f.　　　　　　　　　　　　　　　　3. 15.

(a) Il ne se fait pas de retenue des 4. ₰. pour les invalides, sur les 2. ß. réservés sur la solde par chaque ration de pain, suivant le complet des revûes : ainsi le munitionnaire ne doit ces 4. ₰. que sur l'excédent des 2. ß.

Manœuvres

Bénéfice, en fui- | | Eftimation or-
vant une adminiftra- | | dinaire, y com-
tion œconomique. | | pris le bénéfice.

Ci-contre.   *Ci-contre,*   q   #   3. liv. 15. f.
  1. liv. 5. f.
      6. . . Manœuvres dans les magafins   .   .   ..   .   10.
      4. . . Déchets, & uftenfiles   .   .   .   .   .   10.
          Sacs de toile, 25 fols; il s'en fait plus de dégât à
      7. . l'armée, que dans les garnifons   .   .   .   1.
          Frais de régie, 4. deniers pour livre des invalides,
          appointemens de commis, frais de bureaux, hono-
          raires, équipages, & table du général des vivres, à
  1.   10. . l'armée.   3   5.

  3. liv. 12. f.   *TOTAL de la manutention de campagne,* } ... 9. liv.
            faifant par ration 12. deniers,   .   .

Affemblage des prix de la matiére, & des frais.

Les 90000. facs pour les garnifons, coûteront* 19. liv. 10. chacun,
& reviendront à   .   .   .   .1755000. liv.
  Les 135000. facs pour l'armée, coûteront** 24.
liv. chacun, & reviendront à   .   .   .   ...3240000. liv.

        TOTAL de la dépenfe, ...4995000. liv.

* Le bled, 15. l.
Manu-tention. 4. l. 10. f.

    19. l. 10. f.

** Le bled, 15. l.
Manu-tention, 9. l.

    24. l.

Suivant le calcul & tarif ci-devant;

La ration de garnifon, eft de   .   . . . 26. deniers.

Celle de campagne, de   .   .   . . . 32.

Et celle de bifcuit, de   .   .   . . . 49. $\frac{61}{71}$.

Ainfi les munitionnaires, peuvent former leur propofition fur ce
pied, fi le fac de $\frac{2}{3}$. froment & $\frac{1}{3}$. feigle, ne revient net, rendu dans
les magafins, qu'à 15. livres, obfervant que 15. fols par fac de plus
ou de moins, font un denier de plus ou de moins par ration.

Converſion des 225000. ſacs de bleds en ration, ſur le pied de 180. par chacun.

Les 90000. ſacs des garniſons, produiront la
quantité de . . .. 16200000. ℞ à 26. d. .. 1755000. liv.
Et les 135000. de camp..24300000. ℞ à 32. d. ., 3240000. liv.

TOTAUX des rations & des prix, ... 40500000. ℞　　4995000. liv.

OBSERVATION.

Comme le ſac produit 180. rations, & que dans l'évaluation ci-deſſus, ſuivant l'hypothéſe, elle ſe trouve partie aliquote, du prix de la matiére, & de la manutention jointes enſemble, il n'y a pas de fraction : mais le prix du bled étant variable, il y a un tarif des parties de deniers, dont néanmoins ceux qui veulent entreprendre, ne font point mention dans leurs offres.

EXEMPLE.

Si le ſac de bled de $\frac{2}{3}$ froment & $\frac{1}{3}$ ſeigle du poids de 200. livres, revient à 17. livres 10. ſols; la manutention de garniſon étant de 4. livres 10. ſols, cela fait un total de 22. livres : ces 22. livres repar-ties ſur 180. rations, fixe le prix de chacune à 29. deniers $\frac{1}{3}$. alors les propoſans demandent 30. deniers, & ces $\frac{2}{3}$ de deniers d'éxcédens, ſont indépendans d'un denier de plus que pourroient eſpérer, au-delà de la fixation du tarif, des munitionnaires de réputation, qui feroient dans l'eſtime des miniſtres & des officiers généraux, & dans l'habitude de faire un ſervice brillant, à la ſatisfaction des troupes, & ſans qu'il en ſoit jamais revenu de plaintes. Il pourroit bien arri-ver, ainſi que je l'ai vû quelquefois, qu'ils ne ſoient pas refuſés, & qu'on les préférât à d'autres, qui offriroient deux deniers de moins, dans l'eſpérance de ſe ſervir des anciennes rubriques des vivres, & de ſuppléer au bas prix, par de mauvaiſes fournitures, ou par des procès-verbaux de pertes, & des dépenſes ſuppoſées.

Bénéfice de l'entreprise sur la fourniture du pain.

Les 90000. sacs pour les garnisons, à raison seulement de 20. s. par sac, montent à la somme de . . ... 90000. liv.

Les 135000. sacs de campagne, à 3. liv. aussi seulement chacun, font, ... 405000. liv.

495000. liv.

Dans le cas où le ministre accorderoit le denier de plus que l'évaluation ci-dessus, & qu'au lieu de 26. deniers pour les garnisons, & de 32. deniers pour la campagne, il passât 27. deniers pour un service, & 33. deniers pour l'autre; c'est-à-dire, 15. sols par sac au-dessus du tarif; le bénéfice sur les 225000. s. seroit à cet égard de . . . . 168750. liv.

Total, à quoi monteroit le bénéfice, ... 663750. liv.

OBSERVATION.

Ce bénéfice sera toujours le même en raison proportionnée d'une plus grande, ou d'une plus petite consommation, sans que la variation du prix des grains, (que les munitionnaires entendus doivent acheter à propos & en quantité suffisante,) y apporte du changement; ainsi qu'il est démontré par le tarif, parce que lors des propositions, qui se font ordinairement au mois d'Octobre, la moisson est faite, les gens qui ont envie d'entreprendre, sçavent dès le mois de Septembre si la récolte a été abondante, ou stérile en général; ou dans plusieurs provinces, à portée de la consommation: le ministre en est pareillement instruit par Mrs. les intendans (a), & c'est sur ces connoissances, de part & d'autre, que s'arbitre le prix commun, auquel on joint le montant toujours fixe de la manutention.

Si le munitionnaire est chargé de fournir du biscuit, *voyez*, ci-devant ce qui est dit sur la fabrication, & l'apréciation de chaque ration.

____

(a) *Nota.* Du temps de Louis XIV. & depuis, excepté en 1740, 1741, 1742. 1743. les marchés des vivres ont toujours été faits en Septembre ou Octobre, & le ministre a intérêt de remettre les choses sur ce pied; parce qu'au mois de Décembre ou de Janvier, les grains rencherissent, les chemins sont impraticables pour les voitures; & les débordemens, ou les gelées, empêchent les moutures.

EQUIPAGES.

Pour le tranfport & la diftribution du pain à l'armée, il faut des voitures; voici comme on procéde pour en déterminer le nombre.

L'on a fuppofé, que l'armée étoit de 100. mille hommes, qu'elle confommeroit 135. mille facs pendant 180. jours de campagne, & que les 135. mille facs produiroient 23. millions 300. mille rations; ainfi cela fait par jour, 135. mille rations.

La diftribution fe fait dans les camps, pour 4. jours; partant le nombre de ration qu'il faut voiturer chaque jour de diftribution, eft de 540. mille rations.

Chaque charrette attelée de 4. chevaux, contient 800. rations; ainfi divifant 540. mille par 800. (nombre proportionnel,) l'on trouvera qu'il ne faudroit que 2700. chevaux.

Mais pour les raifons déduites au chapitre XI. feétion IIᵉ. de la premiere partie, il faut employer un cinquiéme de plus que les 2700. chevaux; cette augmentation porte le nombre des chevaux à acheter, à . . . . 3240.

L'on répartit ces chevaux par équipages de 104. chacun, y compris 4. furnuméraires par équipage, ce qui fait 31. équipages & 16. chevaux de plus; ces chevaux étant attelés, 4. à 4. à une charrette, il faut, ... 779. (a) charrett.

Et par conféquent, ...3116. che. attelés.
Et 4. furnuméraires par équipage, faifant, ... 124.

   Quantité pareille : : .3240. chevaux.

* On trouvera la formule d'un marché de chevaux , enfuite du réfultat de campagne.

Ces chevaux s'achetent en Suiffe; c'eft à Mortaux, où ceux qui en font l'entreprife, les livrent au munitionnaire. *

Ils valent ordinairement à la raye 200. liv. ainfi les 3240. chevaux coûteront, ... 648000. liv.

(a) Quoique les charrettes puiffent porter 11. à 1200. rations, il ne faut pas les charger de plus de 800. qui font un poids de 1200. livres, fans compter celui de la voiture, autrement le meilleur équipage eft bien-tôt détruit; par des convoys en temps de pluyes, les chevaux qui ont un tirage trop fort, s'éxcédent, & fur tout le limonier, qui porte tout le fardeau, dans l'inégalité des chemins, les orniéres, & les defcentes.

Ci-contre, ... 648000. liv.
Les frais de levées, environ, ... 4000. liv.
Il faut 779. charrettes, vannées & couvertes, * chacune avec les harnois, coûtent 200. liv. ... 155800. liv.

* Voyez, ci-
après le devis.

Il faut 903. charretiers, dont 779. pour conduire les 779. charrettes, & 124. furnuméraires, dits haut-le-pied, quatre par équipage, à 25. f. chacun par jour, dont 20. f. de folde, & 5. f. pour deux rations de pain, pendant 199. jours; fçavoir, 184. de campagne, & quinze jours de levée, ce qui monte à la fomme de . . 224611. liv.

37. Capitaines, dont trente-un en pied, un pour chaque équipage, & fix furnuméraies, à raifon de 150. liv. par mois à chacun, pendant fix mois & demi, ... 36075. liv.

37. Conducteurs, un à la fuite de chaque équipa-ge, & fix furnuméraires, à 100. liv. chacun par mois, pendant, *idem.* . . . . 24050. liv.

Un capitaine général, pendant le même temps, à 400. liv. par mois, ... 2600. liv.

Trois lieutenans principaux, pendant ledit temps, à 200. liv. chacun par mois, ... 3900. liv.

Un garde-magafin du parc, à 150. liv. par mois, pendant, *idem.* . . . . 975. liv.

Un tréforier des équipages, à 250. liv. par mois, pendant ledit temps, ... 1625. liv.

Un commis de caiffe, à 150. liv. par mois, *idem.* .. 975. liv.
Médicamens pour les chevaux, ... 6000. liv.
Uftenfiles d'équipages, ... 4000. liv.

31. Boureliers, & 31. charrons, un de chaque mé-tier, à la fuite de chaque équipage, faifant 62. hom-mes, à 25. f. par jour, ... 15422. liv.

31. Maréchaux à 100. liv. chacun par mois, en fourniffant les fers, pendant fix mois & demi, ... 20150. liv.

Un bourelier, un charron, & un maréchal, princi-pal, à chacun 80. liv. par mois, pendant fix mois & demi, ... 1560. liv.

Subfiftance de 3240. chevaux, pendant 199. jours, à une ration chacun par jour; la ration compofée d'un boiffeau d'avoine & de 20. liv. de foin, évaluée à 10. f. *, ci, ... 322380. liv.

* Ce prix peut
varier , felon
l'abondance ou
la difette de l'a-
voine ou du
fourage.

1472133. liv.

De l'autre part , ... 1472133. liv.

Pour le prix de 903. farrots de treilli blanc, & autant de bonnets, pour les charretiers & haut-le-pied,
à raifon de 12. liv. le farrot & le bonnet, la fomme
de   . . . . 10836. liv.

       TOTAL de la dépenfe , .. 1482969. liv.

Solde que le Roy paye pour la levée & entretien des équipages.

Pour la folde & entretien defdits équipages, fur le pied de 50. f.
par cheval, par chacun des 199. jours de campagne, y compris les
quinze jours de levée, & pour les 3240. chevaux, . 1611900. liv.

Il arrive fouvent, que pendant l'hyver, le miniftre referve moitié
des équipages, pour accélérer les emplacemens, & être en état d'entrer de bonne heure en campagne, alors, il ne paye aux munitionnaires que la demie folde. Ces chevaux s'incorporent au premier
May, avec le nombre de chevaux neufs, que le munitionnaire eft
chargé d'acheter, pour le fervice de la campagne fuivante, moyennant une folde entiére pendant 199. jours, y compris la quinzaine
de levée : mais cette quinzaine de levée n'eft pas dûe au munitionnaire fur le nombre de chevaux refervés pendant l'hyver, & qui ont
reçu la demie folde ; on en verra bien-tôt la raifon.

Bénéfice fur les équipages.

La folde pendant les 199. jours, monte à   .. 1611900. liv.
La dépenfe pour achats de chevaux, d'équipages,
gages de charretiers & ouvriers, appointemens d'employés, & fubfiftance, ne monte qu'à . . .. 1482969. liv.

     Différence en bénéfice , . .. 128931. liv.

A quoi il faut ajouter ;

1°. La valeur des chevaux qui fervent au munitionnaire, s'il eft continué la campagne fuivante, ou
qu'il vende à celui qui lui fuccéde.

Ci-contre, ... 128931. liv.

Le défaut de principes dans l'adminiftration, le manque d'attention de la part de ceux qui commandent les équipages, la négligence des capitaines à faire foigneufement panfer les chevaux, la mauvaife nourriture, ou le retranchement que ces mêmes capitaines en font à leur profit; tout cela joint à la fatigue d'un continuel fervice*, fait qu'il y en a le tiers qui crévent, ou qui font hors de fervice, & le furplus en entrant dans les quartiers d'hyver, étant en mauvais état, ne vaut pas le tiers du prix de l'achat; le munitionnaire qui n'eft pas continué eft obligé de vendre, afin d'éviter les frais de nourritures, gages & appointemens, fans avoir de folde; ainfi ces chevaux, l'un dans l'autre, ne fe revendent que 60. liv. au plus; partant des 3240. fupprimant ce tiers, refte 2160. qui, à raifon de 60. liv. chacun, montent à la fomme de (a) . . . . 129600. liv.

2°. Les charrettes, harnois, & uftenfiles, peuvent encore valoir, s'ils font revendus à un autre munitionnaire qui fuccéde, au moins, ... 30000. liv.

3°. Comme les équipages des vivres ont droit de fourager, de même que les troupes pendant la campagne, & que l'on peut eftimer ce fouragement à 99. jours, qui font à déduire fur la fubfiftance ci-deffus employée pour 322380. livres, le bénéfice à cet égard doit être employé fur le pied de 4. f. feulement par cheval, parce qu'on ne retranche pas l'avoine,

—————
288531. liv.

* Voyez ce qui
eft rapporté à
cet égard dans
la premiere par-

(a) En obtenant pour la garde du parc des fentinelles, aufquelles il feroit configné de ne laiffer fortir aucune avoine ni fourage, ordonnant au controlleur des équipages de vifiter les voitures qui rentrent au parc, chargées des avoines qu'elles ont été prendre dans les magafins, pour connoître fi les quantités font conformes à l'ordre du chargement, & à la lettre de voiture; en éxaminant lorfque les charrettes fortent du parc, s'il n'y a point d'avoine, on s'affureroit par ces précautions, que toutes celles qui y entrent y feroient confommées, les chevaux étans bien nourris, fupppoteroient facilement les fatigues du fervice, & au lieu d'un tiers qu'on eftime en perte, pendant la campagne, il n'y en auroit pas un quart : ce qui iroit au profit de Sa Majefté, par la déduction conféquente qui en réfulteroit fur le prix de la folde.

De l'autre part, ... 288531.liv.
ce qui monte à la fomme de (*b*) . . ... 64152.liv.

TOTAL du bénéfice fur les } . 352683. liv.
équipages, . . . }

Récapitulation des bénéfices.

Sur la fourniture du pain de munition aux garnifons, & à l'armée, non compris le denier éxcédant le prix du tarif, ... 495000.liv.

Sur les équipages, ... 352683.liv.
____
847683.liv.

Si l'on ajoute le denier éxcédant au prix du ta- rif, fur chaque ration, l'augmentation fuivant l'hypo- théfe, feroit de . . . . 168750.liv.

TOTAL du bénéfice, ... 1016433.liv.
____

Dans le cas où le miniftre continueroit la compagnie, & referve- roit 2000. chevaux, moyennant une demie folde, les chevaux re- fervés, les charrettes, les harnois, & les uftenfiles, qui n'ont fait qu'une campagne, procureroient aux munitionnaires un autre bené- fice. En voici la preuve.

Les munitionnaires pour completter leurs équipages à l'entrée de la campagne, acheteroient de moins les 2160. chevaux, qu'on a fuppofé avoir été vendus 60. livres piéce, parce que ces chevaux, par le repos & la bonne nourriture, fe rétabliroient pendant l'hyver, & rendroient plus de fervice que des chevaux neufs.

Or, 2160. chevaux neufs, coûteroient 200. livres chacun. Ceux refervés feroient donc un profit au munitionnaire de 200. livres par cheval; & comme dans le calcul ci-devant, les 2160. chevaux ont été employés comme revendus à 60. livres piéce, ils ne feront ici portés qu'à 140. liv, faifant en total, ci, ... 302400.liv.

____

(*b*) Si l'avoine étoit retranchée, le bénéfice iroit à 96228. livres de plus: mais auffi les chevaux qui font outrés de fatigues, & qui ne feroient pas foutenus par une bonne nourriture, créveroient en plus grand nombre, & l'article des 129600. livres employé ci-deffus pour la revente, ne pourroit plus être tiré en bénéfice.

Les

Ci-contre, ... 302400. liv.

Les 779. charrettes avec les harnois étant rhabil-
lés, serviront également, que des neuves, pendant
la campagne suivante.

Ils ont été employés dans le calcul ci-devant, sur
le pied de 200. liv. d'achat, faisant, . 155800. liv.

Sur quoi il convient déduire
50. liv. sur chacune
pour le rhabillage,
ci, ...38950.liv. ⎫
⎬ . 68950. liv.
L'on a porté aussi ⎪
ci-devant le prix de la
vente, pareillement
à déduire, pour, ..30000.liv. ⎭

Reste à tirer hors ligne, ... 86850. liv. ci. 86850. liv.

Ainsi le total du bénéfice, dont profiteroit une ⎫
compagnie continuée, ou de nouveaux munition- ⎪
naires qui lui succéderoient, & qui se chargeroient, ⎬ . 389250. liv.
selon l'usage, des chevaux & charrettes, seroit à ⎪
cet égard de . . . . ⎭

C'est sur le fondement de ces seconds bénéfices, que le ministre
peut réduire la solde pendant les campagnes successives de 50. s. à
45. (a) Mais pour l'établissement d'un service au commencement
d'une guerre, 50. s. par chaque cheval n'est pas trop; & la fixation
des rations de pain, suivant le tarif est à sa juste valeur. (b)

MODELE D'UNE PROPOSITION,

relative aux calculs ci-devant.

PAul Dumesnil, bourgeois de Paris, sous le cautionnement de
huit personnes accréditées, en état par eux-mêmes de faire de
grosses avances, & parfaitement au fait du service des vivres.

(a) *Nota.* L'on suppose que l'avoine & le fourage soient aux mêmes prix que
l'année précédente.

(b) *Voyez,* par comparaison, sur ce qui concerne le détail d'une entreprise en
Italie, ce que ce service coûtera au Roy.

D d

Offre à Mg.ʳ le marquis de Breteüil, commandeur des ordres du Roy, miniſtre & ſécretaire d'eſtat, ayant le département de la guerre.

D'entreprendre la fourniture du pain de munition aux troupes, qui tiendront garniſon dans les départemens de Soiſſonnois, Picardie, Artois, Flandre-Françoiſe & Maritime, Haynault, frontiéres de Champagne; en Lorraine & les trois Evêchés, Comté de Chiny, pays de la Sarre, en Allemagne, tant en déçà, qu'au-delà du Rhin, & dans le Comté de Bourgogne, pendant le quartier d'hyver & les ſix mois d'été, à commencer au premier Novembre prochain, juſqu'au dernier Octobre 1742.

Pareillement la fourniture du pain de munition, aux troupes d'armées qui s'aſſembleront en Flandres & en Allemage, tant en déçà, qu'au-delà du Rhin, à commencer au premier May 1742. juſqu'au dernier Octobre ſuivant.

Et de lever & entretenir le nombre néceſſaire de chevaux & charrettes pour le tranſport, & la diſtribution du pain de munition auſdites armées, & aux camps qui agiront dans les pays ci-deſſus, pendant ladite campagne.

Ledit pain, entre bis & blanc, en telle quantité qu'il ſera néceſſaire, compoſé de deux tiers de froment & un tiers ſeigle; la farine en provenant non bluttée. Chaque ration du poids de 28. onces en pâte, pour revenir à 24. onces, cuite & raſſiſe.

Pour laquelle fourniture ledit Paul Dumeſnil demande;

SÇAVOIR,

Vingt-ſix deniers par chaque ration de garniſon.

Et trente-deux deniers par chacune de celles qui ſeront fournies à l'armée, ſuivant les revûes & les ordres qui lui ſeront donnés.

S'il lui eſt ordonné de fabriquer du biſcuit, chaque ration lui ſera payée quarante-neuf deniers.

A l'égard de la ſolde des équipages, il demande deux livres dix ſols, par cheval, & par jour, pendant les 184. jours de campagne, avec quinze jours de levée, faiſant en total 199. jours.

Et au moyen de cette ſolde, ledit Paul Dumeſnil, ſera tenu de l'achat & nourriture des chevaux, de l'achat, conſtruction & entretien des charrettes, harnois & équipages, gages de charretiers & ouvriers, appointemens de commis & employés; & pourront leſdits équipages fourager, de même que les autres troupes & officiers de l'armée.

Le prix des fournitures ci-deſſus, & de la ſolde des équipages, ſera payé audit Paul Dumesnil, en espéces; sçavoir, un tiers comptant, lors de la signature du traité, un tiers au premier Avril, & l'autre tiers en six payemens égaux, mois par mois, à compter de celui de May, jusqu'en Octobre suivant.

Ledit Paul Dumesnil, demande au surplus, que les marchés qui lui seront passés pour les garnisons & la campagne, contiennent toutes les conditions & stipulations ordinaires & accoutumées, suivant les anciens traités & résultats des vivres, tels que le remboursement des voitures extraordinaires, après les premiers emplacemens ordonnés; la jouissance des magasins & logemens, sans en rien payer; le remboursement des prises par les ennemis; les pertes causées par forces majeures, dont il justifiera par procès-verbaux en bonne forme, les passeports pour l'affranchissement de tous droits anciens & nouveaux, de quelque sorte que ce puisse être, sur les bleds, farines, chevaux, bois & autres denrées & effets nécessaires, à l'exécution de l'entreprise des vivres; les escortes nécessaires pour la sûreté desdits effets, tant par terre que par eau; l'échange ou la rançon de ses commis & employés; la permission de lever les bleds, farines, avoines, & foins, dans tout le royaume, en les payant de gré à gré, au prix des trois derniers marchés; de se servir de barques, bateaux & bâtimens de mer; comme aussi de charrettes & chevaux, par préférence à tous autres. Les deux pour cent sur toute la fourniture qui sera faite aux armées; & en cas de paix ou de trêve, qu'il sera indemnisé, soit par rapport aux effets non consommés, soit à cause de la mévente de ses chevaux & équipages. Exempt de rendre compte à la chambre, pour ce qui concerne les garnisons, les frais, les dépenses extraordinaires & les équipages; & de lui faire fond des épices, façon, & vacations du compte à rendre par le garde général des vivres, pour raison du pain de campagne.

Pour l'exécution des offres ci-dessus, ledit Paul Dumesnil, présentera, à la volonté de Mg.r ses cautions, & immédiatement après la signature du traité, il exécutera vigilamment, & avec fidélité ses engagemens, sous les peines de droit. Fait à Paris le 4. Octobre 1741.

OBSERVATION.

Quoique le marché des garnisons, & le résultat pour la campagne, soient séparés, & que l'un se passe sous-signature privée, par le ministre de la guerre; l'autre ensuite de formalités d'adjudication à la grande direction du conseil;

Néanmoins les munitionnaires, doivent toujours présenter leur offre dans la forme ci-devant, parce que si la compagnie est bonne,

qu'elle foit au fait du fervice, les deux miniftres qui concourent au
même but, conviennent enfemble; ils en font conjointement le rapport au Roy : alors les propofitions font acceptées, ou rejettées : au
premier cas, le traité fe paffe au confeil d'eftat, le Roy préfent ; le
réfultat n'eft que pour la forme, par rapport à la chambre des comptes.

MODELE DE MARCHE' ANCIEN,

pour femblable entreprife, en Flandres & en Allemagne, où
les armées, en 1711, 1712. & 1713. compofoient plus de
270. mille hommes.

NOUS, fouffignés, François Rafy; François - Marie Fargès,
Antoine Paris, Jofeph Paris du Verney, Jean Ourfin, Gabriel
de Zegre, & Louis la Marque, ftipulant pour Jean Gallier, bourgeois de Paris, chargé de la fourniture du pain de munition aux troupes qui agiront en Picardie, Soiffonnois, Artois, Flandre-Françoi-
fe, & du côté de la mer; Haynault, Brabant, pays d'entre Sambre
& Meufe, frontiéres de Champagne ; en Allemagne, tant en déçà,
qu'au-delà du Rhin; dans les Evêchés de Metz, Toul & Verdun;
pays de Luxembourg, Comté de Chiny; pays de la Sarre, & Comté de Bourgogne, pendant l'année prochaine 1712. Reconnoiffons,
avoir promis à Mg.r Voyfin, miniftre & fécretaire d'eftat, ayant le
département de la guerre, ftipulant pour Sa Majefté, de fournir aux
troupes de cavalerie, dragons & infanterie; fçavoir; à celles qui nous
feront indiquées pour le quartier d'hyver, qui commencera au premier Novembre prochain, & finira au dernier Avril 1712. & à toutes celles qui tiendront garnifon dans les Places defdits pays, pendant les mois de May, Juin, Juillet, Aouft, Septembre & Octobre, de l'année prochaine 1712. le pain de munition en telle quantité qu'elle fe pourra monter, ledit pain compofé de deux tiers de
froment & un tiers de feigle, du poids de 28. onces en pâte, pour
revenir à 24. onces, cuit & raffi, de bonne qualité, ainfi qu'il fe
fournit aux armées.

Ledit Gallier & fes cautions, recevront du précédent munitionnaire, tous les grains & farines de bonne qualité, qui lui refteront
au dernier Octobre de la préfente année, dont il fe chargera à la
décharge dudit précédent munitionnaire, auquel il fera tenu compte
de ce qu'il juftifiera avoir remis audit Gallier & à fes cautions, qui

recevront pareillement les grains, qui pourroient être impofés, fur les pays qui en devront fournir; defquels grains & farines, provenans, tant du précédent munitionnaire, que des impofitions, ledit Gallier & fes cautions fe chargeront, pour en rendre pareille quantité dans les mêmes magafins, au dernier Octobre de l'année prochaine 1712.

Les recepiffés des grains & farines, feront donnés par ledit Gallier, fes cautions ou commis, tant au munitionnaire précédent, à fes commis & prépofés, qu'à ceux qui en livreront pour les pays impofés, ou pour le compte du Roy, en facs de 202. livres, poids de marc.

Les grains & farines d'impofitions & de contributions, fi aucunes font faites, feront remis audit Gallier, ou à fes cautions & commis, dans les magafins de la frontiére; & il fera tenu de faire voiturer les provifions de fes achats, par tout où il pourra être néceffaire de les tranfporter, pour être convertis en pain, & diftribués aux troupes, dans les lieux où elles tiendront garnifon.

Il fera fourni fans frais au munitionnaire, dans toutes les Villes & quartiers, où il fera tenu de faire des magafins, des lieux couverts & fermés, pour refferrer & conferver les bleds & farines.

Les grains & farines qui feront remis audit Gallier, tant par le précédent munitionnaire, que du produit des impofitions qui feroient ordonnées par le Roy, doivent être livrés audit Gallier de bonne qualité, & telle que le pain qui en proviendra, puiffe être reçu fans difficulté par les troupes; & en cas de conteftation, entre les commis du précédent munitionnaire, dudit Gallier, & de ceux qui feront chargés de faire les fournitures des grains impofés, elles feront réglées par l'intendant, ou par les commiffaires des guerres, fous fes ordres.

Sera tenu ledit Gallier, d'entretenir, à commencer du premier Novembre prochain, en cas que l'armée foit féparée, ou du jour de la féparation d'icelle, fur la frontiére de Flandres, le nombre de deux mille chevaux, attelés à cinq cens charrettes ou caiffons, moyennant vingt-cinq fols de folde par jour, pour chacun defdits chevaux, dont ledit Gallier fera payé jufqu'au jour que commencera la folde des équipages, qui doivent être à la fuite de l'armée, pendant la campagne prochaine; lefquels deux mille chevaux, feront employés au tranfport des bleds & farines néceffaires pour la formation des magafins.

Au moyen des conditions ci-deffus, il fera payé audit Gallier, ou à fes cautions, tant pour le département de Flandres que celui d'Allemagne, la fomme de vingt-huit deniers, pour l'achat des grains

& voiture d'iceux , & pour tous frais généralement de moutures ;
blutage, facs, cuiffon , façon & diftribution de chaque ration de
pain de munition, qu'il juftifiera avoir fourni aufdites troupes, & le
payement defdits vingt-huit deniers & de la folde des chevaux, fera
fait au munitionnaire, fur les ordonnances qui feront expédiées , &
des fonds de l'extraordinaire des guerres à ce deftinés ; fçavoir, cinq
millions cent foixante trois mille neuf cens quarante fix livres treize
fols quatre deniers , pour 44. millions 262. mille 400. rations de
pain , qui feront fournies à raifon de 243. mille 200. rations par jour.
Quatre cent cinquante cinq mille livres, pour la folde defdits 2000.
chevaux, pendant 182. jours , à quoi montent les 6. mois du quartier d'hyver prochain, à ladite raifon de 25. fols par jour ; montant
lefdites deux fommes , à celle de cinq millions fix cent dix-huit mille
neuf cent quarante-fix livres treize fols quatre deniers, qui fera payée
des fonds mentionnés en l'état annexé au préfent marché, après avoir
été paraphé par Monfeigneur , & par les cautions dudit Gallier; fçavoir, moitié après la fignature du préfent marché, ladite moitié montant à 2. millions 809. mille 473. livres 6. fols 8. deniers, & le furplus
en cinq payemens égaux , de mois en mois, à commencer de celui
de Décembre prochain, à raifon de 561. mille 894. livres 13. fols 4.
deniers, pour chacun defdits mois ; & 1395. mille 333. livres 6. fols
8. deniers pour 11. millions 960. mille rations de pain , qu'il fournira
aux troupes des garnifons pendant les fix mois de la campagne prochaine , faifant 184. jours , à raifon de 65. mille rations , dont 35.
mille, pour le département de Flandres , & 30. mille, pour celui d'Allemagne, laquelle fomme de 1395. mille 333. livres 6. fols 8. deniers
fera payée en fix payemens égaux , de mois en mois, à commencer
de celui de Mai 1712. à raifon de 232. mille 555. livres 11. fols 1.
denier par chaque mois.

Revenant toutes lefdites fommes, à celle de fept millions quatorze
mille deux cent quatre-vingt livres , à quoi lefdites fournitures ont
été eftimées ; fauf au munitionnaire à en compter : moyennant lefquels payemens , à l'égard du temps d'hyver, il fera déduit deux
fols pour la ration de pain qui fera fournie aux troupes , jufqu'à concurrence du montant des revûes, & deux fols quatre deniers, pour
le pain qui excédera lefdites revûes, qui fera réputé avoir été fourni pour la fubfiftance des officiers & de leurs équipages ; defquelles
retenues , les commis de l'extraordinaire des guerres de chaque place, remettront leurs certificats au munitionnaire, pour en être fait
compenfation jufqu'à concurrence, avec les avances que le tréforier général aura fait au munitionnaire , & fe faire raifon l'un à l'autre, Et à l'égard des 4. deniers de fuplément pour le pain fourni aux

troupes, suivant les revûes, ils feront payés au munitionnaire, en rapportant les états de fournitures arrêtés par les intendans, sur lesquels il sera expédié des ordres à la décharge du tréforier général ; il en sera pareillement expédié pour la folde des deux mille chevaux, que le munitionnaire doit entretenir, ainsi qu'il est ci-devant expliqué.

S'il plaifoit à Sa Majesté, de laisser ses troupes assemblées en campagne au-delà du dernier Octobre prochain, ou les faire assembler pendant les six mois du quartier d'hyver ; le munitionnaire sera tenu de fournir le pain sur le pied du prix qui fera fixé par le résultat du Confeil, pour la fourniture qui doit être faite aux troupes de l'armée, pendant les fix mois de la campagne de 1712.

Si le munitionnaire a besoin de passeport, pour raison de ladite fourniture, il lui en fera fourni pour l'exemption de tous droits.

S'il étoit pris quelques Places par les ennemis, il sera tenu compte au munitionnaire des grains, farines, & autres effets qui y feront trouvés, fur les procès-verbaux en bonne forme qu'il en rapportera fur les bleds & farines qu'il aura reçû du munitionnaire précedent, & dont il doit faire le remplacement.

Le munitionnaire ne fera tenu de compter de toutes lefdites fournitures à la chambre des comptes, ainsi que les précedens munitionnaires en ont été difpenfés par leurs traités, Sa Majesté l'exemptant même de fournir au garde général des vivres, aucune fomme de deniers, non plus qu'aucune piéce pour compter pour lui, attendu que le payement qui lui fera fait, en la maniére ci-dessus expliquée, pour lefdites fournitutes de pain aux troupes de garnifon d'hyver & d'été, provient de la folde ordonnée par le Roy aufdites troupes, & que le tréforier général de l'extraordinaire des guerres, est tenu de compter au confeil, & à la chambre des comptes de ladite folde entiere.

Ce qui a été agréé & accepté par nous Daniel François Voyfin, ministre & fécrétaire d'estat, ftipulant pour Sa Majesté ; promettant audit nom, de faire fatisfaire à toutes les claufes & conditions du préfent marché, lefquelles fournitures du pain de munition feront faites aufdites troupes d'infanterie, cavalerie & dragons, fuivant les ordonnances des intendans aufdits pays, & conformément aux plus éxactes revûes des commiffaires des guerres pour ce ordonnés & départis.

Et ne pourra le munitionnaire, fous quelque prétexte que ce foit, commettre aucun garde-magafin, ni tout autre comptable, pour l'éxécution du préfent traité, s'ils ne donnent caution bonne & folvable. (*a*) Fait ce 6. Octobre 1711.

(a) *Nota.* Cet article est ajouté pour la fûreté du service & l'intérêt du Roy, fuivant ce qui est dit au chapitre **XXII.** de la premiere partie.

RESULTAT.

Articles & conditions accordés par le Roy, en fon confeil, à Me Jean Gallier, bourgeois de Paris, pour la fourniture du pain de munition, aux troupes de Sa Majefté, qui agiront en Flandres, Haynault, Brabant, Artois, pays d'entre Sambre & Meufe; en Allemagne, tant en déçà, qu'au-delà du Rhin; Alface, province de la Sarre, pays de Luxembourg; les trois Evêchés de Metz, Toul & Verdun, & leurs dépendances; Sedan & fes dépendances; Comté de Chiny, & Comté de Bourgogne, pendant les fix mois de campagne, qui commenceront le premier May 1712. & finiront le dernier Octobre de la même année.

PREMIEREMENT.

Sera tenu ledit Gallier, de fournir aux troupes de Sa Majefté, qui agiront en Flandres, Artois, Haynault, Brabant, & pays d'entre Sambre & Meufe, 210. mille rations de pain, par chacun jour; & en Allemagne, tant en déçà, qu'au-delà du Rhin; Alface, & fur la Sarre, 60. mille rations de pain, auffi par chacun jour, pendant les mois de May, Juin, Juillet, Aouft, Septembre & Octobre de ladite année 1712. Ledit pain entre bis & blanc, compofé de deux tiers froment & un tiers de feigle, chaque ration, du poids de 28. onces en pâte, pour revenir à 24. onces, cuit & raffi, dont la fourniture fera faite fuivant les ordres des généraux d'armées, lieutenans généraux, ou maréchaux de camps, intendans, & commiffaires; & la diftribution s'en fera au quartier du Roy, où les troupes feront obligées de le venir prendre, fur les acquits des majors, aydes-majors, ou commandans des régimens.

II,

Comme auffi, fera tenu ledit Gallier, de fournir & entretenir à fes frais & dépens, pour la fourniture defdits grains, pain & farines, le nombre de 6600. chevaux rouliers & de traits, avec les charrettes, chariots ou caiffons, au nombre de 1650. moyennant la folde qui fera ci-après déclarée; la revue defquels chevaux, fera faite par les ordres des généraux, maréchaux de camps, intendans ou commiffaires, fervans en icelles; & en cas qu'il fe trouve manquer quelques chevaux, ledit Gallier fera obligé d'en faire le remplacement, 15. jours après la revue, fans que pour ce, il puiffe lui être déduit ni diminué aucune chofe fur la folde d'iceux. III,

III.

Si les caiſſons, qui feront à la ſuite des armées, ne ſuffiſoient pas pour voiturer les bleds & farines néceſſaires pour faire le pain de munition, Sa Majeſté ſera tenue de faire fournir à ſes frais, audit Gallier, les charrettes, chariots & chevaux néceſſaires, ſans que ledit Gallier, ſoit tenu d'en payer aucune choſe; & après qu'il aura ſatisfait aux emplacemens ordonnés par le ſécrétaire d'eſtat de la guerre, ſuivant l'état qui en ſera arrêté, il ne ſera plus tenu de payer aucune voiture.

IV.

Sera permis audit Gallier, de prendre les bleds, les farines, & les avoines & foins, pour la nourriture deſdits chevaux, dans tous les endroits du royaume, & terres de l'obéïſſance de Sa Majeſté; en les payant de gré à gré, ou au prix des trois derniers marchés, à ſon choix; pour la voiture deſquels, il pourra prendre des barques, bateaux, & autres bâtimens de mer ou de riviéres; comme auſſi les charrettes & chevaux néceſſaires pour les voitures, par préférence à toutes perſonnes, ſans que ledit Gallier, ſoit tenu d'aucun droits de Traittes foraines, Domaines, Octroys, Péages, & de tous autres droits, de quelque qualité qu'ils puiſſent être, même des droits des officiers des ports de Paris, & autres ports, maîtres des ponts & paſſages de nouvelle création, appartenans, tant au Roy, qu'aux Villes, & aux Seigneurs, pour raiſon deſdits grains, farines, pain, foins, pailles, avoines, chevaux, cuirs, & uſtenſiles, pour les harnois, charrettes, caiſſons, fers pour y ſervir, vieux oins, toiles, ou ſacs de toile, treillis ou coutis à faire des ſacs, bois, cordages; & généralement toutes les choſes néceſſaires pour l'exécution du préſent traité, tant en ſortant qu'en entrant, par les bureaux où ſe payent leſdits droits; & s'il étoit obligé d'en payer aucuns, il lui en ſera tenu compte, en rapportant les acquits en bonne forme; à l'effet de quoi lui feront délivrés les paſſeports, lettres de cachet & autres expéditions néceſſaires, à condition que lui, ſes cautions & commis déclareront, que leſdits grains & farines, pain, chevaux & autres choſes ci-deſſus mentionnées, feront deſtinées pour la fourniture deſdites armées & troupes de Sa Majeſté, & qu'ils rapporteront des certificats de ceux qui feront indiqués pour les recevoir

V.

Seront fournies audit Gallier, toutes les efcortes néceffaires pour la fûreté defdits bleds, farines, pain, avoine, foin, chevaux, chariots, uftenfiles, treillis, facs & autres chofes, tant par eau que par terre; & s'il arrivoit que lefdits grains, farines, pain, avoines, foins, chevaux, chariots, uftenfiles, équipages, facs & autres chofes concernant le fervice des vivres, fuffent pris par les ennemis, Sa Majefté les fera payer; fçavoir, les bleds, farines & pain, fuivant le prix réglé par le préfent traité; lefdites avoines, facs, foins & uftenfiles au prix de leur jufte valeur, compris les voitures & les chevaux des équipages, à raifon de cent cinquante livres chacun; & les charrettes & caiffons, à cent livres en Allemagne, & cent cinquante livres en Flandres, dont le payement lui fera fait, quinze jours après les procès-verbaux rapportés, par les ordres des généraux & intendans.

V I.

Lorfqu'il y aura du pain perdu ou gâté, dont le munitionnaire prétendra qu'il lui doit être tenu compte par le Roy, il fera tenu d'en donner avis dans les 24. heures à l'intendant de l'armée, ou en fon abfence, au commiffaire, lequel trois jours après en fera dreffer le procès-verbal, dont ledit Gallier fera tenu d'envoyer une expédition au fécretaire d'eftat, ayant le département de la guerre, & au controlleur général des finances, dans la quinzaine du jour que lefdits procès-verbaux auront été dreffés; finon, & à faute de ce faire, il ne lui fera pas tenu compte dudit pain, prétendu perdu ou gâté.

V I I.

Sera permis audit Gallier, de faire fourager lefdits équipages des vivres, dans tous les lieux où fourageront les troupes des armées du Roy.

V I I I.

Si ledit Gallier, fes cautions, commis, capitaines de charrois, charretiers, conducteurs, boulangers, ou autres employés au fervice des vivres, ou à la fuite des équipages, étoient pris par les ennemis, Sa Majefté les fera retirer par fes généraux ou intendans, foit en payant de fes deniers, ou autrement.

IX.

Ledit Gallier ne fera tenu de payer aucuns gages & droits de deux & quatre pour cent, ni aux intendans, commiffaires, gardes & controlleurs généraux defdits vivres, qui feront payés par Sa Majefté, ainfi qu'elle avifera bon être.

X.

Seront donnés des logemens audit Gallier, fes cautions, affociés & commis, chevaux & attirails, par tout où fera le quartier du Roy, ainfi qu'aux autres officiers de l'armée de Sa Majefté; & dans tous les lieux où il y aura des magafins, ne fera donné de logemens de gens de guerre, dans les maifons où feront les magafins, fours & moulins employés pour la munition, ni aux maifons des commis, meûniers, boulangers, capitaines de charrois & écuries, fervant à loger les chevaux; ne feront lefdits commis, capitaines, meûniers, boulangers & ouvriers, fujets à aucun guet & garde, ni autres fervices de Ville; & leur feront auffi fournis par les maires, échevins, capitouls, jurats, confuls & fyndics des Villes & lieux, des greniers & magafins néceffaires pour les grains & farines, fans, pour ce payer aucune chofe, enfemble les logemens pour les chevaux des équipages féjournans, paffans & repaffans, pendant les fix mois de la campagne.

X I.

Si Sa Majefté jugeoit à propos de faire ceffer lefdites fournitures, avant le temps du préfent traité, ou bien en cas de paix, tréve, ou dépoffeffion dudit Gallier, il fera pourvû à fon dédommagement, eû égard aux prix des bleds, & aux frais qui auront été faits par ledit Gallier, au fujet de l'achat & voitures defdits bleds & farines, achats d'uftenfiles, frais de portages, moutures & blutages qui auront été faits, même des déchets des magafins.

X I I.

Si quelqu'unes des places où ledit Gallier aura fait des magafins, étoient prifes par les ennemis, les bleds, farines & pain, lui feront payés, fuivant les prix réglés par le préfent traité; les avoines, foins, pailles, bois, facs, uftenfiles, équipages & autres chofes, au prix de leur jufte valeur; les chevaux à 150. liv. chacun, & les charrettes

& caiſſons à 150. liv. en Flandre, & 100. liv. en Allemagne; enſemble les deniers, dont le payement ſera fait, quinze jours après
qu'il aura rapporté le certificat des généraux d'armées, intendans,
ou commiſſaires deſdites places, de la quantité qui ſera reſtée dans
les magaſins d'icelles.

XIII.

Ledit Gallier ne pourra être obligé de fournir aucun pain de munition, après le dernier Octobre paſſé, & ſi on déſiroit de lui qu'il
continuât; en ce cas, il ſera averti un mois auparavant, & le fond
lui en ſera fait ſur le pied du préſent traité; & pareillement, ſi les
troupes ſe mettent en campagne avant le premier May prochain,
ſera tenu ledit Gallier, de leur fournir le pain de munition, ſuivant le prix réglé par le préſent traité; dont le payement, de même que pour les équipages qui auront ſervi pendant ledit temps,
lui ſera fait comptant au tréſor royal, ou par le tréſorier de l'extraordinaire des guerres; comme auſſi pour l'augmentation de fourniture qui pourroit être faite pendant les ſix mois de campagne,
au-delà des quantités ſuſdites.

XIV.

Seront fournis, par les ordres des généraux, gouverneurs des
places, intendans, commiſſaires, maires, échevins, capitouls, Jurats, conſuls, & ſyndics, les maiſons, fours & logemens néceſſaires pour la conſervation des grains & farines, pain, chevaux,
équipages; & les maiſons aux commis, boulangers, & capitaines
de charrois, éxemptes de logemens de gens de guerre, ſans pour
ce payer aucune choſe, enſemble les charrettes, chevaux, & autres voitures qui ſeront néceſſaires, en payant pour leſdites voitures raiſonnablement, & de gré à gré, ou ſuivant la taxe, qui en
ſera faite par les intendans des places & armées; & ſi, pour les
beſoins du ſervice, ledit Gallier eſt obligé de faire conſtruire ou réparer les fours ou magaſins, par les ordres des généraux & intendans, il ſera rembourſé de toutes les dépenſes qu'il juſtifiera avoir
faites à ce ſujet, de même que pour la conſtruction des fours, qui
pourront être faits à la ſuite des armées.

XV.

Sera paſſé audit Gallier, deux pour cent, ſur-toute la fourniture du pain, dans les états & comptes pour ſes pertes & déchets,

X V I.

Moyennant l'entiere éxécution de tout ce que deffus, Sa Majefté fera payer audit Gallier, pour chacune ration de pain, qui fera fournie aux troupes, qui agiront en Flandres, Artois, Haynault, Brabant, & Pays d'entre Sambre & Meufe, en Allemagne, tant en-deçà qu'au-delà du Rhin, dans les trois Evêchés de Metz, Toul, & Verdun, dans les Pays de Luxembourg & Comté de Chiny, Pays de la Sarre, & Comté de Bourgogne, 34. deniers pour chacune ration, revenant pour 210. mille rations à fournir en Flandres ; & 60. mille à fournir en Allemagne ; à la quantité de 270. mille rations par jour, & pendant les fix mois de campagne, compofés de 184. jours, à la quantité de 49. millions 680. mille rations, qui reviennent en argent, à la fomme de 7. millions 38. mille livres, à raifon de 34. deniers pour chacune ration ; & pour la folde de 6600. chevaux, à raifon de 50. fols par jour pendant les fix mois de campagne, compofée de 199. jours, y compris les 15. jours de levée, à la fomme de 3. millions 283. mille 500. livres, & le tout enfemble, à celle de 10. millions 321 mille 500. livres ; à laquelle, joignant celle de 172. mille 25. livres, pour les taxations du tréforier général de l'extraordinaire des guerres en éxercice, à raifon de 4. deniers pour livre, le tout reviendra à la fomme de 10. millions 493. mille 525. livres, qui fera payée des fonds à ce deftinés par Sa Majefté. Sçavoir, un tiers comptant, le fecond tiers, dans trois mois, & le dernier tiers, dans fix mois, conformément à l'état paraphé & joint au préfent traité, & à condition, que les intérêts feront payés au munitionnaire, pour les effets qui lui feront remis, à échoir dans les années 1713. & 1714. fur le pied de dix pour cent par an.

X V I I.

Si aucune des troupes deftinées pour fervir en campagne, dans les armées, en étoient détachées pour entrer dans les places, dont le Roy auroit fait la conquête, où dans celles qui font en la poffeffion de Sa Majefté, ou du Roy Catholique ; le pain qui fera fourni dans lefdites places, aux fufdites troupes, pendant les fix mois de campagne, fera employé dans les états de fournitures de campagne, & payé au prix fixé par le préfent traité.

XVIII.

Sera par Sa Majefté, fait fond audit Gallier, pour les épices, façon & vacations des comptes à rendre par le garde général des vivres, des fornitures de pain de munition contenues au préfent traité, lequel compte il ne fera tenu de rendre qu'un an après que lefdits états auront été arrêtés par les intendans, & au Confeil.

XIX.

En cas que la fourniture foit moindre en Flandres & en Allemagne, que ce qui eft porté par le préfent traité, il fera fait déduction de ce qu'il s'en faudra; & fi elle eft plus forte, foit en Flandres ou en Allemagne, la fourniture s'en fera aux mêmes claufes & conditions.

XX.

En cas que pendant le cours du préfent traité, le Roy, faffe la paix, Sa Majefté fera tenue, de faire payer audit Gallier, le prix des bleds qui fe trouveront en nature dans fes magafins, le jour du licenciment des armées, fur le pied de 18. livres de chaque fac.

XXI.

En cas qu'il y ait des places fiégées ou bombardées, le pain qui fera fourni pendant les fiéges ou blocus, tant aux troupes, que par fourniture extraordinaire, fera payé fur le pied du préfent traité; & s'il étoit fourni du pain blanc aux officiers, la ration en feroit payée fur le pied de deux rations de foldat, & le bifcuit auffi fur le même pied.

Article qu'il faut que le munitionnaire demande d'être inferé dans le réfultat, ou dans le traité.

XXII.

Si des boulangers, ou charretiers des vivres, tombent malades pendant le temps de leur fervice, ils feront reçûs à l'hôpital, fur le pied de foldat, & l'entrepreneur fera tenu de les recevoir, en payant par le munitionnaire, le même prix que Sa Majefté paye pour fes troupes, & le payement fera retenu fur la folde des chartetiers, ou fur les prix des travaux des boulangers.

X X I I I.

Et pour l'éxécution & entretenement des conditions ci-deſſus, ledit Gallier, fera tenu de fournir bonne & fuffifante caution, qui fera reçûe au greffe du Conſeil en la maniere accoutumée. Fait au conſeil d'eſtat du Roy, tenu à Verſailles le 27. Octobre 1711. Collationné, *ſigné*, POISSON.

Aujourd'hui 28. Octobre 1711. eſt comparu au greffe du conſeil, Jean Gallier, dénommé au réſultat ci-deſſus, demeurant rue des vieux Auguſtins, paroiſſe Saint Euſtache ; lequel s'eſt ſoumis & obligé envers Sa Majeſté, de ſatisfaire à toutes les charges clauſes & conditions d'icelui, à peine d'y être contraint, comme il eſt accoutumé, pour les affaires de Sa Majeſté ; éliſant à cet effet ſon domicile en ſa demeure ſus-déclarée. Collationné, *ſigné*, POISSON.

C A U T I O N N E M E N T.

Et le même jour, ſont auſſi comparus au greffe ordinaire du conſeil, les ſieurs François Rafy, conſeiller-ſécretaire du Roy, demeurant rue des petits Champs, paroiſſe Saint Euſtache; François-Marie Fargès, intéreſſé aux affaires du Roy, rue Sainte Apoline, paroiſſe Saint Laurent; Jean Ourſin, conſeiller-ſécretaire du Roy, receveur général des finances de Caën, rue des foſſés Montmatre, paroiſſe Saint Euſtache ; Antoine Paris, receveur général des finances de Grenoble, rue Coquillere, paroiſſe Saint Euſtache ; Joſeph Paris Duverney, même maiſon; Gabriel Dezegre, intéreſſé aux affaires du Roy, rue neuve Saint Denis, paroiſſe Saint Nicolas des Champs ; & Louis Lamarque, auſſi intereſſé dans les affaires du Roy, rue des Fontaines ſufdites paroiſſe. Leſquels ſe ſont rendus cautions & répondans, envers Sa Majeſté, pour Louis Gallier, dénommé au réſultat ci-deſſus, de l'entiere éxécution d'icelui; ce faiſant, ſe ſont ſolidairement obligés avec lui, à l'entretenement de toutes les charges, clauſes & conditions y portées, & comme il eſt accoutumé pour les affaires de Sa Majeſté. Eliſant leurs domiciles en leurs demeures ſufdites. Collationné, *ſigné*, POISSON.

MODELES D'ETATS D'EMPLACEMENS.

SÇAVOIR,

FLANDRES.

EMPLACEMENT de 321200. facs de grains dans le département de Flandres, pour la subfiftance de l'armée & des garnifons, depuis le premier May 1712. jufqu'au dernier Octobre fuivant, indépendamment de la confommation, qui fe fera jufqu'au dernier Avril.

Pour le pain de la campagne, fuivant le réfultat du confeil, ...210000. facs.

Pour les garnifons d'été, ... 35000. facs.

Pour le remplacement qui doit être fait des grains & farines, appartenans au Roy, remis au premier Novembre 1710. dans le département de Flandres, & dont le munitionnaire de 1711. demeurera chargé, ... 76200. facs.

. 321200. facs.

FLANDRES Maritime.		
A Ypres,	. . 10000. facs.	
A Dunkerque,	. . 15000.	
A Bergues,	. . 3000.	.. 35000. facs.
A Gravelines,	. . 2000.	
A Furnes,	. . 2000.	
A Nieuport,	. . 3000.	

PICARDIE.		
A Ardres,	. . 2000.	
A Calais,	. . 8000.	
A Boulogne,	. . 2000.	
A Doulens,	. . 10000.	
A Montreuil,	. . 8000.	.. 102000. facs.
A Abbeville,	. . 2000.	
A Amiens,	. . 15000.	
A Perronne,	. . 25000.	
A St. Quentin,	. . 30000. facs.	

137000. facs.
A St.

| | | *Ci-contre,* | 137000. facs. |

ARTOIS.	{ A St. Omer,	.. 8000. facs.	}
	A Hefdin,	.. 10000.	.. 58000. facs.
	A Arras,	.. 30000.	
	A Bapaume,	.. 10000.	
FLANDRE.	{ A Cambray,	.. 40000.	}
	A Valenciennes,	.. 12000.	.. 60000. facs.
	A Condé,	.. 8000.	
HAYNAULT.	{ A Maubeuge,	.. 10000.	}
	A Landrecy,	.. 16000.	
	Au Quefnoy,	.. 6000.	
	A Avefnes,	.. 2000.	
	A Philipe-Ville,	.. 2000.	.. 55000. facs.
	A Charle-Roy,	.. 6000.	
	A Namur,	.. 8000.	
	A Givet,	.. 5000. facs.	
CHAMPAGNE.	{ Sedan, Mezieres,	..	} .. 6000. facs.
	Charleville & Rocroy,		
SOISSONNOIS	{ A Guife,	..	} .. 5000. facs.
			321000. facs.

ALLEMAGNE.

EMPLACEMENS de 123300. facs de grains, dans le département d'Allemagne, y compris les trois Evêchés, & le Comté de Bourgogne, tant pour la fubfiftance de l'armée d'Allemagne, que des garnifons defdits pays, pendant les fix mois de la campagne 1712. du premier May au dernier Octobre;

SÇAVOIR,

Pour l'armée,	.	60000. facs.
Pour les garnifons,	.	30000. facs.

Pour le remplacement qui doit être fait des grains & farines, appartenans au Roy, remis au premier Novembre 1710. & dont le munitionnaire de 1711. demeurera chargé, . 33300. facs.

| | | 123300. facs. |

F f

ALSACE...	A Huningue, ET Landeseroon, } .. 4000. sacs.	
	A Betford, .. 4000.	
	Au Vieux Brisack, .. 6000.	
	Au Neuf Brisack, .. 1000.	
	A Colmar, .. 10000.	
	A Scheleftat, .. 12000.	
	A Saverne, .. 4000.	
	A Strasbourg, .. 20000.	.. 80000. sacs.
	Au Fort de Kell, .. 1000.	
	A Fort-Louis, .. 8000.	
	A Agneau, .. 4000.	
	A Viſſembourg, .. 2000.	
	A Lauterbourg, .. 2000.	
	A Druzenhem, .. 1000.	
	A la Petite-Pierre, .. 500.	
	A Lichtemberg, .. 500.	
TROIS EVESCHEZ.	A Verdun, .. 1200.	
	A Longwy, .. 2000.	
	A Luxembourg, .. 6000.	
	A Tionville, .. 3000.	
	A Tréves, .. 1000.	
	A Sarrelouis, .. 4000.	
	A Bitehe, .. 800.	
	A Hombourg, .. 2500.	}.. 37800. sacs.
	A Sarrebourick, .. 400.	
	A Sarrebrick, .. 400.	
	A Marfal, .. 1500.	
	A Phaltsbourg, .. 4000.	
	A Nancy, .. 2000.	
	A Metz, .. 8000.	
	A Toul, .. 1000.	
FRANCHE-COMTE'.	Beſançon, .. 4000.	
	Salins, .. 500.	
	Joux, .. 500.	
	Veſoul, *pour les poſtes de Blamont,* Gray Faucogney, Vavillars, Coravillers & Fougerolles, 500. sacs.	}.. 5500. sacs.

123300. sacs.

MODELE DE MARCHE', POUR
les chevaux des Récoletz, & hôpitaux de l'armée.

CHevaux de trait, que le nommé Jean Gallier, doit faire acheter, pour servir à voiturer partie des aumôniers Recoletz, de l'armée de Flandres, leurs équipages, & ceux des hôpitaux des armées ci-après, pendant la campagne prochaine 1712.

Pour la grande armée de Flandre.

Vingt-deux chevaux ; sçavoir, six pour le charriot qui portera partie des Rocoletz de la grande armée de Flandres, & seize pour atteler à quatre charrettes, dont deux pour porter les équipages desdits Récoletz, & les deux autres ceux de l'hôpital de ladite armée : cy . . . . 22. chevaux.

Pour le corps détaché de ladite armée.

Douze chevaux, pour trois charrettes, dont une pour les équipages des Récoletz, & les deux autres pour ceux de l'hôpital de ladite armée : cy . . . 12.

Pour l'armée du Rhin.

Seize chevaux, pour quatre charrettes, destinées à porter les équipages des Récoletz, & de l'hôpital de ladite armée : cy . . . . 16.

T O T A L, cinquante chevaux : cy . . 50. chevaux.

JE soussigné, Jean Gallier, promets & m'oblige envers monseigneur Voisin, ministre & sécretaire d'estat, ayant le département de la guerre, stipulant pour le Roy, de mettre sur pied dans le premier du mois de May prochain, & entretenir à mes frais & dépens pendant la campagne prochaine 1712. les cinquante chevaux de trait cy-devant mentionnés, pour voiturer les équipages des aumôniers Récoletz, & des hôpitaux desdites armées, moyennant quoi il me sera payé, trente-huit sols par jour, pour chacun des trente-quatre destinés pour la Flandres, & quarante-deux fols, auſſi par jour, pour chacun des ſeize, qui doivent être employés à l'armée du Rhin, les mois comptés par trente jours, & ſeulement juſ-qu'à celui que leſdits Récoletz & équiqages deſdits hôpitaux ſeront ren-voyés, ſans pouvoir rien prétendre pour les jours que j'employerai pour les conduire à Paris; il me ſera payé auſſi quinze jours de ſolde deſdits cinquante chevaux, ſur le pied cy-deſſus, pour la levée.

Cent cinquante livres, pour l'achat du charriot, qui doit porter partie des Récoletz de la grande armée de Flandres, que je dois fournir, ainſi que les charrettes.

Et s'il arrive qu'il ſoit pris ou tué quelqu'un deſdits chevaux par les ennemis, pendant la campagne, j'en ſerai auſſi rembourſé par le Roy, ſur le pied de 150. livres par chacun, en rapportant des procès-verbaux en bonne forme, viſés des intendans deſdites armées. FAIT *double à Ver-ſailles le* 15. *Janvier* 1712. *Signé,* VOISYN ET GALLIER. *Et plus bas,* Pour cautionnement, *Signé,* RAFY, FARGE'S, OURSIN, VISI-NIER ET DEZEGRE.

M̄ARCHE' POUR LA FOURNITURE DU PAIN aux troupes des garniſons; lequel juſtifie que la ration de pain a été à 16. *deniers, qui eſt le plus bas prix du tarif ci-devant rapporté.*

NOus ſouſſigné, François-Marie Fargès, Gabriel Dezegre & Louis la Marque, ſtipulans pour Jean-Philippe Regnard; re-connoiſſons avoir promis à monſeigneur Voiſyn chancelier de Fran-ce, miniſtre & ſécretaire d'eſtat, ayant le département de la guerre, ſtipulant pour Sa Majeſté, de fournir aux troupes de cavalerie, dragons, & infanterie, qui tiendront garniſon en Picardie, Soiſſon-nois, Artois, Flandres Françoiſe & Maritime, Haynault, frontieres de Champagne, & dans les places & poſtes d'Alſace en-deçà & en-delà du Rhin; dans celles du département de la Sarre, des Evê-chés de Metz, Toul & Verdun, & du comté de Bourgogne, pen-dant le mois d'Août prochain & les ſuivants juſqu'au dernier Dé-cembre 1715. le pain de munition en telle quantité qu'il ſe pourra monter, compoſé de deux tiers froment & un tiers ſeigle, du poids de 28. onces en pâte, pour revenir à 24. cuit & raſſis, de bonne qualité, ainſi qu'il ſe fournit aux armées.

Il ſera fourni ſans frais au munitionnaire, dans toutes les villes & quartiers où il ſera tenu de faire des magaſins, pour la fourniture courante du pain, des lieux couverts & fermés pour referrer & conferver les grains & farines.

Il fera payé audit S.ʳ Fargès & compagnie, la fomme de feize deniers, tant pour l'achat des bleds & farines, que pour tous frais généralement de voiture, mouture, facs, cuiffon, façon & diftribution de chaque ration de pain de munition, qu'il juftifiera avoir fourni aufdites troupes, & le payement defdits feize deniers par ration, fera fait audit munitionnaire, fur les fonds deftinés à la folde des troupes, qui feront remis du tréfor royal au tréforier général de l'extraordinaire des guerres, auquel le munitionnaire rapportera les certificats des commis particuliers dudit extraordinaire des guerres, pour juftifier la retenue faite fur la folde des troupes à ladite raifon de feize deniers, & cependant il fera délivré par avance audit munitionnaire, la fomme d'un million.

Si les troupes prennent plus de pain qu'il ne leur appartiendra, fuivant les revûes, la retenue en fera faite fur le même pied de feize deniers, pour celui qui excédera lefdites revûes, defquelles retenues, les commis de l'extraordinaire des guerres de chaque place, remettront leurs certificats au munitionnaire, pour en être fait compenfation jufqu'à concurrence, avec le payement que le tréforier aura fait par avance audit munitionnaire.

Si le munitionnaire a befoin de paffeports, pour raifon de ladite fourniture, il lui en fera fourni pour l'éxemption de tous droits.

Le munitionnaire ne fera tenu de compter de cette fourniture à la chambre des comptes, ainfi que les précédens munitionnaires en ont été difpenfés par leurs traités; Sa Majefté l'éxemptant de même de fournir aucune fomme de deniers, au garde général des vivres, non plus qu'aucunes piéces, pour compter pour lui.

Ce qui a été agréé & accepté, par nous Daniel-François Voyfin chancelier de France, miniftre & fécretaire d'eftat, ftipulant pour Sa Majefté; promettant audit nom, de fatisfaire à toutes les claufes & conditions du préfent marché; lefquelles fournitures de pain de munition feront faites aufdites troupes d'infanterie, cavalerie & dragons, fuivant les ordonnances des intendans aufdits pays, & conformément aux plus éxactes revues des commiffaires des guerres, pour ce ordonnés & départis. Fait à Marly le 26. Juillet 1715. *Signé*, VOISYN, FARGE'S, DEZEGRE, LA MARQUE, ET REGNARD.

MODELE D' ACTE DE SOCIETE'.

NOus fouffignés, François Rafy, demeurant rue des petits Champs, paroiffe Saint Euftache, François-Marie Fargès, rue Sainte Apoline, paroiffe Saint Laurent, Louis la Marque, rue & paroiffe Saint Sauveur, Gabriel Dezegre, rue neuve Saint Denis, fufdite paroiffe, Antoine Paris, & Jofeph Paris Duvernay, rue Coquillere, paroiffe Saint Euftache, Jean Ourfin, rue des Foffés Montmartre, fufdite paroiffe, Jean-Baptifte Dulac, fur le Quay de Bourbon, paroiffe Saint Louis, dans l'Ifle, & Jean-Baptifte Vifinier, rue Notre-Dame des Victoires, paroiffe Saint Euftache. Tous intéreffés dans les affaires du Roy. RECONNOISSONS nous être affociés, comme par ces préfentes nous nous affocions, pour l'éxécution des traités qui nous ont été accordés, fous le nom de Jean Gallier, bourgeois de Paris; pour la fourniture du pain de munition, aux troupes du Roy, qui font & feront en garnifon dans les places de Flandre, Picardie, Artois, Haynault, Soiffonnois, frontieres de Champagne, pays de la Sarre, Luxembourg, Evêchés de Metz, Toul, & Verdun, Franche-Comté, & Alface, pendant un an, à commencer au premier Novembre 1711, & finir au dernier Octobre 1712; & pour la fourniture du pain de munition aux troupes des armées qui agiront dans lefdits pays, pendant la campagne commençant au premier May, & finiffant au dernier Octobre de ladite année; & pour l'entretien de 6600. chevaux de trait, avec leurs charrettes, caiffons & harnois, le tout aux prix, charges & conditions portées aufdits traités faits, tant avec monfeigneur Voyfin, miniftre & fécretaire d'eftat, ayant le département de la guerre le. . . . . . . qu'avec monfeigneur le controlleur général, le 27. Octobre, & au réfultat du confeil, rendu en conféquence le . . . . pour partager le profit & fupporter la perte qui pourroit arriver dans lefdits traités, chacun à proportion des intérêts, ci-après.

S ç A V O I R,

Moy, Rafy . . . . pour 3. &.

Nous { François-Marie Fargès
      { Gabriel Dezegre . . . { Solidairement pour 13.
      { Louis la Marque . . . }

16. &.

Ci-contre, ... 16. ß.

Ainfi que nous conviendrons entre nous,
avec chacun notre voix déliérative, dans
la préfente fociété.

Moy, Antoine Paris . . . . pour 3.
Moy, Jofeph Paris Duverney . . . pour 2.
Moy, Jean Ourfin . . . . . pour 3.
Moy, Dulac . . . . . . pour 1. 6. ᵈ̃.
Moy, Vifinier . . . . . pour 1. 6.

27. ß.

Revenant le tout aufdits vingt-fept fols, dont
la fociété eft compofée, aux conditions
cy-après.

P R E M I E R E M E N T.

Que chacun de nous, demeurerons folidairement obligés à l'éxécution defdits traités, leurs circonftances & dépendances, encore
qu'aucun de nous n'y eût pas figné, & ferons nos foumiffions au
greffe du confeil, enfuite du réfultat qui fera expédié pour la fourniture de la campagne prochaine 1712. aux claufes & conditions qui
feront énoncées audit réfultat.

I I.

Il fera préfentement fait fonds en argent, de la fomme d'un million, à quoi chacun de nous fera tenu de fatisfaire à proportion de
fon intérêt, & ce fond fera remis entre les mains du caiffier, qui fera
nommé par délibération, lequel nous en fournira fes quittances,
qui feront controllées par deux ou plufieurs de nous, & l'intérêt defdits fonds, fera payé de trois mois en trois mois, à raifon de dix pour
cent, fuivant les eftats qui en feront arrêtés par la compagnie.

III.

Si dans la fuite, il eft néceffaire de faire d'autres fonds, que ceux
cy-deffus ftipulés, chacun de nous fera tenu d'y contribuer fuivant
fa part, & les intérêts en feront payés de même, à dix pour cent
jufqu'au remboursfement.

I V.

Le caiffier général de la compagnie, tiendra un regiftre éxact de toute la recette & dépenfe qu'il fera , fuivant les ordres de la compagnie, & non autrement; lequel regiftre , fera cotté & paraphé par celui de nous que la compagnie aura nommé , & ledit caiffier fera tenu de fournir des bordereaux certifiés defdites recettes & dé-penfes, toutes les fois qu'il en fera requis par aucun de nous.

V.

La fufdite caiffe de Paris, fera controllée, par celui, ou par ceux de nous, qui feront nommés par délibération, en la maniere qu'il fera plus au long expliqué par icelle.

V I.

Il fera établi des caiffier particuliers dans chaque département , ou intendance , de même que dans les armées de Flandre & d'Alle-magne, & dans les autres lieux qui feront jugés néceffaires, par les mains defquels caiffiers, pafferont tous les fonds qui devront être employés, tant en recette qu'en dépenfe dans leurs départemens ; defquels fonds lefdits caiffiers ne pourront difpofer que par les or-dres de la compagnie , ou de celui qui la repréfentera fur les lieux , en vertu des pouvoirs qui lui feront donnés; prétendant que toutes lefdites dépenfes foient manuellement payées par lefdits caiffiers , aucun de nous ne devant fe rendre comptable, fous quelque pré-texte que ce puiffe être,

V I I.

Aucun de nous ne pourra fe tranfporter dans les provinces ou armées, pour donner aucun ordre , ni recevoir aucuns deniers , fans en avoir les pouvoirs de la compagnie , en conféquence des délibérations qui feront prifes à ce fujet.

V I I I.

Les délibérations fur les diverfes circonftances du fervice, feront faites & fignées par ceux de nous qui feront à Paris , & feront va-lables, comme fi toute la compagnie y avoit figné, pourvû toutes fois qu'elles foient fignées de l'un des nouveaux affociés & de deux
anciens;

anciens ; ſçavoir, de la part des nouveaux, par m. Rafy, ou par m. Ourſin, ou par m. Dulac ; & de la part des anciens, par l'un de meſſieurs Fargès, la Marque ou Dezegre, & par l'un de meſſieurs Paris ; ſinon en cas d'abſence ou de maladie, il ne pourra par leſdites délibérations, être dérogé aux articles de la ſociété, ni être fait des emprunts, ſi toute la compagnie ni conſent.

I X.

L'ordre de la régie, des fonctions de chacun de nous, ſera auſſi réglé par délibération.

X.

Il ſera arrêté un état général, le plus juſte que faire ſe pourra, de tous les employés néceſſaires pour l'éxécution deſdits traités, tant à Paris, que dans les places & dans les armées ; par lequel état, les fonctions ſeront déſignées, & les appointemens ſeront réglés pour être payés par les caiſſiers des lieux où ſerviront leſdits employés, en vertu des commiſſions qui leur ſeront délivrées, conformément audit état ; l'on ne choiſira que des ſujets capables de remplir les fonctions qui leur ſeront déſignées.

X I.

Les commis qui auront des manimens de deniers ou effets, ſeront tenus de donner caution ſolvable, & ceux de nous qui les auront nommés, en demeureront civilement reſponſables, ſans qu'il ſoit beſoin d'autres actes, que la ſimple nomination qui ſera portée ſur le regiſtre, & ſignée du nominateur.

X I I.

En cas qu'il plaiſe au Roy, nous donner des affaires extraordinaires, en payement des traités mentionnés en la préſente ſociété, elles ſeront exploitées par la compagnie, & les profits ou pertes partagés à proportion de nos intérêts, même ſans qu'il ſoit beſoin d'autre ſociété.

X I I I.

Tous les marchés néceſſaires pour achats de grains ou de fourages, chevaux, harnois, équipages, uſtenſiles, ſacs vuides, caiſſons, charrettes, nourriture de chevaux, & généralement tous les marchés concernant la préfente fociété, feront faits & approuvés par la compagnie, en la maniere & aux termes portés par l'article VIII. qui concerne les délibérations ; & à l'égard des marchés qui pourront être faits par aucun de nous dans les Provinces, ils ne feront & ne fubfifteront, que fous le bon plaifir de la compagnie; à l'effet de quoi il lui en fera envoyé copie fur le champ, pour être par elle approuvés ou refufés, fi elle le juge à propos : Les doubles defdits marchés , feront remis en original dans le bureau de la direction générale à Paris , fans qu'aucun de nous puiffe prendre intérêt directement ou indirectement dans les marchés, à peine d'être déchu de la préfente fociété.

X I V.

La déclaration dudit Gallier , à notre profit, dont fera laiffé minutte chez le Notaire, fa procuration générale, le nom en blanc, les traités, le réfultat du Confeil, les cautionnemens des commis, les marchés, & généralement tous les originaux appartenans à ladite fociété , feront remis au bureau de la compagnie dans une armoire commune, fermant à deux clefs, dont l'une fera entre les mains de l'un de nous qui fera nommé par délibération , & l'autre fera dans les mains du directeur du bureau de la compagnie à Paris, lequel tiendra un regiftre où feront tranfcrits en entier, lefdits titres & papiers, au fur & à mefure de la remife qui en fera faite, afin que chacun de nous, en puiffe prendre communication, lorfqu'il le fouhaitera ; & lorfqu'aucun de nous en voudra avoir des copies, elles lui feront délivrées par le directeur qui les fignera par ampliation.

X V.

Il fera auffi tenu par ledit directeur du bureau, un regiftre particulier des ordonnances de fonds qui nous feront délivrées, des quittances qui feront fournies par ledit Gallier, enfemble des affignations qui feront données en payement defdites ordonnances, de même que des expéditions de paffeports du Roy, qui feront certifiées par la compagnie, aux fous-entrepreneurs : il tiendra un autre regiftre féparé, pour l'entrée & la fortie des affignations & autres effets, qui feront donnés en payement des fufdites ordonnances, dans la forme qui fera prefcrite par délibération.

X V I.

A la fin de la campagne prochaine, & le plûtôt que faire se pourra, il sera dressé un inventaire des effets qui resteront appartenans à la compagnie, à l'effet de quoi il sera ordonné à tous les employés qui en seront chargés, d'envoyer au bureau général à Paris un double dudit inventaire, au bas duquel seront leurs certificats comptables de tous les effets, de quelque nature que ce soit, qui se trouveront entre leurs mains à la fin de ladite campagne.

X V I I.

Nous nous assemblerons quatre fois la semaine, & plus s'il est besoin, aux jours & heures qui seront réglés par délibération, pour donner nos soins aux affaires de la présente société, & faire par chacun de nous son rapport de celles concernant les fonctions qui auront été réglées par délibération, suivant l'article IX. & à l'égard des droits de présence, il a été résolu, qu'il n'y en aura que de fixes, qui ont été pareillement réglés à 3000. livres par sols, par an, dont les états de répartition seront signés, par toute la compagnie, tous les trois mois, & ne pourront autrement valider, ni être payés par le caissier.

X V I I I.

Aucun de nous, ne pourra céder ni transporter son intérêt, en tout ou partie à qui que ce soit, pour paroître dans la présente société, sans le consentement par écrit de toute la compagnie, à faute duquel, les cessionnaires ne pourront s'adresser, ni demander aucun compte, qu'à leur cédant.

X I X.

Arrivant le décès d'aucun de nous, pendant la présente société (ce qu'à Dieu ne plaise,) la veuve, les enfans, héritiers, ou ayans cause, pourront, si bon leur semble, conserver l'intérêt du décédé, ou y renoncer, ce qu'ils seront tenus d'opter par acte signifié, dans six semaines, du jour du décès, sinon l'option sera référée à la compagnie; & en cas d'acceptation, ils ne pourront se faire représenter dans la société, par qui que ce soit, si ce n'est par l'un des intéressés subsistant, ou par le fils ou frere du décédé, sans quoi ils seront tenus de s'en rapporter aux comptes que les intéressés auront arrêtés, ou arrêteront, sans les pouvoir débattre, en quelque maniere que ce puiſſe être, ni avoir voix délibérative; & s'ils renoncent, ils feront rembourſés par les ſurvivans, en un ſeul payement, trois mois après, des ſommes, dont le décédé ſe trouvera en avance, avec les intérêts au denier dix, du jour qu'ils feront dûs, juſqu'à l'actuel rembourſement, avec un préciput de 4000. livres, & l'intérêt du décédé accroîtra aux ſurvivans, à proportion de leurs intérêts dans la préſente ſociété. (*a*)

XX.

Tous les chevaux, équipages, grains, farines, fourages, uſtenſiles, ſacs vuides, & généralement tous les effets reſtans au dernier Octobre 1711. ſur la frontiére de Flandres, & en Allemagne, depuis la ſéparation des armées, ou dans les autres places, feront remis à la compagnie de 1712. qui en payera le prix à celle de 1711. ainſi qu'il ſera réglé par délibération, & qu'il ſera convenu entre nous de gré à gré.

XXI.

Afin qu'il plaiſe à Dieu de bénir la préſente ſociété, il ſera aumôné la ſomme de 3000. livres, dont la répartition ſera faite à chacun de nous, à proportion de ſon intérêt, pour en diſpoſer ſuivant les intentions & la deſtination du préſent article; & pour l'exécution des préſentes, qui feront reconnues devant Notaires, circonſtances & dépendances, nous avons élû nos domiciles, en nos demeures ci-devant déclarées. Fait à Paris ce dernier Octobre 1711. *Signé*, &c.

Aujourd'hui, font comparus pardevant les conſeillers du Roy, gardes-nottes de Sa Majeſté, au Châtelet de Paris, ſouſſignés; leſdits ſieurs François-Marie Fargès, &c. tous intéreſſés aux affaires du Roy, leſquels ont reconnu avoir fait écrire, puis ſigné de leurs mains & ſignatures ordinaires, la ſociété des autres parts, qu'ils ont dit contenir vérité; & promis chacun en droit ſoi, l'exécuter & accomplir, à peine de tous dépens, dommages & intérêts; & pour l'exécution des préſentes, ils ont élu leurs domiciles en cette ville de Paris, où chacun d'eux eſt demeurant, auſquels lieux, nonobſtant, promettant, obligeant, chacun en droit ſoi, renonçant. Fait & paſſé à Paris au bureau général de ladite compagnie, ſcis rue Neuve & paroiſſe St. Euſtache, l'an 1712. le 10. Février après midi, & ont ſigné.

(*a*) C'eſt ici qu'il faut placer les deux articles mentionnés au chapitre VIII. de la premiere partie, concernant, 1°. La défenſe au caiſſier de s'intéreſſer dans les marchés ou ſous entrepriſes, que la compagnie fera pour l'exécution de leurs traités. 2°. Touchant les eſcomptes des mandemens, billets, ou autres effets, émanés de la compagnie, ou de ſes caiſſiers & tréſoriers.

MODELE DE DESITEMENT
du prête - nom.

AUjourd'hui eſt comparu, pardevant les conſeillers du Roy, gardes-nottes de Sa Majeſté, au Châtelet de Paris, ſouſſignés, Me. Jean Gallier, bourgeois de Paris, demeurant rue Montorguëil, paroiſſe St. Euſtache, ayant traité pour la fourniture du pain de munition, aux troupes du Roy, qui ſont & ſeront en garniſon dans les places de Flandres, Picardie, Artois, &c. pendant un an, à commencer au premier Novembre 1711. & finir au dernier Octobre 1712. & pour la fourniture du pain de munition aux troupes des armées qui agiront dans leſdits pays, pendant la campagne, commençant au premier May, & finiſſant au dernier Octobre de ladite année; & pour l'entretien de 6600. chevaux de trait, avec leurs charrettes, caiſſons, & harnois, le tout aux prix, charges, & conditions portées auſdits traités faits, tant avec Mgr. Voiſyn, miniſtre & ſécrétaire d'eſtat, ayant le département de la guerre, le 6. Octobre 1711. qu'avec Mgr. le controlleur général, le 27. Octobre audit an, & au réſultat du conſeil rendu en conſéquence; lequel a dit & déclaré de bonne foi, qu'il n'a & ne prétend rien auſdits traités & entrepriſes, & que l'acceptation qu'il en a faite, eſt pour & au profit des ſieurs François-Marie Fargès, &c. auſquels il n'a fait que prêter ſon nom auſdits traités : partant, ledit ſieur Gallier, conſent que leſdits ſieurs Fargès & conſorts, jouiſſent, faſſent & diſpoſent deſdits traités, fruits & bénéfices d'iceux, ainſi & comme de choſes leur appartenant, leur en faiſant par ledit ſieur Gallier, toutes déclarations, ceſſions, tranſports, & délaiſſement néceſſaires, ſans néanmoins aucune garantie de ſa part; ayant fourni auſdits ſus-nommés, ſa procuration générale, pour la régie deſdits traités, le nom du procureur en blanc; de l'événement de laquelle, ainſi que deſdits traités, ledit ſieur Gallier, ſera acquitté & indemniſé par leſdits ſieurs Fargès & conſorts; promettant, obligeant, renonçant. Fait & paſſé à Paris au bureau général de ladite compagnie, ſcis rue Neuve & paroiſſe St. Euſtache, l'an 1712. le 10. Février après midi, & a ſigné.

MODELE DE PROCURATION
du prête-nom.

PArdevant les confeillers du Roy, notaires gardes-nottes de Sa Majefté, au Châtelet de Paris, fouffignés, fut préfent Me. Jean Gallier, bourgeois de Paris, demeurant rue Montorgüeil, paroiffe St. Euftache, ayant traité pour la fourniture du pain de munition, aux troupes du Roy, qui font & feront en garnifon dans les places de Flandres, Picardie, &c. pendant un an, à commencer au premier Novembre 1711. & finir au dernier Octobre 1712. & pour la fourniture du pain de munition aux troupes des armées, qui agiront dans lefdits départemens, pendant la campagne, commençant au premier May, & finiffant au dernier Octobre de ladite année; & pour l'entretien de 6600. chevaux de trait, avec leurs charrettes, caiffons & harnois; le tout aux prix, charges & conditions portées auxdits traités faits, tant avec Mgr. Voifyn, miniftre & fécrétaire d'eftat, ayant le département de la guerre, le 6. Octobre 1711. qu'avec Mgr. le controlleur général, le 27. Octobre audit an, & au réfultat du confeil, rendu en conféquence, lequel a fait & conftitué fon procureur général & fpécial . . . .
auquel il donne pouvoir, de pour lui & en fon nom, faire faire la régie defdits traités; pour ce, établir des bureaux, commettre & révoquer tous commis & directeurs, en tous lieux, où il en fera néceffaire, faire tous marchés avec tous marchands, ouvriers & autres, pour parvenir à l'exécution defdits traités; payer les prix defdits marchés, loyers de bureaux, appointemens des commis & autres frais qu'il conviendra faire à l'occafion defdits traités. Recevoir au tréfor royal, ou ailleurs, les fonds qui feront ordonnés par Sa Majefté, audit fieur conftituant, pour fon payement des prix defdits traités, du reçu en donner toutes quittances & décharges valables; & fi befoin eft, au fujet de tout ce que deffus, circonftances & dépendances defdits traités, plaider, oppofer, appeller, élire domicile, fubftituer un ou plufieurs procureurs, en tout ou partie du pouvoir ci-deffus, les révoquer & en nommer d'autres, & généralement, promettant, obligeant. Fait & paffé à Paris au bureau général de la compagnie des vivres, fcis rue Neuve & paroiffe St. Euftache, l'an 1712. le 10e jour de Février après midi, & a figné.

MODELE D'ACTE DE GARANTIE
des munitionnaires, envers leur prête-nom.

PARDEVANT les notaires au Châtelet de Paris, fouffignés, furent préfens François Marie Farges, &c. tous intereffés & affociés dans les traités & fournitures des vivres ; lefquels ont reconnu avoir pardevers eux l'original en papier de la déclaration, dont copie eft ci-devant écrite : ce faifant, ont promis, & fe font obligés folidairement l'un pour l'autre, un d'eux feul pour le tout, fans divifion, difcuffion, ni fidéjuffion, à quoi ils renoncent, acquitter, garentir & indemnifer ledit fieur Gallier de toutes chofes généralement quelconques, pour raifon defdits traités & fournitures, enfemble de l'évenement de ladite procuration générale, qu'il a paffée le nom en blanc, pour la régie defdits traités ; l'original de laquelle procuration, lefdits fieurs comparans, reconnoiffent avoir en leurs mains; & faire enforte, qu'au fujet defdits traités, fournitures & procuration, ledit Gallier, ne foit aucunement inquiété, pourfuivi, ni recherché, à peine de tous dépens, dommages & intérêts ; élifant à cette fin leurs domiciles folidaires & irrévocables audit bureau général de leur compagnie, fcis rue Neuve & paroiffe St. Euftache, auquel lieu, nonobftant, promettant, obligeant, renonçant. Fait & paffé à Paris audit bureau, l'an 1712. le 11.e Février après midi, & ont figné.

PASSEPORT.

DE PAR LE ROY.

A tous gouverneurs & nos lieutenans généraux en nos provinces, intendans & commiffaires départis en icelles, gouverneurs particuliers de nos villes & places, maires, confuls, & échevins defdites villes, fermiers de nos droits de Traittes foraines, Doüanne & Domaniales, Barrages, Péages, leurs commis généraux & particuliers, capitaines & gardes établis fur nos ponts, ports, péages, & paffages, & tous autres nos officiers & fujets qu'il appartiendra ; falut. Ayant chargé Jean Gallier, bourgeois de notre ville de Paris, de la fourniture du pain de munition aux troupes de nos armées, qui doi-

vent agir pendant l'année prochaine 1712. dans les pays de Flandres
& Allemagne, & autres provinces voifines ; & étant néceffaire à cet
effet de lui faciliter l'enlevement, tranfport & paffage des fromens,
feigles, avoines, foins, pailles, chevaux, harnois, charrettes, caiffons, cuirs, peaux, clous, cordages, toiles, facs, fers, vieux oints,
bois & autres chofes, généralement quelconques néceffaires, pour
ladite fourniture. Nous voulons et vous mandons, que vous
ayiez à laiffer fûrement & librement, enlever de la premiere main,
paffer & repaffer, fortir & entrer, par chacun de vos pouvoirs, jurifdictions & détroits, les quantités ci-après de 500. mille facs de
bleds, feigles ou farines, 100. mille facs d'avoine, d'un feptier chacun, mefure de Paris, 200. mille facs de toile, treillis, ou coutis, ou
les toiles, treillis ou coutis, pour les faire ; 6600. chevaux, avec leurs
harnois, charrettes, caiffons, habillemens des charretiers, bois,
foins, pailles, cuirs, peaux, cordages, effieux, fers, bandages,
vieux oints, toile cirée, & généralement tous les bois néceffaires,
pour l'entretenement defdites charrettes & caiffons ; uftenfiles de
fours, de boulangerie, & généralement tous les bois néceffaires,
pour la cuiffon du pain, tant dans les halles, places publiques, foi-
res, marchés des villes, que les autres lieux & terres de notre obéif-
fance, par préférence à toutes perfonnes, le tout de gré à gré,
fans que ledit Gallier, foit tenu d'aucuns droits de Traittes foraines, Domaines, Péages, Octrois, marque des fers, & de tous
autres droits de quelque nature qu'ils puiffent être, pour raifon defdits grains, farines, foins, pailles, chevaux, harnois, cuirs, peaux,
vieux oints, cordages & généralement, tous les uftenfiles pour la
compofition defdits charrettes & harnois, facs de toilles, treillis, ou
coutils à faire des facs, toille cirée, bois, fers & uftenfiles de boulangerie, tant en entrant qu'en fortant, paffant & repaffant, fans
faire ni permettre qu'il foit fait ou donné aucun trouble ni empêchement, mais au contraire, toute aide & affiftance fi befoin eft, & requis en eft à ceux qui feront prépofés pour les achats, conduite &
voiture des chofes fufdites. Défendons à vous dits fermiers de nos
droits de traittes foraines, & tous autres douannes & domaniales,
& à vos commis, comme auffi au fermier des octroys & droits des
feigneurs particuliers, des communautés, & tous autres d'ancienne &
nouvelle création, de prendre, ni éxiger aucuns droits pour raifon
defdits ponts, péages, paffages, mefurages, & tranfports des villes à
autres, dedans & dehors notre Royaume, fur toutes les chofes fufdites généralement quelconques, concernant comme dit eft lefdites
fournitures de pain de munition, avoine, foin, paille, & la compofition defdits harnois & équipages. Voulons qu'aux copies du préfent

fent paffeport dûment collationnées par l'un de nos confeillers-fécre-taires, foi foit ajoutée comme à l'original : Car tel eft notre plaifir. Donne' à Verfailles le 21. Novembre 1711. *Signé*, LOUIS; *Et plus bas*, par le Roy, *Signé*, Voisyn.

Les munitionnaires remettent l'original du paffeport aux fermiers généraux, fur leur reconnoiffance, après en avoir fait faire des copies collationnées par un fécretaire du Roy; ces copies font imprimées fur papier marqué. Lorfque les munitionnaires ont fait un ou plufieurs marchés avec des particuliers, pour remettre dans les magafins, des bleds, des avoines, des foins, des pailles, des facs vuides, ou de la toille pour en conftruire, comme de toutes autres chofes néceffaires à l'éxécution du fervice des vivres, qui fuivant les traités, font éxempts de tous droits, l'on expédie à chacun des entrepreneurs ou fourniffeurs, enfuite d'une ou plufieurs copies collationnées dudit paffeport, le certificat dont la formule eft cy-après, pour les quantités égales aux marchés : l'on tient un regiftre de ces certificats, & à chaque fois que la direction en délivre, on en envoye l'extrait à l'hôtel des fermes, pour que les fermiers généraux donnent avis à leurs commis, des chofes qui doivent paffer par leurs bureaux.

FORMULE DU CERTIFICAT.

NOus généraux des vivres, certifions avoir delivré au S......; la préfente copie collationnée, pour l'affranchiffement de tous droits, fur la quantité de 10. mille facs de grains enfachés, qu'il doit acheter dans les départemens de Picardie & de Soiffonnois, pour faire paffer dans les places de la Flandres & de Haynault, de la remife de laquelle quantité, il nous juftifiera par les certificats de nos prépofés, qu'il nous rapportera, auffi-tôt qu'il aura fatisfait aux conditions de fon marché. Fait ce....

NOTA. *Si par rapport aux différens lieux, & aux différentes routes, le fous-entrepreneur, ou fourniffeur a befoin de plufieurs copies, l'on lui en donnera la quantité qu'il en demandera, obfervant de libeller dans cha-cune,* faifant avec telle & telle quantité, qu'il doit tirer de tel lieu, même nombre de 10. mille facs; *cette précaution eft pour empêcher qu'il n'abufe du paffeport, & que les fermiers généraux n'ayent au-cun recours contre les munitionnaires pour les quantités excédentes.*

ORDONNANCE DE FONDS D'AVANCE.

AVANCE de 1800000, livres pour la fourniture du pain de munition, aux troupes de garnifons, des départemens, de Flandres & d'Allemagne, pendant une année, à commencer du premier Novembre 1711.

LE ROY, voulant donner moyen au nommé Jean Gallier, qui
a entrepris la fourniture du pain de munition aux troupes qui tiendront garnifon dans les places des départemens de Flandres & Allemagne, pendant une année, à commencer du premier Novembre
prochain, & de mettre fur pied 2000. chevaux deftinés pour le fervice de ladite fourniture. Sa Majefté m'a commandé d'ordonner à
m. de Sauroy, tréforier général de l'extraordinaire des guerres, en
éxercice la préfente année, de remettre audit Jean Gallier, la fomme de dix-huit cent mille livres, que Sa Majefté lui a ordonnée à
compte d'icelle fourniture, & de la folde defdits 2000. chevaux, à
raifon de vingt-cinq fols, pour chacun par jour; de laquelle fomme ledit fieur de Sauroy, fera rembourfé, au moyen des récepiffés
de fes commis, que ledit Gallier, lui fournira, pour les retenues
que lefdits commis auront faites fur la folde defdites troupes, aufquelles le pain aura été fourni; & à l'égard de la folde defdits 2000.
chevaux, & des quatre deniers d'éxcédent du prix, qui eft de 28.
deniers par ration fuivant le traité; attendu qu'il n'en doit être retenu que 24. deniers fur les troupes, il en fera expédié un ordre à la
décharge dudit fieur de Sauroy. Fait à Verfailles le 20. Octobre
1711. *Signé*, VOYSIN.

MODELE DE L'ETAT DE DISTRIBUTION.

Fonds affignés pour le payement & l'exécution des traités des

vivres de Flandres & d'Allemagne, du premier Novembre

1711. *au premier Novembre* **1712.**

DE l'état de diftribution du 24. Octobre 1711. au tréforier de
l'extraordinaire des guerres, à compte de 6649000. livres pour
la folde de Juin, pain d'hiver, quartier d'Octobre 1711.

Cy, ... 1800000. liv.

MODELE DE QUITTANCE,
précédée de la garantie.

Nous, munitionnaires généraux des vivres de Flandres & Allemagne, de la préfente année 1711 à 1712, fous le nom de M^e.
Jean Gallier, prions M. de Sauroy, confeiller du Roy, tréforier de
l'extraordinaire des guerres, de payer audit Jean Gallier, la fomme
de 1800000. livres, à nous ordonnée, à compte de notre dépenfe,
pendant le quartier d'hyver, fur la folde, par état de diftribution du
24. octobre dernier, fuivant l'ordonnance du 20. du même mois;
de laquelle fomme de 1800000. livres nous quittons mondit fieur de
Sauroy, & promettons folidairement, comme pour les propres deniers & affaires du Roy, de lui fournir & faire fournir des refcriptions
de fes commis & tréforiers des troupes à fa décharge, bonnes & valables, jufqu'à concurrence de ladite fomme de 1800000. livres, en
nous rapportant le préfent, avec le reçû dudit Jean Gallier. A Paris,
le 12. Novembre 1711.

*J'ai reçu de M. de Sauroy, tréforier général de l'extraordinaire des guer-
res, la fomme de 1740000 livres, conformément au pouvoir cy - deffus
mentionné, déduction faite des quatre deniers pour livre. Fait à Paris, le
13. novembre 1711, figné Gallier.*

ORDONNANCE DE GROS FONDS.

*4066666. liv. 13. f. 4. d. à compte de la fourniture du pain
de munition aux troupes des armées de Flandres &
Allemagne, campagne 1712.*

Garde de mon tréfor royal, M^e. Pierre Gruyn, payez comptant
au tréforier général de l'extraordinaire des guerres, M^e. Michel
de la Jonchere, en exercice l'année prochaine 1712. la fomme de 4.
millions, 66. mille 666. livres 13. fols 4. deniers, pour employer au
fait de fa charge, même d'icelle délivrer à M^e. Jean Gallier, qui a
entrepris la forniture du pain de munition, aux troupes de mes armées,
qui doivent agir la campagne prochaine en Flandres & en Allema-

gne; celle de quatre millions de livres, que je lui ai ordonnée, à compte de ladite fourniture, & 66. mille 666. livres 13. fols 4. deniers, pour les taxations dudit fieur de la Jonchere, à raifon de 4 deniers pour livre. Fait à Marly, le 10. novembre 1711, *figné* LOUIS, *& plus bas*, VOISYN: comptant au tréfor royal, bon, *figné* LOUIS.

MODELE DE QUITTANCE.

EN préfence des confeillers du Roy, notaires au châtelet de Paris, fouffignés, Me. Jean Gallier, qui a entrepris la fourniture du pain de munition, aux troupes des armées qui doivent agir la campagne prochaine en Flandres & Allemagne, demeurant à Paris ruë Montorguëil, Paroiffe Saint Euftache, a confeffé avoir reçu comptant de Me. Michel de la Jonchere, confeiller du Roy, tréforier général de l'extraordinaire des guerres, la fomme de quatre millions de livres, à lui ordonnée par Sa Majefté, à compte de ladite fourniture, dont quittance. Fait & paffé à Paris ès-études, lan 1711. le 20. décembre, & a figné.

Certification de la quittance.

NOus cautions de Me. Jean Gallier, certifions la quittance ci-deffus bonne & valable, pour la fomme de quatre millions, à la décharge de M. de la Jonchere. à Paris, le 25. décembre 1711.

ORDONNANCE DE PARFAIT PAYEMENT.

373028. liv. 16. f. 4. d. à Me. Jean Gallier, pour le parfait payement de la fourniture du pain de munition, aux troupes en garnifon, dans les places de Flandres & Alface, & départemens voifins.

DE PAR LE ROY.

TRESORIER général de l'extraordinaire des guerres, Me. Jofeph Dureyde Sauroy, nous voulons & vous mandons, que des deniers

qui font en vos mains, de votre exercice de l'année 1711. vous ayez
à en payer & délivrer comptant à M^e. Jean Gallier, qui avoit entrepris la fourniture du pain de munition aux troupes, en garnifon dans
les places des départemens de Picardie, Artois, &c. la fomme de
373028. livres 16. fols 4. deniers, que nous lui ordonnons; fçavoir,
206339 livres o. fols 4. deniers, pour le payement de 10988377. rations qu'il a fournies aufdites troupes, pendant les deux derniers mois
de l'année 1711. qui eft 179273. livres 1. fol, pour le fupplément
de 4. deniers par ration, outre les 24. deniers qui lui ont été remis,
provenans de la retenuë faite fur la folde des troupes, pour 10756383.
rations. Ce marché fait le 6. octobre 1711. pour ladite fourniture,
étant à raifon de 28. deniers la ration, & 27065. livres 19. fols 4. deniers, pour le prix total de 231994. rations, fournies aux troupes au
Comté de Bourgogne, à raifon de 28. deniers pour chacune, ayant
été vérifié, que les 23199. livres 8. fols provenant de la retenuë de
24. deniers par ration, ont été employées en recette à notre profit,
dans les comptes de l'extraordinaire des guerres du Comté de Bourgogne, & n'ont par conféquent point été remifes audit munitionnaire : 14189. livres 16. fols pour la différence des efpeces d'Alface
à celles de France, fur 191006. livres 6. fols retenuës fur la fubfiftance des troupes en Alface, pour le pain qui leur a été fourni, &
152500. livres pour la folde, pendant les 61. jours defdits deux mois,
de 2000. chevaux, mis fur pied, pour le fervice d'icellle fourniture,
à raifon de 25. fols par jour par chacun, conformément au marché
ci-deffus énoncé; & rapportant par vous la préfente, avec quittance
dudit Gallier, & ledit marché feulement; (a) ladite fomme de 373028.
livres 16. fols 4. deniers fera paffée & allouée en la dépenfe de vos
comptes, par nos amés & féaux confeillers, les gens des comptes à
Paris, aufquels nous mandons ainfi le faire, fans difficulté ; car tel eft
notre plaifir : donné à Paris le 25. octobre 1717. *Signé* LOUIS.

MODELE DE QUITTANCE.

EN préfence des notaires à Paris, fouffignés, M^e. Jean Gallier
ayant entrepris la fourniture du pain de munition aux troupes
en garnifon dans les places de Picardie, Artois, &c. a reconnu & confeffé, avoir reçu de M^e. Jofeph Durey de Sauroy, confeiller du Roy,

---

(a) *Nota.* Il faut avoir attention, que le premier commis de la guerre, ne charge le munitionnaire d'aucun autre rapport de piéces, que celles énoncées ci-deffus,
pour les raifons expliquées au chap. XI. de la premiere partie, fection premiere.

tréforier, receveur général de l'extraordinaire des guerres, la fomme
de 373028. livres 16. fols 4. deniers à lui ordonnée par Sa Majefté,
le 25. octobre dernier; fçavoir, 206339. livres 0. fols 4. deniers, pour
le payement de 10988377. rations qu'il a fournies aufdites troupes,
pendant les deux derniers mois de 1711. qui eft 179273. livres 1 fol,
pour le fupplément de 4. deniers par ration, outre les 24. deniers,
qui lui ont été remis, provenant de la retenuë faite fur la folde des
troupes pour 10756383. rations: le marché fait le 6. octobre 1711.
pour ladite fourniture, pour le prix total de 231994. rations fournies
aux troupes au Comté de Bourgogne, à raifon de 28. deniers pour
chacune, ayant été vérifié, que les 23199. livres 8. fols provenant de la retenuë à 24. deniers par ration, ont été employées en recette, au profit de Sa Majefté, dans les comptes de l'extraordinaire
des guerres dudit Comté de Bourgogne, & n'ont par conféquent
point été remifes audit munitionnaire, 14189. livres 16. fols pour la
différence des efpeces d'Alface à celles de France, fur 191006. livres
6. fols, retenuës fur la fubfiftance des troupes en Alface, pour le pain
qui leur a été fourni, & 152500 livres pour la folde, pendant les 61.
jours defdits deux mois, de 2000. chevaux, mis fur pied, pour le
fervice d'icelle fourniture, à raifon de 25. fols par jour pour chacun,
conformément au marché ci-deffus énoncé, dont quittance. Fait &
paffé à Paris ès-études l'an 1717. le 5. novembre, & a figné.

Certification.

NOUS, cautions de Jean Gallier, munitionnaire général des
vivres de Flandres & Allemagne, certifions la quittance ci-
deffus bonne & valable, à la décharge de M. de Sauroy, tréforier
général de l'extraordinaire des guerres, pour la fomme de 373028.
livres 16. fols, 4. deniers, ledit jour & an.

ORDONNANCE PARTICULIERE.

Pour la fourniture faite aux troupes de la maison du Roy, &
qui se paye par le tréforier de ces mêmes troupes.

45204. livres 16. fols 10. den. pour le pain de munition
fourni aux gardes du corps, & grenadiers à
cheval, campagne 1712.

DE PAR LE ROY.

TRéforier général des compagnies de nos gardes du corps, & de
grenadiers à cheval, Me. Louis le Bas de Girangy ; nous vous
mandons & voulons, que des deniers de votre exercice de 1712.
vous ayez à en payer & délivrer comptant, à Me. Jean Gallier, qui
a entrepris la fourniture du pain de munition, aux troupes des armées
de Flandres & d'Allemagne, pendant la campagne de ladite année,
la fomme de 45204. livres 16. fols 10. deniers, que nous lui avons
ordonnée ; fçavoir, 44318. livres 11. fols 6. deniers, pour le payement de 312837. rations de pain, fourni aux fufdites compagnies,
pendant ladite campagne, à raifon de 34. deniers la ration, & 886.
livres 5. fols 4. deniers, pour les deux pour cent, accordés aux munitionnaires fur ladite quantité, à ladite raifon, fuivant l'état arrêté
par le fieur de Bernieres, intendant de l'armée de Flandres, le 29.
novembre 1714. & rapportant par vous la préfente & quittance fur
ce fuffifante, ladite fomme de 45204. livres 16. fols 10. deniers, fera
paffée & allouée en la dépenfe de vos comptes, par nos amés &
féaux confeillers, les gens des comptes à Paris, aufquels nous mandons ainfi le faire fans difficulté, car tel eft notre plaifir. Donné à
Verfailles le 20. Décembre 1714. *Signé* LOUIS, *& plus bas* VOISYN.

La quittance fe donne comme aux ordonnances ci-devant, avec
la même certification des munitionnaires.

ITALIE.

Calcul, pour servir à une compagnie qui veut entreprendre la fourniture du pain aux troupes de campagne & de garnison, & la levée & entretien de mulets & équipages, pour le service de l'armée en Italie.

GARNISONS D'HYVER.

Nota. Le plus ou le moins de troupes , ne change rien aux proportions de l'hipothése.

Si les garnifons font de 30. mille hommes, dont 22. mille d'infanterie , & 8000. mille de cavalerie, elles confommeront environ 71. mille facs; fçavoir pour les foldats, cavaliers & dragons. . . . . . 30000.facs.

Pour les excédens , pris par les Officiers pour leurs équipages . . . . 5000.

Et pour le froment que l'on fournit aux chevaux, y compris pareils éxcédens, fur le pied de 4. livres de grain par ration, ... 35000.facs.

36000.

71000.facs.

GARNISONS D'E'TE'.

Si les garnifons d'été font de 10. mille hommes, dont 8000. d'infanterie, & 2000. de cavalerie, elles confommeront, fuivant l'explication ci-deffus, environ 19500. facs, y compris 8000. pour les chevaux de la cavalerie & les excédens, * la ration de 3. liv. feulement, ... 19500.

90500.facs.

* 11500. facs.
8000.

19500.facs.

CAMPAGNE.

Si les troupes de campagne font de 40. mille hommes, dont 30. mille d'infanterie, & 10. mille de cavalerie, elles confommeront 100500. facs; fçavoir, pour le pain des foldats, ... 40000.facs.

Pour les officiers, états-majors, & officiers généraux, ... 20000.

60000. facs.

60000.facs.

60000. facs.

Pour

Ci-contre, . .. 60000. facs.   90500. facs.
Pour les chevaux de la cavalerie, .. 27000.
Pour ceux des officiers, états-majors,   100500. facs.
& officiers généraux, ... 13500. facs.

Total des bleds néceffaires, fuivant la fuppofition, .. 191000. facs.

Dont pour convertir en pain de

munition. { Garnifons* ... 46500. facs. } 106500. facs.   * 35000. facs.
{ Armée, ... 60000. }   11500.

      46500. facs.

Et pour le grain à la

cavalerie. { En rations de 4.ᵗ 36000. ℞. } 84500. ℞.
{ En rations de 3.ᵗ 48500. ℞. }

Pareil, ... 191000. facs.

Le pain de munition en Italie, eft fait de pur froment non blutté.
On fuppofe que le fac de 200. liv. acheté en France,* chargé dans
les vaiffeaux de tranfport, ne revient, prix commun,
qu'à, ... 12. liv.
Et que les frais de tranfport par mer & par terre,
fuivant ce qui eft détaillé par le même tarif, jufques
dans les places de la confommation, monte à . 7. liv. 10. f.

Chaque fac rendu dans les magafins, reviendra à .. 19. liv. 10. f.

** On a dit dans le tarif la raifon pour laquelle le bled doit être acheté en France.

Il faut ajouter à ce prix celui de la manutention, qui par les raifons ci-devant expliquées, eft plus fort qu'en Flandres & en Allemagne; voici en quoi il confifte, & comme il a toujours été évalué.
Dans ce prix eft auffi compris le bénéfice des munitionnaires.

Bénéfice en fuppo-
fant une fage admi-
niftration.

GARNISONS
D'HYVER ET D'ETE'.

Eftimation or-
dinaire, y com-
pris le bénéfice.

Pour la mouture d'un fac de 200. liv. que l'on
paye aux meuniers en grain ou en argent, .. . 15. f.
Bois, cuiffon & diftribution, ... 1.ᵗ 5. f.

      2. .

Bénéfice en suppo- fant une fage admi- niftration.		Eftimation or- dinaire, y compris le bénéfice.

De l'autre part, . . 2.#.

Portages, chargemens & déchargemens, . . . 5. f.

Le fac eft paffé pour 20. f.
Il eft re-vendu 12 f.
______
32. f.
Il coûte 25. f.
______
Bénéfice, 7. f.

1. f. . Manœuvres dans les magafins, ... 5. f.

6. f. . Déchets & uftenfiles, ... 10. f.

.. . 7. f. . Sacs de treillis 25. fols, ci-employé, feule-ment pour, ... 1.#.

1.#. . Frais de régie, appointemens de commis & frais de bureaux, ... 2.#.

1.#.14.f.   Total de la manutention de garnifon faifant huit deniers par ration, . . } . . 6.#.

CAMPAGNE.

Moutures, ... 15. f.

Bois, cuiffon, diftribution, boulangers fans

1.#. 5. f. . travail, & maffons à la fuite des travaux, . . . 2.#.10. f.

5. f. . Portages, chargemens, & déchargemens, . . . 10. f.

5. f. . Manœuvres dans les magafins, ... 15. f.

4. f. . Déchets & uftenfiles, ... 10. f.

7. f. . Sacs de treillis, comme deffus, ... 1.#.

Frais de régie, 4. d. pour livre des invalides, appointemens d'employés, honoraires, équi-page & tables du général des vivres à l'armée; & dépenfe d'un autre munitionnaire à Milan, ou à

1.#.10. f. Pavie, ... 3.#.15. f.

3.#.16. f.   Total de la manutention de campagne, faifant 13. deniers par ration, . . . } . . 9.#.15. f.

*Fro-ment 12. l.
Tranf-port, 7. l. 10. f.
Ma-nu-ten-tion, 6. l.
______
25. l. 10. f.*

Affemblage de la matiére & des frais, pour le pain de munition.

Les 35000. facs d'une part, & 11500. facs d'autre, faifant en tout 46500. facs, pour les garnifons d'hyver & d'été, coûteront chacun 25. liv. 10. f. * & en total, ... 1185750. liv.

Ci-contre , ... 1185750. liv.
Les 60000. facs pour l'armée, coûteront chacun
29. liv. 5. f. le fac *, & en total, . . . 1755000. liv.

Total de la dépenfe pour le pain } 2940750. liv.
de munition , . . . }

Froment 12. l. Tranfport, 7. l. 10. f. Manutention, 9. l. 15. f.

29. l. 5. f.

Suivant le calcul & le tarif ci-devant, la ration de pain de garnifon, revient à . . . . . . 34. d.

Celle de campagne à . . . . 39. d.

Et la ration de bifcuit à . . . . 53. d. $\frac{47}{71}$.

Converfion des 206500. facs de froment en rations, fur le pied de 180. par fac.

Les 46500. facs de garnifon, produiront la quantité
de . . . . 8370000. R. à .. 34. d. .. 1185750. liv.
Et les 60000. 10800000. à .. 39. .. 1755000.

106500. f. 19170000. R. 2940750. liv.

Voyez l'obfervation qui eft rapportée fur femblable article de converfion en Flandres & en Allemagne ; il n'y a de différence qu'en ce que les troupes qui fervent en Italie, ne confomment que du froment, & qu'en France la ration eft compofée de $\frac{2}{3}$. froment & de $\frac{1}{3}$. de feigle.

Bénéfice fur la fourniture du pain de munition.

Les 46500. facs de garnifon, à raifon de 25. f. par fac feulement, produiront de bénéfice aux munitionnaires, . . 58125. liv.
Les 60000. de campagne, fur le pied de 3. liv. 10. f. 210000.

268125. liv.

Suppofé que le miniftre accorde un denier par ration au-delà de l'évaluation, fuivant le tarif, & qu'au lieu de 34. d. pour les garnifons, & de 39. d. pour la campagne, il paffât 35. d. pour un fervice, & 40. den. pour l'autre, cela feroit fur les 106500. facs, fur le pied de 15. f. chacun, ... 79875. liv.

348000. liv.

Fourniture de grain à la cavalerie.

Le Roy fait fournir en Italie du froment pour la cavalerie; la ration eſt de 4. livres en hyver, & de 3. livres en campagne. Voici comme il faut proceder pour connoître l'évaluation du prix de chaque ration.

Il faut d'abord établir le prix du ſac de froment rendu dans les places de la conſommation; ſuivant l'hypothéſe, il revient à 19. liv. 10. ſols. Il convient d'ajouter les frais de manœuvres, diſtribution & régie, qui conſiſtent;

Bénéfice en ſuivant une adminiſtration œconomique	S Ç A V O I R,	Suivant l'uſage; bénéfice des munitionnaires compris.

Pour le portage, chargement, & décharge-
1. ſ. . ment de chaque ſac, ...   4. ſ.
1. ſ. . Manœuvres dans les magaſins, ...   4. ſ.
2. ſ. . Déchets, ...   3. ſ.
6. ſ. . Sacs, 20. ſ. employés ſeulement, pour   . . .   14. ſ.
10. ſ. . Frais de régie, & 4. d. pour livre, ...   1.#.

1.#.   2.#. 5. ſ.

Le prix du ſac de froment étant de .   . . . 19.#. 10. ſ.

Chaque ſac diſtribué à la cavalerie ⎱   . . . 21.#. 15. ſ.
reviendroit au Roy, à . . . . . ⎰

Ainſi la livre de froment de 16. onces, poids de marc, coûtera, ... 2. ſ. 2. d. $\frac{1}{10}$.

Chaque ration de garniſon, vaudra, ... 8. ſ. 8. d. $\frac{2}{5}$.

Et chaque ration de campagne & de garniſon d'été, ... 6. ſ. 6. d. $\frac{1}{10}$.

* Froment, 12. l.
Tranſport, 7. l. 10. ſ.
Diſtribution. 2. l 5. ſ.
―――――
21. l. 15. ſ.

Les 84500. ſacs de froment employés ci-devant pour la cavalerie, à raiſon de 21. livres 15. ſols chacun, * montent à la ſomme de .   .   .   . 1837875. liv.

Ces mêmes 84500 facs, produiront en rations de cavalerie;

SÇAVOIR,

Les 36000. facs en rations de 4. livres chacune, la quantité
de . . . . 1800000. ℞.à 8. f. 8. d. $\frac{2}{5}$. . . . . . . 783000. liv.
Et les 48500. 3233333.$\frac{1}{3}$. à 6. f. 6. d. $\frac{3}{10}$. . . . . . .1054875. liv.

84500.ᶠ 5033333.$\frac{1}{3}$. ℞. . . . . Pareil . .1837875. liv.

Bénéfice des munitionnaires fur cette fourniture.

Chaque fac leur procurant fur les frais de manœuvres, & diftribution 20. f. c'eft pour les 84500. facs, . . . 84500. liv.

EQUIPAGES.

Pour le tranfport & la diftribution du pain de munition.

Il faut en Italie, pour tranfporter le pain de munition dans les
camps, des mulets de trait, & des mulets de bât; voici comme
on en détermine le nombre, qui ordinairement eft compofé d'un
tiers des bêtes attelées quatre à quatre à une charrette; & de deux
tiers qui portent à dos.

L'on a fuppofé que l'armée étoit de 40000. hommes, & que la
confommation devoit être de 60000. facs, ces 60000. facs compofent 10. millions 800. mille rations pour les 180. jours de campagne, ce qui fait 60000. rations par jour.

La diftribution, comme on l'a cy-devant obfervée, fe fait à l'armée pour quatre jours, ainfi le nombre de rations qu'il faut tranfporter chaque jour de diftribution eft de , ... 240000. ℞.

Chaque charrette en contient 800., & chaque mulet ou mulle de bât, en porte 120.

Par conféquent il faudroit 540. mulets de trait ,
& 1100 de bât.

Mais pour les raifons déduites au chapitre XI. fection II. de la premiere partie, il faut employer un
cinquiéme de plus que les 540. mulets de trait, &

pareillement un cinquiéme de plus que les 1100. de bât, cette augmentation portera le nombre total des mulets ou mulles à , ...   1968.

L'on repartit ces mulets par équipage, comme il a été dit, fçavoir, un tiers de trait & deux tiers de bât.

Chaque équipage eſt compoſé de 104. bêtes, y compris quatre furnuméraires dits haut-le-pied, ce qui fait 19. équipages , moins 8. bêtes, dont 6. roulans, & 12. de bât ou de fomme. (a)

Ainſi il faut 624. mulets attelés 4. à 4. à 156. charrettes, ...   624.

Et 24. furnuméraires,   ;   ;   ;   .   .   .   24.

648.

Il faut 1268. mulets ou mulles de bât, mis 3. à 3. fous la conduite d'un muletier, cy   .   .   .   1268.

Et 52. furnuméraires, cy   .   .   .   .   52.

Quantité pareille   ;   ;   ;   .   1968.

L'on achete les mulles & mulets en Languedoc, en Auvergne, dans le Dauphiné, & en Piémont; l'on trouve même des perfonnes qui offrent moyennant un prix, de les fournir , équiper, conduire, & nourrir pendant la campagne; mais des munitionnaires jaloux d'une parfaite éxécution de leur entreprife , ne doivent point donner dans cette œconomie, il convient au bien du fervice que les équipages leur appartiennent en propre ; on en trouvera la raifon au chapitre XIV. de la premiere partie.

Les mulets ou mulles, coûtent ordinairement à la Raye, prix commun, 160. liv. piéce. * Ainſi les 1968. qu'il eſt néceſſaire d'acheter pour l'entreprife fuppofée, montent à .   .   .   314880. liv.

Il faut 1320. bâts, pour les 1320. bêtes de fomme , y compris 52. furnuméraires à 25. liv. chacun, la fomme de   .   .   .   .   33000.

156. Charrettes à 200. liv. piéce , y compris les harnois.   .   .   .   .   .   .   31200.

379080. liv.

*{ 235 l. } de
3 { 140 } bats
1 { 200 l. } de
{ ... } traît

Ci-contre , ... 379080. liv.

156. Charretiers, dont un par charrette.

76. Surnuméraires, dont 4. à la suite de chacun defdits 19. équipages.

423. Muletiers, pour conduire les 1268. bêtes de fomme, à 3. par chacun.

———————
655.
———————

Ce qui fait en tout 655. hommes, à raifon de 25. fols pour chacun par jour, dont 20. fols de folde, & deux rations de pain pendant 199. jours, la fomme de . . 162931.

22. Capitaines, y compris 3. furnuméraires à 150. liv. par mois, pendant fept mois & demi, dont un de gratification pour fe rendre en Italie, ... 24750.

22. Conducteurs, dont 3. furnuméraires, à 100. liv. par mois, pendant le même temps . . 16500.

Un capitaine général à 400. liv. par mois pendant , *idem* . . . . 3000.

Deux lieutenans à 200. liv. chacun, *idem* . . 3000.

Un garde-magafin du parc à 150. liv. *idem* , . 1125.

Un tréforier à 250. liv. par mois pendant ledit temps . 1875.

Un commis de caiffe à 150. liv pendant ledit temps . 1125.

19. Bourreliers , un pour chaque équipage , 6 Charons ; faifant en tout 25. hommes fur le mê-

———————
25. me pied que les muletiers . . . • 6213.
———————

19. Maréchaux à 100. liv. chacun par mois en fournif-fant les fers, pendant fix mois & demi la fomme de . . . . 12350.

Un bourrelier, un maréchal, & un charron prin-cipal , à 80. liv. chacun par mois , pendant fix mois & demi, & 40. liv. de gratification pour la route . . 1680.

Subfiftance de 1968. mulets ou mulles pendant 199. jours à une ration par jour chacun ; la ration compofée de 12. liv. de foin , & 5. liv. de paille, ou 15. liv. de foin fans paille, avec demi boiffeau d'avoine, ou une ration de 3. liv. de froment feulement, les mulets man-geant beaucoup moins que les chevaux ; chaque ra-tion évaluée à 12. fols . . . . . 234979.
—————
848608. liv.

De l'autre part,   .   .   .   848608. liv.

655. Sarrots, & 655. bonnets de toile pour l'uniforme des charretiers & muletiers, à raison de 12. liv. chacun, la somme de   .   .   .   .   7860.

TOTAL de la dépense supposée être entierement consommée pendant la campagne. } 856468. *lt. 3*

Solde que le Roy paye aux munitionnaires, pour leur tenir lieu de cette dépense.

Pour la solde de 1968. mulets ou mulles, sur le pied de 50. sols par jour & par bête, pendant 199. jours de campagne , y compris les 15. jours de levée   .   .   .   . 979080. liv.

Il arrive souvent que pendant l'hyver, le ministre reserve partie des équipages, pour accélérer les emplacemens, & être en état d'entrer de bonne-heure en campagne, alors il ne paye au munitionnaire que la demie solde pendant 180. jours.

Bénéfice sur la solde des équipages.

La solde que le Roy paye au munitionnaire pendant les 199. jours, y compris 15. jours de levée, monte à   .   . 979080. liv.

La dépense pour l'achat des mullets ou mulles, charrettes, harnois, bâts, gages, appointemens & subsistance des 1968. bêtes, ne monte qu'à   .   . 856468. liv.

Différence en bénéfice, en supposant même que les mulets , les charettes & ustensiles , soient anéantis. } 122612.

Mais comme partie des mulets éxiste , de même que les charrettes & harnois, & qu'ils demeurent au profit des munitionnaires, la valeur de ces choses augmente leur bénéfice ; en voici le détail.

Si les munitionnaires ne sont pas continués pour le

(*a*) Si la campagne commence plûtôt, ou finit plus tard, la solde qui se paye pour cette augmentation de service, suplée à l'augmentation d'appointemens, de gages & entretiens.

service

Ci-contre, ... 122612.liv.

ſervice de l'année ſuivante, ils vendent les mulets & équipages à ceux qui leur ſuccedent.

Le défaut d'attention & de nourriture, & la fatigue d'un continuel ſervice (ainſi qu'on l'a obſervé ſur le projet d'un ſervice en Flandres & en Allemagne) font qu'il y a environ un tiers de mulets qui crévent ou qui ſont hors de ſervice pendant le cours de la campagne; le ſurplus qu'on met en quartier d'hiver, eſt en ſi mauvaiſe état, qu'il ne vaut pas le tiers du prix de l'achat, ainſi les 1312. bêtes ou environ qui reſtent, ne ſont repriſes par la nouvelle compagnie que ſur le pied d'environ 55. liv. chacune, & ne produiſent que . . 72160.

A l'égard des charrettes, harnois, & bats, il n'en retirent qu'environ le tiers, cy .   .   .   . 22000.

Et comme les équipages des vivres fouragent, pendant la campagne, ainſi qu'il eſt expliqué ſur ſemblable article du projet en Flandres & en Allemagne. Le bénéfice à cet égard, ſur le pied, par ration & par jour de 4. ſols ſeulement par chacune des 1968. bêtes, parce qu'on doit leur fournir de l'avoine ou du grain; monte, en ne comptant que 100. jours de fouragement, dont le munitionnaire profite ſans déduction de la ſolde que le Roy paye en entier pendant leſdits 199. jours, à la ſomme de (a) .   .   . 39360.

Bénéfice du munitionnaire ſur les équipages. . . 256132.liv.

Récapitulation des bénéfices des munitionnaires
ſur l'entrepriſe ſuppoſée.

S Ç A V O I R,

Sur la fourniture du pain aux garniſons d'été & d'hiver . . . . 58125.liv.

Sur celle pendant la campagne . . . 210000.

Sur le grain à la cavalerie pendant l'hiver & la campagne . . . . 84500.

Sur les équipages . . . . . 256132.

608757. liv.

(a) *Nota.* Pendant le cours de la campagne il créve des mulets, dont le munitionnaire reçoit la ſolde, comme de ceux qui font un ſervice actuel.

K k

De l'autre part,   .   .   .   608757. liv.

Et si le miniftre accorde un denier par ration au delà de la fixation du tarif, fur les 19170000. rations de garnifon & de campagne, c'eft-à-dire 15. fols par chacun des facs convertis en pain de munition, l'augmentation fera de   . . . .   .   .   79875. liv.

> Total du bénéfice pour une année de fervice, ... } .. 688632. liv.

L'on a démontré ci-devant, que le bénéfice des munitionnaires fur l'entreprife fuppofée, & dans le cas qu'une nouvelle compagnie lui fût fubftituée à la fin de la campagne, montoit à . 688632. liv.

Voyez ce qui eft dit à cet égard fur la Flandres, & fur l'Allemagne.

Mais s'ils étoient continués pour le fervice fuivant, & en cas de referve des 1312. bêtes avec demi folde pendant l'hiver, ce bénéfice feroit augmenté, ou profiteroit à ceux qui s'en accommoderoient, en voici la preuve. *

Sur les équipages.

Les munitionnaires pour completter leurs équipages à l'entrée de la campagne fuivante, feroient obligés d'acheter les 1312. mulets refervés pendant l'hiver avec la demie folde, lefquels on a fuppofé avoir été vendus 55. liv. chacun. Ces 1312. bêtes rétablies par le repos & la bonne nourriture, rendroient des meilleurs fervices que des neufs qui couteroient 160. liv. piéce, mais comme dans le calcul précédent on les a employés en recette & profit fur le pied de 55. liv. ils ne feront ici portés que pour 105. liv. ce qui fait pour les 1312.   137760,

Les 156. charrettes avec les harnois, étant rabillés ferviroient de même que des neufs pendant la campagne fuivante, ils ont couté   . .   31200. liv.

Les 1320. bats ferviroient pareillement après le rabillage, ils ont couté,   .   33000.

                          64200.

Sur quoi il faut déduire pour le rabillage des 156. charettes à 50. l. chacune,

                               826392. liv.

ETAT de ce qu'il en coûteroit au Roi, pour la dépense des vivres en Italie, suivant l'hypothèse.

FORME DES PAYEMENS.

Ordre d'avance pour la retenue des 2. l. par ration, non sujets aux 4. den. des invalides. }...837000#.

Ordonnance de supplément de 10. deniers par ration sujette aux 4. d. des Invalides. }...248750.

Ordonnances de gros fonds sur le trésor royal.

1755000.
783000.
1054875.
979080.

4920705#.

SÇAVOIR:

POUR le prix des 8370000. rations pour les garnisons, dont 2. s. se retiennent sur la solde, & 10. deniers de supplément pour parfaire les 34. deniers, cy . . . . 1185750.#.

Pour les 10800000. rations, aux troupes d'armée, à 39. d. sans retenue, ... 1755000.

Pour les 180000. rations de grains à la cavalerie, pendant le quartier d'hyver, à 8. s. 8. d. ½. sans retenue, ... 783000.

Pour les 2233333. rations ⅓. à la cavalerie, pendant la campagne, à 6. s. 6. d. 3/10. . . . . 1054875.

Pour la solde de 1968. mulets, à 50. s. par jour, pendant 199. de campagne . . . , ... 979080.

5757705.#.

Nota. Sur les ordonnances pour le supplément, les ordonnances de parfait payement, tirées sur le trésorier général ; & sur celles sur le trésor royal pour les gros fonds, la retenue des 4. d. pour livre des invalides, se fait au munitionnaire des 4920705#. ci-dessus, montant à 82011#. dont l'indemnité se trouve dans les frais de la manutention.

Dans les ordonnances de gros fonds, le Roi accorde 4. d. pour livre au trésorier général de l'extraordinaire des guerres, pour ses taxations, ceux de 4920705.#. montent à . . . . 82011.

5839716.#.

Sur quoi convient déduire la retenue sur la solde des soldats, cavaliers & dragons, en garnison, pendant 180. jours du quartier d'hyver, & 180. jours d'été, au profit du Roi ; elle monte, suivant la supposition, à.... 837000.

Reste à la charge du Roi . . . . 5002716. *

* Outre les 5002716#. ci-contre, il y a encore les dépenses extraordinaires qu'on ne peut estimer ; elles dépendent des circonstances : ces dépenses consistent en frais de voitures, constructions & réparations de fours & de magasins, pertes, prises par les ennemis, &c.

Ci-contre, . . 64200.* . . 826392. liv.
ce qui monte à . . 7800. liv. ⎫
   Et pour celui de 1320. bâts à   ⎬ 15720.
6. liv. piéce . . . . 7920. ⎭

Reste à tirer hors ligne . . . . . 48480. . . : 48480.

TOTAL *du bénéfice des munitionnaires en cas* ⎫
  de continuité de service . . . . . ⎬ . . 874872. liv.

C'est sur le fondement des 2. d. de bénéfice, montant à 186240. l.
que le ministre réduit la solde des campagnes subséquentes, & qui se
suivent, de 50. sols à 45. sols par bête, si le foin & l'avoine sont sur
même pied que l'année précédente. *

* 137760. l.
48480. l.
186240. l.

Proposition que les munitionnaires présentent au ministre, pour
rédiger les conditions des Traités, conformément
à la supposition.

Pour rédiger les conditions des traités, il faut suivre par gradation les articles du calcul ci-devant, & se conformer au style de
celles concernant la Flandres & l'Allemagne.

Il en est de même du traité pour les garnisons, & du résultat pour
la campagne; & ce seroit augmenter ce volume sans nécessité, que
d'en donner ici de nouveaux modéles.

E'TAT ESTIMATIF

DE LA DEPENSE D'UNE ARME'E.

Voyez ci-contre ledit état.

FORMULE DE L'ETAT D'EMPLACEMENS,
ordonnés par le ministre.

ETAT d'emplacemens de 198000. sacs de froment, du poids de 200. liv. net chacun, que les munitionnaires des vivres doivent remettre dans les magasins du Roy, pour la subsistance de ses troupes en Italie, depuis le premier Novembre 1741. jusqu'au dernier d'Octobre 1742.

A Cremonne, ...	60000. sacs
A Pisighiton, ...	8000.
A Lody, ...	16000.
A Pavie, ...	55000.
A Milan , ...	6000.
A Novarre, ...	3000.
A Cazal, ...	3000.
A Turin, ...	3000.
A Alexandrie, & entre cette ville & Genne, ...	44000.
TOTAL, ...	198000. sacs

Fait & arrêté à Fontainebleau le 15. Septembre 1741. *Signé ,* DE BRETEUIL.

Voyez ci-devant à l'article de la Flandres & de l'Allemagne les formules d'acte de societé, de déclaration du prête-nom, sa procuration, les modéles d'ordonnances & de quittances, &c.

FABRICATION DU BISCUIT.

LEs généraux d'armées ordonnent ordinairement, au commencement de la campagne, que l'on fabrique du biscuit, & qu'on le tienne prêt au premier ordre ; parce que s'ils trouvent occasion de brusquer une entreprise dans le pays ennemi , ils ne sont point obligés de laisser pénétrer leurs desseins, ni d'attendre les longueurs de la façon & distribution du pain pour 4. ou 6. jours, sans compter que trois rations de pain pésent autant que quatre rations de biscuit, & embarrasse beaucoup plus le soldat.

Il arrive quelquefois, que cette sage précaution devient inutile ; mais le biscuit pour cela n'est pas perdu ; & à la fin de la campagne, avant le licenciement de l'armée, on en fait la distribution ; on donne aux soldats deux rations de pain , & une de biscuit, pour trois jours.

Composition du biscuit.

Le biscuit est composé de pur froment, dont on ôte tout le son &

le gruau ; enforte que d'un fac de 200. livres , on n'en retire que 160. livres de farine.

A ces 160. livres de farine, on joint 40. livres d'eau ; le mélange produit 200. livres de pâte, dont on forme 133. ℞. ½ du poids de 24. onces chacune , qui après la cuiffon, ne doivent plus pefer que 18. onces, parce que les 40. livres d'eau s'évaporent ; de même que par la double cuiffon , l'humidité naturelle de la farine eftimée 9. à 10. livres : ainfi il ne refte qu'environ 150. livres de bifcuit.

En fuivant cette pratique, le bifcuit peut fe conferver dans un lieu fec, enfermé dans des caiffes, ou dans des tonneaux, plus d'une année , fans fe corrompre.

Mais comme à l'armée, il eft ordinairement confommé pendant le cours d'une campagne, & que s'il en refte à la fin, on le diftribuë aux troupes, comme il vient d'être dit : on peut à celui des vivres de terre, donner une cuiffon moins forte , tirer de 200. livres de pâte 142. ℞. du même poids de 18. onces. C'eft au miniftre à en ordonner, & aux munitionnaires à furveiller fur les commis & boulangers chargés de la fabrique, pour qu'ils ne donnent pas une cuiffon trop foible, au lieu d'une forte, en vûë de fe ménager un *bonis* illicite, & même criminel. *

Pratique de la fabrication du bifcuit.

Il faut choifir les boulangers les plus habiles, & les plus robuftes, le travail du bifcuit étant très-pénible.

Il faut faire recuire les fours, pour qu'ils foient fecs & en bon état.

On ne doit former les brigades des boulangers, que de 4. hommes, lefquels ne peuvent faire que cinq fournées en 24. heures.

Il faut une heure de plus par fournée, qu'au pain de munition , tant pour la façon, que pour la cuiffon ; & chaque fournée ne produit qu'environ 250. rations.

Il faut difpofer les levains fi à propos, qu'avant de commencer la premiere fournée, il y en ait fuffifamment de faits pour trois four-

* Lorfque l'on ordonne de fabriquer du bifcuit , il eft du devoir du munitionnaire général , ou des directeurs des vivres dans les départemens où cette fabrication eft ordonnée, d'envoyer une perfonne de confiance aux magafins où fe fait le blutage, pour faire faire en fa préfence l'enfachement du fon & de la recoupe que l'on retire des farines ; ficeler & cacheter les facs ; & fi l'endroit où fe fait la manœuvre, eft proche ou fitué fur le bord d'une riviére navigable, ce prépofé doit faire voiturer lefdits facs dans la Ville la plus prochaine, pour faire la vente des fons & recoupes, ou les diftribuer aux équipages des vivres ; autrement il arriveroit, comme cela fe pratique ordinairement, que les gardes-magafins verferoient ces fons & recoupes dans les facs de farine brute ; qu'ils feroient de ce mélange un pain de munition très-défectueux.

Le directeur fera donner au commis qui aura fait le blutage, les décharges néceffaires.

nées, étant néceſſaire pour donner une bonne qualité au biſcuit, que les levains ſoient toujours vieux faits.

La premiere fournée faite, on doit faire un levain de *tout point*, pour remplacer celui qui vient d'être conſommé ; la même choſe doit ſe pratiquer juſqu'à la fin du travail, obſervant de ſe ſervir pour chaque fournée, des levains les premiers faits, & que l'eau pour pétrir ſoit un peu plus chaude, que pour le pain.

Il faut avoir pour chaque four trois corbeilles, pour mettre les levains, & autant de poids de 24. & de 18. onces, qu'il y a de fours occupés, l'un pour donner le poids juſte à la pâte, l'autre pour vérifier ſi le biſcuit a ſa juſte cuiſſon.

La pâte du biſcuit doit être miſe ſur des tablettes, auſſi-tôt qu'elle eſt pétrie, peſée & tournée, pour y attendre ſon apprêt ; au lieu que la pâte de pain de munition doit être miſe ſur couche, ſur des ſacs vuides, étendus ſur le plancher de la boulangerie, où elle reſte, juſqu'à ce qu'elle ait également l'apprêt néceſſaire pour être enfournée.

La pâte du biſcuit étant pétrie très-dure, il eſt néceſſaire d'avoir des rouleaux de bois pour la biller, & lui donner la forme que le biſcuit doit avoir, qui eſt d'environ 24. à 27. pouces de circonférence, ou 8. à 9. pouces de diametre, & de 15. à 16. lignes d'épaiſſeur ; cette façon doit être donnée avant que la pâte ſoit miſe ſur les tablettes, & chaque biſcuit ne doit contenir qu'une ration.

La pâte doit être piquée un demi-quart-d'heure avant d'être miſe au four, pour empêcher que le biſcuit, étant enfourné, ne devienne bourſouflé ; on ſe ſert de piquoirs de fer, faits exprès à 5. ou 6. dents.

Le four doit être plus chaud que pour le pain de munition, & le biſcuit doit reſter à la cuiſſon deux heures ou environ, pour être bien reſſuyé.

Etant tiré du four, il faut le tranſporter dans les magaſins, & le laiſſer à plat pour ſe refroidir, juſqu'à ce qu'on ait mis au four la ſeconde fournée, après quoi il doit être rangé ſur le côté, & bien droit à 4. ou 5. l'un devant l'autre. La même choſe doit être obſervée, tant que le travail ſubſiſte.

Les magaſins au pain de munition n'en contiennent ordinairement que ce qu'on en peut faire pendant 4. jours, après lequel tems, il eſt diſtribué aux troupes, ou chargé ſur les équipages.

Si la diſtribution n'eſt pas faite, lorſque les magaſins ſont pleins, il faut mettre le biſcuit dans des caiſſes, ou dans des tonneaux refoncés avec ſoin, & le tranſporter dans d'autres magaſins qui ſoient ſecs, pour y être en dépôt, juſqu'à ce que la diſtribution en ſoit ordonnée.

Indépendamment des 180. rations de pain de munition, que produit un ſac de farine de 200. livres, les boulangers, les porteurs d'eau, & les fendeurs de bois, y trouvent encore leur fubfiftance en pain, & ils la trouvent également, en rendant 142. ou 133. ℞. ⅓ de bifcuit par chaque fac de farine bluttée ; & les 40. livres de fon ou de gruau reftent aux munitionnaires.

Détail des frais de manutention du bifcuit.

FLANDRES ET ALLEMAGNE.

La manutention d'un fac de farine, du poids de 200. livres, net, qui produit 180. rations de 24. onces chacune, a été fixée par l'ufage à . . . . 9. liv.

A quoi il faut ajouter pour la double façon du bif-cuit, le blutage, la plus grande confommation de bois, les caiffes, ou tonneaux, le bris, & les déchets, .. 2. liv. 10. f.

Total de la manutention d'un fac de 200. liv. de froment, duquel on retire 40. l. de gruau & de . 11. liv. 10. f. fon, & qui produit 142. ℞. de 18. onc. chacune.

Ces 11. livres 10. fols influënt fur chacune des 142. ℞. de 19. de-niers $\frac{11}{71}$; mais fi l'on fait tenir compte au munitionnaire des 20. fols de gruau & de fon, qui reftent à fon profit, comme ces 20. fols influënt fur chaque ration d'un denier $\frac{49}{71}$, cette manutention ne fera que de 17. deniers $\frac{51}{71}$ par ration ; ce qui ne fait par fac que 10. livres 10. fols, au lieu de 11. livres 10. fols ci-devant employés dans le tarif pour la Flandres & l'Allemagne.

ITALIE.

La manutention d'un fac de 200. liv. de farine convertie en 180. rations de pain, a été fixée à . . . .. 9. liv. 15. f.

A quoi il faut ajouter les frais de tranfport par mer, & par terre, jufqu'aux lieux de la confommation, évaluée à . . . . 7. liv. 10. f.

Total accordé au munitionnaire fur le fac converti en pain de munition, . .. 17. liv. 5. f.

Et pour le fupplément qu'éxige la fabrication du bif-cuit fur le même pied qu'en Flandres & Allemagne, ci .. 2. liv. 10. f.

Total de la manutention & des frais d'un fac de 200. liv. converti en bifcuit, .. 19. liv. 15. f.

Ces 19. livres 15. fols influënt fur chacune des 142 ℞. de 33. deniers $\frac{27}{71}$; mais fi l'on fait pareillement tenir compte aux munitionnaires de la valeur du gruau & du fon, fur le pied de 20. fols pour les 40. livres extraites du fac de farine de 200. livres, comme 20. fols, influënt (ainfi qu'on vient de le dire) d'un denier $\frac{49}{71}$, fur chaque ration, cette manutention ne fera plus que de 31. deniers $\frac{49}{71}$ pour chacune, ce qui ne fait que 18. livres 15. fols par fac, au lieu de 19. livres 15. fols employées dans le tarif pour l'Italie.

Comme le bifcuit ne fait pas une augmentation de confommation fur les quantités d'emplacemens ci-devant fuppofées, pour la fubfiftance de l'armée, le bénéfice du munitionnaire à cet égard, fe trouve confondu dans celui précédemment rapporté à l'article de la fourniture du pain de munition.

Au commencement du regne de Louis XV. on augmenta la ration de pain de munition, elle fut fixée à 28. onces cuite & raffife, & la ration de bifcuit, dans la même proportion d'augmentation, étoit de 21. onces; mais depuis 1733. les chofes ont été rétablies fur l'ancien pied de 24. & de 18. onces.

FORMULE D'UN MARCHE' DE GRAIN
avec les facs.

JE fouffigné   demeurant à   où j'ai élu mon domicile, promets & m'engage, envers meffieurs les munitionnaires généraux des vivres de   de fournir & livrer dans les lieux ci-après, à commencer au premier Mars, & finir au dernier avril prochain, la quantité de huit mille facs de bled froment de 202 livres chacun pefant, poids de marc, le fac compris, & pareille quantité de 8000. facs de treillis croifés, capables de contenir 200. livres de grain, lefquels 16. mille facs, tant de bled que de toille, feront livrés pendant ledit tems; fçavoir, 4000. facs de bleds, & 4000. facs de toille à   & les 8000. autres facs à   au choix de mefdits fieurs les munitionnaires, moyennant la fomme de   par chacun fac de grain, le fac de treillis compris, dont le prix total, montant à
me fera payé en efpeces fonnantes, en quatre payemens égaux; fçavoir, tant aujourd'hui, pareille fomme à la fin de may, pareille fomme à la fin de Juin, & pareille fomme pour refte & parfait payement, à la fin de Juillet; à l'entiere exécution de ce que deffus, je me fuis obligé, comme pour les propres deniers & affaires de Sa Majefté;

promettant

promettant de préfenter inceffamment à mefdits fieurs les munitionnaires généraux, bonne & fuffifante caution, pour plus grande
fureté de l'entiere exécution des préfentes; ce qui a été accepté par
nous, fufdits munitionnaires généraux, en notre bureau. A Paris, le.   .   .   .

Cautionnement du marché ci-deffus.

NOUS fouffignés, tels & tels, demeurant en tel & tel endroit,
où nous élifons notre domicile; après la lecture par nous faite
du marché ci-deffus, pour la fourniture de 8000. facs de froment,
& 8000. facs vuides, nous fommes volontairement portés caution
du fieur . . . y nommé, nous obligeans folidairement, &
comme pour les propres deniers & affaires de Sa Majefté à ladite
fourniture, dans les termes & dans les lieux mentionnés audit marché. Fait à Paris, ce .   .

FORMULE D'UN MARCHE'
de facs vuides.

JE fouffigné, promet & m'oblige de fournir & livrer à meffieurs
les munitionnaires généraux des vivres, de .   .   la quantité de cinquante mille facs neufs, de bon treillis croifé, à contenir
200. livres de farines, la poignée franche, avec leurs cordes pour
les lier; la fourniture s'en fera à .   .   . fçavoir, 20000. facs
dans le mois de Janvier prochain; 20000. en fevrier, & 10000. en
mars fuivant, le tout bien & dûement conditionné, & ce, moyennant le prix de vingt-quatre fols par chacun fac, dont les payemens
fe feront en lettres de change fur m. .   .   .   . caiffier, demeurant
au bureau defdits vivres, lefdites lettres tirées en quatre payemens
égaux, de mois en mois, dont le premier commencera au mois de
janvier prochain, & le dernier dans avril fuivant, à quoi je me fuis
obligé, comme pour les propres deniers & affaires de Sa Majefté,
ce qui a été accepté par nous, dits munitionnaires généraux. Fait
double à Paris, le .   .   .

FORMULE D'UN MARCHE'
de fagots, pour la cuiſſon du pain, pour la Flandres.

NOus ſuſſignés . . demeurant à . . de préſent à Paris, logés à l'hôtel de . . où nous éliſons notre domicile, promettons & nous obligeons ſolidairement envers meſſieurs les munitionnaires généraux des vivres de Flandres, de fournir & livrer entre-ci & le 15. mars prochain dans les magaſins des vivres à Arras, la quantité de trente mille fagots, ayant cinq pieds & demi de long, & huit à neuf paumes de groſſeur chacun, moyennant le prix & ſomme de vingt-quatre livres le cent, ce qui ſe monte pour leſdits trente mille à la ſomme de ſept mille deux cent livres, ſur laquelle il nous ſera payé comptant 800. livres; & les 6400. livres reſtans deſdites 7200. livres, nous ſeront payées en eſpces ſonnantes, à fur & à meſure que nous aurons livré dix mille deſdits fagots; à l'entiere exécution des clauſes & conditions ci-deſſus, nous nous ſommes, ſous ladite ſolidité, obligés comme pour les propres deniers & affaires de Sa Majeſté, ce qui a été accepté par nous, ſuſdits munitionnaires généraux, en notre bureau général. A Paris le

---

FORMULE D'UN MARCHE'
de bois de corde.

JE ſouſſigné, &c. demeurant à Lauterbourg, de préſent à Paris, logé à l'hôtel de . . . où j'ai élu mon domicile, promet & m'oblige comme pour les affaires du Roy, de fournir & livrer à meſſieurs les munitionnaires généraux des vivres d'Allemagne, entre ci & le 15. avril prochain, dans les magaſins du Roy, à Fort-Louis, Lauterbourg, Langſcheleſſar, Viſſembourg, & Betfort, la quantité de ſeize cent cordes de bois, par égale quantité dans chacune deſdites places, ledit bois de 4. pieds de Roy de haut, & la corde auſſi de 4. pieds de haut ſur 8. de large, moitié bois de chéne, & moitié hêtre & bois blanc, moyennant le prix & ſomme de quatre livres la corde: comme auſſi de faire voiturer & empiler ledit bois dans leſdits magaſins, l'enfermer de paliſſades dans les endroits où il ſera néceſſaire, qu'il ſoit en ſûreté, & où il ſera reçû par les prépoſés à cet effet,

de la part des munitionnaires : lesquelles 1600. cordes de bois à ladite raison de 4. livres chacune, montent à la somme de 6400. livres, dont le payement me sera fait moitié comptant, & le surplus après l'entiere livraison, sur les récipissés des préposés, pour faire la recette dudit bois, que je rapporterai à m. . . directeur du département. Fait à Paris le

Accepté par nous munitionnaires generaux des vivres, le marché ci-dessus, que nous promettons d'exécuter en ce qui nous concerne, ayant audit sieur délivré notre ordonnance, sur le trésorier des vivres, pour le premier payement de la somme de 3200. livres, fait lesdits jour & an.

FORMULE D'UN MARCHE'
Avec un sou-traitant, pour la simple cuisson, & distribution du pain, en lui fournissant la matiére.

JE soussigné, &c. . . boulanger, demeurant à ¨ . de présent à Paris, logé rue de . . à l'hôtel de . . . . où j'ai élu mon domicile ; promet & m'engage envers messieurs les munitionnaires généraux des vivres de Flandres, de faire cuire & distribuer le pain de munition nécessaire pour la subsistance des troupes de passage, ou qui tiendront garnison dans la ville de . . . à commencer au premier may prochain, jusqu'au dernier octobre ensuivant, en me fournissant par mesdits sieurs les munitionnaires, les farines nécessaires en sacs de 200. livres, poids de marc, pour chacun desquels je serai tenu de rendre 180. rations de pain de munition de 24. onces chacune, bien cuit & rassis, & ce, moyennant 20. sols par sac pour tous frais, tant de façon, cuisson, & distribution, & autres, généralement quelconques, dont le payement me sera fait, sur les reconnoissances du garde-magasin, que je rapporterai en bonne forme à mesdits sieurs, m'obligeant de ne faire la distribution que sur lesdites reconnoissances dudit garde-magasin, & non autrement, sans par moi prétendre un plus haut prix, que celui ci-dessus de 20. sols, pour quelque cause & prétexte que ce puisse être ; m'obligeant à l'exécution de ce que dessus, comme pour les propres deniers & affaires de Sa Majesté ; ce qui a été accepté par nous, susdits munitionnaires généraux en notre bureau. A Paris le

FORMULE D'UN MARCHE'

De cuisson, & distribution du pain, à différens postes, y compris la voiture.

JE soussigné, &c.　.　.　demeurant à Noyon, de présent à Paris, logé ruë des blancs Manteaux, où j'ai élu mon domicile; promet & m'engage envers messieurs les munitionnaires généraux des vivres de Flandres & d'Allemagne, faire cuire & distribuer le pain de munition nécessaire pour la subsistance des troupes, qui garderont pendant la présente campagne les postes, le long de la riviere d'Oise, commençant depuis le Quiel, jusqu'à Plessis Brion; ensemble à celles de garnison, qui pourront être pendant ledit tems à Pont-l'Evêque, la Ferre, & autres lieux prochains de ladite Riviere, & ce à commencer au premier may prochain, & finir au dernier octobre, à l'effet de quoi mesdits sieurs les munitionnaires me fourniront les farines nécessaires en sacs de 200. livres, poids de marc, pour chacun desquels je serai tenu de rendre 180. rations dudit pain de munition de 24. onces chacune, bien cuit & rassis, & lesquelles farines me seront livrées sur mes récipissés dans les magasins que le munitionnaire a le long de ladite riviere; la voiture desquelles je ferai à mes frais & dépens, dans les lieux qui me seront convenables pour façonner ledit pain; par chacun desquels sacs, il me sera payé pour tous frais de façon, cuisson, distribution, & autres, généralement quelconques, cinquante sols, dont le payement me sera fait à la fin de chaque mois, sur les billets des troupes en bonne forme, que je rapporterai, sans par moi pouvoir prétendre un plus haut prix, que celui ci-dessus de 50. sols par sac, pour quelque cause & prétexte que ce soit; m'obligeant à l'exécution de ce que dessus, comme pour les propres deniers & affaires de Sa Majesté: ce qui a été accepté par nous, susdits munitionnaires généraux, en notre bureau. A Paris le

FORMULE D'UN MARCHE' A FORFAIT,

pour la fourniture du pain.

JE soussigné, &c.　.　.　bourgeois, demeurant à .　.　. promet & m'engage envers messieurs les généraux des vivres de

Flandres & d'Allemagne, de fournir le pain de munition aux troupes de paſſage & de garniſon, dans les villes de Boulogne & d'Ardres, pendant le quartier d'hyver, & la campagne prochaine 1742, & de leur en faire la diſtribution, ſuivant les revûës que je retirerai des commiſſaires; lequel pain ſera du poids de 24. onces bien cuit & raſſis, de maniere que les troupes ne s'en puiſſent pas plaindre; moyennant quoi il me ſera payé 22. deniers pour chacune ration, que j'aurai diſtribuée auſdites troupes, dont je remettrai les reçûs au directeur du département, ſur l'état duquel mon payement ſera ordonné comptant; & pour être toujours en état de ſoutenir le ſervice, je m'oblige d'avoir en tout tems une proviſion de 200. ſacs de grain dans chacune deſdites places, où les magaſins néceſſaires me ſeront fournis tant pour cet effet, que pour l'entrepôt des grains & farines qui pourront m'être envoyés par les commis des vivres, leſquels je recevrai & en ferai l'envoi, s'il m'eſt ordonné, en me payant ſeulement les frais que je ferai obligé de débourſer en cette occaſion, ſans aucuns appointemens, non plus que pour les montures, façon, & diſtribution du pain, dont je ferai généralement tous les frais, moyennant ledit prix de 22. deniers pour chacune ration, qui ſera compoſée de deux tiers de froment & un tiers de ſeigle; & ſera tenu le munitionnaire de me fournir les paſſe-ports néceſſaires pour tous les grains de Picardie & de Normandie: toutes leſquelles conditions ont été acceptées par nous, munitionnaires généraux des vivres ſuſdits, avec promeſſe de les faire exécuter. Fait double à Paris le

---

FORMULE D'UN MARCHE'
de fourage en ration.

JE ſouſſigné, &c. . . demeurant à . . de préſent en cette Ville, logé ruë, &c. . . où je fais élection de domicile, promet & m'oblige envers meſſieurs les munitionnaires généraux des vivres de Flandres, de leur livrer & fournir à leur volonté la quantité de deux cenſ mille rations de foin du poids de 15. livres; ſçavoir, à Namur 20000, au Catelet 25000, à Charleroy 20000, à Thuin 20000, à Mariambourg 25000, à Philippeville 20000, & à Givet 70000. & ſeize mille ſacs d'avoine, le ſac compoſé de 12. boiſſeaux, meſure de Paris, bon, loyal & marchand; leſdites avoines à remettre auſſi à leur volonté à Namur, moyennant le prix de ſept ſols par chacune ration de foin, & de huit livres par chaque fac d'avoine, montant enfemble à la fomme de 198. mille livres qui me fera payée ; fçavoir, moitié comptant, & l'autre moitié dans quatre mois en lettres de change, fur m. . . . promettant de rapporter les récépiffés de ceux qui feront prépofés par la compagnie, pour la réception defdits foins & avoines, m'obligeant à ladite fourniture, comme pour les propres affaires de Sa Majefté ; lefquelles claufes & conditions ont été acceptées par mefdits fieurs les munitionnaires généraux, qui pour l'exécution de ce que deffus, ont élu leur domicile en leur bureau général, ruë . . . . Fait double à Paris le . . .

MODELE D'UN MARCHE' DE FOIN.

JE fouffigné, &c. . . bourgeois, demeurant à . . . . ; promet & m'engage de fournir & livrer dans la place de &c. . . . au munitionnaire général des vivres, la quantité de huit mille quintaux de foin, bon, loyal & marchand, bottelé par botte de 20. livres entreci & quinze jours, même plutôt, s'il eft befoin ; moyennant le prix de vingt-quatre fols par quintal, argent d'Alface, revenant lefdits 8000. quintaux à la fomme de neuf mille fix cent livres, qui me feront payés ; fçavoir, 4000. livres comptant, & le refte inceffamment après la parfaite livraifon, faite fur les reçûs que je rapporterai du garde-magafin des vivres de ladite place, ou d'autre prépofé par le munitionnaire, pour en faire la recette, m'engageant pour le préfent comme pour les propres affaires du Roi : ce qui a été accepté par m. . . . au nom & ftipulant pour le munitionnaire général. Fait double &c . . . le

---

FORMULE D'UN MARCHE'
De nourriture & établage de chevaux des vivres de Flandres & d'Allemagne.

JE fouffigné . . . . promet & m'oblige envers M^{rs}. les munitionnaires généraux des vivres de Flandres & d'Allemagne, de fournir la nourriture, établage, lumiere & couchage des valets, pour tous les chevaux qui ont fervi cette derniere campagne à l'armée d'Allemagne, en tel nombre qu'ils puiffent monter, comme auffi pour ceux qui pafferont de l'armée de Flandres, enfemble pour les chevaux neufs qui pafferont & s'affembleront dans les quartiers ci-après défignés, aux claufes & conditions qui fuivent; fçavoir, la nourriture par chacun cheval fera compofée de 20. livres de foin ou à la foulée, & la paille néceffaire pour leur faire la litiere, au choix des munitionnaires généraux, & des deux tiers de boiffeau d'avoine, mefure de Paris; le traittant fournira de lumiere, pelle, fourche, brouette, & civiere, pour nettoyer les écuries; pailliaffes & couvertures pour les valets.

Les fumiers appartiendront au traittant: ladite nourriture de chevaux commencera du jour de leur arrivée à leurs quartiers; fçavoir, à tels & tels endroits & autres lieux à quatre lieues à la ronde, à condition qu'il n'y aura pas moins d'un équipage complet dans chaque Bourg & Village.

Et ce moyennant le prix de fept fols fix deniers par chacun cheval, pour la ration compofée comme il eft expliqué de l'autre part: les payemens fe feront en argent & non en billets, par partie égale; fçavoir, un quart dans le mois de mars prochain, un quart en avril, un quart en may, & le dernier quart en juin, dont il fera tiré des lettres de change du montant de la nourriture par chacun mois, fur M.... tréforier defdits vivres, qui les acceptera; pour les payer dans les termes ci-deffus, en rapportant les certificats du commandant des équipages, & les récepiffés néceffaires: lefdits chevaux feront bien établés, les foins & les avoines bien conditionnés & de bonne qualité, le tout aux frais du traitant, fans qu'il puiffe prétendre pour toutes chofes généralement quelconques, que ledit prix ci-deffus de fept fols fix deniers, & ce pendant le terme du préfent quartier d'hyver, à commencer, comme dit eft, du jour de leur arrivée, jufqu'au jour de leur départ pour l'armée. Pour l'exécution du préfent traité; je me fuis obligé, comme pour les propres deniers & affaires de Sa Majefté; ce qui a été accepté par nous, munitionnaires généraux. Fait double à Paris le

---

MODELE D'UN MARCHE'
de Chevaux.

NOus fouffignés tels & tels, demeurant en tels & tels endroits, tous deux de préfent en cette Ville, logés à l'hôtel de....., rue de..... paroiffe de..... où nous avons fait élection de

domicile, promettons & nous obligeons envers M^rs. les munitionnaires généraux des vivres de Flandres, de leur fournir & livrer la
quantité de deux mille sept-cent chevaux ongres, ou jumens, sans
aucun harnois, qu'un seul licol en tête; dans le nombre desquels il
y aura un tiers limoniers, & le surplus de cheville, cordeau, & devant, tous de bonne qualité, & propres à servir dans les équipages
des vivres, & aux conditions suivantes.

Que lesdites bêtes seront bonnes, fortes, & bien traversées, de
la hauteur; sçavoir les limoniers, de quatre pieds sept à huit pouces;
ceux de trait, de cheville, & de devant, de quatre pieds cinq à six
pouces, & tous de l'âge depuis quatre ans jusqu'à huit, non
razés.

Qu'il pourra y avoir par chaque centaine de bêtes, six borgnes,
& pas davantage, à la charge qu'elles seront plus renforcées que les
autres.

Que lesdits 2700. chevaux ongres, ou jumens, seront livrés à Be-
sançon; sçavoir, à commencer au 20. Février jusqu'à la fin de Mars
par égale portion, jour par jour, centaine par centaine, sans qu'il en
puisse être reçû au-dessous, mais au-dessus. Laquelle livraison
sera faite à un des intéressés nommé par la compagnie, & non
à d'autres, lequel en donnera ses récépissés à la décharge desdits
entrepreneurs.

Que du jour de la délivrance qui en sera faite audit lieu, toutes les
bêtes seront à la charge desdits munitionnaires, & qu'ils ne pourront différer de les faire recevoir aux termes marqués ci-dessus, à
peine d'en payer la nourriture & entretien.

Qu'il sera fourni des passeports pour l'éxemption de tous droits
sur lesdits chevaux.

Ce traité fait moyennant le prix & somme de deux cent livres par
chacun cheval ongre ou jument, ce qui porte ladite fourniture à la
somme de cinq cent quarante mille livres, laquelle nous sera
payée; sçavoir, 180000. liv. en espéces dans le courant de ce mois,
90000. liv. dans le courant du mois de Février prochain, 90000. liv.
dans le courant de Mars, 90000. liv. dans le courant de May, &
90000. liv. dans le courant du mois de Juin de la présente année,
le tout en espéces. Revenant lesdites sommes à ladite premiere de
540000. livres, dont il sera fourni caution banquiere à notre satis-
faction, pour la somme de 360000. livres, & les banquiers seront obligés de nous donner leurs billets dans ce mois pour ladite
somme dans les quatre termes ci-dessus expliqués; promettons en
outre de rapporter des récépissés de ladite fourniture de 2700. chevaux dudit sieur intéressé. Et pour l'éxécution du présent traité, nous
nous

nous fommes obligés folidairement, comme pour les propres deniers & affaires du Roy, promettons de donner bonne & fuffifante
caution pour l'éxécution de nos engagemens, auffi-bien que pour
la fureté des deniers, à la fatisfaction de Mrs. les munitionnaires généraux.

Lefquelles claufes & conditions ci-deffus, & de l'autte part ont été
acceptées par nous munitionnaires généraux fufdits, pour l'éxécution defquelles, nous avons élû notre domicile en notre bureau général, rue . . . Fait double à Paris le . . .

Cautionnement étant enfuite dudit marché.

NOus fouffignés tels & tels, demeurant, rue . . paroiffe . . où
nous faifons élection de domicile, nous fommes rendus folidairement cautions pour les fieurs tels & tels, de l'éxécution du préfent marché en toutes fes claufes & conditions, promettant de faire
& éxécuter ledit marché en toute fa forme & teneur, nous obligeans folidairement pour l'éxécution de ladite fourniture, avec lefdits fieurs , . . . comme pour les propres deniers & affaires de
Sa Majefté. Fait double à Paris le . . . .

MODELE D'UN POUVOIR

Des munitionnaires à l'un d'entre eux pour la reception des chevaux.

Du 25. Février 1742.

COMME il eft néceffaire de faire faire la recette de 2700. chevaux
neufs qui doivent être livrés à Befançon, fuivant le marché que
nous avons fait avec les fieurs . . . . . . Nous prions M. . . . l'un de
nous, de fe tranfporter en Baffigny à la fin du préfent mois, & enfuite en Franche-Comté pour recevoir lefdits chevaux; pourvoir à
l'ordre de leur marche, après avoir formé les équipages. Lui don-
nons pour cet effet tous les pouvoirs néceffaires; le priant d'ordonner tout ce qu'il jugera à propos pour le bien du fervice. Et d'autant qu'il eft jufte de le rembourfer des dépenfes qu'il fera obligé de
faire, nous l'avons prié de fe contenter de la fomme de quatre-
vingt liv. par jour, qui lui fera payée au retour de fon voyage, & il

aura s'il lui plaît attention d'informer la compagnie des ordres qu'il donnera ; au moyen de quoi il fera établi une éxacte correfpondance pendant fon abfence, il lui fera remis les fommes néceffaires pour les dépenfes à faire en Franche-Comté & Baffigny, dont la diftribution fe fera par le fieur.......... fuivant les ordres de Mondit Sieur....... *Signé*, &c.

FORMULE D'UN MARCHE'

de mulets, avec leurs bâts & harnois de trait.

NOus fouffignés, &c. ....,Promettons & nous obligeons envers Meffieurs les munitionnaires généraux des vivres de l'armée d'Italie, comme pour les propres deniers & affaires de Sa Majefté, de leur fournir & livrer, à commencer du premier Avril prochain, jufques & compris le 15. dudit mois au plus tard, dans la Ville de Thurin, la quantité de 1854. mulets ongres ou mulles, dont 412. de trait, & 1442. de bâts ; ces 1442. feulement avec leurs bâts, & les 412. harnachés, comme il fera ci-après détaillé, lefdits mulets ou mulles propres à fervir dans les équipages des vivres, & ce aux charges, claufes, & conditions ci-après.

SÇAVOIR,

Le quart defdits 412. mulets ou mulles, aura quatre pieds fept pouces, pour fervir de limoniers, un quart, quatre pieds fix pouces, un autre quart, quatre pieds cinq pouces ; & l'autre quart, quatre pieds quatre pouces, à mefurer du fer au garrot. Ceux de bâts auront entre quatre pieds, quatre pouces, & quatre pieds trois pouces.

Lefdits mulets & mulles, feront tous bien traverfés, auront beaucoup d'encoulure & de deffous, & bonne vûe ; ils n'auront ni pieds plats, ni comble ; ils ne feront, ni pouffifs, ni erreintés, ni morveux, ni refais ; ils feront tous droits fur jambes, fans javars ni furots ; & auront tous crain & queue, de l'âge depuis cinq ans jufqu'à fept inclufivement, & ferrés à neuf des quatres pieds, comme on a coutume de ferrer les mulets de trait & de bâts pour le fervice des vivres d'Italie.

La livraifon fe fera par 400. mulets ou mulles à la fois, au quartier ci-deffus indiqué, dans laquelle quantité fera fourni la proportion des tailles ci-deffus défignées ; elle fe fera tous les jours, hors les

Fêtes & Dimanches, depuis ledit jour premier Avril, jufques & y compris les 15. dudit mois, dans la place qui fera choifie par lefdits munitionnaires.

Ils feront nourris & entretenus à la charge des entrepreneurs, jufques & compris le jour qu'ils feront reçus & marqués.

Il fera fourni auffi par lefdits entrepreneurs, un muletier de 4. en 4. defdits mulets de trait, & un muletier de 3. en 3. mulets de bâts, un maréchal pour chaque équipage ou brigade de 100. defdits mulets, qui feront foldés à fes frais, jufques & compris le jour de la reception & de la marque.

Lefdits mulets & mulles, feront reçus par un des munitionnaires, & par le commiffaire qui fera nommé par la Cour; & s'il s'en trouve quelques-uns qui foient rebutés, foit par le munitionnaire ou par le commiffaire, ils feront remplacés dans la quinzaine.

Seront encore obligés lefdits entrepreneurs, de reprendre les mulets & mulles qui fe trouveront morveux & pouffifs pendant le terme de huit jours après la livraifon, & de les remplacer dans la quinzaine fur le certificat du munitionnaire qui fera fur les lieux.

Faute par lefdits entrepreneurs de livrer tous lefdits mulets & mulles de la taille, âge, qualité, & dans les temps ci-deffus marqués; il en fera acheté à leurs rifques, périls & fortunes, par-tout où le munitionnaire jugera à propos, & s'il fe trouvoit quelque augmentation dans le prix defdits mulets & mulles, que les munitionnaires acheteroient pour remplacer ceux qui ne leur auroient pas été livrés, elle fera à la charge defdits entrepreneurs; & la fomme à quoi elle pourroit monter, leur en fera déduite fur le premier payement qui leur feroit fait pour raifon de la livraifon defdits mulets ou mulles; & au cas que les avances qui auront été faites aufdits entrepreneurs foient plus fortes que les fommes qui feront dûes pour les mulles & mulets qu'ils auront livrés, ils feront tenus de rembourfer lefdites avances, en payant l'intérêt à 10. pour 100. du jour qu'ils les auront reçus.

Lefdits entrepreneurs ne feront tenus d'aucuns droits de péage, octrois anciens & nouveaux, ni tous autres droits de quelque nature qu'ils puiffent être pour raifon defdits mulets, mulles, harnois, & bâts, pourquoi il leur fera fourni par Meffieurs les munitionnaires tous les paffeports néceffaires.

Les harnois de chaque attelage de quatre mulets ou mulles feront compofés des chofes ci-après.

Sçavoir.

Quatre licols garnis de longes à colet de cordes.

Quatre colliers garnis de peaux de veau, & d'attelles peintes avec des fleurs de lis.

Quatre brides avec leurs mords, garnies de rennes & de croupieres.

Quatre paires de billots de cuir razé de Lyon.

Quatre houffes de peaux de mouton.

Trois couvertures peintes.

Trois paires de fourreaux de vaches tannée, garnis de furdos.

Trois fouventrieres, garnies de boutons.

Trois paires de billots à billoter, & quatre paires de billotis.

Une fellette de limon, couverte de peau de porc.

Une doffiere de cuir razé de Lyon, & boucle.

Un avaloir de cuir razé de Lyon.

Chaînes d'avaloirs, & autres ferremens.

Une paire de mancelles.

Un paneau de cheval de cheville, garni de fangle.

Le tout bien conditionné, fabriqué avec de bons matériaux & cuirs razé de Lyon, & propre au fervice defdits vivres.

Et faute par lefdits entrepreneurs, de faire la livraifon defdits harnois de la qualité ci-deffus, & dans les temps portés au préfent marché, il en fera acheté à leurs rifques, périls, & fortunes, & le prix leur en fera déduit, fur le premier payement que les munitionnaires auront à leur faire.

Le préfent marché, fait moyennant la fomme de cent quatre-vingt cinq livres, dont 160. livres pour chaque bête prix commun, & 25. livres pour les harnois & bâts de chaque mulets ou mulles, lefdits 1854. mulets ou mulles à raifon de 185. liv. piéce, montent à la fomme de 342. mille 990. liv. qui fera payée ; fçavoir, moitié en fignant le préfent marché, & le furplus au fur & à mefure des livraifons, fur les récepiffés qu'ils en rapporteront, en lettres de change, qui leur feront données fur la caiffe des vivres à Paris.

Et pour l'exécution du préfent marché, lefdits entrepreneurs qui ont élû leurs domiciles en leurs demeures ci-devant déclarées, ont préfenté pour cautions les fieurs.... banquiers à Paris y demeurant, rue... paroiffe.... & l'acte de cautionnement préfentement fait pardevant..... & fon confrere Notaire au Châtelet de Paris, en datte de ce jour, a été joint en original, au préfent marché. S'obligeant lefdits entrepreneurs folidairement avec leurs cautions, pour l'éxécution de toutes les claufes & conditions du préfent marché, comme pour les propres affaires & deniers de Sa Majefté. Fait double à Paris le . . .

Nous munitionnaires des vivres d'Italie, acceptons les condititions ci-deſſus & des autres parts, promettons les éxécuter en ce qui nous concerne; fait à Paris en notre bureau général leſdits jour & an.

UNIFORME DES CHARRETIERS DES VIVRES.

COmme les charretiers & muletiers des vivres doivent avoir l'uniforme, les munitionnaires ſe pourvoyent pour l'entrée de la campagne d'un nombre ſuffiſant de ſarots & de bonnets de treillis blanc croiſé, bordé d'un gallon de laine bleue, garnis de bouton de cuivre, dont deux pardevant, & trois à chaque manche; le bonnet à la dragone ayant un W. ſur les replis de devant, & une houpe à la pointe, le double W. & la houpe de laine blanche. Chacun de ces ſarots avec le bonnet coute 10. à 12. liv. dont l'emploi eſt fait ci-devant dans le calcul de la dépenſe pour la levée des équipages.

Voici la copie d'un marché fait avec un tailleur à ce ſujet, ainſi les munitionnaires ne peuvent ſe diſpenſer de faire cette dépenſe, qui eſt de diſcipline militaite, par rapport aux fouragemens, & à la maraude.

MARCHE',
Pour les ſarrots & bonnets des charretiers des vivres.

JE ſouſſigné, &c. marchand tailleur d'habits à Paris y demeurant rue d'Orléans paroiſſe Saint Euſtache, où j'ai élû mon domicile. Promet & m'oblige envers Meſſieurs les munitionnaires généraux des vivres de Flandres & d'Allemagne, de fournir & livrer dans leur bureau à Paris, dans les termes ci-après, la quantité de deux mille ſarots de treillis croiſé, bordés d'un gallon de laine bleue, garnis de boutons de cuivre, dont deux par devant, & trois à chaque manche, plus pareille quantité de deux mille bonnets auſſi de treillis croiſé, couverts de ſerge de Berry bleue, & bordés d'un gallon de pareille couleur, avec un W. ſur le devant dudit bonnet, & une houpe de laine blanche à la pointe, le tout bien conditionné, & ſemblable aux models que j'ai repréſentés à meſdits Srs les munitionnaires, ſur leſquels ils ont apoſé les numero avec le cachet deſdits vivres; leſquels 2000. ſarrots, & 2000. bonnets, ſeront taillés ſur trois grandeurs différentes. Sçavoir, 500. conformément au N°. premier, 750. conformément au N°. ſecond, & 750. conformément au N°. troiſiéme, livrables leſdits ſarrots & bonnets, moitié au premier Avril, & moitié au 15.

dudit mois, moyennant la fomme de dix livres cinq fols chaque farrot le bonnet compris, dont le prix total montant à vingt mille cinq
cent livres, me fera payé en efpéces fonnantes ; fçavoir, 10000. mille
liv. comptant, & les 10500. liv. reftant, au 15. Avril prochain. M'obligeant à l'éxécution de ce que deffus, comme pour les propres deniers & affaires de Sa Majefté. Ce qui a été accepté par nous fufdits
munitionnaites généraux, en notre bureau général à Paris, & fait
double le deuxiéme Mars....

DE'TAIL DE LA DE'PENSE

D'une voiture des vivres, & de l'attelage de quatre
chevaux.

CHARRETTES.

ANciennement les voitures des vivres avoient des ridelles fort baffes, & l'on plaçoit dans le fond un caiffon pour mettre le pain de
munition, qui s'ôtoit quand on vouloit fe fervir des charrettes pour
tranfporter des facs, mais comme fouvent ces caiffons reftoient dans
le parc, tandis que les charrettes étoient ailleurs, que dans un dé-
campement forcé, on étoit obligé d'abandonner les caiffons ; ces
charrettes devenoient prefque inutiles pour le tranfport du pain de
munition.

En 1705. l'on s'eft imaginé d'élever les ridelles, de les faire vanner,
& de couvrir les charrettes, comme les furtous, de groffe toille écrue
peinte en huille ; on a toujours depuis préféré ces voitures aux premieres ; elles font plus légeres, moins embarraffantes ; elles contiennent davantage, & le pain y eft auffi-bien que dans les caiffons ; d'ailleurs, lorfqu'après une bataille on commande les équipages des vivres pour tranfporter les bleffés aux hôpitaux, ils y font plus commodément. *

** On fait quelquefois des charrettes vannées fur quatre roües.*

La charrette avec le caiffon, coûtoit . . , . . 100.ᵗᵗ.

Les premieres charrettes vannées, ont coûté .. 110.ᵗᵗ. fans la toile.

Et depuis, tout compris, elles font revenues à . 115.ᵗᵗ.

Attelage de quatre chevaux pour chaque charrettes,
un de limon, & trois de trait.

Quatre licols de cuir d'Hongrie garnis de longes..... 6. liv.
Quatre colliers garnis, d'atelles peints aux armes des
vivres, ... 14.
Quatre brides à longes rennées, . . . 8.
Une felle de limon, garnie de fangle & couverte
derriere, ... 4.
Une doffierre large, du cuir d'Hongrie, à façon or-
dinaire, ... 5.
Une avaloire de même cuir, garnie de chaînes de
fer, & d'anneaux, ... 12.
Trois paires de traits garnis, de fouventrieres, bou-
tons & cordeaux, ... 8.
Trois paires de foureaux, garnis de furdos, . . 4....10.
Trois couvertures de toille, peintes aux armes des
vivres . . . . 2.... 10.
Quatre paires de billots de cuir . . . 2.
Un panneau garni de fangle . . . . 2.
Deux paires de billots de bois à biller, avec leurs cor-
deaux, & quatre paires de billotis, pour mettre à côté, 1.
Une paire de mancelle double, de fer, pour le co-
lier du cheval de limon . . . . 3.

80. liv.
Le prix de la charrette vannée, avec la toile, eft de 115.

195. liv.

Mais on doit porter l'un & l'autre dans l'eftimation pour 200. liv
& ne rien épargner pour la conftruction, afin qu'il y ait moins de
réparations à faire pendant la campague, & en cas d'un fervice fubféquent.

MODELE DU RELEVE' GENERAL
*des inventaires faits au premier Novembre, des effets restans
en magasin, contenant l'apréciation d'iceux, pour être remis
à une nouvelle compagnie, en cas de continuation de guerre.*

APRE'CIATION convenue, des grains, farines, sacs vuides, avoine, foin, paille, fagots, chevaux, & ustensiles de fours, de magasins, & équipages, appartenans au munitionnaire général des vivres de Flandres de l'éxercice 1741. & qui se font trouvés dans les magasins des départemens de Haynault, &c. au premier Novembre de ladite année, suivant les inventaires faits, en présence des sieurs commissaires des guerres ou subdelegués, par les gardes-magasins de chaque place, & par eux adressés à la direction générale des vivres à Paris; sur lesquels inventaires, le présent a été dressé, pour servir de préliminaire au compte à faire entre les munitionnaires de 1741. & ceux de 1742. & fixer le prix de chacun desdits effets, ainsi qu'il ensuit.

GRAINS ET FARINES.

Audit jour premier Novembre, il s'est
trouvé dans les magasins de Haynault 10900.
sacs de grains, & farines du poids ordinaire;

SÇAVOIR,

Maubeuge,	330.	sacs.
Charle-Roy,	5164.	
Namur,	195.	
Philipeville,	307.	
Givet,	3000.	
Avesne,	1317.	
Landrecy,	502.	
Le Quesnoy,	85.	sacs.

HAYNAULT. } .... 10900. sacs.

*L'on met de suite les autres départemens,
comme ci-dessus, & chaque nature d'effets
se suivent.*

Lesquels dix mille neuf cens sacs de grains, à raison de 15. liv.
chacun, prix convenu entre la compagnie de 1741. & celle de
1742. montent à la somme de　　　　　163500.#

SACS

Ci-contre, . . . · 163509.^{tt},

SACS VUIDES.

Audit jour premier Novembre, il s'eft trou-vé dans le département de Haynault, la quan-tité de 24616. facs vuides, tant bons que mauvais;

S ç A V O I R, . . Bons. : : : . A raccommoder.

HAYNAULT.		Bons.	A raccommoder.
	Maubeuge, ...	2156.^{facs.}	. : 1944.^{facs.}
	Charle-Roy, ...	800.	. . 800.
	Namur, ...	6478.	. . 600.
	Philipeville, ...	274.	. . 265.
	Givet, ...	2238.	. . 876.
	Avefne, ...	850.	. . 625.
	Landrecy, ...	1702.	. . 4250.
	Le Quefnoy, ...	300.	. . 450.
		14798.^{facs.}	. . 9818.^{facs.}

Idem, *les autres départemens*;

Lefquels vingt-quatre mille fix cens feize facs vuides, évalués; fçavoir, les bons, à raifon de 18. fols chacun, & ceux à raccommoder à 12. f. auffi chacun, montent à la fomme de dix-neuf mil-le cent quatre-vingt huit livres quatorze fols, ci.   19188.^{tt}.14.f.

AVOINES.

Audit jour premier Novembre, dans le département de Haynault, il s'eft trouvé dans les magafins, la quantité de 12672. facs d'a-voine de 12. boiffeaux chacun, mefure de Paris;

S ç A V O I R,

HAYNAULT.			
	Maubeuge, ...	1706.^{facs.}	
	Namur, ...	337.	.12672.^{facs.}
	Givet, ...	4342.	
	Landrecy, ...	6287.	

182688.^{tt}.14.f.

N n

De l'autre part, ... 182688.#.14.f.

Lefquels 12672. facs d'avoine de 12. boiffeaux chacun, mefure de Paris, à raifon de 7. livres 10. fols, montent à la fomme de quatre-vingt quinze mille quarante livres, ci . . . 95040.#.

FOIN ET PAILLE.

Il s'eft trouvé dans le département de Haynault, audit jour premier Novembre, la quantité de 36003. rations de foin de 15. livres chacune, & 21205. rations de paille, du même poids ;

S çA V O I R ; . . *FOIN.* . . *PAILLE.*

		FOIN.	PAILLE.
	Maubeuge, ...	10891. ℞. .	9500. ℞.
HAYNAULT.	Namur, ...	499.	. 500.
	Landrecy, ...	24613.	. 11205.
	Néant dans les autres places.	36003. ℞. .	21205. ℞.

Lefquelles 36003. rations de foin, & 21205. rations de paille, évaluées; fçavoir, la ration de foin à 7. fols, & celle de paille à 2. fols 3. deniers, montent en total à la fomme de quatorze mille neuf cens quatre-vingt fix livres douze fols trois deniers, ci . . . . 14986.#.12.f.3.d.

FAGOTS.

Il s'eft trouvé dans le département de Haynault, audit premier Novembre, la quantité de 16400. fagots ;

S ç A V O I R ,

	Maubeuge, ... 15400. fag.	
HAYNAULT.	Givet, ... 1000.	16400. fag.
	Dans les autres places, néant.	

Lefquels 16400. fagots, à raifon de 20. liv. 2. fols le cent, prix commun, montent à la fomme de trois mille deux cens quatre-vingt feize livres 4. fols, ci . . . . 3296.#. 4.f.

296011.#.10.f.3.d.

Ci-contre, ... 296011.ᵗ 10. ſ.3 d.

USTENSILES DE MAGASINS.
FOURS ET ÉQUIPAGES.

Il s'eſt trouvé dans les magaſins du Haynault, pour 6023. liv. deſdits uſtenſiles, dont
l'évaluation a été faite dans la plûpart des inventaires; & dans d'autres où elle n'a pas été
obſervée, on y a ſuppléé par eſtimation;

SÇAVOIR,

HAYNAULT.

Maubeuge,	1078.ᵗ	
Charle-Roy,	680.	
Namur,	2180.	
Philipeville,	400.	.6023.ᵗ
Givet,	504.	
Aveſne,	660.	
Landrecy,	422.	
Le Queſnoy,	99.ᵗ	

Leſdits uſtenſiles montant à la ſuſdite ſomme
de 6023. livres, ſauf à augmenter ou diminuer,
ci 6023.ᵗ

CHEVAUX.

Dans les places des départemens, en divers quartiers, par
eſtimation, 2500. chevaux ou cavales, évalués, ſuivant la
délibération de la compagnie de 1741. en date du 31. Octobre, à raiſon de 120. livres par chaque cheval, y compris
les harnois, charrettes & équipages, à la ſomme de trois cens
mille livres, ci 300000.ᵗ

Somme totale du préſent état, ſix cens deux mille
trente-quatre livres dix ſols trois deniers, ... } 602034.ᵗ 10. ſ. 3. d.

*Sur cet état, l'ancienne & la nouvelle compagnie s'aſſemblent, &
conſtatent, par un arrêté fait double, le montant des remiſes contenues*

aux inventaires ; & la nouvelle compagnie en paye le prix à l'ancienne.
Le compte en forme s'en fait après.

MEMOIRE ET INSTRUCTION

Pour les commissaires oyant-comptes des vivres, & des fourages.

L'EXAMEN des comptes, est la partie la plus intéressante, dans quelque affaires que ce soit, particulierement dans le service des vivres : on ne peut y apporter trop de soins & de diligence, l'expérience a fait connoître, que la lenteur & le peu d'éxactitude des munitionnaires, sur la comptabilité de leurs entreprises, les a jettés dans de grands embarras; ils ont été exposés à des augmentations de dépenses, de faux emplois, qu'il n'est pas possible de détruire, lorsque les comptables (maîtres de leurs piéces) se font arrangés entre eux, & que plusieurs années ont fait périr les preuves, & éloigné la facilité de vérifier les faits.

Il est donc important, d'éviter ces abus, & on ne peut y réussir parfaitement, qu'en suivant de près les comptables, en leur faisant déposer leurs piéces, & en les assujettissant, sous peine de révocation, d'adresser à leur directeur, tous les huit jours réguliérement, une copie figurée & correcte, d'eux certifiée & signée, de leur journal, contenant article par article, les recettes & les dépenses qu'ils auront fait, du Dimanche au Samedy suivant.

Le commissaire oyant compte, doit être convaincu que le repos des familles, de ceux qui ont traité, géré, & manié les deniers & les effets des vivres, dépend de l'éxactitude de ses opérations. Les obmissions, doubles emplois, & les souffrances, exposent les comptables à des retours fâcheux; il est de sa prudence, & même de l'équité d'apporter tous ses soins, pour solder les comptes sans retour.

L'affaire des vivres confidérée dans fon étendue, se trouve divisée, en finance, commerce, & marchandise : il est nécessaire que celui qui est chargé du travail des comptes, soit au fait de ces trois parties; qu'il sçache la forme & les termes des actes judiciaires, leur force, exprimée & appliquée avec discernement, pour prévenir & éviter les discussions & les procès; & ce n'est que par l'éxacte énonciation des piéces, des textes, l'ordre, l'arrangement, la relation des chapitres, & la netteté des apoftilles, fucceintes, pofitives, & fans équivoque, qu'il peut y parvenir.

Il doit fçavoir toutes les différentes façons de compter, pour les réduire à celle qui eft uniforme aux vivres.

Ce que l'on vient de dire, renferme en peu de mots, les maximes des comptes, c'eft la baze de toutes les opérations du commiffaire oyant compte, à cet égard.

La grande difficulté, a toujours été de faire compter les commis immédiatement après chaque campagne; parce qu'on n'étoit point en état de ftatuer au jufte fur les recettes qu'ils faifoient de plufieurs perfonnes, & fur les dépenfes relatives: il falloit attendre que le commis qui avoit la remife des deniers ou des effets, dont l'autre faifoit recette, fût clos; enforte qu'un compte, que l'on fuppofoit arrêté, ne l'étoit pas dans la partie la plus effentielle; c'eft-à-dire, la relation, & le rapport des recettes avec les dépenfes.

Ç'a été, pour parer à ces difficultés, que l'on a établi un dépofitaire commun & comptable intermédiaire, dans chaque département; ce comptable eft le premier commis à la direction, qui fera fans ceffe furveillé dans fes opérations, par fon directeur, ainfi qu'il eft expliqué dans une inftruction particuliere.

Auffi-tôt, & au fur & mefure, que les gardes-magafins, chefs aux travaux, fourniffeurs, & généralement tous comptables au munitionnaire, auront retiré des décharges, pour des envois ou confommations, de bleds, de farines, & de facs vuides, &c. ou pour achats de bois, d'uftenfiles, loyers de magafins, procès-verbaux de pertes, devis, marchés, adjudications, ou pour telle autre dépenfe, envois, pertes, ou confommations qu'ils auront faites, & qui doivent faire la matiere de leurs comptes, après les avoir employées fur le journal, cottées & paraphées, & mis en tête le Nº. de l'enregiftrement, ils les envoyeront, chacun à leur égard au directeur du département dont ils relevent; ce directeur après l'examen fait de la validité de ces piéces, fur le fond & fur la forme, les remettra au premier commis de fa direction, à l'effet de les infcrire fur fon journal, d'en former un bordereau éxact & bien détaillé, & de donner fa reconnoiffance comptable du montant en deniers, ou effets; laquelle reconnoiffance fera adreffée par le directeur, à celui qui aura fait l'envoi. Et ces reconnoiffances ainfi fubftituées à la place des piéces originales, ferviront aux comptables, comme les originaux mêmes. Et dans le cas où les gardes-magafins, chefs aux travaux, fourniffeurs, & autres comptables, ne fuivroient pas ce qui leur eft à cet égard prefcrit, fans aucune exception, & qu'ils employaffent dans leurs comptes d'autres piéces de dépenfes, que les reconnoiffances comptables du premier commis de la direction, dont ils dépendent, le commiffaire oyant compte, les rayera purement & fimplement par fon apoftille, attendu la contravention à la régle impofée, à laquelle chaque comptable, enfuite de leur inftruction, & même les fourniffeurs par leurs marchés, fe font foumis.

Il a encore été établi, que les gardes-magâfins, chefs aux travaux, & tous autres commis du munitionnaire, tiendroient avec la derniere éxactitude, chacun à leur égard, un feul regiftre journal, dans la forme prefcrite par leur inftruction, fur lequel, au fur & à mefure dans le même inftant qu'ils feront des recettes & des dépenfes en deniers & effets, ils porteront, 1°. La datte du jour, 2°. Le numero de chaque article, 3°. Le nom de celui qui leur aura fait des envois & remifes, ou à qui il aura remis, ou envoyé, ou payé; il y écrira les quantités, ou fommes en toutes lettres, & la repétéra au bout de la ligne en chiffres, en tirant un trait deffous. Il infcrira pareillement dans ce journal les converfions de froment & de feigle en méteil, & généralement tout ce qui entrera & fe confommera, ou fortira de fon magafin en effets ou deniers, chaque nature différente divifée par article clair & diftinct fans équivoque. Tous les Dimanches matin après avoir arrêté le livret des journaliers, & les avoir payés, il portera le total du payement fur le journal, comme dernier article de la derniere femaine; & dans l'inftant il fera une copie dudit journal, qu'il certifiera véritable, après l'avoir collationnée, il la fignera & l'adreffera auffi-tôt dans une enveloppe fans lettre miffive, au directeur du département dont il releve, & à côté de l'article concernant l'enregiftrement des journaliers, il mettra, envoyé l'extrait, le tel jour, & fi un comptable n'éxécutoit pas éxactement, & régulierement, tout ce qui vient d'être dit, il feroit auffi-tôt relevé, avec perte du dernier mois de fes appointemens, au profit de l'hôpital du lieu de fa réfidence.

Lorfque le directeur aura reçu cet extrait, il le remettra au commiffaire oyant compte, pour l'ufage qui fuit.

Le commiffaire oyant compte aura autant de regiftres qu'il y aura de gardes-magafins, ou autres comptables dépendant du département; au lieu de regiftres il peut joindre des cahiers de papier enfemble en quantité fuffifante & proportionnée au détail de chaque comptable. Il divifera ces regiftres ou cahiers réunis, en autant de chapitres qu'il y a de différentes natures de recettes & de dépenfes en deniers & effets. Et difpofera ainfi le canevas d'un compte pour chaque comptable.

Auffi-tôt la remife des extraits des journaux, il en fera faire le dépouillement, qu'il faudra libeller fur ces regiftres ou cahiers, portant chaque forte de recette & de dépenfe, au chapitre convenable; c'eft ainfi qu'il peut commencer dès la premiere huitaine du fervice les minutes des comptes.

Comme tous les gardes-magafins & autres comptables du département adrefferont à la direction femblables extraits de leurs journaux, lefquels feront, auffi-tôt l'arrivée du paquet, remis par le directeur au commiffaire oyant compte, & que pareillement le premier commis à la direction, & le tréforier, fourniront tous les Dimanches un extrait de leurs journaux certifié d'eux; il s'enfuivra que toutes les minuttes de ces différents comptes, fe commenceront en même-temps; la vérification pourra fe faire au fur & à mefure fur les extraits ou minuttes relatives. Ainfi il n'y aura, ni faux, ni doubles emplois, ni obmiffions.

S'il fe trouvoit des différences entre la dépenfe d'un comptable, & la recette de celui qui auroit reçu; comme par exemple, fi le garde-magafin de Perronne, portoit en dépenfe fur fon journal 500. facs envoyés à Cambray, & que fur le journal du garde-magafin de Cambray, il ne fut porté en recette que 496. facs, le commiffaire oyant compte en communiqueroit avec le directeur, on vérifieroit dans le dépôt du premier commis à la direction, l'original du récepiffé du garde-magafin de Cambray, & fi les 4. facs ne s'y trouvoient pas employés, le directeur manderoit aux deux gardes-magafins qu'ils ayent à vérifier d'où procede l'erreur, de s'entendre entr'eux, & dans rendre compte dans la huitaine pour tous délais, paffé lequel temps le commiffaire oyant compte, forceroit la recette du garde-magafin de Cambray defdits 4. facs d'erreur, à la charge que celui de Perronne, en demeureroit refponfable. Les chofes étant ainfi vérifiées fur le champ, pour ainfi m'exprimer, ne feroient plus dans le cas, comme anciennement, de retomber en perte fur le munitionnaire, par l'impoffibilité où l'on étoit, après plufieurs années qui s'écouloient avant de former les comptes, de remonter à la fource de la fraude ou de l'obmiffion.

En fuppofant que des payfans, commandés pour faire le tranfport des effets, négligeaffent de remettre leur chargement dans le temps convenable, par rapport à la diftance des lieux, la lettre preffante du directeur, le forcement de recette & la garantie, obligeroient les deux gardes-magafins à éclaircir les faits, pour avoir réciproquement leur décharge, ce qu'ils fe mettoient peu en peine de faire, lorfqu'ils avoient l'efpérance, par des difcuffions, après plufieurs années, de rejetter la perte ou la fraude fur le munitionnaire.

Le dépôt général entre les mains du premier commis à la direc-

tion, aidera beaucoup à la vérification des articles de recettes & dépenſes, dépouillées des extraits des journaux, & les dépenſes pour
pertes, conſtructions & réparations de fours, ou de magaſins, fournitures de pain aux troupes, pourront auſſi être conſtatées ſans retour, puiſque les premiers commis aux directions, ſur les récepiſſés
deſquels ces dépenſes ſeroient allouées aux gardes-magaſins, chefs
aux travaux & autres, ne fourniront ces mêmes récepiſſés, qu'après
l'examen ſcrupuleux du directeur, & l'approbation de M. l'intendant
qui les aura viſés, ou compris dans les états qu'il aura arrêtés; ainſi
au mois de Novembre de chaque année, les gardes-magaſins pourront ſe rendre à la direction pour être préſens à la clôture de leurs
comptes, qui peuvent être tous arrêtés & vérifiés ſans retour avant le
mois de Février.

Lorſque le commiſſaire oyant compte, aura formé, apoſtillé, &
déchargé les comptes les uns par les aurres, conjointement avec le
directeur, celui-ci les arrêtera & ſignera, ſauf la réviſion ou nouvel
éxamen du bureau général à Paris, où l'envoi en ſera fait avec les
piéces juſtificatives.

Le dernier compte des départemens qui ſera fini, eſt celui du
premier commis à la direction, à cauſe de la remiſe des piéces &
des états de fournitures ou de dépenſes extraordinaires, qui s'arrêtent à l'intendance, leſquels doivent y entrer pour balancer les recettes par leſdits états, cependant la clôture ne doit pas paſſer le mois
de Mars, en ſollicitant vivement les expéditions.

Il ne faut pas obmettre d'obſerver, que le directeur, ni le commiſſaire oyant compte d'un département, ne doivent pas allouer
dans les comptes du tréſorier aucun payement fait à compte des dépenſes qu'il auroit fait pour un autre département, ſi les piéces, quoiqu'en forme, n'ont pas été converties en récepiſſés du tréſorier ou des
commis dépoſitaires du département que ces dépenſes concernent,
afin qu'il n'y ait dans les comptes particuliers, que les dépenſes relatives au même département.

Le commiſſaire oyant compte aura un regiſtre, cotté & paraphé
par le directeur, qui ſervira de repertoire pour les comptes qu'il formera, & que le directeur apoſtillera & arrêtera.

Les duplicata des inſtructions données aux commis comptables,
& au bas deſquels ils mettront leur ſoumiſſion de s'y conformer, ſeront remis au commiſſaire oyant compte par inventaire, enſuite duquel il donnera ſa reconnoiſſance.

Pareille remiſe lui ſera faite des lettres, mémoires, piéces, & ren-
ſeignemens, relatifs aux comptes, ils ſeront gardés dans la boëte ou
carton titré du nom de chaque comptable; pour du tout faire uſage

lors

lors de la formation, arrêté & vérification des comptes.

INSPECTION DES MAGASINS
Par le commiſſaire oyant - compte.

AU commencement de l'année d'un ſervice, le commiſſaire oyant compte, & les commis attachés à ſon bureau, n'auront pas encore de matiere ſuffiſante pour les occuper ; ainſi après qu'il aura préparé ſes regiſtres ou cahiers qui doivent ſervir de cannevas pour la minutte des comptes, il ſe tranſportera dans les magaſins du département, ſelon les ordres du directeur, pour faire l'établiſſement de l'adminiſtration uniforme, conjointement ou ſéparement avec lui & dans le cours de l'année ſuivant les mêmes ordres, il fera ſemblables tournées, ſans en avertir les comptables, chez leſquels il lui eſt très-expreſſement défendu de loger ni de manger.

Il éxaminera, ſi chaque comptable tient éxactement ſon journal dans la forme preſcrite ; s'il y fait les enregiſtremens de la maniere portée par ſon inſtruction ; s'il rapporte les articles de ce journal ſur le grand regiſtre ; & s'il adreſſe chaque ſemaine, la copie fidéle de ce journal, au directeur de qui il releve.

Ce qu'on a dit à la premiere partie de cette inſtruction, le doit convaincre de la néceſſité de l'éxactitude des enregiſtremens, & de l'envoi de l'extrait fidéle du journal ; il y eſt intéreſſé pour la facilité & la netteté de ſon travail.

Pendant ſon abſence, le commis le plus entendu du bureau peut ſuivre & faire ſuivre par ſes camarades le travail du dépouillement des extraits des journaux, ſuivant ce qui a été ci-devant expliqué, afin que l'opération des comptes ne ſouffre point de ſon abſence, qui ne doit être au plus que de 12. à 15. jours, parce que ſi le chef lieu ſe trouve au milieu des différentes places approviſionnées, il peut commencer à viſiter celles de la droite, revenir éxaminer le travail du commis qu'il a chargé du dépouillement, & quelques jours après repartir pour les places de la gauche.

Le commiſſaire oyant compte, tant par rapport aux comptes, que relativement à ſon inſpection, doit lire & ſçavoir par mémoire & par l'eſprit, tout le contenu des différentes inſtructions données aux gardes-magaſins ; chefs aux travaux, employés aux équipages, & autres comptables, afin de les faire éxécuter, & pouvoir expliquer les articles, que ceux qui doivent les ſuivre n'entendront pas, ou ſeindroient de ne pas entendre.

La vifite des magafins, l'information fecrette des vie & mœurs des comptables, leur éxactitude, ou leur négligence pour la tenue de regiftres, & celle de leurs magafins : toutes ces chofes feront utiles au bien du fervice & de l'adminiftration; parce que fur la connoiffance qu'aura acquife l'infpecteur, il rendra compte au directeur, celui-ci à la compagnie; on aura plus ou moins de confiance; & plus ou moins, ou point du tout d'inquiétude, pour la fûreté du fervice; & dans le cas, où ce même fervice & l'adminiftration courreroient aucun rifque, par la négligence, ou l'incapacité du commis à fuivre les inftructions, & la tenue des regiftres, & furtout du journal, il feroit relevé. D'ailleurs, lors de l'arrêté des comptes, le commiffaire oyant compte fera plus en état de juger des dépenfes pour les journaliers, les tranfports, chargemens & déchargemens; parce qu'ayant dans fa vifite vu & connu par lui-même la fituation des magafins & des fours, les comptables ne pourront lui en impofer.

Lorfque le commiffaire oyant compte, fera fa vifite dans les magafins des vivres & des fourages, en arrivant dans la place, il defcendra dans le principal magafin, & fi le garde-magafin ne s'y trouve pas, il lui envoyera dire de s'y rendre à l'inftant, & d'apporter fon journal & fon grand regiftre.

En attendant l'arrivée du garde-magafin, il fera affembler l'aide, s'il y en a, & les journaliers, il prendra leur nom & furnom, dont il fera un état.

Il éxaminera fi les magafins font tenus proprement, fi les effets font bien rangés; fi les balances font juftes, & fi les poids font de fer étalonnés, & non de pierre; fi les uftenfiles font en bon ordre, il en prendra l'état, & fera mettre à part ceux qui font à raccommoder.

Le garde-magafin arrivé, il vérifiera fi les enregiftremens du Journal font conformes aux inftructions; fuppofé qu'ils ne le fuffent pas, il le réprimendera, le remettra fur la voye; & en cas de récidive, il le menacera d'en rendre compte à la compagnie pour le faire relever, ce qui fera exécuté fur fon avis: il examinera enfuite le grand regiftre, & mettra fon paraphe au-deffous du dernier article de chaque chapitre.

Enfuite il fera la vifite des bleds & des farines, tant pour la qualité que pour la quantité, qu'il comptera un à un, & dont il rapportera le nombre fur fon procès-verbal de vifite par efpece féparée; il fourera fa main dans les facs pour connoître fi le grain & la farine ne font point échauffés; fi les piles ne font que de quatre facs de farine l'un fur l'autre, & les grains de cinq au plus, & fi la toille ou le treillis ne font pas percés.

Il fera prendre au hazard plufieurs facs de l'une & de l'autre efpece en différentes piles, deffus & deffous ; les fera mettre fur la balance, pour s'affurer fi ceux de grain pefent 202. livres, & ceux de farine 200. livres ; s'il y a de l'avoine il l'examinera pareillement, & en fera mefurer 4. ou 5. facs pris au hazard, pour connoître fi chacun contient 12. boiffeaux mefure de Paris.

S'il y a des facs vuides de relais, il fe les fera repréfenter, pour connoître s'ils font bons ; s'il y en a de défectueux qui puiffent fe rapiécer, il donnera un ordre par écrit d'y travailler ; s'il y en a de mauvais qui ne foient bons que pour raccommoder les autres, il les fera couper diagonalement, c'eft-à-dire, d'angle en angle, en fera mention fur fon procès-verbal, & marquera la quantité.

Si il y a d'autres magafins, il fera femblable vifite avec les mêmes attentions ; il fe rendra enfuite dans le logement qu'il aura choifi accompagné du garde-magafin, qui y fera apporter fes regiftres ; alors le commiffaire oyant compte, formera fur le grand regiftre le relevé de chaque chapitre des recettes & dépenfes en effets, & y ajoutant l'exiftant dans les magafins ; il connoîtra par la balance, s'il n'y a point d'effets de divertis.

Il demandera l'état des fours occupés, & de ceux qui ne fervent pas, mais qui peuvent être utiles dans un befoin, & le lendemain il ira les vifiter, & vérifier s'il y a des réparations à faire à ceux qui appartiennent au Roy, & s'ils font garnis d'uftenfiles.

Si il y a du bois aux emplacemens & aux fours en quantité fuffifante, & proportionnée à la confommation actuelle.

Si la farine qu'il trouvera dans les fours eft de bonne qualité, fi les facs font du poids de 200. livres.

Si la pâte eft bien pétrie, & s'il n'y a pas trop d'eau.

Il entre dans la confection du pain de munition 115 livres d'eau par fac de 200. livres de farine, mêlée de $\frac{2}{3}$ froment, & $\frac{1}{3}$ feigle non blutée. De ces 115. livres il s'en évapore par la cuiffon 45. livres, & il en refte dans la pâte 70. livres.

Ainfi 115. livres d'eau jointes à 200. livres de farine, font 315. livres de pâte, dont on forme 90. pains de 56. onces chacun, faifant deux rations. Lorfque le pain eft cuit & raffis, il en réfulte 180. rations de 24. onces, & chacune fait la nourriture d'un foldat par jour.

L'infpecteur vérifiera les livrets des boulangers, & les comparera avec le regiftre de leur compte ouvert, que le garde-magafin doit tenir fuivant fes inftructions ; il examinera fi les décomptes font faits mois par mois, & fi les quantités portées fur le livret font biffées à mefure de l'arrêté des décomptes.

Il fera la même vérification fur les livrets des meûniers, & fur le livre du garde-magafin, aux articles qui les concernent.

Il s'informera s'il n'y a pas des plaintes contre ceux qui font à la fuite du fervice des vivres dans la place, afin d'y apporter le remede convenable.

Si il y a des fourages qui appartiennent au munitionnaire, il procedera dans le même efprit que pour les vivres, foit à l'égard des comptes, foit pour la vifite des effets, en obfervant ce qui eft marqué par l'inftruction du garde-magafin des fourages, que l'on a fuffifamment étenduë & détaillée.

Le commiffaire infpecteur, donnera enfuite du double de cette inftruction, fa foumiffion de la fuivre de point en point, & d'y fuppléer felon les lieux & les circonftances.

INSTRUCTION

POUR LES TRESORIERS DES VIVRES.

CETTE inftruction eft générale, & doit être fuivie par le tréforier à Paris, par celui de l'armée, ceux des départemens, & les fous-caiffiers ; chacun d'eux y trouvera des articles particuliers, qui conviennent au détail des uns & des autres.

Les tréforiers des vivres font fubordonnés chacun à leur égard, au directeur de leur département, chargé en chef de l'exécution des ordres de la compagnie, pour maintenir la regle & l'uniformité dans l'adminiftration.

Pour qu'un tréforier rempliffe bien les devoirs de fon emploi, il faut qu'il foit de la derniere éxactitude, qu'il ne faffe aucun payement, fans, avant la délivrance de l'argent, avoir enregiftré l'acquit : qu'il ne reçoive aucune fomme en efpeces, en lettres de change, ou autrement, qu'il n'enregiftre de même ; qu'il ne paye qu'en conféquence d'états de diftribution, ou fur l'ordre par écrit de la compagnie, ou d'un munitionnaire député à cet effet par déliberation ; mais jamais fans l'attache du directeur, qui doit fuivre le controlle & l'enregiftremient de tous les fonds de la caiffe de fon département : qu'il retire foigneufement toutes fes décharges fuivant l'énoncé, dans l'ordre ou dans la piece, en vertu de laquelle il paye ; qu'il balance journellement fa recette, fa dépenfe, & l'exiftant de fa caiffe, & qu'il tienne dans un grand arrangement tous les acquits de chaque partie prenante, qu'ils foient féparés par perfonnes, & par nature de dépenfe, & mis dans des chemifes qui portent chacune le nom des perfonnes, ou de la chofe qu'elles renferment ; & que les fommes de chaque article payé foient portées fur cette chemife en forme de bordereau, par datte & fomme.

Il doit entendre l'arrangement d'un compte, connoître le mouvement d'une caiffe pour ne pas fe tromper dans la valeur, le titre, & l'énumeration des efpeces, dans les calculs, dans la forme de fes récepiffés, dans les délais du payement des Lettres de change, qui lui feront remifes, parce que toutes les erreurs de fait & obmiffions font à fa charge : c'eft par cette raifon, qu'on exige une caution proportionnée à l'étendue de fon maniement

ARTICLE PREMIER.

Le tréforier général à l'armée, & ceux des départemens, n'auront que deux regiftres.

II.

Ces regiftres feront cottés & paraphés par un des affociés, que la compagnie nomme à cet effet par déliberation, ou par le directeur général.

III.

JOURNAL DE CAISSE.

Le premier eft le journal ; il fervira à infcrire jour par jour chaque article de recette & de dépenfe enfuite l'un de l'autre fans renvois, ratures, ni interlignes ; & fi en écrivant, le tréforier s'étoit mépris, il fe rectifiera par ces mots : *je dis telle chofe, &c.* afin qu'il ne refte aucune fufpicion ni équivoque.

IV.

Les fommes écrites en toutes lettres feront répetées en chiffres hors ligne dans deux colonnes titrées, l'une *recette*, l'autre *dépenfe*, afin que par l'addition des chiffres de chacune, il puiffe faire la balance du montant de la premiere, avec celui de la feconde ; & que par la vérification des fonds exiftans dans fa caiffe, en argent, & en lettres de change, il connoiffe à chaque inftant fa fituation.

V.

Il mettra à chaque article enregiftré, la datte en tête, le numero de l'article, le nom de celui qui aura reçû ou payé, le précis du motif de la dépenfe ou de la recette.

V I.

Si il y a plufieurs parties conténuës dans un même récepiffé, elles feront détaillées fur le journal, les unes enfuite des autres, en dedans ligne, & le total pareil à celui mis en tête de l'article en toute lettre, fera tiré en chiffres dans la colonne convenable.

V I I.

Le tréforier fera tous les famedis au foir une copie éxacte de ce journal, contenant les articles de la derniere femaine; & après l'avoir collationnée, il la certifiera véritable, la fignera & l'adreffera au directeur du département: cette copie de journal qui fera fournie auffi-tôt au commiffaire oyant compte, pour en faire le dépouillement, fervira à remplir le cannevas de la minute du compte du tréforier, lequel, lorfqu'il fera jugé néceffaire par le directeur, communiquera les originaux fans déplacer.

V I I I.

GRAND LIVRE DE CAISSE.

Ce regiftre fera divifé en autant de chapitres en recette & en dépenfe, qu'il y a de comptables, relevant de la direction, foit de Paris, foit de l'armée, ou des départemens; il y aura comme au journal deux colonnes, l'une titrée *recette*, l'autre *dépenfe*; & au commencement une table par ordre alphabétique, pour renfeigner les folio des chapitres. Sur ce regiftre le tréforier fera le dépouillement du journal article par article; il mettra en tête la datte, à la marge les numero de chaque article, & dans une colonne à côté les numero de rencontre du journal, d'où l'article rapporté aura été tiré. Et auffi-tôt le dépouillement fait, il portera dans une pareille colonne préparée fur le journal, l'article du grand regiftre, pour que le premier enregiftrement & le dépouillement puiffent être aifément comparés.

Les appointemens des employés, non comptables, auront un chapitre particulier.

Les frais de bureaux, bois, chandelles, ports de lettres, & autres menus frais, qu'on appelle dépenfe confommée, auront pareillement un feul chapitre.

I X.

Le tréforier général à Paris, & celui de l'armée, qui ont chacun un fous-caiffier & des commis de caiffe, auront attention de fe faire rendre compte, des fommes qu'ils leur auront remifes pour faire des payemens en fous-ordre, de retirer les acquits, & de ne leur faire rendre compte que par bordereau. La négligence de ces tréforiers à cet égard, les rendront refponfables *des deficit*.

X.

Quoique le tréforier des vivres à l'armée foit prefque toujours réuni avec les équipages, au camp, ou dans les marches, & qu'il ait un chariot pour tranfporter fon coffre fort, & fes papiers, & qu'il foit en apparence en pleine fureté, néanmoins il doit avoir un homme fidelle, qui n'abandonne jamais ce chariot.

X I.

Le tréforier en général ne doit faire aucune avance, fous prétexte de s'en rembourfer dans la fuite : il ne fortira jamais de l'arrangement de fa caiffe, & ne difpofera d'aucun fonds fans ordre de la compagnie, ou d'un des munitionnaires député par délibération ; mais jamais fans le vifa du directeur, qui de fa part n'ordonnera, ni ne vifera aucun payement ou quittance, qu'il n'enregiftre la piece fur le controlle qu'il tient ; & pour preuve de l'enregiftrement, il mettra en marge de la piece, le numero de l'article du controlle, & fon paraphe deffous ; & pareillement à la marge du regiftre du controlle, fon paraphe à côté de l'article enregiftré.

X I I.

Le tréforier à l'armée, pour éviter la négligence, ou la furprife des capitaines d'équipages, qui s'offrent volontiers de fe charger du prêt de leurs charetiers, & ouvriers d'équipages, chargera le fous-caiffier & un commis de caiffe fur leurs récepiffés, du fonds néceffaire pour le prêt ; & le jour étant fixé à l'ordre par le capitaine général, les fous-caiffier & commis de caiffe, fe rendront au parc : chaque capitaine remettra au payeur un état, contenant le nom de fes charretiers & ouvriers, il marquera à la marge de cet état la retenue qu'il y aura à faire fur aucun d'eux, pour uftenfiles perdus, ou autres chofes ;

fixera le prix de la chofe à retenir. Cet état fera certifié du capitaine, & vifé du capitaine général & du controlleur, après qu'ils l'auront vérifié fur la revûe générale ; & en cas de détachement, ce fera le lieutenant, commandant les équipages détachés, qui vifera chaque état ; fur chacun de ces états, le fous-caiffier & commis de caiffe feront l'appel, payeront à chaque charetier & ouvrier perfonnellement.

A l'égard des boulangers fans travail, il fera remis au tréforier un état certifié par les chefs aux travaux, chargés de leur conduite : cet état fera vifé de l'infpecteur général, & l'ordre de payement du directeur étant enfuite : le payement fera pareillement fait aux boulangers par appel & perfonnellement.

X I I I.

Afin de faire ceffer les plaintes, vraies ou fauffes, qui ont toujours été faites de la part des boulangers fans travail, des charretiers & ouvriers à la fuite des équipages, fur le défaut, ou le mécompté des payemens de la part des chefs aux travaux, ou capitaines de charrois, il convient de donner à chacun des hommes engagés dans les vivres, une feuille de fort papier, qu'ils feront tenus chacun, à leur égard, de repréfenter, lorfqu'il leur fera fait des payemens par le tréforier, ou le commis de la caiffe : & le tréforier ou le commis ne pourront délivrer, ni répeter aucune fomme, fi étant conteftée, elle n'eft employée fur la feuille : en voici la formule qui fera imprimée.

FORMULE DE LA FEUILLE POUR SERVIR AUX PAYEMENS.

Pour fervir à infcrire les acomptes qui feront payés à . . . . . . , natif de . . . . . . âgé de . . . . . ayant . . . . . pouces de haut, les cheveux . . . . . un figne . . . . . envoyés le . . . . . . jour de . . . . . 1741. en qualité de . . . . . à raifon de . . . . . .

Il y aura cinq colonnes fur cette feuille, qui auront chacune un titre ; dans la premiere fera mis le jour du payement, dans la deuxiéme, la fignature de celui qui payera ; dans la troifiéme, (qui fera plus large que les autres) les fommes payées écrites en toutes lettres ; dans la quatriéme pour quel tems, & dans la derniere, la fomme payée repetée en chiffres, pour pouvoir être additionnée avec celles qui fuivront.

X I V.

Lors de l'appel, chaque ouvrier, charretier, & boulanger fans
travail,

travail, fe préfentera avec fa feuille à la main, fur laquelle le caiffier ou commis de caiffe, après avoir examiné fi la figure de l'homme fe rapporte au fignalement, payera & mettra à la marge de l'état *payé*, & fur la feuille, le jour du payement, fa fignature, la fomme payée en toutes lettres, pour quel tems fe fera le payement; enfin la fomme payée, répetée en chiffres dans la cinquiéme colonne.

Si un charretier, ouvrier, ou boulanger fe préfentoit fans feuille, ou que le fignalement de la feuille ne répondît pas à la figure de celui qui la préfenteroit, le tréforier ou autres payeurs ne la payeroient pas, & le renvoyeroient à l'infpecteur général, pour conjointement avec le capitaine général, & le capitaine dans l'équipage duquel feroit le paffevolant, ou en préfence du chef aux travaux, chargé du foin des boulangers fans travail, être examiné, & décidé ce qu'il conviendroit.

<h2 align="center">X V.</h2>

Les tréforiers en général ne feront, on le repete, aucun payement, ni aux gardes-magafins, chefs aux travaux, employés aux équipages, fourniffeurs, & autres comptables aux munitionnaires, fans ordres exprès & par écrit du munitionnaire général, ou de l'infpecteur, & fur l'attache & vifa du directeur, qui enregiftrera la piéce. mais fi ils payent, après ces formalités, à des commis non comptables, quelque à compte fur leurs appointemens, ils fe feront repréfenter leur commiffion; & indépendamment du reçû qu'ils retireront de la partie prenante, ils feront mention au dos de cette commiffion, de chaque à compte qu'ils payeront à celui ou ceux qui en feront les porteurs: ils rapporteront le jour du payement relativement à leur journal, la fomme payée, écrite en toutes lettres, & ils la répeteront en chiffre au bout de la ligne, afin que lors des décomptes il n'y ait point d'obmiffion; & dans le cas où le tréforier rapporteroit des quittances d'acomptes non endoffées fur la commiffion, la répétition fur celui qui auroit obmis de l'accufer dans fon décompte, fera à la charge du tréforier qui auroit fait le payement, fauf fon recours contre celui qui auroit reçû.

<h2 align="center">X V I.</h2>

Si il étoit ordonné au tréforier à l'armée, ou dans les départemens, par meffieurs les généraux ou intendans, de payer pour voitures extraordinaires, réparations & conftructions de fours, ou autres dépenfes à la charge du Roy: pareillement fi fur des ordres fupérieurs, il remettoit des fonds pour le fervice à des fourniffeurs, gardes-maga-

P p

fins, chefs aux travaux ou autres, pour des néceffités urgentes du fervice, ils adrefferont auffi-tôt les ordres, les piéces juftificatives, & quittances au directeur du département, dont ils dépendent, après les avoir cottées & paraphées; & en échange, les directeurs leur fourniront le récepiffé comptable du premier commis dépofitaire à la direction, fur lefquels récepiffés feuls, les dépenfes leur feront allouées: leur caiffe & leur compte ne devant contenir que des pieces comptables, confommées fans retour ni virement des parties.

X V I I.

Le tréforier ne fe chargera en recette d'aucune fomme, quelque petite que ce puiffe être, de la part des comptables, que de l'ordre exprès & par écrit du directeur, parce que s'il s'agiffoit de la valeur d'effets vendus pour le compte du Roy ou du munitionnaire, les piéces feroient remifes au commis dépofitaire, & fur un bordereau defdites piéces, la reconnoiffance comptable du dépofitaire, & l'ordre du directeur qui conftate le montant du produit, le tréforier le recevroit : cet arrangement a pour objet, d'empêcher qu'un comptable, fous prétexte d'une foible recette en deniers, ne s'autorife à porter une dépenfe confidérable en effets dans fon compte.

X V I I I.

Comme au moyen de la remife des extraits du journal de caiffe, de la communication fans déplacer des originaux des piéces de caiffe, & des comptes relatifs, les comptes de caiffe fe formeront au fur & à mefure des recettes & des payemens : ils doivent être examinés, arrêtés, & vérifiés à la fin de décembre, ou au commencement de Janvier de chaque année au plus tard.

X I X.

Il fera donné au premier Novembre de nouveaux regiftres aux tréforiers, pour les recettes & les dépenfes du quartier d'hyver, & de la campagne fuivante; & ceux de l'année précédente ne ferviront qu'à enregiftrer ce qui aura rapport au précédent exercice.

X X.

Le tréforier des vivres à Paris étant comme le réfervoir général qui reçoit d'un grand nombre de fources, les fonds qu'il répand dans

dans les départemens, aura trois regiftres ; car au lieu d'un feul grand
livre à comptes ouverts dépoüillé du journal, il en aura deux : dans
l'un feront employés par chapitres difpofés, ainfi qu'on l'a établi à
l'art. 8. toutes les recettes, tant du tréfor royal, que des tréforiers
généraux de l'extraordinaire des guerres, des munitionnaires pour
leur fonds d'avance, & de tous autres qui peuvent remettre à la caiffe;
dans l'autre pareillement difpofé, feront enregiftrées toutes les dépenfes, que le tréforier fera pour les envois dans les départemens,
traittes & mandemens : comme auffi en détail, les payemens que fera
le fous-caiffier, des fonds qu'il recevra du tréforier, & dont ce fous-
caiffier ne doit rendre compte tous les vendredis, que par fimple
bordereau de compenfation de fes récépiffés, avec les acquits vifés
qu'il a retirés des parties prenantes.

X X I.

Tous les famedis au foir, le directeur général & ceux des départemens fe tranfporteront, chacun à leur égard, à la caiffe, pour examiner les regiftres, vérifier fur iceux le bordereau que le tréforier aura
formé de fes recettes & dépenfes, compter & nombrer les efpeces
ou lettres de change, afin de faire la balance de l'entrée, de la fortie;
& des reftans en caiffe : le tréforier certifiera ce bordereau, & le remettra au directeur, qui enfuite arrêtera les regiftres par un paraphe
qu'il mettra au-deffous du dernier article. Comme les fous-caiffiers de
Paris & de l'armée, doivent remettre tous les vendredis une copie
certifiée d'eux, du bordereau qui leur aura été arrêté par les tréforiers
dont ils dépendent, concernant les payemens qu'ils ont fait en fous
ordre pendant la femaine : le directeur comparera ces bordereaux
fur fes regiftres de controlle ; s'il y trouve de l'erreur, il l'éclaircira
fur le champ.

INSTRUCTION

Pour un garde - magafin des vivres des troupes du Roy.

LE garde-magafin étant chargé des deniers & des effets qui lui
font confiés, doit avoir toujours en vûe le compte exact & fidele
qu'il doit en rendre, fans quoi il tomberoit dan la confufion, deviendroit débiteur, & feroit obligé par corps, de payer ce qui lui
manqueroit.

La sureté du service dont il est responsable, & son intérêt personnel font attachés aux fonctions de son emploi ; il ne peut remplir l'un & l'autre sans des attentions continuelles, pour conserver & maintenir en bon état les bleds, les farines, le pain, les avoines, les facs vuides, & les autres effets dont on le charge.

Il faut suppofer qu'il se connoît en bleds ; farines, &c.

Qu'il est au fait des manœuvres.

Et intelligent pour se procurer ses décharges en forme.

Cependant on va lui prefcrire ses principales obligations, pour qu'il suive la regle uniformément établie dans toutes les places du royaume.

Lorfque le garde-magafin a reçu fa commiffion de la compagnie, & ses inftructions, il doit se rendre sans differer, auprès du directeur du département, lui préfenter ses pouvoirs, & recevoir ses ordres & inftructions particulieres.

Le garde-magafin peut être mis en poffeffion dans trois différens cas.

Premierement avant que la guerre soit déclarée, & lorfque l'on fait fecrettement les préparatifs ; dans ce premier cas, il doit agir avec une extrême difcretion, & ne laiffer tranfpirer à qui que ce soit, le fecret qui lui est confié. Il fuivra ponctuellement les inftructions qu'on lui aura données à cet égard.

Secondement il peut être mis en place, lorfque le miniftre aura fait faire des emplacemens de précaution, dont en tems de paix on confie la garde aux magiftrats des lieux, ou à des particuliers.

Troifiémement il peut être nommé pour relever un autre garde-magafin.

Dans le fecond cas, le garde-magafin doit recevoir les effets bien conditionnés ; fi les grains font fales, il demandera qu'ils foient criblés, avant de s'en charger.

Dans le troifiéme cas, la remife lui est faite par celui qu'il relevera ; & cette remife se conftate par un inventaire, dont le modéle est à la fin de cette inftruction.

JOURNAL.

Article premier.

Le garde-magafin aura un regiftre journal, cotté & paraphé du directeur du département, fur lequel il écrira jour par jour & de suite, les recettes & dépenfes qu'il fera, tant en deniers, qu'en bled froment, feigle, méteil, farines de froment, & de méteils, facs vuides, &

autres effets qu'il recevra ou remettra, obfervant de mettre les fommes ou quantités en toutes lettres, fans aucune rature, intervale ni renvoi; & de répeter lefdites fommes en chiffres, au bout de la derniere ligne, en tirant un trait deffous : & fuppofé qu'il fe fût mépris en enregiftrant, il fe rectifiera par ces mots, *je dis*, &c. pour qu'il n'y ait aucune équivoque.

I I.

Les articles de ce regiftre feront numérotés, depuis le numero 1. jufqu'au numero dernier, fans aucune interruption.

I I I.

Ils contiendront les récepiffés qu'il donnera, tant en deniers qu'en effets; & les récepiffés, quittances, ou autres décharges, qu'il retirera au fur & à mefure de fes payemens, & de fes remifes.

RECETTE.

I V.

Lorfqu'il enregiftrera, il mettra fur la piéce relative à l'enregiftrement, le n°. de l'art. de fon regiftre; & fur le regiftre, la date de la reconnoiffance qu'il donnera.

V.

Le nom du commis ou autre, qui lui aura remis ou envoyé, ou à qui il remettra ou enverra les deniers, ou les effets; la date de la lettre de voiture, le nom du voiturier, fi c'eft par terre ou par eau, fi les effets font enfachés ou en garenne.

V I.

De tout le détail des parties & des valeurs dont fon récepiffé fera compofé, s'il y en a plufieurs, il en fera une addition en dedans ligne, dont le montant fera pareil à l'énoncé de la piéce.

DE'PENSE.

V I I.

Pour la dépenfe il obfervera le même ordre, & n'obmettra rien pour bien expliquer & détailler les parties par qualité & quantité.

S'il fait des achats, il mettra le nº. du journal, la date de la quittance, le nom du vendeur, la quantité & qualité des bleds, ou autres grains & effets achetés, en expliquant la mefure & le poids, le prix de chaque mefure, dont il tirera le montant en-dedans ligne ; s'il y a plufieurs parties, il en fera une addition, & au cas que leur poids foit différent de celui du marc, il le réduira au poids à cette dénomination.

VIII.

Tout ce que l'on vient de dire, fuffit pour coucher fur le journal toutes les autres recettes & dépenfes de fuite.

IX.

Tous les Dimanches le garde-magafin fera une copie exacte, de la derniere femaine de fon journal ; & après l'avoir vérifié, pointé tous les articles, il l'adreffera au directeur du département, & continuera ainfi de femaine en femaine, pendant tout le tems de fon exercice. (a)

Et dans le cas extraordinaire, où il n'y auroit pas de recette ni de dépenfe pendant une femaine, il en donnera avis à fon directeur *.

GRAND REGISTRE.

X.

Les parties ainfi employées en détail dans le journal, feront le même jour portées fur un autre regiftre, pareillement cotté & paraphé du directeur ; il fera divifé par autant de chapitres, qu'il y aura de natures différentes en recette & dépenfe dans le journal.

A la tête de ce regiftre, il y aura une table de renfeignement des chapitres : on en trouvera le modéle à la fuite de cette inftruction.

(a) *Nota.* Au moyen de la remife que les gardes-magafins font obligés de faire à la direction, dont ils dépendent des copies figurées de leur journal, il faut les difpenfer, d'adreffer à la direction générale, des états de quinzaine ; ils feront plus éxacts de la part des directeurs.

REMARQUE.

Dans le cas où la communication d'une ville ou pofte où feroit établi un magafin, fût interrompue : *Voyez* ce qui eft dit à l'art. XV. ci-après.

X I.

A la fin de ce deuxiéme regiftre, feront employés les uftenfiles, en recette & en dépenfe, auffi par chapitres.

X I I.

Lorfque le garde-magafin portera les articles du journal, fur ce deuxiéme regiftre, il marquera; premierement le n°. de ce journal, & fera un extrait de l'article qui contiendra en fubftance, la fomme, la nature, la quantité contenue dans la recette ou dans la dépenfe, & tirera hors ligne, dans la colonne convenable, le montant de chaque partie. Il pointera enfuite le n°. du grand regiftre, & le mettra à la marge du journal, à côté de l'article dépouillé, pour faire connoître qu'il eft rapporté fur le deuxiéme livre; par ce moyen la vérification s'en fera aifément.

X I I I.

Ce travail facilitera beaucoup au garde-magafin, les états de recettes & dépenfes qu'il eft obligé d'envoyer tous les 15. jours au bureau général à Paris, qui ne doivent être autres, qu'un relevé en total des articles portés fur le deuxiéme livre (*a*).

X I V.

Le garde-magafin fera tenu de repréfenter à fon directeur, à l'infpecteur, ou autres perfonnes prépofées par la compagnie, toutefois & quantes qu'il en fera requis, fon regiftre journal, fon grand livre, & les effets dont il fera chargé, pour en faire par les directeurs, infpecteurs, ou prépofés, telle vérification qu'ils jugeront convenable, & s'affurer de l'éxiftance de la quantité & qualité des bleds, farines, avoines, facs, & de toutes les fortes d'uftenfiles, dont il peut être chargé.

X V.

Auffi-tôt, & au fur & à mefure qu'un garde-magafin aura retiré des décharges pour des envois de grains ou farines, ou pour des achats de bois, d'uftenfiles, loyers de magafins, procès-verbaux de pertes, ou

(a) *Nota.* Suivant la notte mife à l'art. I X. ces états font inutiles, ils coûtent beaucoup par la pofte, & font prefque toujours faux; ceux des directeurs font d'ailleurs plus éxacts, & ils font fuffifans.

pour telles autres dépenfes qu'il aura faites, il les portera dans fon regiftre journal, fuivant ce qui eft expliqué à l'article premier de cette
inftruction : & comme ces piéces doivent être remifes au dépofitaire
commun du département, fur la feule reconnoiffance duquel l'emploi des dépenfes fera fait & admis dans les comptes; le garde-magafin
fera l'envoi defdites piéces au directeur duquel il releve, (après les
avoir cottés & paraphés); fçavoir, les procès-verbaux de pertes,
dans les 24. heures de l'accident arrivé; & les autres piéces, au plus
tard dans la huitaine de leur date & enregiftrement ; paffé lefquels
délais, elles ne feront plus reçûes ni admifes dans les comptes : en
échange de ces piéces, le directeur adreffera au comptable un bordereau détaillé defdites piéces, au pied duquel fera la reconnoiffance
du premier commis à la direction, après l'avoir vérifié & vifé. Si le
garde-magafin comme tout autre comptable, ne fuivoit pas éxactement ce qui vient d'être prefcrit, tant pour la tenue des journaux &
grands livres, que pour la remife de ces piéces, il feroit auffi-tôt relevé
fans efperance de pouvoir être employé au fervice des vivres. Dans
le cas où la communication d'une Ville ou d'un pofte feroit interrompue avec la direction: Voyez ce qui eft dit ci-après, art. 105. fur les
extraits des journaux.

Manœuvres dans les magafins & ailleurs, pour la
confervation des bleds & farines.

XVI.

Il faut premierement que le garde-magafin connoiffe la fituation
de fes magafins, pour les bleds, & pour les farines.

XVII.

S'ils font commodes, en lieux fecs, à portée l'un de l'autre, pour
qu'il ait continuellement infpection fur les manœuvres qui s'y feront,
obfervant qu'ils foient bien & furement fermés.

XVIII.

Il examinera combien ils peuvent contenir de facs de 200. livres
mis en piles, de cinq au plus de hauteur; il faut laiffer un petit paffage
entre les piles, pour avoir la facilité d'en faire fouvent la vifite.

XIX.

XIX.

Il ne faut pas pofer les bleds ni les farines fur le plancher, parce que l'humidité pourroit les gâter ; il convient de mettre fous les facs des fagots, des buches ou des planches, foit que les facs foient empilés, foit qu'ils foient debout & ouverts, pour en laiffer évaporer la chaleur, que le tranfport en tems de pluye, ou la mouture réçamment faite, pourroit occafionner.

XX.

Lorfque les facs feront ainfi arrangés, il prendra garde que les grains & farines ne s'échauffent, ce qu'il reconnoîtra en paffant la main entre les facs.

XXI.

S'il s'en trouve d'échauffés, & en péril de fe gâter, il les fera tirer hors des piles, pour les faire manœuvrer, ou pour les faire convertir en farines ; & les farines en pain, s'ils ne font pas endommagés : obfervant qu'il faut confommer ces effets les premiers, bien entendu néanmoins, que le pain qui en proviendra, foit parfaitement bon, & que cette précaution ne foit que pour éviter un plus grand dépériffement des effets.

XXII.

Si la quantité des facs eft grande, qu'elle foit confidérablement échauffée, & fur le point d'être gâtée, il en donnera avis dans le moment à fon directeur, qui en fera ou ordonnera la vifite par le commiffaire infpecteur, ou par quelqu'un de confiance : cette vifite conftatera le nombre de facs de bled & de farine, qu'il faudra manœuvrer ; celui des journaliers qu'il conviendra d'employer, & le tems qu'ils doivent être à remuer, cribler les bleds, mettre en couche les farines à deux pieds & demi de hauteur au plus, & enfuite les relever & enfacher, après qu'elles auront été rétablies.

XXIII.

Les feuls cas où l'on eft obligé de mettre des farines en couche, font, lorfqu'elles arrivent par un tems de pluye, ou qu'elles ont été naufragées ; mais les foins & l'attention d'un bon garde-magafin, peuvent remédier au premier cas, fans être abfolument obligé de mettre les farines en couche.

Q q

XXIV.

Lorſque les farines ſont fraîches mouluës, ou qu'elles commencent à s'échauffer, il faut que le garde-magaſin faſſe mettre les ſacs debout, qu'il les faſſe ouvrir, & que l'on fourre dans le milieu du ſac, depuis le haut juſqu'en bas un bâton qu'on retire enſuite, & qui fait un trou qu'on appelle cheminée; cette cheminée donne moyen à la chaleur de s'évaporer. Il y a des pays, où le ſel & le ſalpêtre ſont communs: ſi l'on en met au milieu du ſac un morceau gros comme un œuf d'Inde, cela conſerve la farine.

Receptions & envoys des grains & farines.

XXV.

On auroit dû mettre cet article avant le précédent, mais il a été jugé à propos de donner une premiere idée des manœuvres, parce que le garde-magaſin les connoiſſant, il eſt toujours en état de recevoir ou d'envoyer des effets de bonne qualité & bien conditionnés; moyen d'éviter toutes conteſtations entre celui qui envoye, & celui qui reçoit.

XXVI.

Le garde-magaſin aura une balance avec ſon fleau de fer & platteaux de bois, elle ſera juſte & bien égaliſée; il la fera poſer dans le lieu du magaſin le plus propre pour recevoir, ou envoyer les grains & farines.

XXVII.

Il ſe ſervira de poids de fer étalonnés, & non de pierre, l'un de 100. livres, les autres de 50. livres, de 25. livres & de 2. livres, poids de marc; & encore d'autres poids au-deſſous, avec leſquels il fera peſer tous les ſacs de bleds & farines qu'il recevra ou enverra.

XXVIII.

Les ſacs doivent être; ſçavoir, celui de bled, du poids de 202. livres, la toile compriſe; & les ſacs de farines, du poids de 200. livres ſeulement, auſſi la toile compriſe, ſuivant l'uſage & l'uniformité que l'on doit néceſſairement obſerver, ſans jamais s'en déranger, ſous quelque prétexte que ce ſoit.

XXIX.

Les facs au-delà de la Loire, font de 125. livres feulement, & en-deçà, de 200. livres, à l'exception de l'Artois, où ils ne font que de 150. livres; mais il faudra toujours faire fur les regiftres & dans les états, la réduction en facs ordinaires de 200. livres, excepté en Italie, où on s'exprime par quintal.

XXX.

Après que les facs de bleds ou farines auront été fidellement pefés, le garde-magafin les fera ficeler & plomber avant de les envoyer, pour qu'ils arrivent au lieu de leur deftination dans le même état, en obfervant qu'il faut toujours que les facs de toile ayent la poignée franche, pour les bien ficeler, & les ouvrir dans la fuite avec facilité, fans répandre le bled ou la farine : il enregiftrera fur le champ, l'envoi fur fon journal, & il le portera enfuite fur le deuxiéme livre.

XXXI.

Lorfqu'il recevra des effets, il les fera auffi pefer avant d'en donner fa reconnoiffance, & avant de les porter en recette fur fes livres.

XXXII.

Tous les entrepreneurs ou fourniffeurs de grains, doivent livrer les facs de bleds dans les magafins fur la balance à leurs frais, pour y être pefés en leur préfence, ou de leurs commiffionnaires, avant que le garde-magafin en donne fa reconnoiffance.

XXXIII.

Comme il eft établi pour la fureté du fervice, & le bon ordre dans la comptabilité, que toutes les piéces, qui doivent juftifier des recettes & des dépenfes, feront dépofées entre les mains d'un comptable commun : le garde-magafin donnera au fourniffeur une reconnoiffance dans cette forme.

FORMULE DE RECONNOISSANCE.

JE souſſigné, garde-magaſin des vivres à Cambray, certifie que m. Du-
bois m'a remis ou fait remettre, à compte de la fourniture qu'il a entrepris, la
quantité de cent ſacs de froment, & cinquante ſacs de ſeigle, enſachés dans
150. ſacs de treillis, leſdits ſacs de bled du poids de 202. liv. chacun, bien
conditionnés ; de laquelle quantité je prie m. Aubertin, premier commis à la
direction de ce département, de fournir ſa reconnoiſſance comptable audit
ſieur Dubois, pour ſervir à ſon payement ; promettant de compter au muni-
tionnaire général, de ladite quantité de 150. ſacs de méteil, & 150. ſacs
de treillis, à la décharge dudit ſieur Aubertin, ſur le préſent ſeulement.

XXXIV.

Si l'envoi eſt fait par un garde-magaſin à un autre garde-magaſin,
ou à un chef aux travaux, celui qui recevra, donnera un certificat de
même ſtyle : & pour l'uniformité & accélerer l'expédition de ces certificats, la compagnie en fera délivrer aux Comptables des exemplaires imprimés, afin qu'il n'y ait à écrire que le n°. du journal, la
date, les quantités, les noms, & la ſignature du receveur ; & aucun
garde-magaſin ne pourra ſe ſouſtraire de cette uniformité, ſous quelque prétexte que ce ſoit.

XXXV.

On a obmis de dire en ſon lieu, qu'il falloit pour éviter la confuſion
dans les réceptions & envois, que les magaſins ayent, autant que faire
ſe pourra, deux portes aſſez grandes ; l'une pour entrer les effets, &
l'autre pour les ſortir.

XXXVI.

Les fourniſſeurs doivent livrer les grains ſur la balance, ainſi que
les voituriers, qui tranſporteront d'une place à l'autre ; mais pour accélerer, les journaliers aident à cette manœuvre.

Journaliers & ouvriers des magaſins.

XXXVII.

Il faut employer deux journaliers les plus exacts & entendus, & qui
ſçachent écrire, pour bien peſer & égaliſer les effets.

XXXVIII.

Les journaliers doivent se rendre au magasin, depuis le premier Avril jusqu'au dernier Octobre à quatre heures du matin, pour y travailler jusqu'à neuf heures, qu'ils en pourront sortir, pour aller dîner pendant une heure, après laquelle ils reviendront à leur travail : ils le continueront jusqu'à deux, ils auront encore une heure pour goûter ; ensuite ils continueront le travail, depuis trois heures jusqu'à huit du soir.

XXXIX.

Depuis le premier Novembre jusqu'au dernier Mars, ils se rendront à six heures précises du matin à leur travail, pour n'en sortir qu'à dix heures, & rentrer à onze heures. Ils auront une heure pour goûter, & continueront leur travail jusqu'à six heures du soir.

XL.

Ceux qui manqueront une heure seulement, perdront leur demie journée ; & en cas de récidive, ils seront exclus des magasins. Il en faudra chasser les fainéans, les yvrognes, & les fumeurs.

XLI.

Le garde-magasin, ou le principal journalier, dont il fera choix, & dans lequel il aura le plus de confiance, verra entrer & sortir les journaliers aux heures ci-dessus. Il aura un registre cotté & paraphé du directeur, sur lequel il les inscrira jour par jour, leur nom, surnom, & le prix de leurs journées : *Il y a à la fin de cette instruction, un modéle pour la tenue de ce registre.*

XLII.

Les samedis au soir de chaque semaine, le garde-magasin fera un état des journées dûes aux journaliers, il le certifiera véritable pour leur payement, il en acquittera le montant, & le leur fera quittancer ; il l'enregistrera sur le journal. La fixation du prix des journées, sera concertée avec le directeur.

XLIII.

Il sera posé dans le lieu le plus apparent des magasins, un placard imprimé, qui contiendra ce qui eſt ſommairement porté dans les articles précédens, concernant les devoirs des journaliers, pour qu'ils ſoient avertis de tout ce qu'ils ont à faire. *Le modéle de ce placard eſt à la fin de cette inſtruction.*

XLIV.

Il les faudra congédier au fur & à meſure que les manœuvres diminueront, ce qui ſe reconnoîtra par les quantités d'effets qui reſteront dans les magaſins; & les journées ne ſeront allouées au garde-magaſin, qu'après en avoir fait la vérification, par rapport à la quantité & qualité des effets. *

MOUTURES.

XLV.

Le garde-magaſin doit ſçavoir, premierement le nombre de moulins qui ſont à portée de ſes magaſins, ſoit dans la Ville ou aux environs, à diſtance d'une lieue, d'une lieue & demie, & même de plus; combien il y en a à eau & à vent, ceux qui ſont les meilleurs; ceux qui feront le plus de farines en 24. heures doivent être préferés. Il doit avoir attention, que dans le nombre des moulins, le ſervice public doit être réſervé.

XLVI.

Il fera un état de tous ces moulins, qu'il enverra auſſi-tôt à ſon directeur, en lui marquant la quantité de farines que tous ces moulins peuvent rendre en 24. heures, pour pouvoir s'aſſûrer d'une fourniture conſidérable, ſi l'on en a beſoin.

XLVII.

Le garde-magaſin eſt garant des meûniers, aſſi-bien que des bou-

*REMARQUE.

J'ai vû des munitionnaires, (& il n'y a pas long-tems,) qui par une œconomie mal entendue, ont traité avec leurs gardes-magaſins, même en tems de guerre, à 9. ou 12. deniers par ſac, pour la manœuvre; mais il eſt arrivé que ces commis ont reçu, ſans ſcrupule, le payement, tandis qu'ils ont laiſſé les ſacs de grains & de farines, les uns ſur les autres, s'échauffer, ſe moiſir, ſe maroner, & dépérir, ſans les changer, ni les remuer, pour les rafraîchir : au lieu qu'en ſuivan l'uſage, ces munitionnaires auroient dépenſé 15. ou 18. deniers par ſac, en employant pour leur compte des journaliers, qui leur auroient ſauvé, 8. ou 10. pour cent de déchet en pourriture, ſans comptér qu'il n'y auroit pas eu de plainte de la part des troupes, & de rebut ſur le pain de munition.

langers, dont il sera parlé ci-après, & responsable des farines & du pain, qu'ils rendent de moins.

A l'égard des meûniers, il doit être toujours en garde & en regle avec eux, soit pour le poids, soit pour la quantité & qualité des farines qu'ils lui rendent; c'est ce qui doit aussi l'obliger, de porter exactement sur son journal les bléds qu'il leur remettra; & sur un registre particulier, il ouvrira un compte à chaque meûnier, où il portera en dépense au folio verso, jour par jour, les parties de bleds qu'ils auront reçûes, & en recette sur le folio recto, les farines qu'ils auront rapportées, lesquelles il ne fera peser que 24. heures après qu'elles eront sorties de dessous la meulle.

A la tête de ce livre il mettra un répertoire, contenant le nom de chaque meûnier, & le folio qui le concerne.

XLVIII.

Le garde-magasin doit donner aux meûniers un petit livret portatif, cotté & paraphé, sur lequel seront inscrites au verso les quantités de bleds qu'il lui remettra; & sur le recto, les quantités de farines que le meûnier rendra : & à la fin du mois, il sera fait un décompte à chaque meûnier.

XLIX.

Pour parvenir à ce décompte, le garde-magasin commencera à vérifier le livret du meûnier sur son registre particulier, concernant les moutures; ensuite, il fera comparaison des remises en grains, & des recettes en farines : & ajoutant à la recette quatre pour cent pour le droit de mouture, il en fera la balance; Si elle est égale, il soldera le décompte, il fera signer le meûnier sur le registre particulier, & biffera les articles du livret, tant en recette qu'en dépense, jusqu'au jour de ce décompte (a).

(a) L'Ordonnance de 1703. défend à tous Seigneurs particuliers, Villes & Communautés, d'éxiger pour raison des bleds & farines du munitionnaire, aucun droit de halage, étalage, stérelage, minage, & autres, sous quelque prétexte que ce soit : leur défend aussi d'éxiger aucun droit de transport & passage, dedans & dehors du Royaume, desdits bleds, farines, avoines, &c.

La même Ordonnance, *Défend à tous Seigneurs d'obliger les munitionnaires, de faire moudre lesdits grains à leurs moulins bannaux, & à tous meûniers, même du Domaine, d'éxiger plus grand droit que celui de 4. pour cent, avec injonction de rendre poids de farines pour poids de bled; de moudre lesdits grains, par préférence, & d'aller prendre & reporter lesdits grains aux magasins du munitionnaire.*

L.

Au moyen de quatre pour cent pour la mouture payable en grain, ou évalué en argent, les meûniers doivent venir prendre les bleds dans les magafins, & y rapporter les farines à leurs frais, rendre poids en farines pour poids de bleds, à la feule déduction de quatre pour cent, fi le droit fe paye en nature, le tout fuivant les ordonnances du Roy.

L I.

Il feroit avantageux au fervice & au munitionnaire de convenir avec les meûniers de payer toujours les moutures en argent, parce que ces moutures font une confommation confidérable, qui influë & fur la quantité, & fur les tranfports de grain & la manœuvre.

L I I.

Si par l'événement des décomptes, les meûniers ont retenu des farines, il eft de l'intérêt du garde-magafin, de les faire contraindre par corps, à les remplacer en nature; & fans perdre de tems, les faire punir, s'ils y manquent : car il ne faut pas abfolument, que les effets deftinés pour la fubfiftance des troupes du Roy, foient en aucune maniere, & fous aucun prétexte, divertis, ni diffipés, parce que le fervice des armées, des camps, & des garnifons en dépend.

L I I I.

Il faut en ce cas, que le garde-magafin fe pourvoye promptement pardevant m. l'intendant du département, ou fon fubdélégué, pour obtenir l'ordre de faire arrêter le meûnier délinquant, & qu'il le faffe éxécuter en toute rigueur, fans aucun égard ni tolérance contre ceux qui fe trouveroient dans la contravention.

L I V.

Non-feulement les meûniers retiennent des farines pour en faire ufage à leur profit, fur-tout lorfque les grains font chers ou rares. Ils ont encore l'adreffe de fubftituer de mauvaifes farines, & de groffes mouluës, en gardant les bonnes & les fines.

L V,

LV.

Les meûniers peuvent changer les bleds ou les mouiller, avant que de les faire moudre, de même que les farines, en fortant de la trémuye; quelquefois ils y mêlent du fable, en vûe d'augmenter le poids: outre que par cette manœuvre, ils alterent la matiere, les farines s'échauffent, fe maronnent, & fe corrompent. Cette attention eft importante & très-intéreffante pour le garde-magafin.

LVI.

Il doit auffi avoir attention que les meûniers tiennent les meules baffes, pour que les farines foient fines, & propres à la confection du pain, fans quoi elles feroient mal moulues, & feroient une mauvaife pâte.

LVII.

Le garde-magafin doit faire choix d'un journalier fidele, & par préférence d'un bon boulanger, (parce que les boulangers fe connoiffent bien en farines, & qu'ils font plus au fait des malverfations des meûniers). Ce journalier fera préfent lorfque les bleds feront mis dans la trémuye, & examinera fi les farines qui en proviennent font douces à la main. Il les fera enfacher en fa préfence, dans des facs que l'on laiffera ouverts, afin qu'elles jettent leur feu; après quoi les facs feront tranfportés aux magafins, où ils feront pefés en préfence du meûnier, ou de celui qui en aura fait le tranfport pour lui.

LVIII.

Il faut encore obferver, que les facs de farine qui viennent des moulins, doivent être gardés dans les magafins pendant quelques jours, avant de les lier & de les mettre en pile.

Les magafins feront tenus propres & en bon état; celui des farines doit avoir les fenêtres fermées avec du cannevas ou de la groffe toile claire, pour les garentir des vents, & empêcher qu'elles ne s'envolent quand elles font en couche: & lors des manœuvres, il faut répandre les farines fur des bannes ou des facs étendus fur le plancher, afin d'éviter qu'il ne s'en perde.

MESLANGES.

LIX.

Les commiſſionnaires ou fourniſſeurs doivent faire les remiſes en froment & en ſeigle ſéparément, pour connoître s'ils rempliſſent les quantités de chaque eſpece ; & auſſi-tôt qu'ils auront fait les remiſes, le garde-magaſin en fera faire le mélange, comme il va être expliqué : n'étant pas convenable que les mélanges ſoient retardés, ſans un ordre ſupérieur.

LX.

Le mélange ſera compoſé de deux tiers de froment, & d'un tiers de ſeigle, pour faire un bon méteil ; enſorte que trois ſacs de méteil procéderont de deux ſacs de froment, & d'un bon ſac de ſeigle.

LXI.

Sous quelque prétexte que ce ſoit, le garde-magaſin ne pourra envoyer aux moulins, que des bleds mélangés, pour en retirer des meûniers de la farine de méteil.

LXII.

Il doit porter en dépenſe ſur le journal, les quantités de froment & de ſeigle, qu'il fera mélanger. Ces deux quantités feront le montant en méteil, dont il ſera fait recette ſur le journal, le tout par article ſéparé, & à proportion des mélanges.

LXIII.

La dépenſe ſera faite ſur les meûniers, & ſur ceux à qui on remettra du méteil, auſſi par artilcle ſéparé.

LXIV.

Il ſera par conſéquent, fait recette des farines méteil, provenant des bleds remis aux meûniers.

L X V.

Il n'eſt pas néceſſaire de s'étendre davantage ſur les recettes & dépenſes que le garde-magaſin fera en pareils effets, par d'autres perſonnes que des meûniers: il continuera dans le même ordre, ſon journal.

P A I N.

L X V I.

La confeƈtion du pain, demande une grande attention, c'eſt le but & l'accompliſſement du ſervice, ainſi le garde-magaſin, doit apporter tous ſes ſoins, pour qu'il ſoit de bonne qualité, bien conditionné, cuit & raſſis, de maniere, que les ſoldats en ſoient contens: car dans le cas où les troupes le rebuteroient, & que le motif fût la mauvaiſe fabrication, ce ſeroit une perte qui retomberoit ſur le garde-magaſin, ou ſur les boulangers.

L X V I I.

Pour bien établir la fabrication du pain dans une place, il faut d'abord conſiderer, ſi le bois y eſt rare, & y pourvoir ſur les ordres du direƈteur, s'il y a des fours appartenans au Roy, dans la place, ou à portée; s'ils ſont commodes; ce qu'ils peuvent cuire de pain par jour; s'il n'y en avoit pas, il faut ſe ſervir de fours & boulangers bourgeois, & convenir avec eux à tant par ſac, après en avoir communiqué & reçû l'ordre du direƈteur. Le public ne doit être privé du ſecours de ſes fours.

L X V I I I.

Le ſac de farine de méteil du poids de 200. livres (le ſac compris) produit au moins 180. rations de pain, du poids de 24. onces chacune, cuit & raſſis, le boulanger doit en compter au garde-magaſin, ſur ce pied, & celui-ci, pareillement au munitionnaire.

L'on met avec 200. liv. de farines, 115. livres d'eau, l'on forme 90. pains qui peſent en pâte 56. onces, attendu que le pain de munition contient deux rations; lorſque la cuiſſon eſt à ſa perfeƈtion, le pain de deux rations ne doit plus peſer, que 48. onces, y ayant eu 8. onces d'eau par pain, ou 45. liv. fur le total, qui s'eft évaporé par la cuiffon la pâte n'en retient que 70. liv. (*a*)

LXIX.

Le garde-magafin, fournira le pain de munition fur les ordres de M. l'intendant, ou du commiffaire des guerres, & fur les reçus des officiers chargés du détail des troupes de la garnifon.

LXX.

À la fin de chaque mois , il remettra au tréforier des troupes de la place, un état de ce qu'il aura fourni à chaque régiment ou compagnie , & il adreffera au premier commis à la direction du département, copie de cet état avec les reçûs, les extraits de revûes , & ceux des hôpitaux, pour juftifier du nombre des foldats malades, qui ne doivent pas avoir de pain, & ce premier commis, lui enverra en échange, fa reconnoiffance comptable.

LXXI.

Si le garde-magafin négligeoit de remettre cet état au tréforier des troupes de la place, & d'envoyer au premier commis à la direction du département dans le temps prefcrit, les reçus des troupes, & les autres piéces qui doivent les accompagner, il demeureroit refponfable du prix de l'électif, ou de l'excedent qui n'auroit pas été retenu fur la folde.

LXXII.

Suppofé qu'un boulanger de la place, ait entrepris la cuiffon du pain, & qu'il foit chargé de la diftribution, il ne pourra fournir aucune ration, que fur les ordres libellés (compagnie par compagnie) du garde-magafin, qui feul pourra retirer les reçûs de l'officier chargé du détail,

---

(a) *Nota.* Voyez ci-après, l'inftruction du chef aux travaux, fur ce qui concerne les uftenfiles de fours, les dimentions du pétrin, & celle d'une mefure d'eau étalonnée, pour fixer la quantité jufte qu'il en faut, en proportion de 115. liv. fur 200. liv. de farine, afin que la pâte ne foit jamais, ni trop peu, ni pas affez humectée, que le pain foit bien conditionné, & que les troupes ne puiffent fe plaindre avec raifon.

DÉCOMPTES DES BOULANGERS.

LXXIII.

Le garde-magasin aura un registre particulier pour les boulangers, comme pour les meûniers, sur lequel indépendamment du journal, il enregistrera sur le folio verso, les farines qu'il remettra, & sur le recto, le pain de munition qu'ils auront fourni, desquels ils justifieront par les ordres écrits que le garde-magasin aura donné aux troupes sur eux : indépendamment de ce registre particulier, il remettra à chaque boulanger, un livret portatif, cotté & paraphé ; sur le folio verso, il inscrira la remise en farines, & sur le recto la fourniture en pain.

LXXIV.

Tous les mois le garde-magasin comptera avec les boulangers. Pour former ce décompte, il commencera par vérifier le livret sur le registre particulier, concernant la cuisson du pain. Ensuite il fera comparaison des remises en farines, & des recettes en pain, il en fera la balance ; si elle est égale, il soldera les décomptes, évaluant le prix de la manutention de chaque sac, suivant le prix convenu, entre le garde-magasin & les boulangers, de l'approbation du directeur ; il fera signer les boulangers au bas de chaque décompte sur le registre, & il biffera les articles du livret, tant en recette qu'en dépense, jusqu'au jour du décompte.

LXXV.

Si par l'événement du décompte, le boulanger redoit du pain, le garde-magasin le lui fera payer au double du prix accordé au munitionnaire général, n'étant pas permis au boulanger d'en disposer, il mérite la même punition expliquée à l'article des meûniers.

LXXVI.

Si le boulanger retenoit des sacs vuides & des ustensiles, le garde-magasin les lui fera payer sur le pied de l'achat ; ces retenues seront portées en recette en denier dans le journal, & en dépense de même que le pain.

SACS VUIDES.

L X X V I I.

Le garde-magafin fera recette & dépenfe des facs vuides, comme des autres effets.

L X X V I I I.

Il prendra garde que les meûniers, & les boulangers ne lui changent ceux qu'il leur donne, en lui en rendant de mauvais au lieu de bons, ce qui arrive fouvent ; ces derniers même , les volent impunément, & les employent à leur ufage particulier.

L X X I X.

S'il s'en trouve dans les magafins, que l'on foit obligé de faire raccommoder , il les fera mettre à part, en donnera avis au directeur , pour en faire la vifite, & en ordonner le raccommodage.

O B S E R V A T I O N S,

Concernant les dépenfes qui font à la charge du Roy.

L X X X.

Si par des cas imprévûs, comme incendies, tonnerres, inondations, pluyes continuelles, naufrages, écroulement de magafins, vols, & autres accidens , il arrivoit du dommage & des pertes dans les magafins, aux fours, & même fur les chemins, lorfque les effets font en mouvement ; le garde-magafin fe donnera tous les foins convenables pour connoître & conftater le fait ; & après en avoir informé M. l'intendant, le commiffaire des guerres & le directeur, il en fera dreffer un procès-verbal en bonne forme, dont il fera fait quatre expéditions, lefquelles il adreffera dans les 24. heures au directeur du département, qui les remettra au premier commis de fa direction, lequel premier commis, fournira fa reconnoiffance comptable au garde magafin, au bas d'une copie éxacte de la piéce, au moyen de laquelle, ce garde-magafin portera en dépenfe fur fon journal, les frais & les effets perdus, & s'il déferoit le temps prefcrit, pour faire la remife de ces piéces, la dépenfe demeureroit à fa charge, & feroit rejettée purement & fimplement de fon compte, en vertu du préfent article.

L X X X I.

A l'égard des déchets, fi le garde-magafin qui fait fabriquer du pain, obferve bien le contenu en cette inftruction, il ne s'y en trouvera point, & comme la plus grande partie des déchets eft fuppofée, on lui déclare dès à préfent, qu'il ne lui en fera paffé aucun de cette nature dans fes comptes; & fuppofé qu'il en prétendit par quelque raifon, qu'on ne préfume pas, la décifion en fera renvoyée au bureau général à Paris.

L X X X I I.

Les effets concernant la munition, font en général & en particulier éxempts (fuivant l'ordonnance de 1703. citée à la marge de l'article XLIX. de la préfente inftruction) de tous droits de feigneurs, traittes foraines, ports, ponts, péages, paffages, &c. & il n'en doit être éxigé aucun.

L X X X I I I.

Les magafins & les emplacemens néceffaires pour les effets, doivent être fournis par les habitans & communautés des villes & bourgs, où les magafins & travaux font établis, fans pour cela payer aucune chofe.

L X X X I V.

Si la néceffité du fervice, qui ne demande aucun retardement, oblige abfolument le garde-magafin, de louer des magafins (ce qu'il ne doit faire qu'après avoir fait valoir les éxemptions, & réiteré fes inftances auprès des magiftrats des villes & bourgs, pour lui faire donner des lieux propres à ferrer & conferver les effets) en cas de refus, les proteftations requifes feront faites par le garde-magafin, lequel après en avoir donné avis au directeur, & en avoir reçu l'ordre, paffera des baux pardevant notaire, des magafins & emplacemens néceffaires, lefquels feront vifés du commiffaire des guerres, & au défaut de commiffaire des guerres, par le fubdelegué; il en payera les loyers aux proprietaires, dont il retirera quittance, qu'il adreffera, ainfi que les baux, au premier commis à la direction, qui lui en donnera fon récepiffé, pour employer le montant des loyers, fur les états que le directeur en fera arrêter par l'intendant.

REPARATIONS DES MAGASINS.

L X X X V.

S'il y a des réparations à faire aux magasins du Roy, il en sera fait un devis par ordre de Messieurs les intendans, ou des commissaires des guerres, par l'ingénieur du Roy ou autres qui seront à ce préposés.

L X X X V I.

Les ouvrages seront reçûs, par celui qui aura fait le devis, & le payement fait sur son arrêté en conséquence des ordres du directeur, & immédiatement après cette réception d'ouvrages, le garde-magasin en enverra les piéces au premier commis à la direction du département, ainsi qu'il a déja été observé, qui lui en fournira sa reconnoissance comptable, sur laquelle seule, la dépense lui sera allouée dans ses comptes.

L X X X V I I.

Si dans les magasins qu'il loue pour le compte du Roy, il y a de grosses ou menues réparations à faire, il en usera de même ; le Roy toutesfois ne doit être tenu, que de celles qu'on appelle, locatives, à moins qu'il ne soit d'augmentation.

CONSTRUCTIONS ET REPARATIONS DE FOURS.

L X X X V I I I.

S'il est question de construire ou réparer des fours, le garde-magasin observera ce qui est contenu au précédent article, & dans l'instruction du chef au travaux.

VOITURES PAR TERRE.

L X X X I X.

Les transports d'effets se font de gré à gré, ou suivant la taxe qui en est faite par Messieurs les intendans, commissaires des guerres, ou subdelegués, qui obligent les communautés à faire les voitures nécessaires

ceſſaires des grains & farines, d'une place à une autre, ſuivant le prix reglé, à tant par ſac & par lieue.

DE GRE' A GRE'.

X C.

Les voituriers doivent prendre les grains & farines, & autres effets, dans les magaſins, où ils feront peſés en leur préſence, & ils ſont tenus de les charger ſur leurs charrettes, pour les voiturer & décharger dans les magaſins de la reception, ſur la balance.

X C I.

Il en ſera fait une lettre de voiture; ſignée double du garde-magaſin & du voiturier. Le garde-magaſin en gardera une, qu'il enregiſtrera ſur ſon journal, & l'autre avec le même enregiſtrement, ſera remiſe au voiturier, lequel lui rapportera pour valeur, le certificat du commis qui aura reçu, dans la forme ci-devant preſcrite; il en fera mention ſur ſon journal, ainſi que du payement qu'il fera au voiturier pour le prix de la voiture, dont il retirera quittance.

X C I I.

Si quelque voiturier differoit de rapporter les certificats de remiſe de leurs voitures, dans l'eſpace du temps convenable, c'eſt-à-dire, de celui qu'il faut pour aller & revenir du lieu où les effets ſont envoyés, le garde-magaſin ne perdra point de temps, pour faire la perquiſition du voiturier, & le faire contraindre au rapport; le garde-magaſin eſt toujours chargé des effets par récepiſſé, & il ne peut en être déchargé qu'en en rapportant d'autres à ſa décharge, dans la forme preſcrite.

X C I I I.

Si le voiturier a retenu des grains ou des farines, il lui en fera payer la valeur au plus haut prix, ſur celui de ſa voiture; il faut en outre le faire punir, s'il a découſu ou percé des ſacs, pour en prendre les bleds ou farines.

VOITURES COMMANDE'ES.

X C I V.

Les mandemens, s'envoyent par l'intendant du département aux fyndics , jurats , ou baillifs des communautés. Lefquels au jour fixé font affembler & partir les voituriers de leur diftrict refpectif, & ils fe rendent avec eux , dans les magafins des villes ou entrepôts indiqués par les mandemens. Ils repréfentent ces mandemens au garde-magafin.

Chaque garde-magafin fait en leur préfence vérifier le poids des facs; fi la quantité qui eft à tranfporter eft trop nombreufe pour les pefer tous, il laiffera la liberté au fyndic, ou baillif d'en faire choifir au hazard en différente piles, & de les faire pefer pour s'affurer du poids , & du bon état des facs qui contiennent les grains ou la farine, lefquels feront bien ficelés & plombés ; après quoi chaque fyndic ou baillif fe foumettra fur le double de la lettre de voiture, qui lui fera remife, de rendre à fa deftination , la quantité totale bien conditionnée, chargée fur les voitures de fa communauté, ou de diminuer fur le prix total du tranfport, ce qui s'en manqueroit, fi ceux qu'il commande, ouvroient ou perçoient les facs, pour en tirer du grain ou de la farine. Il inftruira fes voituriers de cette condition, qui les intereffe tous en général, & en particulier ; au moyen de quoi , ils feront furveillés les uns par les autres.

X C V.

Lorfque les voituriers arriveront dans le lieu du déchargement, chaque fyndic ou baillif, repréfentera fa lettre de voiture au garde-magafin. La remife fe fera fans confufion ; & au fur & à mefure, l'on pefera les facs ; fi la quantité eft confiderable, le garde-magafin en fera mettre plufieurs fur la balance qu'il fera prendre au hazard, à mefure qu'ils entreront dans les magafins , & s'il y trouvoit du manque, il le conftatera avec chaque fyndic, auquel il ne donnera fon certificat de remife, pour fervir au payement de la voiture, qu'à la *déduction du deficit.* Ce certificat fera rapporté par le fyndic ou baillif, au garde-magafin qui a fait l'envoi, lequel fera le décompte de la voiture, précomptant fur le prix de cette voiture, la valeur du *deficit* s'il y en a , & il payera le reftant, ou le total au fyndic, fur fa quittance.

X C V I.

Le garde-magafin qui a fait l'envoi, ayant porté fur fon journal, lors du chargement, 2000. facs, par exemple; & les fyndics, ne lui rapportant de décharges, que pour 1995. facs, il infcrira en dépenfe, le prix total de la voiture des mêmes 1995. facs; mais comme l'article a été employé lors du chargement, pour 2000. facs, & qu'il

ne faut point changer, ni furcharger ce qui eſt écrit, il employera
en recette en deniers, la valeur des cinq facs du *deficit*, & en reprife en effets, les mêmes cinq facs, afin de balancer avec évidence,
les entrées & les forties de fon magafin.

X C V I I.

Lorfque les capitaines de charrois font commandés pour charger
des bleds & des farines, ils doivent repréfenter l'état ou l'orde de
chargement au garde-magafin. Celui-ci, doit de fon côté, expédier
une lettre de voiture, enfuite de copie de cet ordre, il y énoncera
la quantité & qualité du chargement, il en fera figner le double au
capitaine ou à celui qui commandera les équipages, avec foumiſ-
fion de lui rapporter le certificat de remife du garde-magafin, ou
chef aux travaux; lequel fera converti enfuite, comme on l'a déja
obfervé, en un récepiffé comptable du premier commis à la direction. Les capitaines ne devant être confiderés que comme des voituriers & gens non-comptables à cet égard. L'enregiſtrement fommaire fera fait fur le journal du magafin, & le N°. de l'article, fera
mis, tant fur l'original de l'état de chargement, que fur la copie,
au bas de laquelle fera la lettre de voiture.

V O I T U R E S   P A R   E A U.

X C V I I I.

On doit premierement faire une lettre de voiture, ou connoiſ-
fement, qui énoncera par détail tout le contenu au chargement,
laquelle fera faite double.

X C I X.

Le garde-magafin doit être convenu du prix par fac, avec le voiturier ou patron, pour la voiture ou fret, fuivant l'ordre du directeur; le voiturier ou patron, donnera fon reçû au bas de la lettre de
voiture ou connoiffement (a), portant promeffe de remettre le contenu au chargement, bien conditionné, à celui auquel il fera adreffé,
qui payera le prix convenu, après qu'il aura reçû en entier les effets
fpecifiés, en déduifant les à comptes, fi on lui en a fait, auquel cas

______

(a) *Nota.* Un connoiffement, eſt une lettre de voiture, qui contient les effets,
qu'un patron de navire, charge fur fon bord. Le prix du fret & le chapeau du
maître, font fixés fur cette piéce. Il y a des lieux où cette même piéce, eſt nom-
mée police.

ils feront mentionnés dans le titre du chargement.

C.

Si c'eft par riviere ou par mer que fe font les envois, auffi-tôt que le batteau ou bâtiment fera chargé, le garde-magafin adreffera copie du chargement, connoiffement, ou police certifié de lui, au directeur du département où les effets font envoyés, & un au-tre au commis qui doit recevoir les effets, lequel après l'avoir reçû & la quantité vérifiée, adreffera fa reconnoiffance à celui qui aura fait l'envoi ; cette reconnoiffance fera convertie en récepiffé compta-ble du premier commis à la direction.

C I.

Si le voitutier ou patron a retenu des bleds ou farines, on lui fera la déduction du prix fur fa voiture, ou fur fon fret, dont le garde-magafin fera recette & dépenfe des effets retenus : au moyen de quoi les recettes feront toujours entieres, & conformes aux connoif-femens. *Voyez ce qui eft dit à l'article* XCVI.

C I I.

En cas de naufrage, il faudra fuivre les us & coutumes des lieux où ils arrivent, & les regles établies à l'amirauté, & fe procurer les piéces juftificatives en forme, pour que les effets naufragés foient employés & alloués dans les comptes fans aucune difficulté. Il eft de l'intérêt du voiturier ou patron, d'avoir fes décharges, & en cas de mort du voiturier, d'échouement, ou n'aufrage de navires, l'on doit apporter tous fes foins, pour mettre les pertes en évidence, par des preuves & des piéces inconteftables. Elles doivent être adref-fées dans l'inftant par le garde-magafin au directeur du département, qui, après avoir vérifié, fi le tout eft en regle, le remet au premier commis à la direction, lequel fournit fa reconnoiffance comptable au pied de copie ou d'extrait de toutes les piéces, & l'envoye au gar-de-magafin qui a fait le chargement.

VOITURES FORCE'ES.

C I I I.

Lorfque des effets deftinés pour une place y auront été remis, & que pour la néceffité urgente du fervice, le général d'armée, l'in-tendant, ou autres officiers fupérieurs jugeront à propos de les faire voiturer ailleurs; comme cette dépenfe eft à la charge du Roy, le commis s'en proucurera un ordre particulier par écrit, & formera un état détaillé des voitures, & auffi-tôt, que les dernieres feront chargées, il envoyera ces piéces au premier commis de la direction du département, avec les ordres & quittances en forme, & ce premier commis lui en fournira fon récepiffé comptable.

Fourniture de pain aux détachemens, & aux troupes des Alliés, en certains cas.

C I V.

Les détachemens des troupes d'armées, font compofés de foldats de différens régimens, fans qu'il y ait d'officiers de chaque corps. Le garde-magafin, ne leur doit fournir le pain qu'en conféquence d'ordres du commiffaire des guerres ou du fubdelegué de la place, au bas d'un état détaillé, qui contiendra le nom des différens régimens dont les foldats feront détachés, & au bas de cet état, il tirera un reçû des officiers commandans le détachement.

Si dans un détachement il y avoit des troupes des alliés de Sa Majefté, le garde-magafin doit retirer un récepiffé qui contienne le détail des foldats de chaque corps, ou un récepiffé particulier de l'officier qui commande les troupes étrangeres qui compofent, ou qui font partie du détachement.

Le garde-magafin enverra auffi-tôt à fon directeur, les états, ordres & reçus de cette fourniture, pour valeur defquelles piéces le directeur lui fera remettre les récepiffés comptables du premier commis de fa direction.

R E M I S E   D E S   P I É C É S.

C V.

Le garde-magafin, doit être éxact à envoyer au premier commis à la direction, ainfi qu'il a déja été dit, plufieurs fois, toutes les piéces & états concernant fa geftion, incontinent après que fes recettes & dépenfes feront faites, fans en pouvoir retarder l'envoi, referver, ni fouftraire aucune, à peine de radiation, ou forcement de recette; afin qu'au mois de Novembre de chaque année, raportant au commiffaire oyant-compte les récepiffés comptables du premier commis, & les regiftres ci-deffus expliqués, ce commiffaire foit en état de vérifier, arrêter & folder le compte, dont la minutte aura été préparée, fur les extraits dépouillés du journal, par la vérification des extraits relatifs aux piéces originales dépofées entre les main du premier commis à la direction.

Dans le cas que la communication d'une ville, ou d'un pofte, où feroient établis les magafins, fut interrompue avec la direction, par un fiége, ou par les courfes des ennemis, enforte que le garde-magafin ne pût faire pafler fans rifques, les extraits des journaux, & les piéces comptables, qu'il eft tenu d'envoyer, fuivant les articles ci-devant IX. & XV. & le préfent ; le garde-magafin ne fera pas moins lefdits extraits de fon journal, dans le temps & la forme prefcrite, par l'article IX. dont il fera un paquet fans lettre miffive, de même que s'il l'adreffoit fur le champ à la direction, & il remettra tous les Dimanches au foir ces paquets au commis en chef, s'il y en a un dans la place, ou pofte invefti, s'il n'y en a pas, au commiffaire des guerres, qui fera fupplié par le munitionnaire, ou le directeur du département, de vouloir bien les recevoir pour les faire pafler à la direction par la premiere occafion fure. Cette précaution eft prife, pour que lefdits extraits parviennent toujours aux directions le plûtôt qu'il fera poffible, afin que le dépouillement, quoique retardé, fe faffe également ; fuivant la méthode prefcrite par l'inftruction du commiffaire oyant compte. Il en fera ufé de même pour les piéces comptables & les procès-verbaux.

C V I.

Si les ennemis faifoient l'inveftiture d'une place, le garde-magafin fera auffi-tôt l'inventaire des effets éxiftans dans fes magafins & dans fa caiffe, & le préfentera au commandant, le fuppliant d'ordonner au commiffaire des guerres de fe tranfporter dans les magafins pour vérifier cet état, & arrêter les regiftres enfuite du dernier article de chacun ; & dans le cas, où la place feroit rendue, au moment, de la capitulation, le garde-magafin formera un nouvel état de la confommation, & de la dépenfe en deniers qu'il aura faite pendant le fiége, & de ce qui refte en magafin & dans les fours, il le préfentera au commandant, obtiendra encore que le commiffaire des guerres en faffe la vérification ; afin que cet état ainfi vérifié, & l'inventaire qui fera fait avec le garde-magafin prépofé par la puiffance qui fe fera emparée de la place, puiffe faire la décharge du garde-magafin, & procurer au munitionnaire la valeur des effets abandonnés aux ennemis.

C V I I.

Si une ville, ou un pofte étoit furpris, & qu'on fût obligé d'en abandonner les provifions ; le garde-magafin aura attention fur-toute

chofe de fe faifir de fon journal, & de l'emporter avec lui préféra-
blement à aucun effet ; & auffi-tôt qu'il fe fera rendu du pofte abandonné, dans un lieu de fureté, il préfentera ce journal à l'intendant
ou commiffaire des guerres, ou autres officiers témoins oculaires
ou néceffaires dans ces occafions, & les priera de figner une notte
fommaire des circonftances de la retraite, laquelle fera mife immédiatement au-deffous du dernier article enregiftré. Au moyen de
quoi ce garde magafin, n'aura pas lieu de craindre que l'on foup-
çonne fa conduite & fa fidélité, puifque par le dépouillement & la
balance des recettes & dépenfes de ce journal, il fera aifé de conftater ce qui aura été confommé par les troupes du Roy, depuis le
dernier envoi, de l'extrait de ce journal avant l'inveftiture ; ainfi les
quantités feront bien connues, & il fera aifé de dreffer fur le tout un
procès-verbal en forme, pour la décharge du garde-magafin & celle
du munitionnaire (a).

(a) Lorfqu'un garde-magafin, d'une ville mal fortifiée, ou d'un entrepôt fans
défenfe ; connoîtra par le progrès que font les ennemis dans femblables lieux
circonvoifins ; qu'il y aura certitude morale, que cette ville ou pofte feront inceffamment abandonnés par nos troupes ; fi les chemins font libres ; il en fera
tranfporter, le plus diligemment qu'il lui fera poffible, les effets dont il eft
chargé, dans les places fûres, les plus à portée : ne refervant que la fubfiftance de la garnifon. Si l'ennemi s'approche de plus près, & qu'il y ait apparence, que dans cinq ou fix jours, ladite ville ou pofte, fera abfolument abandon-
née ; il priera le commandant d'enjoindre au commiffaire des guerres de faire
l'inventaire détaillé, des effets & uftenfiles reftans dans les magafins. Cet inventaire que le commandant vifera, fera expédié double, une copie lui reftera,
ou il l'envoyera à l'intendant, fi les paffages font libres ; & la feconde fera remife au garde-magafin, lequel préfentera fon journal au commiffaire des guerres, pour y mettre, *Vû & arrêté le tel jour*, avec fa fignature au bas du dernier
article infcrit ; mais fuppofé que le commandant eût ordre, ou qu'il fe trouvât
forcé d'abandonner la ville, ou l'entrepôt, à caufe de l'approche des troupes en-
nemies ; le garde-magafin, remettra fon journal au commandant, qui s'en chargera d'autant plus volontiers, qu'il s'agit des intérêts du Roy, & de conftater la
vérité de la perte, à la charge de Sa Majefté.

Alors le garde-magafin, repréfentera au commandant la néceffité de jetter dans
la riviere, ou dans les foffés, les grains & les farines en facs ouverts, ou de les
brûler, avec les foins, la paille & les uftenfiles, & de démolir les fours, pour
que l'ennemi ne puiffe profiter de ces chofes. Le commandant aura tel égard
qu'il jugera à propos à cette repréfentation, mais elle eft du devoir d'un garde-
magafin au fait du fervice.

Lorfque la garnifon fe fera retirée, le commandant fera prié d'adreffer à l'intendant du département, dont le lieu abandonné dépendroit, le regiftre journal, & le double du procès-verbal, qui lui ont été remis.

Tout ce qu'on vient de dire concernant le garde-magafin, doit être exécuté
par un chef aux travaux, en pareilles circonftances.

OBSERVATIONS

Sur les constructions & réparations des magasins & des fours.

J'AI dit dans ce traité qu'il falloit que les constructions des magasins & des fours, fussent ordonnés par Messieurs les intendans, commissaires des guerres, ou subdelegués, & construits sur des devis dressés par les ingénieurs des places ; qu'après le devis on procederoit aux adjudications, au rabais, ensuite des publications precédées d'affiches.

J'ajoute qu'il ne faut faire les payemens, que suivant les clauses des devis, & des adjudications, & que le payement final, ne doit être fait, qu'après le toisé & la reception des ouvrages.

Les observations suivantes, serviront de guide dans le cas où il y aura nécessité de faire construire des fours, ou des magasins ; & comme ces dépenses font pour le compte du Roy, il faut y apporter toute l'attention & l'œconomie possible ; il les faut néanmoins faire faire d'une maniere à pouvoir être utile pendant plusieurs années.

L'autorité ne doit point manquer, lorsqu'il est question du service de Sa Majesté, & de diminuer ses dépenses : nulle difficulté qu'il s'agit de l'un & de l'autre, quand on se trouve dans la nécessité de faire construire des magasins, & des fours, dans les places frontieres.

1°. Il faut avoir attention, autant qu'on le peut, de ne point faire de nouveaux bâtimens, tant pour les magasins, que pour les fours : quand on se trouve appuyé de l'autorité supérieure, il n'est pas difficile de trouver dans une ville des endroits convenables, sans s'engager à édifier un corps de bâtimens, qui jetteroit le Roy dans une trop grande dépense.

2°. Il faut faire visiter les couvens, les hôpitaux, les maisons publiques de confreries, qui ont souvent des emplacemens de reste ; au défaut de ces endroits, on se sert des cloîtres : si l'on y fait construire des fours, on en met les culées en dehors, & on les couvre de thuilles, d'ardoises, ou de planches chargées d'argille, ou simplement de terre récouverte de gazon.

3°. S'il se trouvoit, beaucoup de difficultés, pour avoir les lieux spécifiés dans l'article ci-dessus, on peut se servir, comme on a fait plusieurs fois, des écuries de la cavalerie : ces écuries, qui ne font occupées que l'hyver, peuvent aussi servir de magasins pour les bleds, farines, & avoines pendant la campagne.

Ce

Ce que je propofe dans le précédent article, & dans celui-ci, a été pratiqué très-utilement à Namur dans le couvent des peres croifés ; dans l'hôpital Saint Jacques, & autres endroits ; & auffi dans les écuries qui y étoient pour lors. Au retour de campagne, on fe fert également de ces écuries, en fermant feulement la bouche des fours, pourvû cependant, que l'on n'en ait pas befoin pour des magafins ; ce qui arrive quand il refte tant de grains & de farines, qu'ils ne peuvent contenir dans les greniers des villes.

On trouve par ces expédiens, des fecours plus prompts, & une forte diminution de dépenfe ; ces fours feroient conftruits beaucoup plutôt, que s'il falloit faire de nouveaux bâtimens, & couteroient deux tiers de moins : ainfi on concilie l'intérêt du Roy avec le fervice, qui ne fouffre aucun retardement. C'eft-pourquoi il faut que le munitionnaire, fe faffe inftruire promptement, de la fituation des places, pour avoir recours au miniftre, qui peut feul donner fes ordres aux intendans, parce que fouvent ils ne veulent pas prendre fur eux de contraindre les communautés, & les chapitres, s'ils n'en ont des ordres précis.

4°. Si abfolument il n'eft pas poffible de mettre en ufage aucun de ces moyens, on doit avoir recours aux places publiques, dans lefquelles on pourra faire un bâtiment léger de bois blanc, rondins, ou fendus feulement, avec un comble de la même charpente, couvert de paille, & plaqué de terre en-dedans, dans lequel on conftruiroit des fours ; ainfi qu'en pareil cas on a fait à Charlcroy & à Ath. Ils fe font trouvés d'un très-bon ufage, & ils exifteroient encore, fi on n'avoit pas abattu les fours, pour fe fervir des bâtimens, tels qu'ils étoient.

5°. Il faut que les directeurs & les gardes-magafins prévoyans, faffent ces fortes d'obfervations par avance, pour que le munitionnaire puiffe en inftruire la Cour, & que le miniftre ne fe trouve point embarraffé pour la fubfiftance, fi les armées fe trouvent dans le cas d'avancer, ou dans la néceffité de fe reployer.

6°. Il eft du devoir du garde-mafin intelligent, & qui veut fe faire une réputation, de s'affurer d'un ouvrier intelligent, & qui puiffe le mettre au fait des travaux qu'il y a à faire, mais encore de tous les matereaux dont on a befoin ; fi l'on peut les trouver non-feulement dans la ville ou pofte, où l'on doit conftruire, & dans les lieux circonvoifins.

7°. Quels font les prix des matereaux, tels que les moilons, les briques, les thuilles, les ardoifes, lattes, cloux, poutres, felives, planches, &c. ainfi que de la main d'œuvre, afin qu'il foit en état d'en dreffer des mémoires, fur lefquels M.rs les intendans, commiffaires des guerres ou autres, qui préfident aux adjudications, puiffent fe guider, pour n'être pas trompés par les entrepreneurs.

8 °. Les gardes-magafins, n'obmettront pas de fe faire remettre les originaux des devis, des adjudications & réceptions d'ouvrages, foit pour réparations ou conftructions; pareillement les quittances des entrepreneurs en bonne forme, pour mettre le munitionnaire en état de faire la réception de ces dépenfes qui font à la charge du Roy.

9°. Les gardes-magafins ne doivent, fous aucun prétexte, retarder la remife de ces piéces entre les mains du commis dépofitaire à la direction, dont ils dépendent; lequel leur en donnera un récepiffé comptable, enfuite de copie figurée.

On renvoye à l'inftruction des chefs aux travaux, pour le modéle des devis & adjudications des fours maffifs; on y trouvera auffi tout ce qui concerne les fours conftruits en rafe campagne, ou avec des ceintres de fer portatifs, ou autrement.

DIFICULTE'S IMPRE'VUES.

CVIII.

Si par l'évenement du fervice, il arrive des difficultés, que l'on n'a pas prévûes dans cette inftruction, le garde-magafin en doit rendre compte au bureau général à Paris, qui donnera fes ordres particuliers, felon l'occurrence & les befoins.

CIX.

Le garde-magafin auquel cette inftruction, & les modéles qui y font mentionnés, feront donnés, fournira fa reconnoiffance de la remife, enfuite de copie d'icelle, avec promeffe de s'y conformer, fous les peines y portées, & fous celles de l'Ordonnance du Roy, fur le fait de la police des vivres.

Fait au bureau général, à Paris le

MODELE DE LA SOUMISSION

du garde-magafin.

JE fouffigné   reconnois que meffieurs les Généraux des vivres, m'ont remis avec la commiffion de garde-magafin à   l'original de la préfente inftruction, enfemble les modéles & exemplaires des reconnoiffances & lettres de voitures y énoncés, pour fervir pendant ma geftion dans les différens cas qu'ils concernent ; promettant de me conformer éxactement dans tout le contenu defdites inftructions, aux peines y portées ; & en celles énoncées par l'Ordonnance du Roy, dont il m'a été pareillement remis un exemplaire. Fait à Paris le

MODELES E'NONCE'S

Dans l'inftruction des gardes-magafins.

REPERTOIRE pour mettre au texte du grand livre, conformément à l'article X. de l'inftruction.

F.º

DENIERS. . . . . ⎰ Recette. 1.er
⎱ Dépenfe. . . . . 6.

BLED-FROMENT. . . . . ⎰ Recette. . . . . 16.
⎱ Dépenfe. . . . . 22.

BLED-SEIGLE. . . . . . ⎰ Recette. . . . . 32.
⎱ Dépenfe. . . . . 42.

BLED-METEIL. . . . . . ⎰ Recette. . . . . 52.
⎱ Dépenfe. . . . . 56.

FARINE-METEIL. . . . ⎰ Recette. . . . . 66.
⎱ Dépenfe. . . . . 76.

SACS VUIDES. . . . . . ⎰ Recette. . . . . 86.
⎱ Dépenfe . . . . 94.

PAIN. . . . . ⎰ Recette. . . . . .100.
⎱ Dépenfe. . . . . .110.

FAGOTS. . . . . ⎰ Recette. . . . . .120.
⎱ Dépenfe . . . . .126.

A V O I N E. . . . . $\begin{cases} \text{Recette.} \dots \dots \dots .132. \\ \text{Dépenfe.} \dots \dots \dots .142. \end{cases}$

F O I N. . . . . $\begin{cases} \text{Recette.} \dots \dots \dots .152. \\ \text{Dépenfe.} \dots \dots \dots .160. \end{cases}$

P A I L L E. . . . . $\begin{cases} \text{Recette.} \dots \dots \dots .170. \\ \text{Dépenfe.} \dots \dots \dots .178. \end{cases}$

U S T E N S I L E S D E F O U R S $\begin{cases} \text{Recette.} \dots \dots \dots .184. \\ \text{Dépenfe.} \dots \dots \dots .190. \end{cases}$
E T D E M A G A S I N S. . . .

N O T A. *Que le directeur doit divifer les chapitres du grand regiftre, felon le détail, ou plus, ou moins confidérable de la place, pour laquelle il le deftine.*

R E P E R T O I R E *pour le texte du livre des meûniers, conformément à l'article* **LXXIII.** *de l'inftruction.*

Mathieu Dubois, ...	1.er F.º
Jean Charton, ...	20.
Jacques Cardon, ...	40.
Eftienne Dupuis, ...	60.
Noël Petit, ...	80.
Pierre-André, ...	100.

*M*ODELES DE L'ENREGISTREMENT

des journaliers, fuivant l'article **XLI.** *de l'inftruction.*

$1.^{er} 9.^{bre} 174.$ $\begin{cases} \text{Jean Dubois, M.}^e \textit{journalier, à} \dots .1.^{tt} \\ \text{Pierre Petit,} \textit{journalier aux balances,} . \quad 18.\text{f.} \\ \text{Claude Bury,} \textit{journalier particulier,} . \quad 15. \\ \text{Eftienne Prin,} \textit{journalier } \frac{1}{2} \textit{ journée,} \dots \quad 7. \quad 6.\text{d.} \\ \text{Jean Dufaux,} \textit{pour une journée,} \dots \quad 15. \\ \textit{Trois couturiéres,} \text{ pour les facs vuides,} \\ \quad \text{à 6. f. chacune,} \dots \dots \dots \dots \quad 18. \end{cases}$ $4.^{tt}.13.\text{f}.6.\text{d}.$

Ci-contre, ... 4.ᵗᵗ 13.ſ. 6. d.

	Jean Dubois, ... 4.ᵗᵗ	
	Ledit Pierre Petit, ... 18.ſ.	
2.ᵉ 9.ᵇʳᵉ	Claude Bury, ... 15.	4.ᵗᵗ 7.ſ. 6. d.
	Nicolas Sainſon, *journalier*, ... 15.	
	Eſtienne Prin, *pour une demie journée*, . 7. 6. d.	
	Deux couturiéres, à 6. ſ. chacune, . . 12.	

	Ledit Jean Dubois, ... 1.ᵗᵗ	
3.ᵉ 9. ᵇʳᵉ	Claude Bury, *journalier particulier*, . 15.ſ.	3.ᵗᵗ 5.ſ.
	Louis Guerillon, *journalier*, ... 15.	
	Louis Prin, *idem*, ... 15.	

4.ᵉ 9.ᵇʳᵉ   *Ledit* Dubois, Mᵉ *journalier*, . . . 1.ᵗᵗ   1.ᵗᵗ

13.ᵗᵗ 6.ſ.

NOTA. *Qu'il faudra ainſi continuer, pendant le tems de l'exercice, & faire l'arrêté de 8. jours en 8. jours, pour employer le montant ſur le journal, & en même tems, ſur le grand regiſtre.*

MODELE DU CERTIFICAT,

Pour ſervir au payement des voitures, ſuivant l'article **XCI.** *de l'inſtruction.*

JE ſouſſigné, garde-magaſin des vivres à   certifie que le nommé   du village de   a remis ce jourd'hui dans mon magaſin, la quautité de plombés & en bon état, du poids de   le poids de la toille compris, à moi envoyé, ſuivant la lettre de voiture du   de ce mois par M.   garde-magaſin à   auquel je vais adreſſer ma reconnoiſſance de ladite quantité ; le préſent pour ſervir ſeulement au payement de la voiture dudit   à raiſon de   par ſac. Fait à   le   174.

TITRE MIS SUR LE P.ᴱᴿ REGISTRE,

N.º I.ᴱᴿ

Regiſtre journal pour les recettes & dépenſes du
magaſin de . . .

Et ſur le verſo, *eſt écrit,*

LE préſent regiſtre contenant   feuillets, cottés & para‑
phés, par premier & dernier de moi   direĉteur
des vivres, fouſſigné, lequel ſervira au S.   garde-
magaſin, ſuivant l'inſtruĉtion qui lui a été donnée par le munition‑
naire, à enregiſtrer enſuite l'un de l'autre, ſans intervalle, renvoi,
ni rature, les recettes & les dépenſes qu'il fera en deniers & effets,
dont les ſommes & quantités feront écrites en toutes lettres, & répé‑
tées au bout de la derniere ligne en chiffre, ſous leſquelles il ſera mis un
trait. Il rapportera tous les ſoirs les articles dudit enregiſtrement, aux
chapitres convenables du grand regiſtre de chaque nature; & tous
les dimanches il fera copie figurée de chaque article dudit regiſtre
journal concernant la derniere ſemaine, laquelle il adreſſera à la di‑
reĉtion du département, après l'avoir vérifiée, certifiée, & ſignée.
Fait à (a)

TITRE MIS SUR LE II.ᴱ REGISTRE,

N.º II.ᴱ

Grand regiſtre pour un garde-magaſin des vivres,

Et ſur le verſo, *doit être écrit;*

LE préſent regiſtre contenant   feuillets, cottés &
paraphés par premier & dernier, de moi direĉteur des vivres,

(a) *Nota.* Comme le garde-magaſin d'une place, aura un commis pour tenir
ſes regiſtres, & faire ſes expéditions, il n'aura aucun prétexte pour les retarder;
ce commis expédiera la copie du journal, jour par jour, afin que le Dimanche
matin, il puiſſe la remettre au garde-magaſin, pour la collationner, la certifier,
la ſigner, & l'envoyer.

lequel fervira au S.   garde-magafin à   fuivant l'inftruction qui lui a été donnée par le munitionnaire, en datte
du   à rapporter de deffus le journal, toutes les recettes & dépenfes, ou envois qu'il fera, tant en deniers, qu'en grains,
farines, facs vuides, fagots, avoines, foin, paille, uftenciles de
fours & de magafins, équipages & autres effets, généralement quelconques, par forme de compte ouvert à chaque objet différent ; à
commencer du   obfervant, en conformité de ladite
inftruction, d'écrire les fommes & quantités en toutes lettres, fans
intervalle, renvoi, ni rature ; & d'en arrêter au fur & à mefure les
chapitres, afin qu'au moyen d'une balance, il puiffe à tout moment
fe rendre compte à lui-même de fon maniement. Fait à

TITRE MIS SUR LE III.ᴱ REGISTRE.

N.º III.ᴱ

Regiftre pour les meûniers.

Sur la premiere page recto, fera écrit ;

L E préfent regiftre contenant   feuillets, cottés & paraphés par premier & dernier, de moi directeur des vivres, fouffigné, pour fervir au S.   garde-magafin à
conformément à l'inftruction qui lui a été donnée par le munitionnaire, en date du   à enregiftrer éxactement fur les
feuillets verfo, tous les envois en grains qu'il fera au moulin ; & fur les
recto, les rapports en farines, à commencer du   obfervant d'écrire les quantités en toutes lettres, & de les tirer en chiffre
hors ligne, fans intervalle, renvois, ni rature ; d'arrêter les envois
en grains, & rapports en farines, & de compter avec les meûniers
tous les mois. Fait à

Mettre un texte dans le même efprit fur le regiſtre des boulangers.

N.º 4.

TITRE MIS SUR LE V.ᴱ REGISTRE,

N.º V.ᴱ

Regiſtre pour les journaliers, du magaſin de . . . . .

LE préfent regiſtre contenant   feuillets cottés & para-phés par premier & dernier, de moi directeur des vivres, fouffi-gné, lequel fervira au S.   garde-magafin à
fuivant l'inſtruction qui lui a été donnée par le munitionnaire en date du   à infcrire journellement fans intervalle, renvoi, ni rature, tous & chacuns les journaliers principaux & particuliers, par nom & furnom, qui feront occupés aux manœuvres de fon magafin, à commencer du   obfervant, conformément à ladite inſtruction, d'arrêter tous les dimanches matin, ledit enregiſtre-ment, pour en porter le montant fur le journal, & fur le grand livre. Fait à

VIVRES DU ROY.

Nota. Cette inſtruction doit être imprimée en placard, & affichée à l'en-droit le plus ap-parent du ma-gafin, pour con-duire les jour-naliers dans ce qu'ils auront à faire.

Régles générales & particuliéres qui feront obfervées,

Pour les manœuvres dans les magafins.

LE principal journalier aura l'expérience requife pour la confer-vation des grains, farines, facs vuides, & autres effets dépofés dans les magafins.

Il fera toujours attentif fur les différentes manœuvres, qu'il doit fçavoir, & il n'obmettra rien, afin qu'elles foient faites avec ordre & dans toute leur perfection.

Elles confiſtent à pefer les bleds & les farines, en les recevant & envoyant;

envoyant ; les remuer, cribler, quand il eſt abſolument néceſſaire ; les charger, porter les ſacs, les décharger, tranſporter d'un lieu à l'autre, & dans la Ville ; mettre les farines en couche, les relever en-ſuite ; enſacher, arranger, mettre en piles, & généralement en tout ce qui convient faire pour les manœuvres.

Le principal journalier doit être l'exemple des autres, ſur leſquels il aura inſpection, mettant le premier la main à l'œuvre dans toutes les occaſions des travaux, afin que les journaliers en ſoient entierement inſtruits, & mis en état de les avancer, ſans perte de tems ; c'eſt à quoi le journalier principal doit continuellement veiller.

Il prendra tous les matins les clefs des magaſins chez le garde-ma-gaſin, ſera toujours le premier à la porte deſdits magaſins, pour y voir entrer les autres journaliers, dont il marquera les noms ſur une feuille.

Il diſtribuera enſuite le travail aux journaliers particuliers, ſelon leurs forces & leur adreſſe, & les mettra à leurs poſtes.

Les journaliers entreront à leur travail depuis le premier Avril, juſqu'au dernier Octobre, à quatre heures préciſes du matin, qu'ils continueront juſqu'à neuf. Ils iront dîner, & auront une heure pour cela. Ils reviendront à dix heures, travailleront juſqu'à deux, auront encore une heure pour goûter ; reprendront à trois heures pour con-tinuer le travail juſqu'à huit heures préciſes du ſoir, que le principal journalier les verra ſortir, & marquera ſur la feuille que leur journée a été employée.

Et depuis le premier Novembre juſqu'au dernier Mars, ils com-menceront leur travail à ſix heures préciſes du matin ; ils continueront juſqu'à dix, qu'ils iront dîner : ils auront une heure, & reviendront à onze pour continuer juſqu'à deux. Ils auront auſſi une heure, & re-prendront leur travail à trois heures juſqu'à ſix heures du ſoir qu'ils ſortiront du magaſin : & le principal Journalier obſervera ce qui eſt contenu à l'article précédent.

Après que les journaliers ſeront ſortis, le principal journalier fera ſa ronde dans les magaſins ; remarquera ſi le travail avance, ſi les manœuvres ſont bien faites, & ſi le tout eſt en bon ordre, ne laiſſant aucune lumiere dans les magaſins, crainte du feu ; après quoi il les fermera, & en rapportera les clefs au garde-magaſin.

Par cette attention il connoîtra le travail qu'il y aura à faire le len-demain ; continuera ainſi de ſuite, & il informera le garde-magaſin de toute la manœuvre, pour diminuer les ouvriers autant que faire ſe pourra, ſuivant la quantité & l'état des effets qui reſteront.

Il lui donnera auſſi une note des effets qui ont été reçûs & envoyés. Si quelque journalier néglige de ſe rendre dans les magaſins aux heures ci-deſſus, il perdra la demie journée pour une heure ſeulement, qu'il aura manqué; s'il récidive, il ſera congédié des magaſins: il faudra auſſi en exclure les fainéans, les yvrognes, & particulierement les fumeurs.

Une des plus grandes attentions du journalier principal, eſt de veiller ſur ceux qui peſent les ſacs à la balance, afin qu'ils ſoient régulierement peſés & égaliſés; ſçavoir, les ſacs de bleds du poids de 202. livres, poids de marc, le ſac compris; & les ſacs de farine, du poids de 200. livres ſeulement, le ſac compris.

Les ſacs de bled remis à chaque meûnier pour convertir en farine, ſeront toujours peſés en ſa préſence, & même du garde-magaſin, autant que faire ſe pourra; après quoi la quantité de ſacs ſera portée ſur un carnet portatif qui ſera remis au meûnier; & le maître journalier, inſcrira cette même quantité ſur un autre carnet, qu'il remettra au garde-magaſin, pour que celui-ci l'employe ſur le troiſiéme regiſtre ci-devant énoncé.

Lorſque le meûnier rapportera les farines dans le magaſin, le principal journalier laiſſera 24. heures les ſacs ouverts, afin qu'elles perdent leur feu & leur humidité. Il examinera ſi elles ſont bonnes & bien moulues; & après quoi elles ſeront peſées & égaliſées au poids de 200. livres, le ſac compris, en la préſence du meûnier: alors le maître journalier portera la quantité des farines remiſes ſur le carnet du meûnier & ſur le ſien, pour mettre en état le garde-magaſin d'inſcrire la quantité rapportée en farines ſur ſon troiſiéme regiſtre.

Les farines ſeront livrées aux boulangers en ſacs de 200. livres, le ſac compris, & après leur peſée, la quantité ſera portée ſur un carnet qui ſera donné aux boulangers. Le principal journalier l'inſcrira ſur un ſemblable carnet, qui le remettra au garde-magaſin, pour que ce dernier en faſſe l'emploi ſur ſon quatriéme regiſtre.

En-deçà de la Loire, les ſacs ſont de 202. liv. en grains, & 200. liv. en farines, excepté dans l'Artois, qu'ils ne ſont que de 151. liv. ¼. en grain, le ſac compris; & de 150. liv. en farines.

Au-delà de la Loire, les ſacs de grains ſont de 126. liv. ¼. la toille compriſe; & le ſac de farine de 125. liv. auſſi la toille compriſe.

En Italie, l'on n'évaluë les ſacs qu'au quintal.

Les voituriers ſont obligés de porter les ſacs ſur les balances dans les magaſins; les meûniers doivent venir prendre les ſacs au magaſin; & y rapporter les farines: les boulangers prennent auſſi les farines au magaſin. Cependant les journaliers doivent aider à décharger & porter les ſacs de bleds & farines des charrettes dans les magaſins ſur la balance; & des magaſins ſur les charrettes, lors des réceptions, envois aux moulins, & ailleurs, afin d'expédier promptement les meûniers & les voituriers.

Les entrepreneurs, fournisseurs & commissionnaires, sont obligés de livrer leurs bleds sur la balance, pour y être pesés en leur présence, ou de ceux qu'ils commettront, & même des voituriers.

Le magasin sera toujours en bon ordre & arrangé ; les piles seront de cinq à six sacs de hauteur au plus, observant de laisser un petit passage entre les piles, afin que l'on en puisse faire facilement la visite, pour connoître si quelques bleds ou farines s'échauffent, & se gâtent. En ce cas, il les faudra tirer aussi-tôt hors des piles, les mettre à part, & en avertir le garde-magasin.

Si les farines ne sont pas endommagées, & qu'elles ne soient que foiblement échauffées, le principal journalier aura soin de les envoyer, par préférence aux boulangers, pour les convertir en pain, afin d'éviter leur dépérissement ; bien entendu, que lesdites farines feront de bon pain de très-bonne qualité, & bien conditionné.

Les Piles seront mises sur des soûtraits pour éviter l'humidité.

Les bleds & farines seront mis dans de bons sacs, non percés, ni pourris, afin qu'il ne s'en perde aucunement.

Les sacs vuides troués seront mis à part, ainsi que les pourris & mauvais ; & le journalier principal, en avertira le garde-magasin.

Le journalier principal aura soin des ustensiles, afin qu'il ne s'en perde point.

MODELE DE L'INVENTAIRE

Que chaque garde-magasin doit former, soit qu'il releve un autre garde magasin, soit, qu'il soit continué ; dans ce dernier cas, c'est au premier Novembre que se fait cet inventaire.

Il doit contenir généralement, tous les effets éxistans dans les magasins, il sera fait en présence du commissaire des guerres, ou subdélégué de la place, ou au défaut de ces gens du Roy, en présence des maires, jurats, & autres gens caractérisés, ou publics.

INVENTAIRE fait en présence de M. . . . . . . par moi garde-magasin des vivres & fourages, à . . . . . . des bleds, farines, pain de munition, biscuit, sacs de toile, pleins, vuides, bons, à raccommoder, & hors de fervice, avoine, foin, paille, fagots, ou autres bois à brûler, & uftenfiles, qui fe font trouvés dans les magafins de la place, ce jourd'hui premier Novembre 174.. étant à ma charge, & dont je promets rendre compte au munitionnaire général, quant, & à qui il le jugera à propos ;

SÇAVOIR,

GRAINS.

Nota. Si ledit jour, premier Novembre, il y a des bleds ou des farines dans les moulins , l'emploi en fera fait comme éxiftans dans les magafins.

Il s'eft trouvé dans le magafin, audit jour premier Novembre, la quantité de . . . . . facs de froment, du poids de 202. livres, poids de marc, ci . . . . . 000. facs.

Celle de . . . feigle dudit poids, . . 000.   } 000. facs.

Celle de . . . bled-méteil, *idem* , . . 000.

FARINES.

Nota. Il ne doit point y avoir dans les magafins de farine de feigle.

La quantité de . . . facs de farines de froment, du poids de 200. liv. poids de marc , . . 000. fari. } 000. fari.

Celle de . . de farine-méteil, *idem,*. . 000.

Total des grains & farines, ̇ . 000. facs.

Rations de pain de munition.

La quantité de . . . rations de 24. onces chacune, prêtes à livrer aux troupes, ci . . .000. ℞.

BISCUIT.

La quantité de . . . rations de bifcuit de 18. onces, prêt à livrer aux troupes, ci . . .000. ℞.

Avoine en facs de 12. boiffeaux, mefure de Paris.

La quantité de . . . facs d'avoine de 12. boiffeaux chacun, mefure de Paris ,   ̇ ̇ ̇ .000. facs.

Sacs de toile, tant pleins que vuides.

Sçavoir;

Bons, pleins de grain & farine, . . .000. sacs vuides
Bons, pleins d'avoine, ...000.
Bons, vuides, ...000.
A raccommoder, ...000.
Hors de fervice, ...000.

Total des facs, tant pleins que vuides, . . .000. facs vuides.

Foin réduit en ration de 15. *livres.*

La quantité de . . . rations de foin, du poids de
15. liv. chacune, ...000. ℞.

Paille réduite en ration de 5. *livres.*

La quantité de . . . rations de paille, du poids
de 5. livres chacune, ...000. ℞.

Fagots en fouſtraits, ou à brûler.

La quantité de . . . fagots, ci . . .000. fagots.

Bois à brûler.

La quantité de . . . cordes de bois, ci . .000. cordes de bois.

Ustensiles de Magasins.

Une balance de fer, avec fes platteaux & cordages.
Quatre poids de fer de 50. livres chacun.
Une Romaine avec fa chevrette.
Douze pelles de bois.

Huit tamis.

Une marque pour les facs.

Deux mefures pour l'avoine.

USTENSILES DE FOURS.

Six pétrins.

Quatre chaudiéres.

Huit feaux, &c.

* Vérifier l'envoi fur le journal.

Effets actuellement en mouvement, n'étant fortis des magafins de cette place que depuis peu de jours, & ne pouvant encore être arrivés à leur deftination. *

SÇAVOIR;

Quatre cens facs de bleds, du poids de 202. livres chacun, poids de marc, partis le   du mois dernier, pour telle place, fuivant la lettre de voiture dudit jour, rapportée au f°.   de mon journal, (a) ci . . .   . 400. facs.

Le garde-magafin augmentera, ou diminuera au préfent modele, felon fa véritable fituation.

Enfuite de tous les articles dudit inventaire, fera mis le certificat ci-après.

Nota. Il faut que le garde-magafin rappelle dans fon état, par forme de recapitulation, en toutes lettres, chaque quantité.
   Total de chaque nature d'effets.

Je fouffigné, garde-magafin des vivres & fourages, à . . . . , certifie que les effets mentionnés au préfent inventaire, font reftés à ma charge, pour en compter au munitionnaire général, à fa volonté, déclarant, fous les peines de droit, n'avoir rien obmis, ni augmenté dans les quantités ci-devant, & des autres parts employées, qui éxiftent réellement dans lefdits magafins, fuivant l'examen & le dénombrement que j'en ai fait en préfence de Mr. . . . . ₎ Commiffaire ₎
₎ fubdelégué ₎
fouffigné. Fait à . . . . le . . . .

(a) *Nota.* Cette obfervation concerne également la farine, les avoines, foins, facs vuides, ou tous autres effets qui pourroient être en mouvement, & fuppofé que le garde-magafin faffe quelque recette depuis la clôture de l'inventaire jufqu'au 5. Novembre, il en adreffera un état particulier, de lui certifié au directeur du département.

MODELE.

ETAT DES MAGAZINS SITUÉS DANS LA VILLE DE ......

PROPRIETAIRES DES MAGAZINS.	NOMS DES MAGAZINS ET GRENIERS.	QUANTITÉ DE MAGAZINS.	Nombre des facs de 200. livres, qu'ils peuvent contenir.				Total des facs de 200 livres, que chaque magafin peut contenir.	OBSERVATIONS.
			Grains en piles.	Farines de bout.	Farines en piles.	Farines en couche.		
AU ROI	Cazernes	... 3	.200..	.100..	.300..	.. 30..	.. 630.	A befoin de quelques réparations
	Hôpital	... 2	.100..	.100..	.500..	.100..	.. 800,	Bon
	De la Place	... I	.300..	.200..	.100..	.. 50..	.. 650.	Raccommoder les portes & ferrures.
CONVENT	Cloître des Peres de...	... 2	... 0..	... 0..	...0..	...0..	... 0.	
JEU DE PAUME	La Biche	... I	... 0..	... 0..	...0..	...0..	... 0.	
Au s' FREMONT ...	Grande maifon, rue de	... 2	...0..	...0..	... 0..	...0..	... 0.	
Au s' BARRY	Grand-cerf	... I	...0..	...0..	... 0..	...0..	... 0.	
Au s' LOUBIER ...	La traverfe	... I	...0...	...0..	...0...	...0..	... 0.	
		.. 13	.600..	.400..	.900..	.180..	..2080.	

Il faut mettre fous le titre des *obfervations* les éclairciffemens que l'on demande. Le garde-magazin certifiera cet état.

FOURAGES.

Faire un femblable état, pour ce qui concerne les fourages, avec attention, de diftinguer ceux propres pour les avoines & pour les foins ; faire auffi attention, des lieux convenables & fûrs, pour mettre les foins en meules.

MOULINS DANS LA VILLE ET ENVIRONS DE......

NOMS DES ENDROITS où ils font.	DISTANCES.	QUALITEZ.	NOMBRE DES		QUANTITEZ DE SACS qu'ils peuvent moudre par jour.	Ce qu'il en faut pour LES HABITANS.	Ce qui reste pour le SERVICE.	TOTAUX de ce qu'ils peuvent moudre pour LE ROY.	OBSERVATIONS.
			MOULINS.	TOURNANS					
DANS LA VILLE........		{ à Eau....	...6...	..à.2..	....120....	.....40....	.....80....	} ....130...	Mettre ici les observations pour les éclaircissemens qu'on requiert.
		à Vent....	...3...	..à.1..	.....60....	.....10....	.....50....		
A VARIANCOURT...½ lieuë..		à Vent...	...1...	..à.1..	.....20....	......6....	.....14....	....14....	
A FOURNELLE......¾ lieuë..		à Eau.....	...2...	..à.2..	.....30....	.....15....	.....15....	....15....	
			..12...	....6..	....230....	.....71....	....159....	...159...	

Il faut mettre les distinctions des Moulins à Eau qui en ont toûjours, de ceux qui en manquent dans certain tems de l'année; & enfin de ceux qui ne vont que par des eaux rassemblées, & qu'on peut détourner.

Certifier, comme celui du Magasin.

DES FOURS ÉTANS DANS LA VILLE DE......

PROPRIETAIRES des FOURS.	NOMBRE des FOURS.	Ce que chacun peut cuire par jour de facs de 200 livres.	Totaux des quantitez de Rations que les Fours peuvent cuire.		Ce qu'il faut pour la subsistance des HABITANS.	Ce qui reste pour le service des TROUPES.	TOTAL de ce qu'ils peuvent cuire pour LE ROY.	OBSERVATIONS.
			Chaque fois.	à cinq Fournées par jour.				
AU ROY........	...2....	..27 f. 157 l. ½.	...500...... R.	..5000.... R	....	....	...5000.... R	Mettre ici les observations pour les éclaircissemens qu'on requiert.
BOURGEOIS........	...1....	.. 8...67 . ½.	...300......	..1500....	...750.....	...750....		
	...4....	..22...42 . ½.	...200......	..4000....	..2000....	..2000....	...3500....	
	...2....	.. 8...67 . ½.	...150......	..1500....	...750.....	...750....		
	...9....	..66 f. 135 l.	..1150 R....	.12000....	..3500....	..3500....	...8500....	

Faire mention de l'état actuel des Fours appartenans au Roy, & s'il y a des réparations à faire, en quoi elles consistent.

Détailler les Ustensiles qui se trouveront dans chacun, & ceux qui y manqueront.

Expliquer encore l'état des Magasins dépendans des Fours, propres à faire mettre les Farines & Pain de munition ; ensemble des hangards ou lieux propres à en faire la distribution. S'il y a des Puits, des Fontaines ou une Rivière à portée.

Il faudra se servir de ce dernier modele autant que faire se pourra, étant plus convenable que les évaluations soient faites en Rations qu'en Quintaux.

Certifier le présent comme ceux des magasins & moulins.

Auffi-tôt que les deux expéditions de cet inventaire feront fignées, le garde-magafin en fera le dépouillement, fur le nouveau regiftre journal, qui lui aura été remis, & il adreffera ces expéditions au directeur du département, qui lui envoyera en échange la reconnoiffance du premier commis à la direction, laquelle fera mife au bas de copie éxacte dudit inventaire.

Si c'eft un garde-magafin du Roy, qui fait la remife, il faudra trois expéditions de l'inventaire; la premiere pour être envoyée au miniftre de la guerre; & les deux autres, aux mêmes deftinations que les précédentes.

MODELES D'ETATS

DES MAGASINS, DES FOURS, ET DES MOULINS.

LE garde-magafin doit fe mettre au fait des lieux les plus convenables, pour referrer les bleds & les farines, & s'en faire mettre en poffeffion, par les officiers de ville.

Il fçaura le nombre de moulins qu'il y a dans la place, & aux environs, qui en dépendent; comme auffi la quantité de fours appartenant au Roy, ou au public; ce que chacun peut contenir de ration de pain, & ce qu'ils en peuvent cuire en 24. heures, fans nuire au fervice des bourgeois.

De toutes les connoiffances qu'il prendra, fur ces trois objets; il formera des états, dont les modeles font *ci-après*. Il les adreffera, certifiés au directeur du département.

Ces états demandent beaucoup d'éxactitude, & il faut que les gardes-magafins, les faffent fur leurs propres & particuliéres connoiffances.

MODELE

MODELE
D'UNE LETTRE DE VOITURE PAR EAU.

Monsieur,

Je vous envoye, à la garde de Dieu, & à la conduite du S . . .
commis du munitionnaire général, la quantité de . . . .
bien conditionnés, fur . . . . bateaux, le nombre,
les noms des bateliers, les quantités & qualités du chargement, font
ci-après fpécifiés ; je vous prie de m'en accufer la réception, au
moment de la remife.

NOMS DES BATELIERS.	NOMS DES BATEAUX.	Quantités & qualités du chargement.
Jean.	. . . .	. . . .
Nicolas	. . . .	. . . .
François.	. . . .	. . . .
Antoine	. . . .	. . . .
Total . . .	. . . . o . . .	. . . . o . . . .

*Je fouffigné, garde-magafin des vivres, à . . . . certifie la préfen-
te lettre de voiture véritable, à . . . . le , , , , ,*

A Monsieur,

Monfieur , ... garde-
magafin des vivres,

    A

MODELE
D'UNE LETTRE DE VOITURE
Sur les caiſſons, ou ſur des voitures d'ordonnance.

Monsieur,

Je vous envoye, à la garde de Dieu, & à la conduite du S...
ſur les équipages ci-après ſpécifiés, la quantité de . . . .
bien conditionnée, dont vous m'adreſſerez votre reconnoiſſance, à l'inſtant de la remiſe.

Emargement ou ſignature des capitaines, pour ſervir de reconnoiſſance.	NOMS DES EQUIPAGES.	NOMBRE DE CAISSONS.	Quantités & qualités des effets.	TOTAUX.
	Barjot. *Dieu te garre.* Antoine. Louis.			

Je ſouſſigné, garde magaſin des vivres, à . . . . . certifie la pré-
ſente lettre de voiture véritable, à . . . . . le . . . .

A Monsieur,

Monſieur . . . . garde-
magaſin des vivres,

     A